해커스PSAT

7급 PSAT FINAL 봉투모의고사

자료해석

약점 보완 해설집

해커스

실전모의고사 1회

모바일 자동 채점 및 성적 분석 서비스

정답

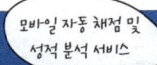

1	③	자료매칭	6	④	자료매칭	11	④	자료이해	16	⑤	자료이해	21	②	자료이해
2	③	자료계산	7	③	자료변환	12	②	자료이해	17	②	자료이해	22	④	자료이해
3	①	자료변환	8	①	자료매칭	13	①	자료이해	18	⑤	자료이해	23	④	자료이해
4	④	자료매칭	9	④	자료이해	14	⑤	자료이해	19	③	자료이해	24	①	자료이해
5	③	자료변환	10	③	자료논리	15	⑤	자료매칭	20	⑤	자료변환	25	①	자료이해

취약 유형 분석표

유형별로 맞힌 개수, 틀린 문제 번호와 풀지 못한 문제 번호를 적고 나서 취약한 유형이 무엇인지 파악해 보세요.

유형	맞힌 개수	틀린 문제 번호	풀지 못한 문제 번호
자료이해	/14		
자료계산	/1		
자료매칭	/5		
자료논리	/1		
자료변환	/4		
TOTAL	/25		

해설

1 자료매칭

정답 ③

조이혼율(%)$=\frac{\text{이혼건수}}{\text{인구 수}}\times 100$임을 적용하여 계산하면, 인구수는 2019년에 (111/2.2)×100≒5,045천 명, 2020년에 (107/2.1)×100≒5,095천 명, 2021년에 (102/2.0)×100=5,100천 명, 2022년에 (93/1.8)×100≒5,167천 명, 2023년에 (92/1.8)×100≒5,111천 명이다.

따라서 인구 수가 가장 많은 해는 2022년, 인구 수가 가장 적은 해는 2019년이다.

2 자료계산

정답 ③

병상가동률$=\frac{\text{일평균 재원 환자 수}}{\text{평균 가동 병상 수}}\times 100$임을 적용하여 구한다. 이때 일평균 재원 환자 수=일평균 환자 수−일평균 외래 환자 수이고, 재원 대비 외래 환자 수$=\frac{\text{연 외래 환자 수}}{\text{연 재원 환자 수}}$이므로 재원 대비 외래 환자 수를 통해 일평균 재원 환자 수를 구한다. 재원 대비 외래 환자 수에서 365가 분자와 분모에 동일하게 곱해지므로 이를 생략하고 계산하면, 일평균 재원 환자 수는 A가 1,200/4.0=300명, B가 11,250/4.6≒2,446명, C가 2,100/3.5=600명, D가 1,260/2.1=600명, E가 3,500/2.1≒1,667명이다. 이에 따라 병상가동률은 A가 (300/500)×100=60.0%, B가 (2,446/2,700)×100≒90.6%, C가 (600/800)×100=75.0%, D가 (600/1,500)×100=40.0%, E가 (1,667/2,000)×100≒83.4%이므로 병상가동률이 가장 높은 병원은 B, 가장 낮은 병원은 D이다.

따라서 B와 D의 일평균 외래 환자 수의 평균은 (11,250+1,260)/2=6,255명이다.

3 자료변환

정답 ①

도로 종류별 자전거 교통사고에 관한 내용은 〈보고서〉에 제시되어 있지 않으므로 [2024년 도로 종류별 자전거 교통사고 전년 대비 증가율]은 〈보고서〉를 작성하기 위해 사용하지 않은 자료이다.

4 자료매칭

정답 ④

품목별 실제 점유율$=\frac{\text{품목별 '을'사 수출액}}{\text{품목별 '갑'국 수출액}}\times 100$을 적용하여 구하면, A가 (90/300)×100=30%, B가 (3/20)×100=15%, C가 (21/70)×100=30%, D가 (11/44)×100=25%이다. 이에 따라 품목별 실제 점유율과 목표 점유율 간 차이는 A가 30−25=5%p, B가 18−15=3%p, C가 30−20=10%p, D가 40−25=15%p이다.

따라서 품목별 실제 점유율과 목표 점유율 간 차이가 가장 큰 품목은 D, 가장 작은 품목은 B이다.

5 자료변환

정답 ③

ㄴ. 〈보고서〉의 두 번째 단락에서 2024년 온라인 피해 상담 건수 중 심층 상담으로 처리된 건은 (509/640)×100≒79.5%로 75% 이상이라고 했으므로 [온라인 피해 상담유형별 처리 건수]는 〈보고서〉를 작성하기 위해 추가로 필요한 자료이다.

ㄹ. 〈보고서〉의 첫 번째 단락에서 온라인 피해 상담 건수는 여성이 53+88+9+16+53+2+7+120=348건, 남성이 42+96+11+33+42+2+3+63=292건으로 여성이 남성보다 더 많고, 여성은 '사이버범죄', 남성은 '통신'에서 상담 건수가 가장 많았으며, 여성과 남성 모두 '불법 콘텐츠'에서 상담 건수가 가장 낮았다고 했으므로 [성별 온라인 피해 상담 건수]는 〈보고서〉를 작성하기 위해 추가로 필요한 자료이다.

오답 체크

ㄱ. 유관기관 안내에 대한 설명은 〈보고서〉에 제시되어 있지 않으므로 [온라인 피해 지원 유관기관 안내 비율]은 〈보고서〉를 작성하기 위해 추가로 필요한 자료가 아니다.

ㄷ. 사후관리에 대한 설명은 〈보고서〉에 제시되어 있지 않으므로 [온라인 피해 상담 사후관리 처리현황]은 〈보고서〉를 작성하기 위해 추가로 필요한 자료가 아니다.

6 자료매칭

정답 ④

- '을'의 첫 번째 〈대화〉에 따르면 2022년 대비 2024년 산불 피해액 증가율 상위 2개 지자체는 경남과 경기이다. 이때 지자체별 2022년 대비 2024년 산불 피해액 증가율은 A가 {(211,092−177,788)/177,788}×100≒18.7%, B가 {(612,221−377,747)/377,747}×100≒62.1%, C가 {(1,560,039−791,528)/791,528}×100≒97.1%, D가 {(2,065,925−758,854)/758,854}×100≒172.2%이므로 C와 D가 각각 경남 또는 경기이고, 이에 따라 A와 B가 각각 전남 또는 충남임을 알 수 있다.
- '을'의 두 번째 〈대화〉에 따르면 2022년 산불 발생건당 피해액은 전남이 충남보다 많고, 2022년 산불 발생건당 피해액은 A가 177,788/27≒6,585천 원, B가 377,747/38≒9,941천 원이므로 A가 충남, B가 전남임을 알 수 있다.
- '갑'의 세 번째 〈대화〉에 따르면 2024년 산불 발생건당 피해면적이 가장 높은 지자체는 경남이고, 2024년 산불 발생건당 피해면적은 C가 25.69/41≒0.63ha, D가 49.21/209≒0.24ha이므로 C가 경남, D가 경기임을 알 수 있다.

따라서 A는 충남, C는 경남이다.

빠른 문제 풀이 Tip

2022년 대비 2024년 산불 피해액 증가율 상위 2개 지자체는 A~D 중 2024년 피해액이 2022년 피해액의 약 2배인 C와 2배 이상인 D임을 증가율을 계산하지 않고도 판단할 수 있다.

7 자료변환

정답 ③

ㄷ. 〈보고서〉의 두 번째 단락에서 혼인연차가 높아질수록 어린이집을 통해 보육하는 자녀수가 점차 많아지고, 혼합보육을 하는 자녀수 또한 동일한 경향을 보인다고 했으므로, [혼인연차별 보육형태에 따른 영유아 자녀수]는 〈보고서〉를 작성하기 위해 추가로 필요한 자료이다.

ㄹ. 〈보고서〉의 세 번째 단락에서 맞벌이여부에 따른 신혼부부 수는 맞벌이 부부가 외벌이 부부보다 많았으며, 신혼부부의 영유아 자녀수는 외벌이 부부가 맞벌이 부부보다 많은 것으로 확인되었다고 했으므로, [맞벌이여부별 신혼부부 및 영유아 자녀의 비중]은 〈보고서〉를 작성하기 위해 추가로 필요한 자료이다.

오답 체크

ㄱ. 〈보고서〉의 첫 번째 단락에서 혼인연차별로 혼인 1년 차 신혼부부 중 자녀가 있는 부부의 비율은 약 17.5%이고, 혼인 2년 차부터 자녀가 있는 부부의 비율이 모두 전체의 40% 이상이라고 했으며, 이 내용은 〈표〉의 혼인연차별 전체 신혼부부 수와 자녀가 없는 신혼부부의 수를 통해 도출할 수 있으므로, [혼인연차별 출산자녀수에 따른 신혼부부 구성비]는 추가로 필요한 자료가 아니다.

ㄴ. 〈보고서〉에 맞벌이여부에 따른 출산자녀수별 신혼부부 수에 대한 내용은 제시되지 않았으므로, [맞벌이여부별 출산자녀수에 따른 신혼부부 수]는 추가로 필요한 자료가 아니다.

8 자료매칭

정답 ①

- 첫 번째 〈조건〉에 따르면 석유제품 총수출량이 세계평균보다 높은 국가는 일본, C, D, E이고, 이 중 휘발유 수출량이 두 번째로 많은 국가는 C이므로 C가 싱가포르이다.
- 두 번째 〈조건〉에 따라 휘발유 수출량과 경유 수출량의 합이 석유제품 총수출량의 50% 미만인 국가는 일본, E이므로 E가 미국이다.
- 세 번째 〈조건〉에 따라 휘발유 수출량이 다섯 번째로 많은 국가는 A이므로 A가 필리핀이다.
- 네 번째 〈조건〉에 따라 경유 수출량이 세계평균보다 많은 국가는 C, D이고, 이 중 석유제품 총수출량이 경유 수출량의 2배 미만인 국가는 호주이므로 D가 호주이다.
- 다섯 번째 〈조건〉에 따르면 석유제품 총수출량이 미국보다 적은 국가는 일본을 제외한 9개 국가이고, 이 중 휘발유 수출량이 세계평균보다 많은 국가는 A, B, C, D, 베트남이다. 이때 A가 필리핀, C가 싱가포르, D가 호주이므로 B가 말레이시아임을 알 수 있다.

따라서 A는 필리핀, B는 말레이시아, C는 싱가포르, D는 호주, E는 미국이다.

9 자료이해

정답 ④

2020~2024년 동안 연안 화물 처리 실적의 합은 B가 35+11+10+9+45=110천 TEU로 가장 많으므로 옳은 설명이다.

오답 체크

① 2020년 환적 화물 처리 실적이 가장 낮은 항만은 E이고, 2023년 환적 화물 처리 실적이 가장 낮은 항만은 D이므로 옳지 않은 설명이다.

② 2020년 C의 수출입 화물 처리 실적은 17,686−8,748−4=8,934천 TEU이고, 2021~2024년 동안 전년 대비 수출입 화물 처리 실적이 매년 증가한 항만은 B, C, E 3곳이므로 옳지 않은 설명이다.

③ 2024년 환적 대비 수출입 화물 처리 실적 비율은 D가 452/3≒150.7, E가 636/5=127.2로 D보다 E가 작으므로 옳지 않은 설명이다.

⑤ 2021년 A의 화물 처리 실적의 합은 1,820+519=2,339천 TEU이고, 2022년 B의 화물 처리 실적의 합은 2,350+17+10=2,377천 TEU이다. 따라서 연도별 화물 처리 실적 합이 큰 항만부터의 순서는 2021년이 C−A−B−E−D, 2022년이 C−B−A−E−D이므로 옳지 않은 설명이다.

10 자료논리

정답 ③

A~E 기업의 상수도 요금을 정리하면 다음과 같다.

기업	상수도 요금
A	2,200+50×1,200+250×1,260+50×1,330=443,700원
B	9,300+500×1,000+100×1,070=616,300원
C	31,000+50×1,200+250×1,260+100×1,330=539,000원
D	105,000+50×1,200+200×1,260=417,000원
E	193,000+300×1,000=493,000원

따라서 A~E 기업 중 상수도 요금이 두 번째로 큰 기업은 C이다.

11 자료이해

정답 ④

ㄱ. 반도체 부문 매출액은 2023년에 1,760+1,820+1,880+1,820=7,280십억 원, 2024년에 1,900+2,270+2,640+2,600=9,410십억 원으로 2024년 반도체 부문 매출액은 전년 대비 9,410−7,280=2,130십억 원, 즉 2조 1,300억 원 증가했으므로 옳은 설명이다.

ㄷ. 반도체 부문 매출액 비중={반도체 부문 매출액/(반도체 부문 매출액+반도체 부문 외 매출액)}×100을 적용하여 구하면, 2024년 4분기 반도체 부문 외 매출액 비중은 66.9%이며 2024년 4분기 반도체 부문 외 매출액은 (2,600/33.1)×66.9≒5,255십억 원, 즉 5조 2,550억 원이므로 옳은 설명이다.

ㄹ. 2024년 반도체 부문 매출액 비중이 가장 큰 3분기의 반도체 부문 매출액은 2,640십 억원이며, 2023년 반도체 부문 매출액 비중이 가장 큰 2분기의 반도체 부문 매출액은 1,820십억 원이므로 2024년이 2023년의 2,640/1,820≒1.5배이므로 옳은 설명이다.

오답 체크

ㄴ. 반도체 부문 외 매출액 비중은 2023년 3분기가 71.9%, 4분기가 70.5%로 반도체 부문 외 매출액은 2023년 3분기 (1,880/28.1)×71.9≒4,810십억 원에서 2023년 4분기 (1,820/29.5)×70.5≒4,349십억 원으로 감소했으므로 옳지 않은 설명이다.

빠른 문제 풀이 Tip

ㄱ. 전년동분기 대비 2024년 분기별 반도체 부문 매출액의 증가액은 1분기에 140십억 원, 2분기에 450십억 원, 3분기에 760십억 원, 4분기에 780십억 원이므로 2023년 대비 2024년 반도체 부문 매출액의 증가액은 140+450+760+780=2,130십억 원임을 알 수 있다.

ㄴ. 총매출액=반도체 부문 매출액+반도체 부문 외 매출액이라고 하면, 직전분기 대비 2023년 4분기의 총매출액은 감소했고 반도체 부문 외 매출액 비중도 감소했으므로 직전분기 대비 2023년 4분기 반도체 부문 외 매출액이 감소했음을 알 수 있다.

ㄷ. 2024년 4분기 반도체 부문 매출액 비중은 33.1%로 전체의 1/3 미만이므로 반도체 부문 외 매출액 비중은 2/3 이상이다. 따라서 반도체 부문 외 매출액이 반도체 부문 매출액의 2배 이상이므로 2,600 × 2=5,200십억 원 이상임을 알 수 있다.

12 자료이해

정답 ②

연령대별 문화 소외도 $= \frac{\text{전체 평균 관람 횟수} - \text{해당 연령대별 평균 관람 횟수}}{\text{전체 평균 관람 횟수}}$ × 100임을 적용하여 구하면, 50대가 {(1.6−1.2)/1.6} × 100=25, 60세 이상이 {(1.6−1.3)/1.6} × 100 ≒ 18.8로 60세 이상의 콘서트 문화 소외도는 20 미만이므로 옳지 않은 설명이다.

오답 체크

① 60세 이상의 문화예술행사 분야별 문화 소외도는 연극이 {(2.3−0.8)/2.3} × 100 ≒ 65.2, 영화가 {(8.0−4.3)/8.0} × 100 ≒ 46.3, 콘서트가 {(1.6−1.3)/1.6} × 100 ≒ 18.8, 문학행사가 {(1.8−1.8)/1.8} × 100=0으로 연극이 가장 높으므로 옳은 설명이다.

③ 문화예술행사 분야별 전체 평균 관람 횟수보다 39세 이하의 문화예술행사 분야별 평균 관람 횟수가 낮은 분야는 전체 평균 관람 횟수가 1.8회이고, 39세 이하의 평균 관람 횟수가 1.2회인 문학행사뿐이므로 옳은 설명이다.

④ 연령대가 높을수록 평균 관람 횟수가 줄어드는 분야는 연극과 영화 2개이므로 옳은 설명이다.

⑤ 50대의 문화 소외도는 영화가 {(8.0−6.8)/8.0} × 100=15, 콘서트가 {(1.6−1.2)/1.6} × 100=25이므로 옳은 설명이다.

13 자료이해

정답 ①

심사율 $= \frac{\text{심사건수}}{\text{접수건수}}$ × 100임을 적용하여 구한다. 재심사건수가 가장 많은 달은 재심사건수가 1,508건인 5월이고, 5월의 심사율은 (4,840/15,003) × 100 ≒ 32.3%이다. 이때 심사율이 가장 높은 달은 심사율이 (2,963/7,095) × 100 ≒ 41.8%인 6월이므로 옳지 않은 설명이다.

오답 체크

② 재심사율 $= \frac{\text{재심사건수}}{\text{심사건수}}$ × 100임을 적용하여 구하면, 12월 재심사율은 C분야가 (307/1,280) × 100 ≒ 24.0%, D분야가 (211/963) × 100 ≒ 21.9%이므로 옳은 설명이다.

③ 접수건수, 심사건수, 재심사건수가 7월보다 많은 달은 4월과 5월로 2개이므로 옳은 설명이다.

④ 접수건수의 전월 대비 증가량은 7월에 12,080−7,095=4,985건으로 가장 크므로 옳은 설명이다.

⑤ 12월 접수건수에서 D분야의 접수건수가 차지하는 비중은 (2,132/11,322) × 100 ≒ 18.8%이고, 12월 심사건수에서 D분야의 심사건수가 차지하는 비중은 (963/2,880) × 100 ≒ 33.4%이므로 옳은 설명이다.

빠른 문제 풀이 Tip

① 5월 접수건수는 심사건수의 3배를 초과하므로 접수건수가 심사건수의 3배 미만인 달을 확인한다. 이때 2월, 3월, 4월, 6월, 8월, 9월 심사건수의 3배가 모두 접수건수보다 크므로 5월의 심사율이 가장 높은 것은 아님을 알 수 있다.

14 자료이해

정답 ⑤

ㄱ. 인구 100명당 인터넷 가입자 수 상위 3개 국가는 한국, 캐나다, 홍콩이고, 세 국가 모두 인구 100명당 전화 가입자 수는 35명보다 많으므로 옳은 설명이다.

ㄷ. 인구 100명당 전화 가입자 수와 인구 100명당 인터넷 가입자 수의 차이가 가장 큰 국가는 약 20명 차이 나는 중국이므로 옳은 설명이다.

ㄹ. 인구 100명당 인터넷 가입자 수가 싱가포르보다 많은 국가는 홍콩, 일본, 한국, 캐나다, 미국, 오스트레일리아, 중국이다. 이 중 인구 100명당 전화 가입자 수가 싱가포르보다 많은 국가는 홍콩, 일본, 한국, 캐나다 4개 국가이고, 싱가포르보다 적은 국가는 미국, 오스트레일리아, 중국 3개 국가이므로 옳은 설명이다.

오답 체크

ㄴ. 인구 100명당 인터넷 가입자 수 대비 인구 100명당 전화 가입자 수가 가장 많은 국가는 원점과 각 점을 이었을 때의 선분의 기울기가 가장 큰 국가이다. 이때 말레이시아의 기울기가 가장 크므로 옳지 않은 설명이다.

15 자료매칭

정답 ⑤

- 첫 번째 〈조건〉에 따라 빗물산도의 pH 값이 6.3으로 가장 큰 G 지점의 평균증기압이 가장 낮으며, G를 제외한 나머지 지점의 평균증기압은 E가 11.5hPa으로 가장 낮다. 이에 따라 '다' ≤ 11.5임을 알 수 있다.
- 두 번째 〈조건〉에 따라 평균습도가 I보다 높은 지점은 A, F이고, 이 중 A의 평균습도가 68.7%로 더 낮으며, A, F, I를 제외한 나머지 지점의 평균습도는 H가 67.9%로 가장 높다. 이에 따라 67.9 ≤ '라' < 68.7임을 알 수 있다.
- 세 번째 〈조건〉에 따라 합계일조시간이 2,378.3hr로 가장 긴 F 지점은 평균기온이 두 번째로 낮으므로 평균기온이 12.0℃로 가장 낮은 G보다 높고 12.8℃로 세 번째로 낮은 E보다 낮음을 알 수 있다. 이에 따라 12.0 < '나' < 12.8임을 알 수 있다.
- 네 번째 〈조건〉에 따라 평균전운량이 '구름 많음'에 해당하는 지점은 전운량이 5.5~8.4에 속하는 A 지점으로 A의 평균풍속이 두 번째로 빠르므로 평균풍속이 3.5m/s로 가장 빠른 B보다 느리고 2.9m/s로 세 번째로 빠른 F보다 빠르다. 이에 따라 2.9 ≤ '가' < 3.5임을 알 수 있다.

따라서 '가'는 3.3, '나'는 12.5, '다'는 11.4, '라'는 68.1이다.

16 자료이해

정답 ⑤

ㄱ. 1차 조사에서 40평형 주택 소유주 인원이 8명으로 가장 많고, 2차 조사에서도 40평형 주택 소유주 인원이 8명으로 가장 많으므로 옳은 설명이다.

ㄷ. 1차 조사와 비교하여 2차 조사에서 소유 주택의 평형이 변경된 인원수는 5명이고, 2차 조사에서 32평형 이상의 주택을 증여로 취득한 인원수는 6명이므로 옳은 설명이다.

ㄹ. 1차 조사 대비 2차 조사에서의 취득 방법별 소유주 증감 인원은 매매가 13−11=2명, 증여가 8−7=1명, 판결이 4−7=−3명이다. 따라서 판결의 소유주 증감 인원은 매매의 3/2=1.5배이므로 옳은 설명이다.

오답 체크

ㄴ. 취득 방법이 1차 조사에서 매매가 아닌 인원 중 2차 조사에서는 매매인 인원수는 4명이고, 취득 방법이 1차 조사에서 판결인 인원 중 2차 조사에서는 판결이 아닌 인원수 역시 4명으로 같으므로 옳지 않은 설명이다.

17 자료이해

정답 ②

전체 공공기관 정부지원 예산에서 한국토지주택공사 예산이 차지하는 비중은 2022년 결산이 (30,049/956,968)×100≒3.1%이고, 2024년 예산안이 (52,497/1,087,900)×100≒4.8%이다. 따라서 2024년 예산안이 2022년 결산 대비 증가했으므로 옳은 설명이다.

오답 체크

① 2024년 정부지원 예산안 상위 10개 공공기관 중 소상공인시장진흥공단의 2024년 예산안은 26,221억 원으로, 2022년 결산인 41,207억 원에 비해 감액되었으므로 옳지 않은 설명이다.

③ 2024년 정부지원 예산안 상위 10개 공공기관의 2022년 결산 소계에서 한국장학재단이 차지하는 비중은 (44,323/637,992)×100≒6.9%이므로 옳지 않은 설명이다.

④ 2024년 정부지원 예산안 상위 10개 공공기관을 기준으로 2023년의 본예산과 추경이 같은 공공기관은 국가철도공단, 공무원연금공단, 한국도로공사로 3개이다. 하지만 〈표〉에 제시된 10개 공공기관을 제외한 나머지 공공기관에서 본예산과 추경이 같은 곳이 존재할 수 있으므로 옳지 않은 설명이다.

⑤ 전체 공공기관의 정부지원 예산안에서 상위 10개 공공기관의 예산안이 차지하는 비중은 (756,889/1,087,900)×100≒69.6%로 70% 미만이므로 옳지 않은 설명이다.

18 자료이해

정답 ⑤

ㄱ. 2023년 2월 이후 전월 대비 '갑'국의 기준금리 인상률은 2023년 8월이 (0.25/0.5)×100=50%로 가장 높으므로 옳은 설명이다.

ㄴ. '갑'국과 '을'국의 월별 기준금리 차이가 가장 큰 달은 2024년 1월, 2월, 4월로 그 차이가 각각 1.0%p이므로 옳은 설명이다.

ㄷ. 2023년 2월 이후 '갑'국의 기준금리는 2023년 8월, 11월, 2024년 1월, 4월, 5월, 7월 여섯 차례 인상되고, '을'국의 기준금리는 2024년 3월, 5월, 6월, 7월 네 차례 인상된다. 기준금리 인상 횟수는 '갑'국이 '을'국의 6/4=1.5배이므로 옳은 설명이다.

19 자료이해

정답 ③

C기관의 남성 자원봉사자 수는 2020년에 (134/67)×(100−67)=66명, 2021년에 (154/70)×(100−70)=66명으로 동일하므로 옳은 설명이다.

오답 체크

① 2021년 B기관의 여성 자원봉사자 수 비율은 전년 대비 감소하였으므로 옳지 않은 설명이다.

② A 기관의 전체 자원봉사자 수는 2021년에 (203/58)×100=350명, 2023년에 (172/50)×100=344명이므로 옳지 않은 설명이다.

④ 2024년 전체 자원봉사자 수는 A기관이 (198/55)×100=360명, B기관이 (235/47)×100=500명, C기관이 (170/68)×100=250명으로 B기관의 전체 자원봉사자 수 500명은 A기관과 C기관의 전체 자원봉사자 수의 합인 360+250=610명보다 적으므로 옳지 않은 설명이다.

⑤ C기관의 여성 자원봉사자 수는 2022년이 2020년의 171/134≒1.3배로 1.5배 미만이므로 옳지 않은 설명이다.

20 자료변환

정답 ⑤

2021~2024년 전체 취업자 수에서 제조업 취업자 수가 차지하는 비중은 2021년이 (4,542/13,871)×100≒32.7%, 2022년이 (4,473/13,912)×100≒32.2%, 2023년이 (3,658/11,830)×100≒30.9%, 2024년이 (4,377/13,736)×100≒31.9%이므로 〈표〉를 이용하여 작성한 자료로 옳지 않다.

21 자료이해

정답 ②

ㄱ. 농림어업 취업자 수 대비 제조업 취업자 수는 2021년이 4,542/1,340≒3.4명, 2023년이 3,658/1,406≒2.6명이므로 옳은 설명이다.

ㄷ. 2022~2024년 동안 보건업 여성 취업자 수는 매년 증가하므로 옳은 설명이다.

오답 체크

ㄴ. 2024년 숙박·음식점업 취업자 수 중 남성 취업자 수는 2,077−1,270=807명이고, 숙박·음식점업 취업자 수에서 남성 취업자 수가 차지하는 비중은 (807/2,077)×100≒38.9%로 40% 미만이므로 옳지 않은 설명이다.

ㄹ. 도·소매업 취업자 수가 가장 적은 해는 2023년이고, 도·소매업 여성 취업자 수가 가장 적은 해는 2024년이므로 옳지 않은 설명이다.

빠른 문제 풀이 Tip

ㄴ. 2024년 숙박·음식점업 취업자 수에서 여성 취업자 수가 차지하는 비중이 (1,270/2,077)×100≒61.1%이므로 2024년 숙박·음식점업 취업자 수에서 남성 취업자 수가 차지하는 비중은 100.0−61.1≒38.9%임을 알 수 있다.

22 자료이해

정답 ④

4점 이상의 만족도 점수를 부여한 '남성' 응답자 수는 184+139=323명이며, 3점 이상의 만족도 점수를 부여한 '여성' 응답자 수는 98+123+118=339명이므로 옳지 않은 설명이다.

오답 체크

① 서비스 품목 '라켓'에 만족도 점수를 부여한 응답자 849명 중 서비스 내용은 '교환'인 응답자 381명과 '반품'인 응답자 278명이 모두 포함된다면, 서비스 내용이 '수리'인 응답자는 적어도 849−381−278=190명 이상이며, '19세 이하' 응답자 수는 188명이므로 옳은 설명이다.

② 서비스 품목별 응답자 중 4점의 만족도 점수를 부여한 응답자의 비율은 '라켓'이 (180/849)×100≒21.2%, '신발'이 (76/278)×100≒27.3%, '의류'가 (51/155)×100≒32.9%로 '의류'의 비율이 가장 높으므로 옳은 설명이다.

③ '60세 이상' 응답자가 부여한 만족도 점수의 총점은 (1×2)+(2×2)+(3×1)+(4×19)+(5×15)=160점으로 155점 이상이므로 옳은 설명이다.

⑤ 서비스 내용 중 응답자가 가장 많은 항목은 '수리'이며, 서비스 내용 중 만족도 점수를 1점으로 부여한 응답자 수가 가장 적은 항목도 '수리'이므로 옳은 설명이다.

23 자료이해

정답 ④

ㄱ. A~E 지역의 심미성 영역 행정서비스 품질 점수의 평균은 (70+65+85+60+90)/5=74점으로 75점 이하이므로 옳은 설명이다.

ㄷ. p=r=0.3이고, q=s=t=0.2이므로 가중치가 같은 영역을 묶어서 통합 행정서비스 품질 지수를 계산하면, A지역이 0.3×(75+95)+0.2×(100+80+70)=101점, B지역이 0.3×(90+95)+0.2×(95+70+65)=101.5점이다. 따라서 통합 행정서비스 품질 지수는 B지역이 A지역보다 높으므로 옳은 설명이다.

ㄹ. p=q=r=s=t라면 통합 행정서비스 품질 지수의 크기는 지역별 각 영역 행정서비스 품질 점수의 합으로 판단할 수 있다. C지역을 제외하고 인구가 500천 명 이상인 지역 중 A지역의 합은 420점, E지역의 합은 445점이므로 평균은 432.5점이고, 인구가 500천 명 미만인 지역 중 B지역의 합은 415점, D지역의 합은 385점이므로 평균은 400점이다. 이때 C지역의 점수의 합은 420점으로 C지역의 인구수와 관계없이 통합 행정서비스 품질 지수의 평균은 인구가 500천 명 이상인 지역이 500천 명 미만인 지역보다 높으므로 옳은 설명이다.

오답 체크

ㄴ. 5개 영역 행정서비스 품질 점수의 평균의 경우 가장 높은 E지역이 (95+75+100+85+90)/5=89점, 가장 낮은 D지역이 (70+85+95+75+60)/5=77점이다. 따라서 평균의 차이는 89−77=12점으로 15점 미만이므로 옳지 않은 설명이다.

빠른 문제 풀이 Tip

ㄱ. <보기>의 75점을 기준으로 편차의 합이 0보다 작은지 확인한다. 심미성 영역 점수의 편차를 A~E 지역 순서대로 나열하면 −5, −10, +10, −15, +15이므로 편차의 합은 −5이다. 따라서 심미성 점수의 평균은 75점보다 작은 것을 알 수 있다.

ㄷ. A지역과 B지역의 영역별 점수 차이에 가중치를 곱한다. B지역의 영역별 행정서비스 품질 점수는 A지역보다 신뢰성 영역에서 +15점, 적극성 영역에서 −5점, 편리성 영역에서 0점, 접근성 영역에서 −10점, 심미성 영역에서 −5점 차이 난다. 따라서 B지역의 통합 행정서비스 품질 지수는 A지역보다 0.3×15+0.2×(−20)=0.5점 더 높은 것을 알 수 있다.

24 자료이해

정답 ①

ㄱ. 방송시간이 60분으로 같은 '뉴스특집', '밥심을 찾아서', '단내투어', '책과 함께', '시사토론'의 광고시간은 10분으로 같고, 방송시간이 65분으로 같은 '1994년', '의사생활'의 광고시간은 15분으로 같다. 또한, 방송시간이 85분으로 같은 '놀라운 수요일'과 '홈카페'는 광고시간이 25분으로 같으므로 옳은 설명이다.

오답 체크

ㄴ. 시청 등급이 '12세 이상'인 프로그램은 '의사생활', '시사토론', '홈카페'이다. '의사생활'의 광고시간은 15분, '시사토론'의 광고시간은 10분이고, '홈카페'의 광고시간은 25분이다. 따라서 시청 등급이 '12세 이상'인 프로그램 중 '홈카페'의 광고시간은 20분을 초과하므로 옳지 않은 설명이다.

ㄷ. 시청률이 가장 높은 시간은 18시이고, 해당 시간에는 17:20에 방송이 시작되는 '의사생활'이 18:25까지 방영된다. 따라서 18시에는 광고가 방영 중이지 않으므로 옳지 않은 설명이다.

25 자료이해

정답 ①

ㄱ. 업종별 사업체 중 휴무일이 6일 이상인 사업체의 비중은 국외여행업이 59.6+0.5=60.1%, 일반여행업이 63.6+2.5=66.1%이고, 휴무일이 6일 이상인 국외여행업 사업체 수는 2,897×0.601≒1,741개, 일반여행업 사업체 수는 2,138×0.661≒1,413개이므로 옳은 설명이다.

ㄴ. 휴무일이 있는 사업체 수는 10,000×0.863=8,630개이고, 휴무일이 있는 종사자 규모 5명 미만 사업체 수는 4,891×0.815≒3,986개로, 휴무일이 있는 사업체 중 종사자 규모가 5명 미만인 사업체의 비율은 (3,986/8,630)×100≒46.2%이므로 옳은 설명이다.

오답 체크

ㄷ. 존속기간이 5년 미만인 사업체 중 휴무일이 없거나 5일 이하인 비율은 20.4+17.3=37.7%이고, 존속기간이 10년 이상인 사업체 중 휴무일이 없거나 5일 이하인 비율은 31.8+14.3=46.1%이므로 옳지 않은 설명이다.

ㄹ. 휴무일이 11일 이상인 사업체 중 조직형태가 회사법인인 사업체 수는 5,920×0.014≒83개, 개인사업체 수는 3,761×0.007≒26개로, 회사법인 사업체 수는 개인사업체 수의 4배인 26×4≒104개보다 적으므로 옳지 않은 설명이다.

실전모의고사 2회

모바일 자동 채점 및 성적 분석 서비스

정답

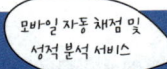

1	③	자료매칭	6	③	자료매칭	11	②	자료이해	16	①	자료이해	21	③	자료변환
2	③	자료계산	7	⑤	자료변환	12	②	자료이해	17	④	자료이해	22	④	자료이해
3	⑤	자료변환	8	⑤	자료매칭	13	①	자료이해	18	②	자료이해	23	④	자료이해
4	④	자료이해	9	④	자료이해	14	①	자료이해	19	⑤	자료논리	24	⑤	자료이해
5	②	자료변환	10	②	자료매칭	15	③	자료매칭	20	②	자료이해	25	④	자료이해

취약 유형 분석표

유형별로 맞힌 개수, 틀린 문제 번호와 풀지 못한 문제 번호를 적고 나서 취약한 유형이 무엇인지 파악해 보세요.

유형	맞힌 개수	틀린 문제 번호	풀지 못한 문제 번호
자료이해	/14		
자료계산	/1		
자료매칭	/5		
자료논리	/1		
자료변환	/4		
TOTAL	/25		

해설

1 자료매칭

정답 ③

응시율 $=\frac{\text{응시자 수}}{\text{등록자 수}}\times 100$임을 적용하여 과목 A~D의 응시율을 구하면, A가 (7,020/9,000)×100=78.0%, B가 (9,060/12,000)×100=75.5%, C가 (6,810/10,000)×100=68.1%, D가 (9,170/14,000)×100=65.5%이다.
따라서 응시율이 가장 높은 과목은 A, 가장 낮은 과목은 D이다.

2 자료계산

정답 ③

2016년 인구 수는 2016년 인구 10만 명당 출생 인원(사망 인원)을 출생 인원(사망 인원)으로 나누어 구한다. 출생 인원을 기준으로 계산하면 2016년 인구 수는 471,003/929=507십만 명이고, 2024년 인구 수는 302,512/584=518십만 명이다.
따라서 2016년 대비 2024년 인구 증가 인원은 518−507=11십만 명이다.

3 자료변환

정답 ⑤

ㄴ. 〈보고서〉의 두 번째 단락에 따라 한국의 공공도서관 1관당 인구 수는 독일의 47,287/11,151≒4.2배, 영국의 47,287/15,465≒3.1배 이므로 〈보고서〉의 내용과 부합한다.

ㄷ. 〈보고서〉의 세 번째 단락에 따라 2024년 설립주체별 공공도서관 소장 도서 수 비중은 지자체 도서관이 68.5%, 사립 도서관이 0.8%이므로 〈보고서〉의 내용과 부합한다.

ㄹ. 〈보고서〉의 네 번째 단락에 따르면 2024년 전체 공공도서관 1관당 방문자 수는 253천 명이고, 2024년 지자체 도서관과 교육청 도서관의 1관당 방문자 수는 전년 대비 감소했으나 사립 도서관의 1관당 방문자 수는 전년 대비 증가했으므로 〈보고서〉의 내용과 부합한다.

오답 체크

ㄱ. 〈보고서〉의 첫 번째 단락에 따르면 2024년 공공도서관 수는 2020년 대비 20% 이상 증가, 좌석 수는 2020년 대비 5% 이상 증가했으나 [2020~2024년 공공도서관 수 및 좌석 수]에서 2020년 대비 2024년 공공도서관 수 및 좌석 수의 증가율은 각각 {(1,096−930)/930}×100≒17.8%, {(368−341)/341}×100≒7.9%로 공공도서관 수의 증가율이 20% 미만이므로 〈보고서〉의 내용과 부합하지 않는다.

4 자료이해

정답 ④

2024년 근로장려금 신청 금액 중 지급 금액이 차지하는 비중은 (44,286/52,568)×100≒84.2%이며, 근로장려금 신청 가구 수 중 지급 가구 수가 차지하는 비중은 (4,207/4,915)×100≒85.6%이므로 옳지 않은 설명이다.

오답 체크

① 2024년 근로장려금 지급 가구 수는 2020년의 4,207/1,570≒2.7배로 2.5배 이상이므로 옳은 설명이다.

② 2020년 대비 2021년 근로장려금의 지급 금액 증가폭은 12,808−11,416=1,392억 원이며, 신청 금액 증가폭은 15,865−14,175=1,690억 원이므로 옳은 설명이다.

③ 2022년 근로장려금 신청 가구당 신청 금액은 53,156/4,742≒11.2십만 원으로 110만 원 이상이므로 옳은 설명이다.

⑤ 근로장려금 신청 금액과 지급 금액의 차이는 2020년에 14,175−11,416=2,756억 원, 2021년에 15,865−12,808=3,057억 원, 2022년에 53,156−43,003=10,153억 원, 2023년에 49,979−43,915=6,064억 원, 2024년에 52,568−44,286=8,282억 원으로 2022년이 가장 크므로 옳은 설명이다.

5 자료변환

정답 ②

ㄱ. 〈보고서〉의 세 번째 단락에서 연구원들을 주체별로 살펴본 결과, 2024년 전체 연구원 수에서 기업체가 차지하는 비중이 60%가 넘었으며, 기업체에서 민간기업이 차지하는 비중이 90% 이상이었다고 했으므로 [2024년 주체별 연구원 수]는 추가로 필요한 자료이다.

ㄹ. 〈보고서〉의 첫 번째 단락에서 특히 공공연구기관의 연구원 수는 2019년 대비 2024년에 20% 이상 증가하여 큰 상승폭을 보여주었다고 했고, 세 번째 단락에서 2024년 전체 연구원 수에서 공공연구기관의 연구원 수는 15% 이하의 비중을 차지하고 있다고 했으므로 [연도별 공공연구기관 연구원 수]는 추가로 필요한 자료이다.

오답 체크

ㄴ. 〈보고서〉의 두 번째 단락에서 제시되는 연구개발사용비는 〈표 1〉의 연구원 수와 〈표 2〉의 연구원 1인당 연구개발사용비로 도출할 수 있으므로 [연도별 총 연구개발사용비]는 추가로 필요한 자료가 아니다.

ㄷ. 〈보고서〉에서 제시되지 않은 내용이므로 [2024년 학위별 연구원 수]는 추가로 필요한 자료가 아니다.

6 자료매칭

정답 ③

- 〈보고서〉의 첫 번째 단락에 따르면 전북, 전남, 충북, 충남 중 필기시험 접수자 수 대비 응시자 수의 비율이 가장 높은 지역은 전북이고, 필기시험 접수자 수 대비 응시자 수의 비율은 A가 (106,585/132,618)×100≒80.4%, B가 (78,120/104,860)×100≒74.5%, C가 (83,842/109,214)×100≒76.8%, D가 (88,536/113,500)×100≒78.0%이므로 A가 전북임을 알 수 있다.
- 〈보고서〉의 두 번째 단락에 따르면 전북, 전남, 충북, 충남 중 필기시험 합격률이 실기시험 합격률보다 높거나 같은 지역은 전북, 충북, 충남이므로 필기시험 합격률이 실기시험 합격률보다 낮은 D가 전남임을 알 수 있다.
- 〈보고서〉의 두 번째 단락에 따르면 필기시험 합격자 수 대비 실기시험 합격자 수의 비가 가장 낮은 지역은 충북이고, 필기시험 합격자 수 대비 실기시험 합격자 수의 비는 A가 39,169/47,192≒0.83, B가 24,872/34,838≒0.71, C가 25,332/38,972≒0.65, D가 29,960/39,420≒0.76이므로 C가 충북임을 알 수 있고, 나머지 B가 충남임을 알 수 있다.

따라서 A는 전북, B는 충남, C는 충북, D는 전남이다.

7 자료변환

정답 ⑤

〈보고서〉의 세 번째 단락에서 '기타'를 제외한 생활체육 비참여자의 체육활동 중단 이유로는 2023년과 2024년 모두 '체육활동 가능시간 부족'의 비율이 50% 이상으로 가장 높았고, 그 뒤를 이어 '체육활동에 대한 관심 부족', '건강상의 문제', '체육활동 지출비용 부담' 순이었다고 했으므로 [생활체육 비참여자의 체육활동 중단 이유]는 〈보고서〉의 내용과 부합하는 자료이다.

오답 체크

① 〈보고서〉의 두 번째 단락에서 2024년 생활체육 참여율은 60.8%로, 2020년보다 높게 나타났다고 했으나, [연도별 생활체육 참여율]에서는 2020년 값이 2024년보다 높게 나타나므로 〈보고서〉의 내용과 부합하지 않는 자료이다.

② 〈보고서〉의 두 번째 단락에서 2024년을 기준으로 생활체육 참여자가 주로 하는 체육활동 상위 8개 종목 중 비율의 감소폭이 가장 큰 종목은 등산이라고 했으나, [생활체육 참여자가 주로 하는 체육활동 상위 8개 종목(2024년 기준)]에서 등산의 감소폭은 $17.6-15.9=1.7$%p, 체조의 감소폭은 $6.1-4.3=1.8$%p로 체조가 더 크게 나타나므로 〈보고서〉의 내용과 부합하지 않는 자료이다.

③ 〈보고서〉의 첫 번째 단락에서 2024년 참여 경험이 있는 종목수에 따른 생활체육 경험률의 경우 '4종목 이상'의 2024년 비율이 전년 대비 25% 이상 감소하였다고 했으나, [생활체육 경험률의 참여 경험 종목수별 비율]에서는 전년 대비 2024년 '4종목 이상'의 생활체육 경험률의 감소율은 $\{(13.9-11.2)/13.9\}\times100\fallingdotseq19.4$%로 나타나므로 〈보고서〉의 내용과 부합하지 않는 자료이다.

④ 〈보고서〉의 두 번째 단락에서 생활체육 참여자의 체육시설 이용률의 경우 '이용하지 않음'을 제외하고, 2023년에 유형별 비율이 두 번째로 높았던 '공공 체육시설'이 2024년에는 가장 높았다고 했으나, [체육시설 유형별 이용률]에서 '공공 체육시설'은 2023년에 세 번째로 높고, 2024년에 가장 높게 나타나므로 〈보고서〉의 내용과 부합하지 않는 자료이다.

8 자료매칭

정답 ⑤

- 정시 나군으로 입학한 전체 사회과학 대학 신입생 중 일반전형으로 입학한 신입생이 차지하는 비중이 60% 이상이라고 했고, 전체 사회과학 대학 신입생 중 B전형으로 입학한 신입생이 차지하는 비중이 $(110/162)\times100\fallingdotseq67.9$%이므로 B가 일반전형이다.
- 전형별로 정시 나군의 신입생이 입학한 모집 단위 수는 지역균형전형이 가장 적다고 했고, A전형의 모집 단위가 정치외교학부, 경제학부, 인류학과 3개로 가장 적으므로 A가 지역균형전형이다.
- 저소득 기회균형특별전형으로 입학한 신입생 수가 특수·북한 기회균형특별전형 신입생 수의 3배로 나타났다고 했고, C전형이 D전형의 $12/4=3$배이므로 C가 저소득 기회균형특별전형, D가 특수·북한 기회균형특별전형이다.

따라서 A는 지역균형전형, C는 저소득 기회균형특별전형이다.

9 자료이해

정답 ④

한국인 여자와 외국인 남자의 국제결혼 건수 중 남자의 국적이 캐나다인 국제결혼 건수의 비중은 2019년에 $(398/5{,}769)\times100\fallingdotseq6.9$%, 2020년에 $(436/5{,}966)\times100\fallingdotseq7.3$%, 2021년에 $(402/6{,}090)\times100\fallingdotseq6.6$%, 2022년에 $(363/5{,}956)\times100\fallingdotseq6.1$%, 2023년에 $(257/4{,}241)\times100\fallingdotseq6.1$%, 2024년에 $(223/4{,}117)\times100\fallingdotseq5.4$%로, 매년 5% 이상이므로 옳은 설명이다.

오답 체크

① 한국인 남자와 외국인 여자의 국제결혼 건수가 가장 많은 해는 2022년이고, 한국인 여자와 외국인 남자의 국제결혼 건수가 가장 많은 해는 2021년이므로 옳지 않은 설명이다.

② 2024년 한국인 여자와 외국인 남자의 국제결혼 건수 중 남자의 국적이 미국인 국제결혼 건수의 비중은 $(1{,}276/4{,}117)\times100\fallingdotseq31.0$%로, 한국인 남자와 외국인 여자의 국제결혼 건수 중 여자의 국적이 중국인 국제결혼 건수의 비중인 $(2{,}426/8{,}985)\times100\fallingdotseq27.0$%보다 크므로 옳지 않은 설명이다.

③ 2019년은 2020년보다 한국인 남자와 국적이 베트남인 여자의 국제결혼 건수가 많지만 한국인 여자와 국적이 베트남인 남자의 국제결혼 건수는 적으므로 옳지 않은 설명이다.

⑤ 2023년 한국인 남자와 외국인 여자의 전체 국제결혼 건수의 2년 전 대비 감소율은 $\{(16{,}608-11{,}100)/16{,}608\}\times100\fallingdotseq33.2$%로 30% 이상이므로 옳지 않은 설명이다.

10 자료매칭

정답 ②

- 첫 번째 〈조건〉에 따르면 2018~2024년 동안 증권시장 상장회사 수는 매년 증가하므로 2020년 증권시장 상장회사 수는 1,988개 이상 2,110개 이하이고, 이에 따라 코스닥시장 상장회사 수인 '가'는 $1{,}988-774=1{,}214$개 이상 $2{,}110-774=1{,}336$개 이하이다. 이때 세 번째 〈조건〉에 따라 2019~2024년 증권시장 상장회사 수의 전년대비 증가량은 2020년이 가장 적으므로 2020년의 전년대비 증가량은 2021년의 2019년 대비 증가량의 절반인 $(2{,}111-1{,}987)/2=62$개보다 적어야 하고, 2020년 증권시장 상장회사 수는 최대 $1{,}987+61=2{,}048$개, 코스닥시장 상장회사 수는 최대 $2{,}048-774=1{,}274$개이다. 이에 따라 $1{,}214\leq$ 가 $\leq1{,}274$임을 알 수 있다.
- 두 번째 〈조건〉에 따르면 2018~2024년 동안 증권시장 시가총액은 2022년이 네 번째로 많으므로 2020년 시가총액인 '나'는 1,717조 원 보다 많아야 한다. 이에 따라 $1{,}717<$ 나임을 알 수 있다.
- 네 번째 〈조건〉에 따르면 2024년 유가증권시장 상장회사 개당 시가총액은 2.5조 원 이상이고, 2024년 유가증권시장 상장회사 수는 $2{,}356-1{,}532=824$개이므로 2024년 유가증권시장의 시가총액인 '다'는 $2.5\times824=2{,}060$조 원 이상이어야 한다. 이에 따라 다 $\geq2{,}060$임을 알 수 있다.

따라서 '가'는 1,266, '나'는 1,889, '다'는 2,203이다.

11 자료이해

정답 ②

ㄱ. 리콜 조치율$=\frac{\text{리콜 조치 건수}}{\text{안전성 조사 건수}}\times100$임을 적용하여 구하면, 생활용품이 $(62/225)\times100\fallingdotseq27.6$%, 어린이제품이 $(95/443)\times100\fallingdotseq21.4$%로 생활용품이 어린이제품보다 높으므로 옳은 설명이다.

ㄷ. 리콜 회수율 = $\frac{\text{회수 건수}}{\text{리콜 조치 건수}}$ × 100임을 적용하여 구하면, 어린이제품이 (52/95) × 100 ≒ 54.7%, 생활용품이 (32/62) × 100 ≒ 51.6%, 전기용품이 (37/66) × 100 ≒ 56.1%로 전기용품이 가장 높으므로 옳은 설명이다.

오답 체크

ㄴ. 전기용품의 리콜 조치율은 (66/337) × 100 ≒ 19.6%로 25% 미만이므로 옳지 않은 설명이다.

ㄹ. 제조 불량과 안전성 부적합이 모두 어린이제품의 리콜 명령 사유라면, 리콜 명령을 받은 어린이제품 중 리콜 명령 사유가 유해물질 검출인 건수는 최소 21−8−12=1건이므로 옳지 않은 설명이다.

12 자료이해

정답 ②

튀르키예의 2024년 남자 학업성취도 점수가 가장 높은 영역은 과학이므로 옳지 않은 설명이다.

오답 체크

① 이스라엘 남자와 일본 남자는 2024년 수학, 과학, 읽기 영역의 학업성취도 점수가 2021년에 비해 하락했으므로 옳은 설명이다.

③ 2021년 남자의 읽기 학업성취도 점수 대비 여자의 읽기 학업성취도 점수의 비는 한국이 539/498 ≒ 1.08, 이스라엘이 490/467 ≒ 1.05, 일본이 523/509 ≒ 1.03, 튀르키예가 442/414 ≒ 1.07으로 한국이 가장 크므로 옳은 설명이다.

④ 이스라엘의 과학 학업성취도 남녀 평균 점수는 2021년에 (469+464)/2=466.5점, 2024년에 (452+471)/2=461.5점으로 2024년에 2021년 대비 5점 감소하였으므로 옳은 설명이다.

⑤ 수학 영역에서 여성의 국가별 학업성취도 점수가 높은 국가부터 순서대로 나열하면 2021년과 2024년 모두 한국, 일본, 이스라엘, 튀르키예 순으로 같으므로 옳은 설명이다.

13 자료이해

정답 ①

• 갑의 〈대화〉에 따르면 독일의 수출액과 수입액이 다른 국가에 비해 월등히 많은 반면 아르헨티나의 수출액과 수입액이 가장 적다고 했으므로 G가 독일, J가 아르헨티나임을 알 수 있다.

• 을의 첫 번째 〈대화〉에 따르면 무역수지 적자를 기록한 국가인 인도, A, C, D, 남아프리카공화국, F, 영국 중 인도네시아의 적자가 가장 적다고 했으므로 적자가 170,727−167,497=3,230백만 달러로 가장 적은 A가 인도네시아임을 알 수 있다. 또한, 러시아와 이탈리아는 무역수지 흑자를 기록했으며, 이탈리아는 수출액이 영국의 수출액인 468,831백만 달러보다 많고 한국의 수출액인 542,233백만 달러보다 적으므로 무역수지 흑자를 기록한 B, 한국, E, G(독일), H, I, J(아르헨티나), K 중에서 수출액이 532,663백만 달러인 H가 이탈리아임을 알 수 있다.

• 병의 〈대화〉에 따르면 독일을 제외하고 세계 평균 수입액인 615,206백만 달러보다 많은 수입을 기록한 국가는 영국, 프랑스, 일본으로 D 또는 F가 각각 프랑스 또는 일본이며, 이 중 세계 평균 수출액인 598,032백만 달러보다 많은 수출을 기록한 국가는 일본뿐이라고 했으므로 수출액이 705,564백만 달러인 D가 일본, 나머지 F가 프랑스이다.

• 을의 두 번째 〈대화〉에 따르면 수출액이 세계 평균 수출액의 절반 수준에 못 미치는 국가인 A, B, C, 남아프리카공화국, E, J, K 중에서 수출액이 많은 국가부터 3개 국가는 오스트레일리아, 사우디아라비아, 브라질이므로 B가 사우디아라비아, E가 오스트레일리아, K가 브라질임을 알 수 있다. 이때 무역수지 흑자를 기록한 국가 중 남은 I가 러시아임을 알 수 있다.

따라서 국가명을 알 수 없는 것은 C이다.

14 자료이해

정답 ①

ㄱ. 2020년 대비 2024년 보호조치 아동 수가 감소하는 유형은 '가정위탁'과 '입양'뿐이므로 두 유형의 감소율을 비교한다. 2020년 대비 2024년 보호조치 아동 수 감소율은 '가정위탁'이 {(1,582−1,199)/1,582} × 100 ≒ 24.2%, '입양'이 {(239−104)/239} × 100 ≒ 56.5%이므로 옳은 설명이다.

ㄷ. '시설보호'와 '가정위탁' 유형의 보호조치 아동 수의 합은 2020년이 2,682+1,582=4,264명, 2021년이 2,887+1,447=4,334명이므로 옳은 설명이다.

오답 체크

ㄴ. '부모의 학대·빈곤'으로 인해 보호조치된 아동 수가 전체에서 차지하는 비중은 2020년에 (2,866/4,503) × 100 ≒ 63.6%이므로 옳지 않은 설명이다.

ㄹ. 각 연도별로 보호조치 아동 수가 많은 원인부터 순서대로 나열하면 2020년과 2021년은 '부모의 학대·빈곤', '미혼 부모', '비행·가출', '유기', '미아' 순이고, 2022년과 2023년은 '부모의 학대·빈곤', '미혼 부모', '유기', '비행·가출', '미아' 순이다. 또한 2024년은 '부모의 학대·빈곤', '비행·가출', '미혼 부모', '유기', '미아' 순으로 매년 동일하지는 않으므로 옳지 않은 설명이다.

빠른 문제 풀이 Tip

ㄱ. 각 유형 중 2024년 보호조치 아동 수가 2020년 보호조치 아동 수의 절반 미만인 유형은 '입양'뿐이므로 계산하지 않아도 '입양' 유형의 보호조치 아동 수의 감소율이 가장 큼을 알 수 있다.

15 자료매칭

정답 ③

제시된 〈그림〉에서 도시 A의 배 생산량 구성비가 40% 이상이므로 도시 가~아 중 배 생산량이 전체의 (1,856/4,492) × 100 ≒ 41.3%인 도시 '바'가 A임을 알 수 있다. 도시 B의 생산량 구성비는 배, 감, 매실이 30% 내외로 비슷하고 구성비가 큰 것부터 매실, 감, 배 순이므로 생산량이 매실 380톤, 감 346톤, 배 332톤인 도시 '나'가 B임을 알 수 있다.

따라서 A는 '바', B는 '나'이다.

빠른 문제 풀이 Tip

선택지에 제시된 도시만 생산량의 크기를 확인한다. 도시 A에서 생산량 구성비가 큰 과실종류는 배, 포도 순이고, 사과와 감의 구성비는 같다. 이때 도시 '가', '바', '아' 중 배 생산량이 포도보다 많고 사과와 감의 생산량이 같은 도시는 '바'이다. 도시 B에서 생산량 구성비가 큰 과실종류는 매실, 감, 배 순이고, 선택지 ③~④의 도시 '나', '라' 중 생산량의 크기 순서가 이와 동일한 도시는 '나'이다.

16 자료이해 정답 ①

ㄱ. 2024년 '갑'국 국적 미취득 외국인주민 중 29.0%는 외국인 근로자이고, '갑'국 국적 미취득 외국인주민 중 89.4%는 아시아 국적이므로 '갑'국 국적 미취득 외국인주민 중 29.0+89.4−100=18.4%는 적어도 아시아 국적의 외국인 근로자이다. 따라서 '갑'국 국적 미취득 외국인주민 1,780천 명 중 최소 1,780×0.184=327.52천 명은 아시아 국적의 외국인 근로자이므로 옳은 설명이다.

오답 체크

ㄴ. 〈표 1〉의 각주 2)에 따르면 외국인주민 비중이 5% 이상인 해에 다문화 국가에 진입하지만, 2020~2024년 동안 전체 인구는 매년 50,000천 명 이상, 외국인주민은 매년 2,500천 명 미만으로 외국인주민 비중은 매년 (2,500/50,000)×100=5% 미만이므로 옳지 않은 설명이다.

ㄷ. '갑'국 국적 미취득 외국인주민의 국적별 구성비는 유럽이 3.6%이고, 북미가 5.2%이므로 유럽과 북미 국적의 외국인주민은 1,780×0.088≒157천 명이다. 따라서 이들이 외국인주민에서 차지하는 비중은 (157/2,217)×100≒7.1%로 8% 미만이므로 옳지 않은 설명이다.

17 자료이해 정답 ④

회수율$=\frac{\text{회수 설문지 수}}{\text{배포 설문지 수}}\times 100$이므로 중소기업 배포 설문지 수를 x라고 하면 회수율은 60%로 회수 설문지 수는 $0.6x$이다. 전체 배포 설문지 수는 $110+x$, 전체 회수 설문지 수는 $96+0.6x$, 전체 회수율은 75%로 $4\times(96+0.6x)=3\times(110+x)$가 성립해야 하므로 $x=90$이다. 중소기업 배포 설문지 수는 90장, 중소기업 배포 설문지 중 회수 설문지 수는 90×0.6=54장이며, 이중 활용 설문지 수는 54×0.852≒46장이다. 따라서 전체 활용 설문지 수는 40+43+46≒129장이며 이 중 대기업 활용 설문지 수는 40장이므로 비중은 (40/129)×100≒31.0%이므로 옳지 않은 설명이다.

오답 체크

① 대기업 배포 설문지의 회수율은 (45/50)×100=90.0%로, 중견기업 배포 설문지의 회수율인 (51/60)×100=85.0%보다 높으므로 옳은 설명이다.

② 중소기업 배포 설문지 수는 90장으로 85장 이상이므로 옳은 설명이다.

③ 중소기업 배포 설문지 중 활용 설문지 수는 46장으로 45장 이상이므로 옳은 설명이다.

⑤ 전체 회수 설문지 수는 96+54=150장이고 전체 활용 설문지 수는 129장으로 전체 배포 설문지의 활용률은 (129/150)×100≒86.0%이므로 옳은 설명이다.

18 자료이해 정답 ②

ㄴ. 부적합률$=\frac{\text{부적합 건수}}{\text{검사 건수}}\times 100=\frac{\text{검사 건수}-\text{적합 건수}}{\text{검사 건수}}\times 100$임을 적용하여 구하면, 커피의 부적합률은 2021년에 {(172−168)/172}×100≒2.3%, 2022년에 {(240−236)/240}×100≒1.7%, 2023년에 {(216−214)/216}×100≒0.9%, 2024년에 {(144−136)/144}×100≒5.6%이며, 건포류의 부적합률은 2021년에 {(151−144)/151}×100≒4.6%, 2022년에 {(153−145)/153}×100≒5.2%, 2023년에 {(154−136)/154}×100≒11.7%, 2024년에 {(102−93)/102}×100≒8.8%이다. 따라서 커피의 부적합률은 건포류의 부적합률보다 매년 낮으므로 옳은 설명이다.

오답 체크

ㄱ. 전년 대비 건강기능식품 검사 건수의 증가율은 2023년에 {(333−151)/151}×100≒120.5%, 2024년에 {(431−333)/333}×100≒29.4%로 2024년 증가율이 전년 대비 감소했으므로 옳지 않은 설명이다.

ㄷ. 2022년에는 부적합 건수가 0건인 식품첨가물의 부적합 건수가 가장 적지만, 2024년에 식품첨가물의 부적합 건수는 105−101=4건으로 두부류의 부적합 건수인 124−121=3건보다 많으므로 옳지 않은 설명이다.

빠른 문제 풀이 Tip

ㄴ. 부적합 건수는 매년 커피가 건포류보다 적고, 검사 건수는 매년 커피가 건포류보다 많으므로 부적합률은 커피가 건포류보다 작음을 알 수 있다.

19 자료논리 정답 ⑤

상금지급기준에 따른 A~I 음식점의 요건별 등급은 다음과 같다.

구분	원가 대비 판매가격	고객평가점수	음식점 위생등급
A	3등급	2등급	1등급
B	2등급	2등급	3등급
C	1등급	1등급	2등급
D	3등급	2등급	3등급
E	1등급	1등급	1등급
F	3등급	2등급	2등급
G	1등급	3등급	3등급
H	2등급	3등급	2등급
I	2등급	1등급	1등급

ㄱ. 세 가지 요건 중 두 가지 요건이 1등급, 나머지 요건이 2등급인 음식점은 C와 I이다. 따라서 상금 500만 원을 지급받는 음식점은 총 2개이므로 옳은 설명이다.

ㄷ. 세 가지 요건이 모두 1등급인 음식점은 E이고, 세 가지 요건 중 두 가지 요건이 1등급, 나머지 요건이 2등급인 음식점은 C와 I이다. 따라서 지급되는 총 상금은 1,000+500+500=2,000만 원이므로 옳은 설명이다.

ㄹ. A~I 음식점의 고객평가점수가 모두 10%씩 증가한다면, A, D, F 음식점의 고객평가점수 요건은 1등급이 되고, G 음식점의 고객평가점수 요건은 2등급이 된다. 이에 따라 A 음식점은 세 가지 요건 중 두 가지 요건이 1등급, 나머지 요건이 3등급이 되므로 300만 원의 상금을 지급받는다. 이때 세 가지 요건이 모두 1등급인 음식점은 E로 300만 원을 지급받는 음식점 수와 1,000만 원을 지급받는 음식점 수가 각각 1개로 동일하므로 옳은 설명이다.

오답 체크

ㄴ. 세 가지 요건 중 두 가지 요건이 2등급인 음식점은 B, F, H 총 3개이므로 옳지 않은 설명이다.

20 자료이해

정답 ②

ㄱ. 우주산업 예산액 중 우주탐사 항목 예산액의 전년대비 증가율은 2023년이 {(21,661−5,068)/5,068}×100≒327%, 2024년이 {(68,031−21,661)/21,661}×100≒214%이므로 옳은 설명이다.

ㄷ. 2024년 공공기관의 우주산업 예산액 상위 4개 항목은 위성체 제작, 발사체 제작, 지상장비, 우주탐사이고, 예산액의 합은 273,554+224,959+49,605+68,031=616,149백만 원이다. 따라서 상위 4개 항목이 공공기관의 전체 예산액에서 차지하는 비중은 (616,149/687,311)×100≒89.6%이므로 옳은 설명이다.

오답 체크

ㄴ. 2021~2023년 우주산업 예산액 중 가장 높은 비중의 예산을 배정받은 항목은 2021~2022년이 발사체 제작이고, 2023년이 위성체 제작으로 매년 동일하지 않으므로 옳지 않은 설명이다.

ㄹ. 2024년 공공기관 우주산업 예산액 대비 정부부처 우주산업 예산액의 비율은 과학연구가 10,313/41,217≒0.25, 지상장비가 33,055/49,605≒0.67로, 과학연구보다 지상장비가 더 크므로 옳지 않은 설명이다.

빠른 문제 풀이 Tip

ㄱ. 우주산업 예산액 중 우주탐사 항목 예산액은 2023년이 2022년의 4배 이상, 2024년이 2023년의 3배 이상이므로 증가율은 2023년이 2024년보다 더 큰 것을 알 수 있다.

ㄷ. 예산 항목은 6개이므로 상위 4개 항목 대신 나머지 2개 항목에 대한 예산액 합이 전체 예산액의 15% 미만인지를 확인한다.

21 자료변환

정답 ③

ㄱ. <보고서>의 세 번째 단락에 따르면 2021년 이후 '갑'국에서 우주산업에 참여하는 연구기관이 점차 늘어나며 2024년에는 2021년 대비 약 25% 증가한다고 했으므로 '2021~2024년 '갑'국 우주산업 참여 연구기관 수'는 <보고서>를 작성하기 위해 추가로 필요한 자료이다.

ㄴ. <보고서>의 두 번째 단락에서 2022~2024년 3년간 발사체 제작 연구기관에 종사하는 인력이 매년 70명 내외라고 했으므로 '2022~204년 우주산업 예산 항목별 세계 및 '갑'국 종사 인력'은 <보고서>를 작성하기 위해 추가로 필요한 자료이다.

ㄷ. <보고서>의 첫 번째 단락에서 2023년 '갑'국 우주산업 예산액은 세계 다른 국가들에 비해서는 낮은 편이고, 2024년 과학연구 예산액은 미국 예산액의 약 2.4% 수준에 그쳤다고 했으므로 '2023~2024년 우주산업 예산 항목별, 세계 국가별 예산액'은 <보고서>를 작성하기 위해 추가로 필요한 자료이다.

오답 체크

ㄹ. 2024년 '갑'국의 예산 항목별 우주산업 예산액 중 해외 연구기관의 비중은 <표 2>를 토대로 도출 가능하므로 '2024년 '갑'국 전체 우주산업 예산액 중 해외 연구기관의 비중'은 <보고서>를 작성하기 위해 추가로 필요한 자료가 아니다.

22 자료이해

정답 ④

- 의료용기기의 2022~2023년 수출액은 모두 전년 대비 증가했으므로 2024년 수출액은 2023년 수출액에서 2022년 대비 2023년 수출액 증가폭의 2배만큼 증가한 값으로 산출한다. 따라서 의료용기기의 2024년 예상 수출액(A)은 204+{(204−190)×2}=232백만 달러이다.
- 2023년 수출액이 큰 품목부터 나열하면 전자부품, 통신기기, 전기장비, 주변기기 순이고, 2023년 수출액이 1,000백만 달러 이상인 전자부품과 통신기기는 2024년 예상 수출액도 1,000백만 달러 이상이다. 또한, 2023년 수출액 상위 4개 품목을 제외한 품목의 수출액은 500백만 달러 이하이고 2024년 예상 수출액이 전기장비, 주변기기보다 커질 수 없다. 이에 따라 전기장비와 주변기기의 2024년 예상 수출액을 확인하면, 전기장비의 경우 수출액이 2022년에 증가하고 2023년에 감소했으므로 2024년 예상 수출액은 2023년 수출액에 2023년 수출액의 전년 대비 감소폭을 감산한 899−(1,056−899)=742백만 달러이고, 주변기기의 경우 수출액이 2022년에 감소하고 2023년에 증가했으므로 2024년 예상 수출액은 2023년 수출액에 2023년 수출액의 전년 대비 증가폭을 가산한 787+(787−745)=829백만 달러이다. 이에 따라 2024년 예상 수출액이 세 번째로 큰 품목(B)은 주변기기임을 알 수 있다.

따라서 A는 232, B는 주변기기이다.

23 자료이해

정답 ④

제시된 <표>에 지원 기업의 기술성 평가 합격률이 모두 제시되어 있으므로 이를 통해 혁신R&D과제에 지원한 기업 수를 구한다. 기술성 평가에서 합격한 지원 기업의 수는 창업기업과제가 35×0.8=28개, 디딤돌창업과제가 45개이고, 전체 기술성 평가의 합격률이 90.0%이므로 혁신R&D 과제의 지원 기업 수를 x라고 하면, 혁신R&D 과제의 지원 기업 수는 다음과 같이 계산할 수 있다.

$28+45+0.85x=0.90(35+45+x) \rightarrow x=20$

이에 따라 혁신R&D과제의 지원 기업 수는 20개이다. 이때 창업기업과제와 혁신R&D과제에 지원한 기업 중 정책부합성 평가에서 합격한 기업의 수는 창업기업과제가 35×0.8=28개, 혁신R&D과제가 20×0.9=18개이다. 따라서 정책부합성 평가에서 불합격한 기업의 수는 창업기업과제가 35−28=7개, 혁신R&D과제가 20−18=2개이므로 옳은 설명이다.

오답 체크

① 혁신R&D과제의 지원 기업 수는 20개로 25개 미만이므로 옳지 않은 설명이다.

② 사업성 평가에서 합격한 창업기업과제와 디딤돌창업과제 지원 기업의 수는 창업기업과제가 35×0.8=28개, 디딤돌창업과제가 45×0.6=27개이므로 옳지 않은 설명이다.

③ 합격률 $=\frac{\text{합격한 지원 기업 수}}{\text{지원 기업 수}}\times 100$임을 적용하여 구한다. 창업기업과제 지원 기업의 최종 합격률은 40.0%이므로 최종 불합격률은 60.0%임을 알 수 있다. 따라서 창업기업과제에 지원한 기업 중 최종 불합격한 지원 기업의 수는 35×0.6=21개로 20개 이상이므로 옳지 않은 설명이다.

⑤ 정책부합성 평가에서 합격한 기업의 수는 창업기업과제가 35×0.8=28개, 디딤돌창업과제가 45개, 혁신R&D과제가 20×0.9=18개이다. 따라서 전체 정책부합성 평가의 합격률은 {(28+45+18)/(35+45+20)}×100=91.0%로 95% 미만이므로 옳지 않은 설명이다.

24 자료이해

정답 ⑤

제시된 업종 중 B업종의 상품화 성공률이 가장 높고, C업종의 기술개발 성공건수는 3.1×0.484≒1.5건이다. 따라서 기술개발 성공건수가 가장 많은 업종은 B이므로 옳은 설명이다.

오답 체크

① 제시된 업종 중 기업체 수가 가장 많은 업종은 C이고, 기술개발 성공률이 가장 높은 업종은 F이므로 옳지 않은 설명이다.

② 상품화 성공건수는 C업종이 3.1×0.484×0.6≒0.9건으로 F업종의 1.1건보다 적으므로 옳지 않은 설명이다.

③ 기술개발 시도건수가 4.0건 이상인 업종은 B와 E이고, 기술개발 성공률과 상품화 성공률의 차이는 B업종이 71.4−53.8=17.6%p, E업종이 66.7−47.7=19.0%p이므로 옳지 않은 설명이다.

④ 기술개발 성공률 $=\frac{\text{기술개발 성공건수}}{\text{기술개발 시도건수}}\times100$, 상품화 성공률 $=\frac{\text{상품화 성공건수}}{\text{기술개발 성공건수}}\times100$이므로 기술개발 시도건수에서 상품화 성공건수가 차지하는 비중 $=\frac{\text{기술개발 성공률}\times\text{상품화 성공률}}{100}$임을 적용하여 구한다. 따라서 기술개발 시도건수에서 상품화 성공건수가 차지하는 비중은 B업종이 53.8×0.714≒38.4%로, G업종의 48.5×0.688≒33.4%보다 크므로 옳지 않은 설명이다.

25 자료이해

정답 ④

TV 결합 상품별 인터넷 속도에 따른 모바일 결합 요금과 모바일 미결합 요금의 차이는 다음과 같다.

구분	100Mbps	500Mbps	1Gbps
이코노미	3,300원	6,600원	8,800원
프리미엄	5,500원	10,100원	11,800원

따라서 TV 결합 상품으로 '프리미엄'을 이용하는 경우가 '이코노미'를 이용하는 경우보다 2,000원 이상 크므로 옳은 설명이다.

오답 체크

① TV 결합 상품을 이용하지 않는 경우 모바일 결합 할인율은 인터넷 속도 100Mbps에서 {(22,000−18,700)/22,000}×100=15.0%, 500Mbps에서 {(33,000−25,300)/33,000}×100≒23.3%, 1Gbps에서 {(38,500−30,800)/38,500}×100=20.0%로 인터넷 속도가 빠를수록 모바일 결합 할인율이 상승하는 것은 아니므로 옳지 않은 설명이다.

② TV 결합 상품으로 '베이직'을 이용하는 경우 인터넷 속도 100Mbps와 1Gbps의 월 인터넷 요금 차이는 모바일을 결합하지 않는 경우가 49,500−38,500=11,000원으로, 모바일을 결합하는 경우인 40,600−32,800=7,800원의 11,000/7,800≒1.4배로 1.5배 미만이므로 옳지 않은 설명이다.

③ TV 결합 상품으로 '에센스'를 이용하는 경우 모바일 결합 할인율은 인터넷 속도 500Mbps에서 {(48,400−41,600)/48,400}×100≒14.0%로, 100Mbps에서의 모바일 결합 할인율인 {(42,900−37,400)/42,900}×100≒12.8%보다 높으므로 옳지 않은 설명이다.

⑤ 인터넷 속도 1Gbps에 TV 결합 상품으로 '이코노미'를 이용하고 모바일을 결합하는 경우 연간 인터넷 요금은 12×38,500=462,000원으로 480,000원 미만이므로 옳지 않은 설명이다.

실전모의고사 3회

모바일 자동 채점 및
성적 분석 서비스

정답

1	①	자료매칭	6	④	자료매칭	11	⑤	자료이해	16	⑤	자료이해	21	④	자료변환
2	②	자료계산	7	③	자료매칭	12	④	자료이해	17	③	자료이해	22	⑤	자료이해
3	①	자료변환	8	⑤	자료변환	13	③	자료이해	18	③	자료이해	23	③	자료이해
4	⑤	자료매칭	9	②	자료이해	14	⑤	자료매칭	19	②	자료이해	24	④	자료이해
5	④	자료변환	10	①	자료논리	15	④	자료이해	20	④	자료이해	25	③	자료이해

취약 유형 분석표

유형별로 맞힌 개수, 틀린 문제 번호와 풀지 못한 문제 번호를 적고 나서 취약한 유형이 무엇인지 파악해 보세요.

유형	맞힌 개수	틀린 문제 번호	풀지 못한 문제 번호
자료이해	/14		
자료계산	/1		
자료매칭	/5		
자료논리	/1		
자료변환	/4		
TOTAL	/25		

해설

1 자료매칭

정답 ①

무료 관중 중 군인이 차지하는 비중 $= \frac{\text{군인}}{\text{군인}+\text{이벤트 당첨자}} \times 100$임을 적용하여 구하면, A가 {743/(743+1,560)}×100 ≒ 32.3%, B가 {1,483/(1,483+1,472)}×100 ≒ 50.2%, C가 {900/(900+1,650)}×100 ≒ 35.3%, D가 {31/(31+57)}×100 ≒ 35.2%이다.

따라서 무료 관중 중 군인이 차지하는 비중이 가장 높은 축구단은 B, 가장 낮은 축구단은 A이다.

2 자료계산

정답 ②

소내전력률 $= \frac{\text{소내전력량}}{\text{발전량}} \times 100$임을 적용하여 구한다.

소내전력량 계가 58.4GWh이므로 5월 소내전력량은 58.4−(4.5+4.9+4.2+5.1+4.8+4.6+5.3+4.9+5.5+4.5+5.2)=4.9GWh이고, 발전량 계가 2,141GWh이므로 11월 발전량은 2,141−(183+177+172+165+175+181+186+195+172+167+188)=180GWh이다. 이에 따라 소내전력률을 계산하면 5월은 (4.9/175)×100=2.8%, 11월은 (4.5/180)×100=2.5%이다.

따라서 5월과 11월의 소내전력률 차이는 2.8−2.5=0.3%p이다.

3 자료변환

정답 ①

2021~2024년 동안 A지역의 전년 대비 오존 농도 증가율은 2021년이 {(0.025−0.022)/0.022}×100 ≒ 13.6%, 2022년이 {(0.038−0.025)/0.025}×100=52.0%, 2023년이 {(0.026−0.038)/0.038}×100 ≒ −31.6%, 2024년이 {(0.028−0.026)/0.026}×100 ≒ 7.7%이므로 〈표〉를 이용하여 작성한 자료로 옳지 않다.

4 자료매칭

정답 ⑤

- 세 번째 〈조건〉에 따르면 2023년과 2024년의 생산품목 1개당 생산액이 같고, 2024년 생산품목 1개당 생산액은 22,400/28,000=0.8백만 달러이므로 2023년 생산액은 30,000×0.8=24,000백만 달러이다.
- 두 번째 〈조건〉에 따르면 2019년과 2023년의 생산액이 같고, 2023년 생산액이 24,000백만 달러이므로 2019년 생산액은 24,000백만 달러이다. 이때 2020년 생산액의 전년 대비 증감액은 0백만 달러이므로 2020년 생산액은 24,000백만 달러이다.
- 네 번째 〈조건〉에 따라 2019년 생산액의 전년 대비 증감액이 1,500백만 달러이므로 2021년 생산액의 전년 대비 증감액은 2019년의 1.2배인 1.2×1,500=1,800백만 달러이다. 이에 따라 2021년 생산액은 24,000+1,800=25,800백만 달러임을 알 수 있다.
- 첫 번째 〈조건〉에 따라 2022년 생산액의 전년 대비 증감액은 2021년과 같은 1,800백만 달러이므로 2022년 생산액은 25,800+1,800=27,600백만 달러임을 알 수 있다.

따라서 의약품 생산액이 가장 많은 연도는 2022년, 가장 적은 연도는 2024년이다.

5 자료변환

정답 ④

ㄱ. 〈보고서〉의 두 번째 단락에 따라 중소기업 이력지원정보 현황에서 기관 수의 온라인 연계 비율이 10.8%이고, 지원금액의 온라인 연계 비율은 90.7%이다. 또한 지원기업 수의 온라인 연계비율은 78.6%이고, 사업 수의 온라인 연계 비율의 3배는 23.9×3=71.7%이므로 [2023년 중소기업 이력지원정보 현황]은 〈보고서〉의 내용과 부합한다.

ㄷ. 〈보고서〉의 세 번째 단락에 따라 전체 부처의 지원 협의 대상 사업 83개 중 중기부의 지원사업은 28개, 농식품부의 사업은 5개이므로 중기부의 지원사업은 농식품부의 지원사업보다 28/5=5.6배 많았음을 알 수 있다. 또한 지원 협의대상 사업 수 상위 3개 부처는 중기부, 산업부, 과정부이고, 전체 지원 협의대상 사업 수 중에서 중기부, 산업부, 과정부의 지원 협의대상 사업 수가 차지하는 비중은 {(28+29+13)/83}×100 ≒ 84.3%이므로 [2024년 부처별 지원 협의대상 사업 수]는 〈보고서〉의 내용과 부합한다.

ㄹ. 〈보고서〉의 세 번째 단락에 따라 2024년 지원 협의대상 사업 중 1차 검토 사업 비율은 {63/(63+6+14)}×100 ≒ 75.9%, 재협의 후 협의 완료 사업 비율은 {6/(63+6+14)}×100 ≒ 7.2%, 조정 심의에 들어간 사업 비율은 {14/(63+6+14)}×100 ≒ 16.9%이므로 [2024년 지원 협의대상 사업 사전심의 결과]는 〈보고서〉의 내용과 부합한다.

오답 체크

ㄴ. 〈보고서〉의 첫 번째 단락에서 2023년 중소기업 지원사업은 세부사업과 내역사업으로 나누어진다고 했으므로 2023년 전체 중소기업 지원사업의 시행주체별 사업 수 비율은 중앙부처가 {(344+853)/(1,653+2,816)}×100 ≒ 26.8%, 지자체가 {(1,309+1,963)/(1,653+2,816)}×100 ≒ 73.2%이므로 [2023년 전체 중소기업 지원사업의 시행주체별 사업 수 비율]은 〈보고서〉에 제시된 내용과 부합하지 않는다.

6 자료매칭

정답 ④

- 세 번째 〈조건〉에서 2024년 생산액 상위 10개 업체 중 2022~2024년 동안 순위가 꾸준히 하락한 업체는 2022년 6위, 2023년 7위, 2024년 8위로 하락한 C이므로 C가 'H헬스'이다.
- 첫 번째 〈조건〉에서 2024년 생산액 상위 10개 업체 중 2023년 생산액이 전년 대비 감소하고 2024년 생산액이 전년 대비 증가한 업체는 A, C, D이고, C가 H헬스이므로 A와 D가 'G헬스케어' 또는 'S의료기기'이다.
- 두 번째 〈조건〉에서 2023년 'I헬스'의 생산액은 'S의료기기'의 생산액보다 많았으나 2024년에는 'S의료기기'의 생산액이 'I헬스'의 생산액보다 많았다고 했으므로 D가 'S의료기기', E가 'I헬스'이고, 이에 따라 A가 'G헬스케어', B가 'T임플란트'이다.

따라서 B는 'T임플란트', D는 'S의료기기'이다.

7 자료매칭

정답 ③

- 〈보고서〉의 첫 번째 단락 두 번째 문장에서 '조직·인력 규모'의 경우 응답 내용의 비율이 '많다'가 가장 높고, 그다음 '적정하다', '적다' 순으로 나타났다고 했으므로, 응답 내용 중 '적정하다'는 비율이 100−40−17=43%로 가장 높은 D가 소거된다.

• 〈보고서〉의 첫 번째 단락 세 번째 문장에서 '조직·인력 규모'가 '많다'는 응답 비율이 '적다'의 5배 이상이라고 했으므로 '많다'는 응답 비율이 52%로 '적다'는 비율의 5배인 23 × 5 = 115%보다 작은 E가 소거된다.
• 〈보고서〉의 두 번째 단락 두 번째 문장에서 '평균보수'의 경우 응답 내용 중 '낮다'의 비율이 가장 높다고 했으므로 응답 내용 중 '높다'는 비율이 61%로 가장 높은 B가 소거된다.
• 〈보고서〉의 두 번째 단락 마지막 문장에서 '낮다'는 응답 비율은 '적정하다'는 비율과 5%p 이상 차이 난다고 했고, 소거되고 남은 A와 C 중 '적정하다'는 비율은 A가 100 − 14 − 44 = 42%, C가 100 − 31 − 39 = 30%이므로 비율의 차이는 A가 44 − 42 = 2%p, C가 39 − 30 = 9%p이다. 따라서 비율의 차이가 5% 미만인 A가 소거된다.
• 〈보고서〉의 두 번째 단락 마지막 문장에 따르면 '낮다'는 응답 비율은 '높다'는 비율과 30%p 이내로 차이 나고, C의 응답 비율 차이는 39 − 31 = 8%p이므로 C는 〈보고서〉의 모든 내용과 부합한다.

따라서 〈보고서〉의 내용에 해당하는 '가' 응답 집단은 C이다.

8 자료변환 정답 ⑤

〈보고서〉의 마지막 자료 [2024년 여성가구주 현황]에서는 2024년 여성가구주 가구수와 여성가구주 혼인상태별 비율을 나타내고 있으므로 [2024년 '갑'국의 혼인상태별 여성인구수]는 〈보고서〉의 내용을 작성하는 데 직접적인 근거로 활용되지 않은 자료이다.

오답 체크

① 〈보고서〉의 세 번째 자료 [조혼인율 및 조이혼율 현황]에서 2023년과 2024년의 조혼인율과 조이혼율을 작성하기 위해서는 2023년과 2024년의 혼인건수, 이혼건수, 총인구수에 관한 자료가 필요하므로 [2019~2024년 '갑'국의 혼인건수], [2023년 및 2024년 '갑'국의 이혼건수]와 더불어 [2023년 및 2024년 '갑'국의 총인구수]는 〈보고서〉의 내용을 작성하는 데 직접적인 근거로 활용된 자료이다.

② 〈보고서〉의 두 번째 자료 [2024년 이혼 현황]에서 2024년의 이혼건수, 전년 대비 이혼건수 증감, 전년 대비 이혼건수 증감률을 작성하기 위해서는 2023년과 2024년의 이혼건수에 관한 자료가 필요하므로 [2023년 및 2024년 '갑'국의 이혼건수]는 〈보고서〉의 내용을 작성하는 데 직접적인 근거로 활용된 자료이다.

③ 〈보고서〉의 네 번째 자료 [2024년 한부모가구 현황]에서 2024년의 한부모가구수와 총가구 대비 한부모가구 비율을 작성하기 위해서는 2024년의 총가구수와 한부모가구수에 관한 자료가 필요하므로 [2024년 '갑'국의 총가구수 및 한부모가구수]는 〈보고서〉의 내용을 작성하는 데 직접적인 근거로 활용된 자료이다.

④ 〈보고서〉의 첫 번째 자료 [연도별 혼인 현황]에서 2020~2024년의 혼인건수와 전년 대비 혼인건수 증감을 작성하기 위해서는 2019~2024년 혼인건수에 관한 자료가 필요하므로 [2019~2024년 '갑'국의 혼인건수]는 〈보고서〉의 내용을 작성하는 데 직접적인 근거로 활용된 자료이다.

9 자료이해 정답 ②

전체 남성 창업기업 수는 2022년이 73,303 + 596,569 = 669,872개, 2023년이 76,081 + 635,462 = 711,543개, 2024년이 79,709 + 609,292 = 689,001개로 2022년이 가장 적다. 이때 A업종 남성 창업기업 수는 2022년이 29,247 + 95,443 = 124,690개, 2023년이 30,678 + 99,090 = 129,768개, 2024년이 30,971 + 101,811 = 132,782개로 2022년이 가장 적으므로 옳은 설명이다.

오답 체크

① 전체 개인 창업기업 수는 2022년이 596,569 + 562,030 = 1,158,599개, 2023년이 635,462 + 606,437 = 1,241,899개, 2024년이 609,292 + 566,357 = 1,175,649개로 2022년이 가장 적다. 이때 A업종의 개인 창업기업 수는 2022년이 95,443 + 65,800 = 161,243개, 2023년이 99,090 + 73,236 = 172,326개, 2024년이 101,811 + 77,776 = 179,587개로 2022년이 가장 적으므로 옳지 않은 설명이다.

③ 전체 법인 창업 기업 수에서 A업종 법인 창업기업 수가 차지하는 비중은 2022년이 (29,247 + 8,193) / (73,303 + 23,707) × 100 ≒ 38.6%, 2023년이 (30,678 + 8,963) / (76,081 + 25,636) × 100 ≒ 39.0%, 2024년이 (30,971 + 9,791) / (79,709 + 29,127) × 100 ≒ 37.5%로 매년 40% 미만이므로 옳지 않은 설명이다.

④ 전체 업종 여성 창업기업 수는 2022년이 23,707 + 562,030 = 585,737개, 2023년이 25,636 + 606,437 = 632,073개, 2024년이 29,127 + 566,357 = 595,484개로 2024년에 전년 대비 감소했으므로 옳지 않은 설명이다.

⑤ A업종 개인 창업기업 수 중 여성 창업기업 수 비중은 2022년이 65,800 / (95,443 + 65,800) × 100 ≒ 40.8%, 2023년이 73,236 / (99,090 + 73,236) × 100 ≒ 42.5%, 2024년이 77,776 / (101,811 + 77,776) × 100 ≒ 43.3%로 매년 45% 미만이므로 옳지 않은 설명이다.

빠른 문제 풀이 Tip

① 대소 비교를 통해 문제를 풀이한다. 2022년 남성과 여성 개인 창업기업 수는 모두 2023년, 2024년보다 적으므로 2022년이 전체 개인 창업기업 수가 가장 적을 것임을 알 수 있다. 또한 2022년 남성과 여성의 A업종의 개인 창업기업 수 역시 2023년, 2024년보다 적으므로 2022년 A기업의 개인 창업기업 수가 가장 적을 것임을 알 수 있다.

④ 증가폭과 감소폭을 비교하여 문제를 풀이한다. 2023년은 법인과 개인 모두 2022년 여성 창업기업 수보다 증가했으므로 별도의 계산을 하지 않아도 확인할 수 있다. 2024년은 법인이 2023년보다 3,000~4,000개가 증가한 반면 개인은 40,000개 정도 감소했으므로 감소폭이 더 크다. 따라서 2024년에는 2023년보다 감소했음을 알 수 있다.

⑤ 45%는 50% − 5%로 계산한다. 예를 들어 가장 비중이 높은 2024년의 경우 A업종 개인 창업기업 수는 약 18만 개인데, 18만 개의 50%는 약 9만 개, 5%는 약 9천 개이다. 따라서 45%는 약 8.1만 개이고, 2024년 A업종 개인 창업기업 수 중 여성 창업기업 수는 약 7.8만 개이므로 45% 미만임을 알 수 있다.

10 자료논리 정답 ①

소득계층은 상류층, 중산층, 저소득층 3단계로 구분되므로 소득계층 2단계 하락은 '상류층 → 저소득층'을 의미하고, 2단계 상승은 '저소득층 → 상류층'을 의미한다. 2022년 저소득층 국민 50만 명 중 2024년에 소득계층이 이동한 20%는 50 × 0.2 = 10만 명이므로 40만 명은 소득계층의 이동이 없다. 이때 2단계 상승 국민 수가 5만 명이므로 '저소득층 → 중산층'으로 1단계 상승한 국민 수는 5만 명이며, 이는 1단계 상승 국민 수 5만 명과 동일하므로 '중산층 → 상류층'으로 1단계 상승한 국민은 없다. 이에 따라 2022년과 2024년 모두 중산층인 국민의 수를 x만 명이라고 하면 2022년 대비 2024년 '갑'국 국민의 소득계층 이동은 다음과 같이 정리할 수 있다.

구분		2024년			
		상류층	중산층	저소득층	계
2022년	상류층	$25-x$	$5+x$	5	35
	중산층	0	x	$15-x$	15
	저소득층	5	5	40	50
	합	$30-x$	$10+2x$	$60-x$	100

이때 2024년 저소득층 국민 수 대비 상류층 국민 수의 비율은 40%이므로 $0.4\times(60-x)=30-x$이고, $x=10$이다. 이에 따라 2024년 상류층 국민 수는 30−10=20만 명, 중산층은 10+20=30만 명, 저소득층은 60−10=50만 명이다.

따라서 2024년 '갑'국의 국민 총소득은 (3,000×20)+(2,000×30)+(1,000×50)=170,000억 원이다.

11 자료이해

정답 ⑤

A학교에서 구입하려는 도서 목록의 총점 및 구매 지원비를 정리하면 다음과 같다.

구분 / 도서명	가격(원)	전문가 평점	학생 선호도(점)	교사 선호도(점)	총점 (점)	구매 지원비(원)
내일은 내일이	14,000	☆☆☆☆	75	85	160	9,000
조르도바	15,500	☆☆☆	48	80	128	3,000
정찰	21,000	☆☆☆☆☆	60	90	150	6,000
데미어	10,000	☆☆	84	70	154	6,000
경제야구	13,000	☆☆☆☆	90	55	145	5,000

ㄱ. A학교에서 구입하려는 도서 목록 중 총점이 가장 높은 도서는 총점이 160점인 '내일은 내일이'이므로 옳은 설명이다.

ㄷ. A학교에서 구입하려는 도서 목록 중 학생 선호도가 가장 높은 도서는 학생 선호도가 90점인 '경제야구'이고, '경제야구'의 구매 지원비는 5,000원이다. 또한 교사 선호도가 가장 높은 도서는 교사 선호도가 90점인 '정찰'이고, '정찰'의 구매 지원비는 6,000원이다. 따라서 '경제야구'의 구매 지원비는 '정찰'의 구매 지원비보다 적으므로 옳은 설명이다.

ㄹ. A학교에서 구입하려는 도서 목록의 가격 대비 구매 지원비는 '내일은 내일이'가 9,000/14,000≒0.6, '조르도바'가 3,000/15,500≒0.2, '정찰'이 6,000/21,000≒0.3, '데미어'가 6,000/10,000=0.6, '경제야구'가 5,000/13,000≒0.4로 '조르도바'의 가격 대비 구매 지원비가 가장 작으므로 옳은 설명이다.

오답 체크

ㄴ. A학교에서 구입하려는 도서 목록 중 구매지원비가 5,000원 이상인 도서는 '내일은 내일이', '정찰', '데미어', '경제야구' 총 4개이므로 옳지 않은 설명이다.

12 자료이해

정답 ④

정보·통신 산업의 기술무역수지는 857백만 달러로 모든 산업 중 흑자 규모가 가장 크지만, 기술무역규모는 전체 산업의 (11,057/31,633)×100≒35.0%이므로 옳지 않은 설명이다.

오답 체크

① 전체 기술무역규모 31,633백만 달러 중 기업의 기술무역규모는 31,316백만 달러로 전체의 (31,316/31,633)×100≒99.0%이고, 대기업의 기술무역규모는 기업 전체의 (16,540/31,316)×100≒52.8%이므로 옳은 설명이다.

② 중소기업은 중견기업보다 기술수출액은 3,679−3,472=207백만 달러 크고, 기술도입액은 3,918−3,707=211백만 달러 크며, 기술무역규모도 크므로 옳은 설명이다.

③ 기술수출액과 기술도입액 상위 3개 산업은 기계, 전기·전자, 정보·통신이므로 옳은 설명이다.

⑤ 전기·전자 산업은 기술도입액이 기술수출액의 2배 이상이고, 기술무역수지 적자 규모는 4,097백만 달러로 화학의 392백만 달러 대비 10배 이상이므로 옳은 설명이다.

13 자료이해

정답 ③

당해연도 재고량=직전년도 재고량+당해연도 생산량−당해연도 소비량임을 적용하면 2020년 재고량은 2,442+1,290−1,143=2,589톤이다. 또한 직전년도 재고량=당해연도 재고량−당해연도 생산량+당해연도 소비량이므로 2018년의 직전년도 재고량은 2,151−1,848+1,495=1,798톤이다. 따라서 2018~2023년 중 직전년도 재고량이 가장 적은 연도는 2018년이므로 옳지 않은 설명이다.

오답 체크

① 2022년 생산량은 2,772+908−2,649=1,031톤으로 생산량과 소비량은 전년 대비 매년 감소했으므로 옳은 설명이다.

② 재고량 중 정부비축량의 비중은 2021년이 (918/2,649)×100≒34.7%, 2023년이 (944/2,810)×100≒33.6%이므로 옳은 설명이다.

④ 2019~2023년 중 2020년 생산량의 전년 대비 감소율이 {(1,605−1,290)/1,605}×100≒19.6%로 가장 높으므로 옳은 설명이다.

⑤ 소비량은 매년 감소하고 재고량은 매년 증가한다. 따라서 소비량 대비 재고량의 비율은 매년 증가했으므로 옳은 설명이다.

빠른 문제 풀이 Tip

③ 당해연도 재고량=직전년도 재고량+당해연도 생산량−당해연도 소비량이므로 생산량이 소비량보다 많은 연도에는 재고량이 전년 대비 증가하는 것을 알 수 있다. 〈표〉에서 2018년 생산량이 소비량보다 많으므로 2018년 재고량은 2017년보다 많고, 마찬가지로 2020년 재고량은 2019년보다 많다. 이에 따라 2018~2023년 중 직전년도 재고량은 2018년이 가장 적다.

14 자료매칭

정답 ⑤

- 네 번째 〈조건〉에 따르면 B와 C의 사업체 수의 합은 D와 E의 사업체 수의 합과 같고, 사업체 수의 합이 같아질 수 있는 도시의 조합은 합이 823,600+234,400=1,058,000개인 '가'와 '마', 934,300+123,700=1,058,000개인 '다'와 '라'이다.
- 첫 번째 〈조건〉에 따라 A~E 중 인구가 가장 많은 도시는 인구가 823,600/84≒9,805천 명인 '가'이므로 '가'가 B이다. 이에 따라 '마'는 C이고, '다'와 '라'는 각각 D 또는 E이며, 나머지 '나'가 A이다.

• 세 번째 〈조건〉에 따라 B(가)와 C(마)의 종사자 수 합은 5,827+1,150=6,977천 명으로, A(나), D, E의 종사자 수의 합인 868+5,003+932=6,803천 명보다 보다 큰 것임을 알 수 있다.
• 두 번째 〈조건〉에 따르면 D는 C(마)와 E에 비해 사업체 1개당 종사자 수가 많고, 사업체 1개당 종사자 수는 '다'가 5,003,000/934,300≒5.4명, '라'가 932,000/123,700≒7.5명, '마'가 1,150,000/234,400≒4.9명이므로 이 중 사업체 1개당 종사자 수가 가장 많은 '라'가 D, '다'가 E이다.

따라서 '다'는 E, '마'는 C이다.

15 자료이해

정답 ④

ㄱ. 제조업 GDP 대비 식품산업 총생산액 비율이 GDP 대비 식품산업 총생산액 비율의 4배 이상이면 GDP가 제조업 GDP의 4배 이상이다. 따라서 2024년 GDP는 제조업 GDP의 11.3/2.8≒4.04배이므로 옳은 설명이다.

ㄷ. 2022~2024년 식품산업 총생산액의 전년 대비 증가율은 2022년에 {(52,086−48,844)/48,844}×100≒6.6%, 2023년에 {(53,511−52,086)/52,086}×100≒2.7%, 2024년에 {(54,360−53,511)/53,511}×100≒1.6%로 증가율이 매년 감소했으므로 옳은 설명이다.

오답 체크

ㄴ. 제조업 GDP=(식품산업 총생산액/제조업 GDP 대비 식품산업 총생산액 비율)×100임을 적용하여 구한다. 식품산업 총 생산액이 두 번째로 큰 2023년에 제조업 GDP는 (53,511/11.0)×100≒486,464십억 원으로 500조 원 미만이므로 옳지 않은 설명이다.

빠른 문제 풀이 Tip

ㄷ. 2022~2024년 식품산업 총생산액은 매년 전년 대비 증가하고, 식품산업 총생산액의 전년 대비 증가액은 2022년에 52,086−48,844=3,242십억 원, 2023년에 53,511−52,086=1,425십억 원, 2024년에 54,360−53,511=849십억 원으로 매년 감소하므로, 2022~2024년 식품산업 총생산액의 전년 대비 증가율도 매년 감소함을 알 수 있다.

16 자료이해

정답 ⑤

ㄱ. 2024년 3월과 2020년 3월 실용음악학과 동아리 중 지원비가 높은 순서는 연기, 댄스, 악기 순으로 동일하므로 옳은 설명이다.

ㄷ. 2022년 3월 댄스 동아리 지원비는 (224×5)−180−220−240−250=230천 원, 2023년 3월 악기 동아리 지원비는 (188×5)−150−180−190−220=200천 원이다. 따라서 2021년 3월 이후 실용음악학과 동아리별 지원비는 전년동월 대비 매년 증가하므로 옳은 설명이다.

ㄹ. 2024년 3월 시각디자인학과 동아리별 지원비의 전년동월 대비 증감폭은 애니메이션이 270−250=20천 원, 그래픽이 255−220=35천 원, 영상이 350−300=50천 원이다. 2025년 3월 동아리별 지원비의 전년동월 대비 증감폭이 2024년 3월과 동일하다면, 2025년 3월 시각디자인학과 애니메이션, 그래픽, 영상 동아리 지원비는 각각 270+20=290천 원, 255+35=290천 원, 350+50=400천 원이다. 따라서 지원비 총합은 290+290+400=980천 원=98만 원이므로 옳은 설명이다.

오답 체크

ㄴ. 2024년 3월 시각디자인학과 동아리 중 전년동월 대비 지원비 증가율이 가장 높은 동아리는 {(350−300)/300}×100≒16.7%가 증가한 영상이고, 2021년 3월 전년동월 대비 시각디자인학과 동아리 중 지원비 증가율이 가장 높은 동아리는 {(220−200)/200}×100=10% 증가한 애니메이션이므로 옳지 않은 설명이다.

17 자료이해

정답 ③

• A: 매출액이 가장 적은 업종은 관광객 이용시설업이므로 사업체 수는 4,323개이다.
• B: 전체 관광사업체 종사자 수에서 업종별 종사자 수가 차지하는 비중이 가장 낮은 업종은 (7,330/535,122)×100≒1.4%인 카지노업이므로 사업체 수는 17개이다.
• C: 업종별 사업체당 매출액이 가장 많은 업종은 카지노업이고, 두 번째로 많은 업종은 사업체당 매출액이 76,644/2,110≒36.3억 원인 관광 숙박업이므로 사업체 수는 2,110개이다.
• D: 업종별 사업체당 종사자 수 중 관광 편의시설업의 사업체당 종사자 수는 32,785/4,077≒8.0명이고, 국제회의업의 사업체당 종사자 수는 9,100/886≒10.3명이다. 이때 관광 편의시설업의 사업체당 종사자 수보다 많고, 국제회의업의 사업체당 종사자 수보다 적은 업종은 사업체당 종사자 수가 26,189/3,000≒8.7명인 유원시설업이므로 사업체 수는 3,000개이다.

따라서 업종 A~D에 해당하는 사업체 수의 합은 4,323+17+2,110+3,000=9,450개이다.

18 자료이해

정답 ③

ㄱ. 전기가스 상수도업 질병재해 사망자수는 2022년 1분기 1명에서 2023년 1분기 3명으로 2명 증가했다. 따라서 2023년 1분기 전기가스 상수도업 질병재해 사망자수는 전년동기 대비 3배이므로 옳은 설명이다.

ㄴ. 산업재해 사망자수=질병재해 사망자수+사고재해 사망자수임을 적용하여 구한다. 2022년 1분기 서비스업의 산업재해 사망자수는 78/1.04=75명이고, 질병재해 사망자수는 70−17=53명이므로 사고재해 사망자수는 75−53=22명이다. 이때 2023년 1분기 서비스업 사고재해 사망자수는 78−70=8명이다. 따라서 2023년 1분기 서비스업 사고재해 사망자수는 전년동기 대비 22−8=14명 감소했으므로 옳은 설명이다.

오답 체크

ㄷ. 2022년 1분기 운수창고 통신업 산업재해 사망자수는 38/0.95=40명이므로 2023년 1분기 운수창고 통신업 산업재해 사망자의 전년동기 대비 감소인원은 40−38=2명이고, 2023년 1분기 제조업 질병재해 사망자의 전년동기 대비 증가인원은 3명이므로 옳지 않은 설명이다.

빠른 문제 풀이 Tip

ㄴ. 각주의 식은 전년동기 대비 증감인원으로도 성립한다. 사고재해 사망자의 증감인원=산업재해 사망자의 증감인원−질병재해 사망자의 증감인원이므로 서비스업의 사고재해 사망자의 증감인원은 (78−75)−17=−14명임을 알 수 있다.

19 자료이해

정답 ②

대학생을 대상으로 한 조사에서 현재 사회책임지수는 A기관이 30점, B기관이 19점으로 A기관이 B기관보다 11점 더 높다. 이때 B기관의 '노동권'과 '반부패' 항목 평가 점수는 각각 5점으로 최고점이기 때문에 이를 재평가하더라도 사회책임지수가 19점보다 높아질 수 없고, A기관은 재평가를 통해 '노동권'과 '반부패' 항목에서 최소 평가 점수인 1점을 받더라도 사회책임지수는 현재보다 4점이 낮은 26점이 된다. 따라서 B기관의 사회책임지수는 A기관보다 높을 수 없으므로 옳지 않은 설명이다.

오답 체크

① 제시된 기관 중 대학생과 일반시민을 대상으로 한 조사 모두에서 모든 항목의 평가가 '보통' 이상인 기관은 G기관 1개뿐이므로 옳은 설명이다.

③ 기관별로 대학생을 대상으로 한 조사와 일반시민을 대상으로 한 조사의 평가 결과에서 평가 내용이 동일한 기호를 소거하고 남은 평가 점수 크기를 비교한다. 대학생을 대상으로 한 조사의 평가 점수보다 일반시민을 대상으로 한 조사의 평가 점수가 A기관은 7점 낮고, B기관은 2점 높고, C기관은 3점 높고, D기관은 2점 높고, E기관은 4점 높고, F기관은 1점 낮으며, G기관은 1점 높다. 따라서 일반시민을 대상으로 한 조사의 평가 점수가 더 높은 기관은 B, C, D, E, G로 5개이므로 옳은 설명이다.

④ D기관의 경우 모든 평가 항목에서 '보통'의 평가를 받은 항목의 개수는 대학생을 대상으로 한 조사가 1개, 일반시민을 대상으로 한 조사가 3개이다. 각 조사의 전체 항목은 7개로 동일하여 비중은 일반시민을 대상으로 한 조사가 (2/7)×100≒28.6%p 더 높으므로 옳은 설명이다.

⑤ '환경' 항목에서 일반시민을 대상으로 한 조사의 기관별 평가 점수는 대학생을 대상으로 한 조사의 기관별 평가 점수보다 B기관, D기관, E기관, G기관이 높고, A기관, C기관, F기관이 같으므로 옳은 설명이다.

20 자료이해

정답 ④

ㄱ. '우주활용' 분야의 수출액 중 '위성활용 서비스' 분야가 차지하는 비중은 2020년에 (1,763,740/1,799,635)×100≒98.0%, 2021년에 (1,694,277/1,746,651)×100≒97.0%, 2022년에 (1,217,810/1,230,120)×100≒99.0%, 2023년에 (621,460/634,161)×100≒98.0%, 2024년에 (559,495/568,860)×100≒98.4%로, 매년 95% 이상이므로 옳은 설명이다.

ㄴ. 수출액은 2023년 688,025백만 원에서 2024년 607,452백만 원으로 감소, 우주산업 참여기관 수는 2023년 470개에서 2024년 541개로 증가로 2024년 우주산업 참여기관 1개당 수출액은 전년 대비 감소하였으므로 옳은 설명이다.

ㄹ. 2021년 이후 전년 대비 '연구기술직' 인력 수 증가폭은 2024년에 5,572−4,922=650명으로 가장 크고, 전년 대비 '연구기술직' 인력 수의 증가율도 2024년에 (650/4,922)×100≒13.2%로 가장 크므로 옳은 설명이다.

오답 체크

ㄷ. 2020~2024년 5년간 '지상장비' 분야의 수출액 합계는 2,373+8,218+4,572+3,663+2,103=20,929백만 원으로, '우주보험' 분야의 수출액 합계인 2,716+2,886=5,602백만 원의 20,929/5,602≒3.7배로 4배 미만이므로 옳지 않은 설명이다.

빠른 문제 풀이 Tip

ㄱ. '우주활용' 분야는 '위성활용 서비스'와 '과학연구'로만 구분되므로, '우주활용' 분야 수출액 중 '과학연구'가 차지하는 비중이 5% 미만인지로 확인한다. 5%는 10%의 절반이므로 2020년부터 2024년까지 순서대로 '우주활용' 분야의 수출액의 5%인 179,964/2, 174,665/2, 123,012/2, 63,416/2, 56,886/2는 매년 '과학연구'보다 크다. 따라서 '우주활용' 분야의 비중은 5% 미만임을 알 수 있다.

21 자료변환

정답 ④

ㄱ. 우주산업 인력 1명당 수출액은 2020년에 1,818,397/7,665≒237.2백만 원, 2021년에 1,778,020/7,673≒231.7백만 원, 2022년에 1,274,357/7,835≒162.6백만 원, 2023년에 688,025/7,440≒92.5백만 원, 2024년에 607,452/8,492≒71.5백만 원이므로 [2020~2024년 우주산업 인력 1명당 수출액]은 옳은 자료이다.

ㄴ. 2024년 우주산업 직능별 인력 구성비는 연구기술직이 (5,572/8,492)×100≒65.6%, 사무직이 (1,252/8,492)×100≒14.7%, 생산직이 (830/8,492)×100≒9.8%, 기타가 (838/8,492)×100≒9.9%이므로 [2024년 우주산업 직능별 인력 구성비]는 옳은 자료이다.

ㄹ. 우주산업 참여 기업체 수의 전년 대비 증가율은 2023년에 {(389−360)/360}×100≒8.1%, 2024년에 {(455−389)/389}×100=17.0%이며, 우주산업 참여 연구기관 수의 전년 대비 증가율은 2023년에 {(25−33)/25}×100≒−24.2%, 2024년에 {(31−25)/25}×100=24.0%이므로 [2023년과 2024년 우주산업 참여 기업체 수 및 연구기관 수의 전년 대비 증가율]은 옳은 자료이다.

오답 체크

ㄷ. 우주산업 참여주체별 참여기관 구성비는 2022년에 기업체가 (360/449)×100≒80.2%, 연구기관이 (33/449)×100≒7.3%, 대학이 (56/449)×100≒12.5%이고, 2023년에 기업체가 (389/470)×100≒82.8%, 연구기관이 (25/470)×100≒5.3%, 대학이 (56/470)×100≒11.9%, 2024년에 기업체가 (455/541)×100≒84.1%, 연구기관이 (31/541)×100≒5.7%, 대학이 (55/541)×100≒10.2%이지만, [2022~2024년 우주산업 참여주체별 참여기관 구성비]에서는 참여기관 구성비가 2022년과 2024년이 서로 바뀌어 나타나므로 옳지 않은 자료이다.

22 자료이해

정답 ⑤

2023년 전체 처리 건수는 153+118+194+34+84+91+321+94+33+1+18=1,141건으로 2024년 각 유형의 처리 건수가 2023년 대비 10건씩 증가한다면 2024년 전체 처리 건수는 1,141+110=1,251건이 되며, 이때 전체 처리 건수 중 이용계약 분야의 비중은 {(153+118+194+30)/1,251}×100≒39.6%로 50% 미만이므로 옳지 않은 설명이다.

오답 체크

① 품질 분야 처리 건수 중 '통화 품질' 유형이 차지하는 비중은 2021년에 {173/(14+173)}×100≒92.5%, 2022년에 {173/(50+173)}×100≒77.6%, 2023년에 {84/(34+84)}×100≒71.2%로 매년 전년 대비 감소하였으므로 옳은 설명이다.

② 2024년 '계약 이용' 처리 건수가 2021년 대비 60건 증가하고, '계약 체결'과 '계약 해지' 처리 건수는 2021년과 동일하다면 2024년 이용계약 분야의 처리 건수는 31+81+130=242건이고, 그 중 '계약 이용' 유형의 비중은 (81/242)×100≒33.5%로 30% 이상이므로 옳은 설명이다.

③ 기타 분야에서 2021년 대비 2023년 처리 건수의 증가율은 소액결제가 {(18−11)/11}×100≒63.6%, 명의도용이 {(33−28)/28}×100≒17.9%, 기기 불량이 {(1−6)/6}×100≒−83.3%로 증가율이 가장 높은 유형은 '소액결제'이므로 옳은 설명이다.

④ 중요사항 고지 분야의 처리건수는 2021년에 5+143+10=158건, 2023년에 91+321+94=506건으로 2023년이 2021년의 506/158≒3.2배로 3배 이상이므로 옳은 설명이다.

23 자료이해

정답 ③

회원 1인당 총자산 규모=총자산 규모/회원 수이고 〈그림〉에 제시된 총자산 규모는 세 자릿수, 회원 수는 다섯 자릿수이므로 '회원 수/총자산 규모'를 산출해서 연도별 크기가 감소하는지 확인한다. 2019년은 25,604/100≒256, 2020년은 29,470/150≒196, 2021년은 35,057/210≒167, 2022년은 42,897/280≒153, 2023년은 49,038/370≒133, 2024년은 55,200/440≒125로 매년 감소하고 있다. 따라서 2020년 이후 회원 1인당 총자산 규모는 전년 대비 매년 증가했으므로 옳은 설명이다.

오답 체크

① 2021년 전년대비 회원 수 증가율은 {(35,057−29,470)/29,470}×100≒19.0%, 총자산 규모의 증가율은 {(210−150)/150}×100=40%이다. 이때 2021년 주식의 자산 비중과 부동산의 자산 비중은 각각 2020년 대비 증가해서 2021년 자산 규모 역시 총자산 규모의 증가율인 40% 이상 증가한 것을 알 수 있다. 현금 자산 규모의 경우 2020년이 150×0.501≒75억 원, 2021년이 210×0.445≒93억 원으로 2021년의 전년 대비 증가율은 {(93−75)/75}×100≒24%이다. 따라서 2020년 대비 2021년 자산유형별 자산 규모의 증가율은 모두 회원 수의 증가율인 19.0%보다 크므로 옳지 않은 설명이다.

② 2020년 이후 주식의 자산 비중이 전년 대비 증가한 연도는 2021년과 2024년이고, 주식 자산 비중의 전년 대비 증가율은 2021년이 {(30.9−27.1)/27.1}×100≒14.0%, 2024년이 {(29.1−27.4)/27.4}×100≒6.2%이다. 따라서 증가율이 가장 큰 연도는 2021년이므로 옳지 않은 설명이다.

④ 주식의 자산 규모는 2019년이 100×0.286=28.6억 원, 2024년이 440×0.291≒128억 원으로 2024년 주식의 자산 규모는 2019년의 5배인 28.6×5=143억 원보다 작으므로 옳지 않은 설명이다.

⑤ 자산유형을 자산 규모가 큰 것부터 순서대로 나열했을 때의 2022년 순서는 현금, 주식, 부동산 순이고, 2024년 순서는 현금, 부동산, 주식 순이므로 옳지 않은 설명이다.

빠른 문제 풀이 Tip

② 증가율 산식에서 분자에 해당하는 주식 자산 비중의 전년 대비 증가폭은 2021년이 30.9−27.1=3.8%p, 2024년이 29.1−27.4=1.7%p로 2021년이 크고, 분모에 해당하는 전년도 비중은 2021년이 27.1%, 2024년이 27.4%으로 2021년이 작으므로 전년 대비 증가율은 2021년이 더 큰 것을 알 수 있다.

③ 회원 1인당 총자산 규모=총자산 규모/회원 수이므로 매년 회원 수의 증가율보다 총자산의 증가율이 큰지를 확인한다. 회원 수의 전년 대비 증가율은 2020년이 약 15.1%, 2021년이 약 19.0%, 2022년이 약 22.4%, 2023년이 약 14.3%, 2024년이 약 12.6%인 반면, 총자산 규모의 증가율은 2020년이 50%, 2021년이 40%, 2022년이 약 33.3%, 2023년이 약 32.1%, 2024년이 약 18.9%이다. 따라서 총자산 규모의 증가율이 회원 수 증가율보다 매년 크므로 회원 1인당 총자산 규모는 매년 증가함을 알 수 있다.

24 자료이해

정답 ④

ㄱ. 2020년과 2021년 산재보험 진료비 지급액이 각각 6,000억 원 미만이고, 2022년 산재보험 진료비 지급액은 2,098+2,184+2,205+578+49=7,114억 원으로, 2020년 이후 처음으로 7,000억 원을 초과하는 해는 2022년이므로 옳은 설명이다.

ㄴ. 연도별 산재보험급여 수급자 수가 많은 급여 종류부터 순서대로 나열하면 매년 요양급여, 휴업급여, 장해급여, 유족급여, 간병급여, 상병보상연금, 직업재활급여, 장의비 순으로 같으므로 옳은 설명이다.

오답 체크

ㄷ. 2021~2024년 동안 장해급여 수급자 수의 전년 대비 증가율은 2023년이 {(101,942−96,493)/96,493}×100≒5.6%로 가장 높고, 종합병원의 입원 진료비 지급액의 전년 대비 증가액은 2024년이 2,410−2,036=374억 원으로 가장 많으므로 옳지 않은 설명이다.

25 자료이해

정답 ③

ㄴ. 2022년 병역의무자 국외여행 허가 건수의 전년 대비 증가율이 2021년의 전년 대비 증가율보다 높은 국가는 중국, 필리핀, 프랑스 3개국이므로 옳은 설명이다.

ㄷ. 2023년 병역의무자 국외여행 허가 건수가 2021년 허가 건수의 2배 이상인 국가는 러시아뿐으로 2021년 대비 2023년 병역의무자 국외여행 허가 건수의 증가율이 가장 높은 국가는 러시아이므로 옳은 설명이다.

오답 체크

ㄱ. 2024년 중국으로의 병역의무자 국외여행 허가 건수인 831건은 전체 병역의무자 국외여행 허가 건수의 5%인 22,094×0.05≒1,105건보다 작으므로 2020년 비중을 확인하지 않더라도 옳지 않은 설명이다.

ㄹ. 2024년 병역의무자 국외여행 허가 건수의 전년대비 감소율이 높은 국가부터 상위 5개국은 1위 홍콩, 2위 중동, 3위 러시아, 4위 중국, 5위 대만이므로 옳지 않은 설명이다.

실전모의고사 4회

모바일 자동 채점 및 성적 분석 서비스

정답

1	②	자료매칭	6	①	자료변환	11	③	자료이해	16	②	자료이해	21	④	자료변환
2	②	자료계산	7	③	자료변환	12	⑤	자료이해	17	⑤	자료이해	22	②	자료이해
3	③	자료변환	8	⑤	자료논리	13	④	자료이해	18	③	자료이해	23	①	자료이해
4	①	자료매칭	9	⑤	자료이해	14	④	자료이해	19	②	자료이해	24	①	자료이해
5	③	자료매칭	10	②	자료매칭	15	④	자료매칭	20	③	자료이해	25	③	자료이해

취약 유형 분석표

유형별로 맞힌 개수, 틀린 문제 번호와 풀지 못한 문제 번호를 적고 나서 취약한 유형이 무엇인지 파악해 보세요.

유형	맞힌 개수	틀린 문제 번호	풀지 못한 문제 번호
자료이해	/14		
자료계산	/1		
자료매칭	/5		
자료논리	/1		
자료변환	/4		
TOTAL	/25		

해설

1 자료매칭

정답 ②

직급별 조사결과 중 '그렇지 않다'에 응답한 공무원의 비중과 '그렇다'에 응답한 공무원의 비중의 차이는 1~4급이 {(163－6)/169}×100≒92.9%p, 5급이 {(407－34)/441}×100≒84.6%p, 6~7급이 {(401－180)/581}×100≒38.0%p, 8~9급이 {(1,092－232)/1,324}×100≒65.0%p이다.

따라서 직급별 조사결과 중 '그렇지 않다'에 응답한 공무원의 비중과 '그렇다'에 응답한 공무원의 비중의 차이가 가장 큰 직급은 1~4급, 가장 작은 직급은 6~7급이다.

2 자료계산

정답 ②

제시된 〈조건〉에 따라 배터리 제조 공정 단계를 정리하면 '믹싱→코팅→프레싱/절단→권취→용접→화성' 단계이다. 믹싱 단계에 2kg의 재료가 최초로 투입되며, 믹싱 단계와 프레싱/절단 단계에서 각각 투입 재료의 10%가 소실되고, 용접 단계에서 투입 재료의 20%가 소실된다. 이에 따라 공정 단계별 투입 재료 무게에 따른 소실 재료의 무게는 다음과 같다.

단계	투입 재료	소실 재료
믹싱	2,000g	2,000×0.1=200g
코팅	2,000－200=1,800g	0g
프레싱/절단	1,800g	1,800×0.1=180g
권취	1,800－180=1,620g	0g
용접	1,620g	1,620×0.2=324g
화성	1,620－324=1,296g	0g

이때 화성 공정이 완료되면 화성 공정에 투입된 재료 무게 1/3에 해당하는 무게의 배터리가 출하된다.

따라서 출하되는 배터리의 총량은 1,296×(1/3)=432g이다.

3 자료변환

정답 ③

〈보고서〉의 두 번째 단락에서 친환경차 중 하이브리드차의 2024년 2분기 기준 누적등록대수는 1,000천 대 이상으로 가장 많았으며, 전기차, 수소차, 하이브리드차 모두 2022년 기준 누적등록대수의 2배 이상이었다고 했으나, [친환경차 누적등록대수]에서는 하이브리드차 누적등록대수가 2024년 2분기 기준 1,041,737대이고, 이는 2022년 기준 674,461대의 2배보다 적게 나타나므로 〈보고서〉의 내용과 부합하지 않는 자료이다.

4 자료매칭

정답 ①

제시된 〈정렬 기준〉에 따라 상품 A~E의 평균평점을 정리하면 다음과 같다.

상품	평균평점
A	(1×2+3×1+4×5+5×22)/30=4.5점
B	(4×10+5×10)/20=4.5점
C	(4×1+5×7)/8=4.875점
D	(3×7+4×36+5×7)/50=4.0점
E	(3×5+4×15+5×30)/50=4.5점

- 다섯 번째 기준에 따르면 리뷰 총계가 20개 이상인 상품이 20개 미만인 상품보다 상품 목록의 높은 위치에 노출되므로 리뷰 총계가 8개인 C는 상품 목록의 가장 낮은 위치에 노출된다.
- 첫 번째 기준에 따르면 평균평점이 높은 상품일수록 상품 목록의 높은 위치에 노출되므로, A, B, D, E 중 평균평점이 가장 낮은 D가 상품 목록의 네 번째로 높은 위치에 노출된다.
- 두 번째 기준에 따라 평균평점이 4.5점으로 같은 A, B, E 중 가격이 가장 낮은 A는 상품 목록의 첫 번째로 높은 위치에 노출되고, 세 번째 기준에 따라 평균평점과 가격이 같은 B, E 중 등록일이 최신인 E가 상품 목록의 두 번째로 높은 위치에, B가 세 번째로 높은 위치에 노출된다.

따라서 상품 목록 상단부터 노출 순서가 첫 번째인 상품은 A, 세 번째인 상품은 B이다.

5 자료매칭

정답 ③

- 〈보고서〉의 첫 번째 특징에 따르면 이 지역의 2020년 대비 2024년 1인당 도시림 면적의 증감 방향과 1인당 생활권도시림 면적의 증감 방향이 모두 전국의 증감 방향과 같고, 2020년 대비 2024년 전국의 1인당 도시림 면적은 감소, 1인당 생활권도시림 면적은 증가하므로 2020년 대비 2024년 1인당 도시림 면적이 증가한 지역 B는 소거된다.
- 〈보고서〉의 두 번째 특징에 따르면 매 시기 이 지역의 1인당 도시림 면적은 1인당 생활권도시림 면적의 4배 이상이므로 2022년 1인당 도시림 면적이 12.60㎡/인으로 1인당 생활권도시림 면적의 4배인 4.35×4=17.40㎡/인 미만이고, 2024년 1인당 도시림 면적이 17.63㎡/인으로 1인당 생활권도시림 면적의 4배인 6.87×4=27.48㎡/인 미만인 지역 A는 소거된다.
- 〈보고서〉의 세 번째 특징에 따르면 이 지역의 2024년 1인당 생활권도시림 면적은 2020년보다 3㎡/인 이상 더 넓으므로 2024년 1인당 생활권도시림 면적이 2020년보다 16.89－15.11=1.78㎡/인 만큼만 넓은 지역 E는 소거된다.
- 〈보고서〉의 네 번째 특징에 따르면 이 지역의 생활권도시림 면적이 전국 생활권도시림 면적에서 차지하는 비중은 2024년이 2022년보다 크므로 생활권도시림 면적이 전국 생활권도시림 면적에서 차지하는 비중이 2024년에 (3,074/54,354)×100≒5.7%로 2022년의 (2,280/38,513)×100≒5.9%보다 작은 지역 D는 소거된다.

따라서 〈보고서〉의 내용에 부합하는 지역은 C이다.

6 자료변환

정답 ①

ㄱ. 〈보고서〉의 첫 번째 단락에서 2021~2023년 3년 동안의 외부투자 유치실적 보유기업의 비율은 인공지능산업 전체가 37.6%였으며, 세 부문 중 AI 소프트웨어의 비율이 42.4%로 가장 높았다고 했으므로 [2021~2023년 동안의 부문별 외부투자 유치실적 보유기업 비율]은 〈보고서〉의 내용과 부합하는 자료이다.

ㄴ. 〈보고서〉의 세 번째 단락에서 2021~2023년 3년간 외부투자 유치실적 보유기업의 외부투자 유치 방법으로는 인공지능산업 전체에서 '벤처캐피탈/엔젤투자'라고 응답한 비율이 45.3%로 가장 높았으며, 부문별로 보더라도 '무응답'을 제외하면 '벤처캐피탈/엔젤투자'라고 응답한 비율이 각 부문에서 가장 높았다고 했으므로 [2021~2023년 동안의 부문별 외부투자 유치실적 보유기업의 외부투자 유치 방법]은 〈보고서〉의 내용과 부합하는 자료이다.

오답 체크

ㄷ. 〈보고서〉의 두 번째 단락에서 인공지능산업 전체의 외부투자 유치금액은 2022년에 전년 대비 70% 이상 증가하여 1.1조 원을 상회했다고 했으나, [2021~2023년 전체 외부투자 유치금액]에서는 2022년 전체의 외부투자 유치금액의 전년 대비 증가율이 $\{(1{,}197-725)/725\} \times 100 \fallingdotseq 65.1\%$로 나타나므로 〈보고서〉의 내용과 부합하지 않는 자료이다.

ㄹ. 〈보고서〉의 두 번째 단락에서 연도별 외부투자 유치건수는 인공지능산업 전체가 2022년에 582건으로 가장 많았다고 했으나, [2021~2023년 부문별 외부투자 유치건수]에서는 2022년 인공지능산업 전체의 외부투자 유치건수가 374+201+12=587건으로 나타나므로 〈보고서〉의 내용과 부합하지 않는 자료이다.

7 자료변환

정답 ③

ㄴ. 〈보고서〉의 세 번째 단락에서 구급대의 구급대원 수는 매년 큰 폭으로 증가하며 2017년 대비 2023년 구급대원 수의 증가율은 2017년 대비 2023년 구급대 출동 건수의 증가율보다 30%p 이상 크다고 했으므로 [구급대 구급대원 수]는 〈보고서〉를 작성하기 위해 추가로 필요한 자료이다.

ㄷ. 〈보고서〉의 두 번째 단락에서 구조대가 출동하여 구조 처리한 구조 인원은 2018년 이후 매년 감소하여 2023년 연간 구조 인원은 853백 명인 것으로 나타났다고 했으므로 [구조대 연간 구조 인원]은 〈보고서〉를 작성하기 위해 추가로 필요한 자료이다.

오답 체크

ㄱ. 〈보고서〉의 두 번째 단락에서 2017~2023년 동안 매년 출동 건수의 15% 이상이 미처리 건수로 나타난다고 했으나, 이는 〈표 1〉의 구조대 연간 출동 건수와 구조 건수를 통해 도출할 수 있으므로 [구조대 연간 출동 건수 중 미처리 건수의 비율]은 〈보고서〉를 작성하기 위해 추가로 필요한 자료가 아니다.

ㄹ. 〈보고서〉의 첫 번째 단락에서 2023년의 1일 평균 출동 건수는 구조대가 2.9천 건, 구급대가 8.6천 건이라고 했으나, 이는 〈표 1〉과 〈표 2〉의 연간 출동 건수를 365일로 나누어 도출할 수 있으므로 [구조대 및 구급대 1일 평균 출동 건수]는 〈보고서〉를 작성하기 위해 추가로 필요한 자료가 아니다.

8 자료논리

정답 ⑤

역학적에너지=$(\frac{1}{2}$×질량×속력$^2)$+(질량×중력가속도×높이)임을 적용하여 구한다. 이때 중력가속도는 10m/s^{2}이므로 물체 '갑', '을', '병'의 에너지를 정리하면 다음과 같다.

물체 \ 구분	운동에너지	위치에너지	역학적에너지
갑	$\frac{1}{2} \times 10 \times 20^2 = 2{,}000$	$10 \times 10 \times 40 = 4{,}000$	6,000
을	$\frac{1}{2} \times 30 \times 10^2 = 1{,}500$	$30 \times 10 \times 20 = 6{,}000$	7,500
병	$\frac{1}{2} \times 20 \times 25^2 = 6{,}250$	$20 \times 10 \times 10 = 2{,}000$	8,250

따라서 역학적에너지 크기가 가장 큰 물체부터 순서대로 나열하면 '병', '을', '갑'이다.

빠른 문제 풀이 Tip

'운동에너지=$\frac{1}{2}$×질량×속력^2', '위치에너지=질량×중력가속도×높이'에는 '질량'이 공통으로 곱해지고, 중력가속도는 10m/s^{2}임을 적용하여 역학적에너지 식을 정리하면, 역학적에너지=$\frac{1}{2}$×질량×{속력^2+(20×높이)}이다. 이에 따라 두 물체 간 '질량'과 '속력^2+(20×높이)'의 각 크기를 비교하면 역학적에너지 크기를 확인할 수 있다.

갑: $10 \times \{20^2 + (20 \times 40)\}$

을: $30 \times \{10^2 + (20 \times 20)\}$

병: $20 \times \{25^2 + (20 \times 10)\}$

'질량'은 '을'이 '갑'의 3배인 반면, '속력^2+(20×높이)'는 '갑'이 '을'의 3배 미만이므로 역학적에너지는 '을'이 '갑'보다 크고, '질량'은 '병'이 '갑'의 2배인 반면, '속력^2+(20×높이)'는 '갑'이 '병'의 2배 미만이므로 역학적에너지는 '병'이 '갑'보다 크며, '질량'은 '을'이 '병'의 1.5배인 반면, '속력^2+(20×높이)'는 '병'이 '을'의 1.5배 이상이므로 역학적에너지는 '병'이 '을'보다 크다.

9 자료이해

정답 ⑤

종합 순위 1~10위 업종 중 업종별 각 항목 순위에서 '정보화 전략수집' 항목 순위가 가장 높은 업종은 C 업종과 F 업종 총 2개이므로 옳지 않은 설명이다.

오답 체크

① B 업종의 '정보화 구축현황' 항목 순위가 15위로 정보화 수준 평가대상 업종은 15개 이상이므로 옳은 설명이다.

② 점수가 높을수록 순위가 높으므로 종합 순위 2위인 E 업종의 종합 점수는 58.88점 미만, 종합 순위 5위인 B 업종의 종합 점수는 56.19점 미만, 종합 순위 8, 9, 10위인 H, F, I 업종의 종합 점수는 각각 55.03점 미만임을 알 수 있다. 따라서 종합 순위 1~10위 업종의 종합 점수의 합은 $(58.88 \times 2) + 56.84 + (56.19 \times 2) + 55.14 + (55.03 \times 4) = 562.24$점 미만이므로 옳은 설명이다.

③ F 업종의 '정보화 추진환경' 항목 점수가 G 업종의 '정보화 추진환경' 항목 점수로 같아지면 G 업종의 종합 점수는 55.03점, F 업종의 종합 점수는 $67.2 \times 0.5 + 52.6 \times 0.2 + 36.8 \times 0.3 = 55.16$점이므로 종합 순위가 바뀜을 알 수 있다. 따라서 옳은 설명이다.

④ I 업종의 종합 순위는 10위, '정보화 구축현황' 항목 순위는 6위, 항목 점수는 $38.8 \times 0.3 = 11.64$점이다. 이때 점수가 높을수록 순위가 높고, 종합 순위 1~9위 업종 중 '정보화 구축현황' 항목 순위가 4위인 업종은 없으므로 종합 순위가 I 업종보다 낮은 업종 중 '정보화 구축현황' 항목 점수가 I 업종보다 높은 업종이 있음을 알 수 있다. 따라서 옳은 설명이다.

10 자료매칭
정답 ②

- B: 2024년 체육지도자 자격 취득자 수는 2023년에 비해 16,631−14,686 =1,945명 증가했으므로 B에 해당하는 내용은 1,945이다.
- C: 연도별 체육지도자 자격 취득자 중 생활스포츠지도사 자격 취득자 수의 비중은 2020년에 (6,527/12,464)×100≒52.4%, 2021년에 (9,484/16,748)×100≒56.6%, 2022년에 (7,195/12,198)×100≒59.0%, 2023년에 (9,170/14,686)×100≒62.4%로, 2023년에 60%를 초과하므로 C에 해당하는 내용은 2023이다.
- E: 생활스포츠지도사를 제외한 체육지도자 자격 종류 중 2024년에 취득자 수가 가장 많은 자격 종류는 노인스포츠지도사이므로 E에 해당하는 내용은 노인스포츠지도사이다.

따라서 B는 1,945, C는 2023, E는 노인스포츠지도사이다.

11 자료이해
정답 ③

ㄱ. 보리, 마늘, 양파 중 2024년 재배면적이 전년 대비 증가한 작물종류는 마늘이다. 이에 따라 2024년 마늘 생산량의 전년 대비 감소율은 {(308,532−272,760)/308,532}×100≒11.6%로 10% 이상이므로 옳은 설명이다.

ㄴ. 2024년 겉보리의 10a당 생산량은 (21,048/4,620)×100≒456kg이다. 이에 따라 보리의 세부 작물종류 중 10a당 생산량이 보리의 10a당 생산량보다 많은 세부 작물종류는 2023년과 2024년 모두 겉보리와 쌀보리로 동일하므로 옳은 설명이다.

오답 체크

ㄷ. 보리, 마늘, 양파 세부 작물종류 중 2024년 10a당 생산량이 전년 대비 가장 큰 폭으로 감소한 세부 작물종류는 감소폭이 8,561−6,714=1,847kg인 중만생종 양파이므로 옳지 않은 설명이다.

빠른 문제 풀이 Tip

ㄱ. 2024년 재배면적이 전년 대비 증가한 작물종류는 마늘이고, 2023년 마늘 생산량이 10% 이상 감소한 경우 생산량은 308,532−30,853.2≒277,678.8톤 이하여야 하고, 2024년 마늘 생산량은 272,760톤이므로 감소율은 10% 이상인 것을 알 수 있다.

12 자료이해
정답 ⑤

지급자 1명당 지급액 규모는 4분기에 (25,215×10,000)/1,631,006≒154.6만 원, 1분기에 (34,541×10,000)/2,127,614≒162.3만 원으로 4분기에 1분기 대비 감소하였으므로 옳지 않은 설명이다.

오답 체크

① 1분기 신규 신청자 수 대비 2분기 신규 신청자 수의 감소율은 {(470,196−280,389)/470,196}×100≒40.4%이고, 2~4분기 신규 신청자 수는 매 분기 30만 명 이하이므로 옳은 설명이다.

② 40대 이상 신규 신청자 수는 40대, 50대, 60대 이상 신규 신청자 수의 합이므로 1분기가 315,146명, 2분기가 178,142명, 3분기가 172,374명, 4분기가 173,374명이다. 분기별 신규 신청자 수 중 40대 이상의 비중은 1분기가 (315,146/470,196)×100≒67.0%, 2분기가 (178,142/280,389)×100≒63.5%, 3분기가 (172,374/269,063)×100≒64.1%, 4분기가 (173,374/269,061)×100≒64.4%로 매 분기 60% 이상이므로 옳은 설명이다.

③ 2024년 남성 신규 신청자 수는 224,182+142,606+133,086+130,679=630,553명, 여성 신규 신청자 수는 246,014+137,783+135,977+138,382=658,156명으로 60만 명 이상이므로 옳은 설명이다.

④ 분기별로 30인 이상 사업장에 근무했던 신규 신청자 수는 1분기가 113,713+115,147=228,860명, 2분기가 66,926+53,483=120,409명, 3분기가 60,397+56,482=116,879명, 4분기가 60,926+62,198=123,124명이다. 각 분기별 30인 미만 사업장에 근무했던 신규 신청자 수와 비교할 때 매 분기 30인 미만 사업장의 신규 신청자 수가 많으므로 옳은 설명이다.

빠른 문제 풀이 Tip

② 〈표 2〉의 연령대 구분이 5개 구간이며, 매 분기 40대, 50대, 60대 이상의 구직급여 신규 신청자 수의 값은 각각 20대 이하, 30대보다 모두 크다. 40대 이상은 5개 구간 중 3개 구간에 해당하므로 분기별 신규 신청자 수를 100%라 할 때, 40대 이상은 60% 이상임을 알 수 있다.

13 자료이해
정답 ④

연간 독서량이 1~5권인 사람 중 어학을 가장 선호하는 사람의 수는 883×0.026≒23명이고, 연간 독서량이 6~10권인 사람 중 자기계발서를 가장 선호하는 사람의 수는 239×0.086≒21명이므로 옳은 설명이다.

오답 체크

① 여성의 자기계발서 선호도는 9.1%이고, 남성의 자기계발서 선호도는 9.2%이므로 옳지 않은 설명이다.

② 기타를 제외하고 연간 독서량이 11~15권인 집단과 16권 이상인 집단 간의 선호도 차이는 장르 소설이 13.2−11.1=2.1%p, 취미가 12.2−9.1=3.1%p로 취미의 선호도 차이가 가장 크므로 옳지 않은 설명이다.

③ 전체 선호도 조사 인원 중 1년 동안 1권의 종이책도 읽지 않은 사람이 차지하는 비율은 (1,433/3,592)×100≒39.9%이므로 옳지 않은 설명이다.

⑤ 여성 조사 인원 중 자기계발서를 가장 선호하는 조사 인원의 수는 1,852×0.091≒169명으로 160명을 초과하므로 옳지 않은 설명이다.

14 자료이해
정답 ④

ㄴ. 제시된 〈표〉를 통해 2023년 매출액 순위 1~9위와 11위 제약회사의 매출액을 파악할 수 있다. 2023년 매출액 순위가 11위인 두영제약의 2023년 매출액은 719−80=639억 원이므로 2023년 매출액 상위 9개 제약회사의 매출액 합은 13,988−2,417−639=10,932억 원이다. 이때 2023년 매출액 순위가 9위인 진영약품의 2023년 매출액은 709+6=715억 원으로 상위 10개 제약회사의 매출액의 합은 10,932+715=11,647억 원 이하이므로 옳은 설명이다.

ㄷ. 2024년 매출액 상위 10개 제약회사 중 2023년 대비 2024년 매출액의 증가액이 2024년 매출액의 절반 이상인 녹십약품은 증가율 또한 가장 높으므로 옳은 설명이다.

오답 체크

ㄱ. 2024년 매출액 순위 1~9위의 제약회사 매출액이 모두 전년 대비 증가했으므로 2023년 매출액이 1,500억 원 이상인 제약회사는 2024년 매출액이 1,500억 원 이상인 제약회사 중에 존재한다. 2024년 매출액이 1,500억 원 이상인 제약회사는 상위 5개이고 이 중 2023년에 매출액 순위가 3위인 우세약품의 2023년 매출액은 1,502−10=1,492억 원, 2023년 매출액 순위가 2위인 무한약품의 2023년 매출액은 1,637−72=1,565억 원이다. 따라서 2023년 매출액이 1,500억 원 이상인 제약회사는 매출액 순위가 1위와 2위인 중아제약과 무한약품 2개이므로 옳지 않은 설명이다.

ㄹ. 2024년 매출액 상위 10개 제약회사 중 2023년 대비 순위가 상승한 제약회사는 2024년 순위가 1위인 녹십약품, 7위인 장수약품, 9위인 두영제약이고, 3개 회사의 매출액 합은 2,868+1,000+719=4,587억 원이다. 따라서 2024년 매출액 상위 10개 제약회사 중 3개 회사의 매출액 합이 차지하는 비중은 (4,587/13,988)×100≒32.8%로 40% 미만이므로 옳지 않은 설명이다.

빠른 문제 풀이 Tip

ㄹ. 2023년 대비 2024년 매출액 순위가 상승한 녹십약품, 장수약품, 두영제약의 2024년 매출액의 합인 4,587억 원은 2024년 매출액 상위 10개 제약회사의 매출액인 13,988억 원에서 차지하는 비중이 $\frac{4,587}{13,988}$이다. 이때 <보기>에 제시된 40%는 $\frac{40}{100}=\frac{40\times140}{100\times140}=\frac{5,600}{14,000}$에 해당하여, 비중인 $\frac{4,587}{13,988}$은 $\frac{5,600}{14,000}$보다 분자의 크기가 월등히 작으므로 비중은 40%보다 작음을 알 수 있다.

15 자료매칭

정답 ④

• <보고서>에 제시된 첫 번째 특징에 따르면 남성과 여성의 생체시료 내 수은농도 차이가 가장 큰 연령계층은 성인이라고 했으므로 남성과 여성의 생체시료 내 수은농도 차이가 초등학생은 0.70−0.47=0.23μg/L, 성인은 0.57−0.47=0.1μg/L로 성인보다 초등학생이 더 큰 A지역은 소거된다.

• <보고서>에 제시된 두 번째 특징에 따르면 중·고등학생을 제외한 모든 연령계층은 각각 남성의 생체시료 내 수은농도가 여성의 생체시료 내 수은농도보다 높거나 같다고 했으므로 초등학생 남성의 생체시료 내 수은농도가 0.54μg/L로 여성의 생체시료 내 수은농도인 0.58μg/L보다 작은 E지역은 소거된다.

• <보고서>에 제시된 세 번째 특징에 따르면 남성은 연령계층이 높아짐에 따라 생체시료 내 수은농도의 변화폭이 감소한다고 했으므로 초등학생 대비 중·고등학생 남성의 생체시료 내 수은농도 변화폭은 0.41−0.39=0.02μg/L, 중·고등학생 대비 성인 남성의 생체시료 내 수은농도 변화폭은 0.39−0.41=−0.02μg/L로 크기가 동일한 B지역은 소거된다.

• <보고서>에 제시된 마지막 특징에 따르면 성인 남성의 생체시료 내 수은농도는 성인 여성 생체시료 내 수은농도 대비 1.2배 이상이라고 했으므로 성인 남성의 생체시료 내 수은농도가 성인 여성의 0.41/0.38≒1.08배로 1.2배보다 작은 C지역은 소거된다.

따라서 '갑'시에 해당하는 지역은 D이다.

16 자료이해

정답 ②

ㄱ. '대구청'을 제외한 다른 지방국세청은 처리 건수보다 당년 접수 건수가 많으므로 옳은 설명이다.

ㄹ. 지방국세청 당년 접수 건수의 합에서 '부산청' 당년 접수 건수가 차지하는 비중은 (5,619/37,229)×100≒15.1%이므로 옳은 설명이다.

오답 체크

ㄴ. 당년 접수 건수 대비 전년 이월 건수의 비율은 서울청이 1,375/5,861≒0.23, 중부청이 4,775/14,962≒0.32로 서울청보다 중부청이 높으므로 옳지 않은 설명이다.

ㄷ. 지방국세청별 처리대상 건수에서 처리 건수가 차지하는 비중은 다음과 같다.
서울청: (5,375/7,236)×100≒74.3%
중부청: (13,524/19,737)×100≒68.5%
대전청: (4,014/4,816)×100≒83.3%
광주청: (3,451/4,067)×100≒84.9%
대구청: (3,096/3,681)×100≒84.1%
부산청: (5,427/6,433)×100≒84.4%
따라서 '대전청', '광주청', '대구청', '부산청'의 비중이 80% 이상이므로 옳지 않은 설명이다.

17 자료이해

정답 ⑤

민간 부담 연구개발투자액과 정부 부담 연구개발투자액의 차이가 가장 큰 해는 67,766−18,363=49,403십억 원인 2024년이므로 옳은 설명이다.

오답 체크

① GDP 대비 전체 연구개발투자액 비중$=\frac{\text{전체 연구개발투자액}}{\text{GDP}}\times100$임을 적용하여 구한다. 2020년 GDP는 63,734/0.043≒1,482,186.0십억 원으로 약 1,482조 원이고, 2021년 GDP는 65,960/0.042≒1,570,476.2십억 원으로 약 1,570조 원이므로 GDP가 처음으로 1,500조 원을 초과한 해는 2021년이다. 따라서 옳지 않은 설명이다.

② 2018년과 2024년 전체 연구개발투자액 차이는 86,129−55,450=30,679십억 원=30조 6,790억 원으로 35조 원 미만이므로 옳지 않은 설명이다.

③ 전체 연구개발투자액이 세 번째로 큰 해는 2022년이고, 2022년의 정부 부담 연구개발투자액은 16조 4,100억 원으로, 17조원 미만이므로 옳지 않은 설명이다.

④ 2024년 민간 부담 연구개발투자액의 전년 대비 증가율은 {(67,766−61,052)/61,052}×100≒11.0%로, 15% 미만이므로 옳지 않은 설명이다.

18 자료이해

정답 ③

업체 A의 월평균 판매량이 1,860천 개이므로 연간 판매량은 1,860×12=22,320천 개이고, 3분기 판매량은 22,320−4,500−6,980−5,580=5,260천 개이다. 따라서 업체 A의 3분기 판매량은 520만 개 이상이므로 옳은 설명이다.

오답 체크

① 1분기 대비 4분기 판매량이 증가한 업체 A, C, D의 1분기 대비 4분기 판매량 증가율은 업체 A가 {(5,580−4,500)/4,500}×100=24.0%, C가 {(5,300−3,800)/3,800}×100≒39.5%, D가 {(7,550−7,250)/7,250}×100≒4.1%이다. 따라서 업체 C의 1분기 대비 4분기 판매량 증가율이 가장 높으므로 옳지 않은 설명이다.

② 연간 판매량은 업체 B가 5,010+4,500+4,270+3,620=17,400천 개, C가 1,570×12=18,840천 개로 업체 C의 연간 판매량이 더 많으므로 옳지 않은 설명이다.

④ 업체 D의 월평균 판매량은 (7,250+6,400+7,840+7,550)/12=2,420천 개이므로 옳지 않은 설명이다.

⑤ 업체별 판매량이 가장 많은 분기와 가장 적은 분기 간 판매량 차이는 업체 A가 6,980−4,500=2,480천 개, B가 5,010−3,620=1,390천 개, C가 5,300−3,800=1,500천 개, D가 7,840−6,400=1,440천 개로, 업체 B가 가장 작으므로 옳지 않은 설명이다.

빠른 문제 풀이 Tip

① 업체 C가 A, D보다 1분기 대비 4분기 판매량 증가량이 많고, 1분기 판매량은 적으므로 업체 A, D보다 C의 증가율이 높은 것을 알 수 있다.

② 업체 C의 2~4분기 판매량이 각각 업체 B보다 많고, 업체 B와 C의 판매량 차이는 1분기보다 4분기가 더 크므로 연간 판매량은 업체 C가 업체 B보다 많음을 알 수 있다.

19 자료이해

정답 ②

ㄱ. 총유기 탄소량이 목표기준을 달성하지 못한 호수는 목표기준이 Ia이지만, 평가결과는 Ib인 팔당호와 목표기준은 Ib이지만, 평가결과는 II인 영산호로 2곳이므로 옳은 설명이다.

ㄷ. 목표기준이 Ia인 호수는 소양호, 팔당호, 광동호, 가창호, 용담호, 담양호, 주암호, 보령호로 8곳이고, 이 중 클로로필-a 목표기준을 달성한 호수는 소양호, 가창호, 용담호, 담양호, 주암호 5곳이므로 달성 비율은 (5/8)×100=62.5%이다. 목표기준이 Ib 이하인 호수는 밀양호, 금강하구, 영산호, 동화호, 경천지, 삽교호로 6곳이고, 이 중 총인 목표기준을 달성한 호수는 밀양호, 동화호, 경천지 3곳으로 달성 비율은 (3/6)×100=50%이므로 옳은 설명이다.

오답 체크

ㄴ. 동화호의 모든 평가 항목은 목표기준인 Ib를 달성한 반면, 주암호의 경우 화학적 산소 요구량이 현재에 비해 20% 낮아지더라도 2.4mg/L가 되어 목표기준인 Ia에 못 미치므로 옳지 않은 설명이다.

ㄹ. 모든 평가 항목에서 목표기준을 달성한 호수는 목표기준이 Ib인 밀양호와 동화호, 목표기준이 II인 경천지 3곳이므로 옳지 않은 설명이다.

20 자료이해

정답 ③

ㄱ. 2023년과 사업체 수가 세 번째로 많은 업종은 612개인 로봇시스템이고, 2024년 수출액이 두 번째로 많은 업종 167,422백만 원인 로봇 시스템이므로 옳은 설명이다.

ㄹ. 2024년 업종별 종사자 중 연구개발 종사자의 비율은 '제조업용 로봇'이 (2,765/10,961)×100≒25.2%, '전문서비스용 로봇'이 (1,399/4,028)×100≒34.7%, '개인서비스용 로봇'이 (723/2,605)×100≒27.8%, '로봇부품 및 소프트웨어'가 (3,690/13,794)×100≒26.8%, '로봇 시스템'이 (1,901/7,365)×100≒25.8%, '로봇 임베디드'가 (520/1,801)×100≒28.9%, '로봇 서비스'가 (2,027/8,165)×100≒24.8%로 비율이 30% 이상인 업종은 '전문서비스용 로봇' 한 가지이므로 옳은 설명이다.

오답 체크

ㄴ. 2024년 '로봇 서비스' 업종의 기술직 종사자 1인당 수출액은 32,644/2,388≒13.7백만 원으로 1,300만 원 이상이므로 옳지 않은 설명이다.

ㄷ. 2023년 대비 2024년의 수출액 변동 폭이 가장 큰 업종은 변동폭이 64,265−32,644=31,621백만 원인 '로봇 서비스'이므로 옳지 않은 설명이다.

21 자료변환

정답 ④

ㄱ. [2023년 로봇산업 업종별 사업체 및 종사자 수]는 〈표 1〉에 따른 2023년 로봇산업 업종별 사업체 수 및 종사자 수와 동일하므로 〈표〉를 이용하여 작성한 자료로 옳다.

ㄷ. [2024년 로봇산업 업종별 연구개발 종사자 현황]은 〈표 3〉에 따른 2024년 로봇산업 업종별 연구개발 및 종사자 수와 동일하므로 〈표〉를 이용하여 작성한 자료로 옳다.

ㄹ. 2024년 로봇산업 업종별 연구개발 종사자 1인당 수출액은 제조업용 로봇이 898,073/2,765≒324.8백만 원, 전문서비스용 로봇이 35,306/1,399≒25.2백만 원, 개인서비스용 로봇이 64,345/723≒89.0백만 원, 로봇부품 및 소프트웨어가 156,845/3,690≒42.5백만 원, 로봇 시스템이 167,422/1,901≒88.1백만 원, 로봇 임베디드가 2,846/520≒5.5백만 원, 로봇 서비스가 32,644/2,027≒16.1백만 원이므로 [2024년 로봇산업 업종별 연구개발 종사자 1인당 수출액]은 〈표〉를 이용하여 작성한 자료로 옳다.

오답 체크

ㄴ. 2024년 로봇산업 업종별 사업체 수 비중은 제조업용 로봇이 (564/4,471)×100≒12.6%, 로봇 시스템이 (644/4,471)×100≒14.4%이지만, [2024년 로봇산업 업종별 사업체 수 비중]에서는 수치가 다르므로 〈표〉를 이용하여 작성한 자료로 옳지 않다.

빠른 문제 풀이 Tip

ㄴ. 2024년 로봇산업 업종별 사업체 수에 따르면 로봇 시스템이 제조업용 로봇보다 더 많으므로 [2024년 로봇산업 업종별 사업체 수 비중]에서도 로봇 시스템이 제조업용 로봇보다 비중이 큰 것임을 알 수 있다.

22 자료이해

정답 ②

ㄴ. 16강 승리 횟수만큼 8강에 진출함에 따라 8강에 진출하지 못한 횟수는 A팀이 10회, B팀이 8회, C팀이 3회이므로 A, B, C팀이 모두 8강에 진출한 대회 수는 최소 50−(10+8+3)=29회이다.

ㄹ. 총 50회 중 A팀은 4회, B팀은 6회, C팀은 0회 패배하였으므로 32강에서 A팀과 C팀 간 경기가 있었던 대회 수는 최대 4회, B팀과 C팀 간 경기가 있었던 대회 수는 최대 6회로 32강에서 A팀과 C팀 간, 또는 B팀과 C팀 간 경기가 있었던 대회 수는 10회 이하이다.

오답 체크

ㄱ. B팀이 결승에 올라간 횟수의 최댓값은 B팀이 8강에서 승리한 36회 모두 결승까지 올라간 경우이므로 36회이고, B팀의 결승 승률이 50%라면 B팀이 결승에서 승리한 횟수의 최댓값은 36×0.5=18회이다.

ㄷ. 팀별 16강 승률은 A팀이 (40/46)×100≒87.0%, B팀이 (42/44)×100≒95.5%, C팀이 (47/50)×100=94.0%이므로 A, B, C팀 중 16강 승률이 높은 순서대로 나열하면, B, C, A 순이다.

23 자료이해

정답 ①

ㄱ. 실험 4회차에 A등급과 B등급 인원의 합은 5+11=16명으로, C등급과 D등급 인원의 합인 10+4=14명보다 많고, 실험 5회차에도 A등급과 B등급 인원의 합인 11+10=21명이 C등급과 D등급 인원의 합인 9명보다 많으므로 옳은 설명이다.

ㄷ. 실험 3회차의 등급 상승 인원수 5명 중 D등급에서 등급이 상승한 인원 3명이 차지하는 비중은 (3/5)×100=60%이므로 옳은 설명이다.

오답 체크

ㄴ. 〈그림〉에 따르면 실험 2회차에 10명의 등급이 상승했고, 〈표〉에서 실험 2회차에 A등급이 없으므로 이때 A등급으로 상승한 인원은 없으며, C등급에서 B등급으로 상승한 인원수는 6명, D등급에서 C등급으로 상승한 인원수는 4명이다. 따라서 실험 2회차에 B등급으로 상승한 인원수는 C등급으로 상승한 인원수의 2배 미만이므로 옳지 않은 설명이다.

ㄹ. 실험 5회차에 15명의 등급이 상승했고, B등급에서 A등급으로 상승한 인원수가 D등급에서 C등급으로 상승한 인원수의 1.5배가 되려면 실험 5회차에 등급이 상승한 인원은 모두 한 등급씩만 상승해야 한다. 이에 따라 D등급에서 C등급으로 4명, C등급에서 B등급으로 5명, B등급에서 A등급으로 6명의 등급이 상승된 것을 알 수 있다. 직전 회차 C등급에서 실험 5회차에 B등급으로 상승한 인원은 5명이므로 옳지 않은 설명이다.

24 자료이해

정답 ①

ㄱ. 2024년 8~12월 중 선행종합지수가 가장 낮은 기간은 8월이다. 이때 생산확산지수는 광공업이 51.3이며, 서비스업이 {(57+5×0.5)/83}×100≒71.7로 서비스업이 광공업보다 높으므로 옳은 설명이다.

ㄴ. 2024년 8~12월 중 선행종합지수가 두 번째로 높은 기간은 10월이다. 이때 광공업 증가업종 수는 75−2−59=14개로 10개 이상이므로 옳은 설명이다.

오답 체크

ㄷ. 2024년 11월 서비스업 생산확산지수는 {(28+4×0.5)/83}×100≒36.1로 2024년 12월 서비스업 생산확산지수는 전월 대비 증가하였으므로 옳지 않은 설명이다.

ㄹ. 2024년 8~12월 중 보합업종 수가 가장 적은 기간은 광공업이 12월, 서비스업이 10월로 동일하지 않으므로 옳지 않은 설명이다.

25 자료이해

정답 ③

개인기업 투자액 대비 기타법인기업 투자액의 비율은 2023년이 356/2,493≒0.14, 2024년이 481/2,254≒0.21이다. 따라서 2024년 개인기업 투자액 대비 기타법인기업 투자액의 비율은 전년 대비 2배 미만이므로 옳지 않은 설명이다.

오답 체크

① 2024년의 기타법인기업 투자액의 전년 대비 증가율은 {(481−356)/356}×100≒35.1%, 회사법인기업 투자액의 전년 대비 감소율은 {(112,439−98,636)/112,439}×100≒12.3%이므로 옳은 설명이다.

② 2024년 종사자 규모 '10~49명'의 기타법인기업 투자액은 회사법인기업 투자액의 (248/15,490)×100≒1.6%이고, 나머지 종사자 규모의 기타법인기업 투자액은 모두 회사법인기업 투자액의 1% 미만이므로 옳은 설명이다.

④ 법인기업 투자액은 2023년이 112,439+356=112,795십억 원, 2024년이 98,636+481=99,117십억 원으로, 2024년에 전년 대비 {(112,795−99,117)/112,795}×100≒12.1% 감소했으므로 옳은 설명이다.

⑤ 2024년 종사자 규모 200명 이상의 회사법인기업 투자액은 10,236+57,962=68,198십억 원으로, 2024년 회사법인기업 투자액에서 (68,198/98,636)×100≒69.1%를 차지하므로 옳은 설명이다.

빠른 문제 풀이 Tip

③ 경영조직별 투자비율은 경영조직 전체에 대한 투자액의 비율이므로 수치가 간단한 〈표 1〉의 투자비율로 확인한다. 개인기업 투자비율 대비 기타법인기업 투자비율은 2024년이 $\frac{0.5}{2.2}$, 2023년의 2배는 $\frac{0.3}{2.2}\times2=\frac{0.6}{2.2}$으로, 2024년이 더 작은 것을 알 수 있다.

④ 〈표 1〉에서 2023년과 2024년의 법인기업 투자비율은 각각 97.8%로 동일한 것을 확인할 수 있다. 이에 따라 전체기업 투자액을 비교하면, 2024년 전체기업 투자액은 2023년 전체기업 투자액의 90%인 115,288×0.9≒103,759십억 원보다 작으므로 10% 이상 감소한 것을 알 수 있다.

실전모의고사 5회

모바일 자동 채점 및 성적 분석 서비스

정답

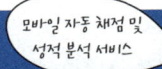

1	②	자료매칭	6	①	자료이해	11	④	자료매칭	16	①	자료이해	21	④	자료이해
2	④	자료계산	7	①	자료이해	12	①	자료매칭	17	①	자료이해	22	①	자료매칭
3	④	자료계산	8	④	자료이해	13	③	자료변환	18	②	자료이해	23	②	자료논리
4	③	자료매칭	9	⑤	자료변환	14	⑤	자료이해	19	④	자료이해	24	③	자료이해
5	④	자료변환	10	②	자료이해	15	⑤	자료이해	20	①	자료논리	25	⑤	자료이해

취약 유형 분석표

유형별로 맞힌 개수, 틀린 문제 번호와 풀지 못한 문제 번호를 적고 나서 취약한 유형이 무엇인지 파악해 보세요.

유형	맞힌 개수	틀린 문제 번호	풀지 못한 문제 번호
자료이해	/13		
자료계산	/2		
자료매칭	/5		
자료논리	/2		
자료변환	/3		
TOTAL	/25		

해설

1 자료매칭

정답 ②

- 〈보고서〉의 첫 번째 문장에서는 모든 시나리오에서 2030년, 2040년, 2050년 모두 여자 인구가 남자 인구보다 많다고 했으므로 2030년 고위 추계 남자 인구가 여자 인구보다 많은 C는 소거된다.
- 〈보고서〉의 두 번째 문장에서는 고위 추계를 기준으로 남녀 인구의 차이는 2030년과 2040년을 비교하면 증가하고, 2040년과 2050년을 비교하면 감소한다고 했으므로 고위 추계 남녀 인구 차이가 2030년의 742－730＝12천 명에서 2040년의 717－706＝11천 명으로 감소하는 D는 소거된다.
- 〈보고서〉의 세 번째 문장에서는 2040년 고위 추계 인구와 중위 추계 인구는 남자와 여자 모두 각각 5만 명 이상 차이난다고 했으므로 2040년 고위 추계 인구와 중위 추계 인구 차이가 남자는 698－665＝33천 명, 여자는 707－673＝34천 명인 E는 소거된다.
- 〈보고서〉의 세 번째 문장에서는 저위 추계를 기준으로 2030년 대비 2050년 전체 인구의 감소율이 25% 미만이라고 했으므로 2030년 전체 인구가 1,463＋1,566＝3,029천 명, 2050년 전체 인구가 1,054＋1,158＝2,212천 명으로 2030년 대비 2050년 전체 인구 감소율이 {(3,029－2,212)/3,029)}×100＝(817/3,029)×100≒27.0%인 A는 소거된다.

따라서 A~E 중 '갑'시에 해당하는 시는 B이다.

2 자료계산

정답 ④

$\text{낙찰률}=\dfrac{\text{낙찰 건수}}{\text{입찰 건수}}\times100$이고, $\text{경쟁률}=\dfrac{\text{입찰 참가자 수}}{\text{낙찰 건수}}$이므로

$\text{낙찰률}=\dfrac{\text{입찰 참가자 수}}{\text{입찰 건수}\times\text{경쟁률}}\times100$임을 적용하여 구한다.

- A＝{253/(440×2.3)}×100＝25.0%
- B＝{360/(750×2.0)}×100＝24.0%
- C＝{209/(380×2.2)}×100＝25.0%
- D＝{540/(750×2.4)}×100＝30.0%
- E＝{456/(800×2.0)}×100＝28.5%

따라서 낙찰률이 가장 높은 지역인 D의 낙찰률은 30%이다.

3 자료계산

정답 ④

총 평가 점수＝(어학 능력 분야 평가 점수×0.2)＋(친절 분야 평가 점수×0.3)＋(청결 분야 평가 점수×0.3)＋(체력 분야 평가 점수×0.2)임을 적용하여 구한다. 직원 A~E의 총 평가 점수는 A가 (60×0.2)＋(80×0.3)＋(90×0.3)＋(100×0.2)＝83점, B가 81.5점, C가 (70×0.2)＋(90×0.3)＋(70×0.3)＋(60×0.2)＝74점, D가 (75×0.2)＋(90×0.3)＋(80×0.3)＋(90×0.2)＝84점, E가 (80×0.2)＋(80×0.3)＋(70×0.3)＋(90×0.2)＝79점이다.

따라서 총 평가 점수가 높은 직원은 D이다.

4 자료매칭

정답 ③

- 〈보고서〉의 첫 번째 단락 첫 번째 문장에 따르면 이 제조사의 2024년 자동차 총판매량은 600만 대 이상이라고 했으나, 제조사 D의 2024년 총판매량은 564＋5,388＝5,952천 대로 600만 대 미만이므로 제조사 D를 소거할 수 있다.
- 〈보고서〉의 두 번째 단락 첫 번째 문장에 따르면 이 제조사의 2021년 대비 2024년 자동차 국내 판매량 증가율은 20% 미만이고, 해외 판매량 증가율은 30% 이상이라고 했으나, 2021년 대비 2024년 제조사 E의 국내 판매량 증가율은 (93/393)×100≒23.7%로 20% 이상이며, 제조사 B의 해외 판매량 증가율은 (1,290/4,820)×100≒26.8%로, 30% 미만이므로 제조사 B와 제조사 E를 각각 소거할 수 있다.
- 〈보고서〉의 두 번째 단락 두 번째 문장에 따르면 이 제조사의 2024년 자동차 총판매량 중 해외 판매량의 비중은 90%를 넘었다고 했으나, 제조사 A의 2024년 총판매량 중 해외 판매량의 비중은 (5,299/6,049)×100≒87.6%로, 90% 미만이므로 제조사 A를 소거할 수 있다.

따라서 〈보고서〉의 내용에 해당하는 제조사는 C이다.

빠른 문제 풀이 Tip

〈보고서〉의 두 번째 단락 두 번째 문장에 따른 2024년 자동차 총판매량 중 해외 판매량의 비중이 90%를 넘는지는 국내 판매량의 9배한 값과 해외 판매량의 크기를 비교해서 해외 판매량이 더 큰지를 확인한다. 제조사 A의 경우 해외 판매량 5,299천 대가 국내 판매량의 9배인 750×9＝6,750천 대보다 적으므로 비중은 90% 미만임을 알 수 있다.

5 자료변환

정답 ④

ㄱ. 〈보고서〉의 첫 번째 단락에서 인터넷신문 사업체 수는 2023년을 제외하고는 2019년부터 매년 전년 대비 증가하고 있다고 했으므로 2018~2021년 인터넷신문 사업체 수에 대한 자료가 추가로 필요한 자료임을 알 수 있다.

ㄷ. 〈보고서〉의 두 번째 단락에서 2022년 일간 종이신문 사업체 중 기타 일간의 경우 건설 분야 일간신문 사업체 수가 식품 분야 일간신문 사업체 수보다 많았다고 했으므로 2022년 일간 종이신문 사업체 중 건설 및 식품 분야 일간신문 사업체 수가 추가로 필요한 자료임을 알 수 있다.

ㅁ. 〈보고서〉의 두 번째 단락에서 주간 종이신문 사업체 중 전문 주간신문의 사업체 수가 2022년 이후 매년 전년 대비 감소하고 있다고 했으므로, 2021년 주간 종이신문 사업체 중 전문 주간신문 사업체 수가 추가로 필요한 자료임을 알 수 있다.

오답 체크

ㄴ. 2024년 신문산업별 사업체 수 구성비는 〈표 1〉의 종이신문 사업체 수와 인터넷신문 사업체 수를 통해 도출할 수 있으므로 추가로 필요한 자료가 아니다.

ㄹ. 2021년 주간 종이신문 사업체 중 지역종합 주간신문 사업체 수는 제시된 〈보고서〉에서 설명하고 있지 않으므로 추가로 필요한 자료가 아니다.

6 자료이해

정답 ①

ㄱ. 성비 = $\frac{남성인원}{여성인원}$이므로 2023년 여성의 응시인원은 1,500/1.5=1,000명, 합격인원은 600/1.2=500명이다. 따라서 합격률은 남성이 (600/1,500)×100=40%, 여성이 (500/1,000)×100=50%로 남성이 여성보다 낮으므로 옳지 않은 설명이다.

ㄷ. 2024년 여성 합격률이 50%라면 여성 응시인원은 600/0.5=1,200명이고, 성비가 0.9이므로 남성 응시인원은 1,200×0.9=1,080명이다. 따라서 2024년 전체 합격률은 {(840+600)/(1,080+1,200)}×100≒63.2%이므로 옳지 않은 설명이다.

오답 체크

ㄴ. 2024년 남성 합격인원은 600×1.4=840명으로, 각 성별 2024년 합격인원은 2023년 합격인원보다 많으므로 옳은 설명이다.

ㄹ. 2024년 여성 응시인원이 x인 경우, 남성 응시인원은 $0.9x$이고 전체 응시인원은 $1.9x$이므로 2024년 전체 응시인원이 1,900명이라면, 여성 응시인원은 (1,900/1.9)×1=1,000명, 남성 응시인원은 1,000×0.9=900명이다. 따라서 합격률은 남성이 (840/900)×100≒93.3%, 여성이 (600/1,000)×100=60%로 합격률 차이는 30%p 이상이므로 옳은 설명이다.

빠른 문제 풀이 Tip

ㄷ. 성비를 이용하여 남성의 응시인원과 합격인원을 각각 도출하지 않고도 전체 합격률 크기를 확인할 수 있다. 2024년 여성 합격률이 50%일 때 여성의 합격인원은 600명이므로 응시인원은 1,200명이고, 이때의 응시인원 성비는 0.9, 합격인원 성비는 1.4이다. 이에 따라 전체 합격률은 $\frac{600 \times 2.4}{1,200 \times 1.9} \times 100 = \frac{1 \times 24}{2 \times 19} \times 100 < 70$임을 알 수 있다.

7 자료이해

정답 ①

2021~2023년 원인별 가스사고 발생 건수를 계산하면 다음과 같다.

(단위: 건)

원인 \ 연도	2021	2022	2023
인적 과실	120×0.40=48	160×0.30=48	120×0.35=42
시설 결함	120×0.35=42	160×0.45=72	120×0.40=48
시설 파손	120×0.05=6	160×0.10=16	120×0.10=12
기타 원인	120×0.20=24	160×0.15=24	120×0.15=18
계	120	160	120

ㄱ. 2023년 '인적 과실'로 발생한 가스사고 건수는 42건으로 2021년 '시설 파손'으로 발생한 가스사고 건수인 6건보다 42−6=36건 더 많으므로 옳은 설명이다.

ㄷ. '인적 과실'로 발생한 가스사고 건수는 2021년과 2022년 모두 48건이고, '기타 원인'으로 발생한 가스사고 건수도 2021년과 2022년 모두 24건으로 동일하므로 옳은 설명이다.

오답 체크

ㄴ. 2023년 '시설 결함'으로 발생한 가스사고 발생 건수의 전년 대비 감소율은 {(72−48)/72}×100≒33.3%로 30% 초과이므로 옳지 않은 설명이다.

ㄹ. '시설 결함'과 '시설 파손'으로 발생한 가스사고 건수의 합은 42+72+48+6+16+12=196건으로 2021~2023년 동안 발생한 전체 가스사고건수의 {196/(120+160+120)}×100=49.0%이므로 옳지 않은 설명이다.

8 자료이해

정답 ④

ㄱ. 2024년 3월 식품 온라인쇼핑 거래액은 21,945억 원이고 상품군 전체 온라인쇼핑 거래액의 20%는 142,445×0.2=28,489억 원이므로 옳은 설명이다.

ㄴ. 2023년 3월 모바일쇼핑 거래액은 패션이 26,382/1.049≒25,150억 원, 식품이 15,747/1.517≒10,380억 원이고, 그 거래액 차이는 25,150−10,380=14,770억 원=1조 4,770억 원이므로 옳은 설명이다.

오답 체크

ㄷ. 2024년 3월 온라인쇼핑 거래액이 세 번째로 많은 상품군은 가전이고, 모바일쇼핑 거래액이 세 번째로 많은 상품군은 식품이므로 옳지 않은 설명이다.

9 자료변환

정답 ⑤

〈보고서〉의 세 번째 단락에서 음주운전으로 인한 교통사고 사망자수는 2020년 이후 전년 대비 매년 감소하였으며, 그중 음주운전 교통사고 사망자수의 전년 대비 감소율은 2022년 이후 전년 대비 매년 9%p 이상씩 감소하여 2024년에는 4.2%에 그쳤다고 했으므로 〈보고서〉의 내용과 부합하는 자료이다.

오답 체크

① 〈보고서〉의 첫 번째 단락에서 2023~2024년 교통사고 발생건수는 전년 대비 매년 감소했다고 했으나, [연도별 교통사고 발생건수]에서 2024년 교통사고 발생건수는 2023년 대비 증가했으므로 〈보고서〉의 내용과 부합하지 않는 자료이다.

② 〈보고서〉의 첫 번째 단락에서 2024년 교통사고 사상자수에서 사망자수가 차지하는 비중은 1% 미만이라고 했으나, [연도별 교통사고 사상자수]에서 2024년 교통사고 사망자수 30백 명은 사상자수 2,945백 명 중 1% 이상에 해당하므로 〈보고서〉의 내용과 부합하지 않는 자료이다.

③ 〈보고서〉의 두 번째 단락에서 교통사고 사망자수 중 보행사망 비중의 2022년 대비 2023년 감소율은 10% 이상이었다고 했으나, [연도별 교통사고 사망자수 중 보행사망 비중]에서 2023년 교통사고 사망자수 중 보행사망 비중의 전년 대비 감소율은 (3.7/39.4)×100≒9.4%로 10% 미만이므로 〈보고서〉의 내용과 부합하지 않는 자료이다.

④ 〈보고서〉의 두 번째 단락에서 2020년 대비 2024년 노인 교통사고 사망자수 감소율은 25% 이상, 어린이 교통사고 사망자수 감소율은 60% 이상이었다고 했으나, [연도별 노인 및 어린이 교통사고 사망자수]에서 2020년 대비 2024년 어린이 교통사고 사망자수 감소율은 (31/54)×100≒57.4%로 60% 미만이므로 〈보고서〉의 내용과 부합하지 않는 자료이다.

10 자료이해

정답 ②

ㄱ. 2020년 대비 2023년 '병'의 시간당 노동생산성은 감소하였고, 나머지 3개국의 2020년 대비 2023년 시간당 노동생산성의 증가폭은 '갑'이 41.5−40.8=0.7달러, '을'이 36.8−35.3=1.5달러, '정'이 32.8−31.1=1.7달러이다. 따라서 '정'의 증가폭이 가장 크므로 옳은 설명이다.

ㄴ. 2018~2024년 동안 연도별 '갑'의 시간당 노동생산성은 '병'의 시간당 노동생산성 대비 2018년에 39.6/31.2≒1.27배, 2019년에 40.0/31.0≒1.29배, 2020년에 40.8/31.4≒1.30배, 2021년에 40.8/31.1≒1.31배, 2022년에 41.4/31.5≒1.31배, 2023년에 41.5/31.0≒1.34배, 2024년에 41.5/32.0≒1.30배이다. 따라서 '갑'의 시간당 노동생산성은 '병'보다 매년 20% 이상 높으므로 옳은 설명이다.

오답 체크

ㄷ. 시간당 노동생산성$=\frac{\text{1인당 GDP}}{\text{총 노동시간}}$임을 적용하여 구한다. 2021년 '정'의 총 노동시간을 x라고 하면 '을'의 총 노동시간은 $0.7x$이므로 1인당 GDP는 '정'이 $31.8x$달러, '을'이 $(35.3\times0.7x)$달러이다. 따라서 2021년 '을'의 1인당 GDP의 1.5배는 $35.3\times0.7x\times1.5≒37.1x$달러로, '정'보다 크므로 옳지 않은 설명이다.

빠른 문제 풀이 Tip

ㄴ. 2018~2024년 동안 '병'의 시간당 노동생산성은 매년 31.0달러 이상 32.0달러 이하이므로, 이보다 20% 높은 시간당 노동생산성은 31.0+6.2=37.2달러 이상 32.0+6.4=38.4달러 이하이다. 이때 2018~2024년 동안 '갑'의 시간당 노동생산성의 최솟값은 39.6달러이므로 '병'보다 20% 이상 높은 것을 알 수 있다.

ㄷ. 각주를 통해 정리한 2021년 '을'과 '정'의 1인당 GDP 식에서 각 항의 크기를 비교한다. 1인당 GDP는 '정'이 $(31.8\times x)$, '을'이 $(35.3\times0.7x)$이며, '을'의 1인당 GDP의 1.5배인 $(35.3\times0.7x\times1.5)$에서 '35.3'은 '정'의 31.8보다 크고, '$0.7x\times1.5$'는 '정'의 x보다 크다. 이에 따라 2021년 1인당 GDP는 '정'이 '을'의 1.5배 미만임을 알 수 있다.

11 자료매칭

정답 ④

• 두 번째 〈조건〉에서 학생 1인당 연간 공교육비가 많은 학교급부터 순서대로 나열했을 때 2024년 순위가 전년 대비 하락한 학교급은 대학교라고 했고, A의 순위가 2023년에 2위에서 2024년에 3위로 하락했으므로 A가 대학교이다.

• 첫 번째 〈조건〉에 따르면 2021년 고등학교 학생 1인당 연간 공교육비는 중학교 학생 1인당 연간 공교육비의 1.2배 이상이라 했으므로 C가 중학교이면 2021년 학생 1인당 연간 공교육비가 77×1.2=92.4만 원 이상인 A 또는 D가 고등학교이고, B가 중학교이면 2021년 학생 1인당 연간 공교육비가 80×1.2=96만 원 이상인 A 또는 D가 고등학교일 수 있다. 이때 A는 대학교이므로, B 또는 C가 중학교이고, D가 고등학교이다.

• 세 번째 〈조건〉에서 2022년 대비 2024년 학생 1인당 연간 공교육비의 증가율은 초등학교가 고등학교보다 5%p 이상 크다고 했고 고등학교(D)의 증가율은 {(116−111)/111}×100≒4.5%이므로 초등학교의 증가율은 4.5+5=9.5% 이상이어야 한다. 이때 2022년 대비 2024년 학생 1인당 연간 공교육비의 증가율은 B가 {(97−88)/88}×100≒10.2%, C가 {(89−84)/84}×100≒6.0%이므로 B가 초등학교, C가 중학교이다.

따라서 A는 대학교, B는 초등학교, C는 중학교, D는 고등학교이다.

12 자료매칭

정답 ①

• 첫 번째 〈조건〉에 따라 2024년 11월에 전년동월 대비 내수 물량과 수출 물량이 모두 증가한 석유 종류는 '다'와 '라'이므로 '다'와 '라'가 나프타 또는 LPG임을 알 수 있다.

• 두 번째 〈조건〉에 따라 2024년 11월에 전월 대비 생산 물량이 50% 이상 증가한 석유 종류는 벙커C유와 {(2,336−1,185)/1,185}×100≒97.1% 증가한 '가'이므로 '가'가 등유이고, 이에 따라 '나'가 경유임을 알 수 있다.

• 세 번째 〈조건〉에 따라 2024년 11월에 전년동월 대비 내수 물량 증가율은 경유인 '나'가 {(13,252−12,688)/12,688}×100≒4.4%, '다'가 {(34,094−32,953)/32,953}×100≒3.5%, '라'가 {(8,206−6,551)/6,551}×100≒25.3%이므로 '다'가 나프타이고, 이에 따라 '라'가 LPG임을 알 수 있다.

따라서 '가'는 등유, '나'는 경유, '다'는 나프타, '라'는 LPG이다.

13 자료변환

정답 ③

2023년 대비 2024년 희곡의 국내도서 아동 단행본 출판 권수의 증가율은 출판 권수가 2023년 9권에서 2024년 8권으로 감소하여 증가율은 (−1/9)×100≒−11.1%이지만, [2023년 대비 2024년 국내도서 아동 단행본의 장르별 출판 권수의 증가율]에서는 −12.5%로 나타나므로 옳지 않은 자료이다.

오답 체크

① 일반 단행본 출판 권수는 2020년에 6,846+2,214=9,060권, 2021년에 7,409+2,097=9,506권, 2022년에 7,727+2,293=10,020권, 2023년에 8,048+2,223=10,271권, 2024년에 9,024+1,727=10,751권이므로 옳은 자료이다.

② 2023년 중등 아동 단행본의 장르별 출판 권수는 시가 42+3=45권, 소설이 148+99=247권, 수필이 30+4=34권, 평론이 5+1=6권, 희곡이 1권이고, 중등 아동 단행본 전체 226+107=333권 중 장르별 비중은 시가 약 13.5%, 소설이 약 74.2%, 수필이 약 10.2%, 평론이 약 1.8%, 희곡이 약 0.3%이므로 옳은 자료이다.

④ 번역도서 출판 권수 대비 국내도서 출판 권수 비율은 2020년에 8,317/3,468≒2.4, 2021년에 8,877/3,278≒2.7, 2022년에 9,701/3,450≒2.8, 2023년에 10,161/3,563≒2.9, 2024년에 11,224/3,043≒3.7이므로 옳은 자료이다.

⑤ 2024년 장르별 국내도서 출판 권수의 일반 단행본 비중은 시가 (3,628/3,973)×100≒91.3%, 소설이 (1,883/3,612)×100≒52.1%, 수필이 (3,048/3,161)×100≒96.4%, 평론이 (361/365)×100≒98.9%, 희곡이 (97/105)×100≒92.4%, 기타가 (7/8)×100≒87.5%이므로 옳은 자료이다.

빠른 문제 풀이 Tip

② 〈표 3〉에서 2023년 희곡의 중등 아동 단행본의 출판 권수는 1권이고, 원 그래프에서의 비중은 0.3%이므로 각 장르별 출판 권수에 0.3을 곱한 값과 원 그래프의 비중이 유사한지 확인하면 옳은 그래프임을 알 수 있다.

14 자료이해

정답 ⑤

ㄴ. 종사자 규모 '500~999인' 기업체의 1인당 월평균 노동비용이 전체 기업체의 1인당 월평균 노동비용보다 큰 해인 2020년, 2023년, 2024년에 종사자 규모 '1,000인 이상' 기업체의 1인당 월평균 노동비용은 모두 7,000천 원 이상이므로 옳은 설명이다.

ㄷ. 전체 기업체의 1인당 월평균 노동비용에서 법정외 복지비용이 차지하는 비중은 2020년에 (198/4,934)×100≒4.0%, 2021년에 (211/5,023)×100≒4.2%, 2022년에 (219/5,196)×100≒4.2%, 2023년에 (224/5,342)×100≒4.2%, 2024년에 (234/5,409)×100≒4.3%로 매년 5% 미만이므로 옳은 설명이다.

오답 체크

ㄱ. 종사자 규모 '10~29'인 기업체의 1인당 월평균 노동비용은 2020년부터 2023년까지 매년 전체 기업체의 1인당 월평균 직접노동비용보다 작지만, 2024년에는 전체 기업체의 1인당 월평균 직접노동비용보다 크므로 옳지 않은 설명이다.

빠른 문제 풀이 Tip

ㄷ. 2024년 전체 기업체의 1인당 월평균 노동비용인 5,409천 원의 10%는 약 540천 원, 5%는 10%의 절반인 약 270천 원이므로 법정외 복지비용인 234천 원은 5,409천 원의 5% 미만이다. 이외 연도 또한 같은 방법으로 모두 5% 미만임을 확인할 수 있다.

15 자료이해

정답 ⑤

A지역의 각 검사항목 수치는 A지역 검사지점별 수치의 산술평균값으로 산출된다. A지역의 수돗물이 '먹는물 수질기준'에 적합하다고 판정되기 위해서는 검사지점별 잔류염소 합계가 (4.10−4.00)×4=0.40㎎/L 이상 감소해야 하고 검사지점별 탁도 합계는 (0.58−0.50)×4=0.32NTU 이상 낮아져야 한다. A지역 '나' 검사지점 수돗물의 잔류염소와 탁도가 각각 10%씩 낮아지면 잔류염소는 0.51㎎/L, 탁도는 0.08NTU 낮아져 여전히 탁도 기준을 충족하지 않는다. 따라서 A지역 수돗물의 '먹는물 수질기준'에 대한 적합 판정 여부가 달라지지 않으므로 옳지 않은 설명이다.

오답 체크

① A~H지역 수돗물의 pH는 모두 5.8 이상 8.5 이하에 해당하여 '먹는물 수질기준'을 충족하므로 옳은 설명이다.

② A~H지역 중 A지역은 잔류염소와 탁도가 기준을 충족하지 않으며, C지역은 탁도, G지역은 총대장균군, H지역은 일반세균 기준을 충족하지 않는다. 따라서 수돗물이 '먹는물 수질기준'에 적합하지 않은 지역은 A, C, G, H 4개이므로 옳은 설명이다.

③ A지역 '가'~'라' 검사지점 수돗물의 일반세균 합계는 64×4=256CFU/㎖임에 따라 A지역 '다' 검사지점 수돗물의 일반세균은 256−50−4−104=98CFU/㎖로 100CFU/㎖ 미만이므로 옳은 설명이다.

④ 수돗물이 '먹는물 수질기준'에 적합하다고 판정된 지역 B, D, E, F의 잔류염소가 10%씩 높아지더라도 잔류염소가 4.0㎎/L를 초과하는 지역은 없다. 따라서 이 중 수돗물이 '먹는물 수질기준'에 적합하지 않다고 판정되는 지역이 없으므로 옳은 설명이다.

16 자료이해

정답 ①

ㄱ. 2015년 A~E가구의 금 보유량을 모두 합하면 4+6+5+9+5=29돈으로, 그램 단위로 변환하면 29×3.75=108.75g이므로 옳은 설명이다.

ㄴ. 2016년 이후 전년 대비 금 보유량의 증가량은 매년 C가구가 E가구보다 많으므로 옳은 설명이다.

오답 체크

ㄷ. 2016년 이후 A가구의 전년 대비 금 보유량의 증감률은 2017년에 (2/5)×100≒40%로 가장 크므로 옳지 않은 설명이다.

ㄹ. A~E가구 중 2024년 금 보유량이 가장 많은 D가구와 B가구의 금 보유량 차이는 3냥−1냥 9돈=1냥 1돈으로, 그램 단위로 변환했을 때 11×3.75=41.25g에 해당한다. 이에 따라 B가구의 금 보유량이 40g만큼 증가하여도 D가구의 금 보유량이 가장 많으므로 옳지 않은 설명이다.

17 자료이해

정답 ①

ㄱ. 2008년 대비 2023년 취업자 수의 증가율은 {(26,905−22,832)/22,832}×100≒17.8%로 20% 미만이므로 옳은 설명이다.

ㄴ. 임금근로자 수=상용근로자 수+임시근로자 수+일용근로자 수이므로 상용근로자 수가 임금근로자 수에서 차지하는 비중을 확인하면, 2008년에 (7,923/15,187)×100≒52.2%, 2013년에 (10,178/17,111)×100≒59.5%, 2018년에 (12,716/19,402)×100≒65.5%, 2023년에 (14,521/20,332)×100≒71.4%로 5년마다 증가하는 것을 알 수 있다. 따라서 임시근로자 수와 일용근로자 수의 합이 임금근로자 수에서 차지하는 비중은 5년마다 감소하므로 옳은 설명이다.

오답 체크

ㄷ. 2018년 자영업자 수에서 고용원이 있는 자영업자 수가 차지하는 비중은 (1,609/5,622)×100≒28.6%로, 비임금근로자 비율인 (6,775/26,177)×100≒25.9%보다 크므로 옳지 않은 설명이다.

ㄹ. 2008년 임금근로자 비율은 (15,187/22,832)×100≒66.5%이므로 옳지 않은 설명이다.

빠른 문제 풀이 Tip

ㄴ. 2013~2023년의 5년 전 대비 근로자 증가 인원은 다음과 같다.

구분	2013년	2018년	2023년
상용근로자	2,255명	2,538명	1,805명
임금근로자	1,924명	2,291명	930명

각 연도의 상용근로자 수는 임금근로자 수보다 적고 상용근로자의 증가 인원은 임금근로자 증가 인원보다 많으므로 상용근로자의 증가율이 임금근로자의 증가율보다 높다. 이에 따라 임금근로자 수에서 상용근로자 수가 차지하는 비중은 5년마다 증가하고, 반대로 임금근로자 수에서 임시근로자 수와 일용근로자 수의 합이 차지하는 비중은 5년마다 감소했음을 알 수 있다.

18 자료이해

정답 ②

2022년 전공 순위는 1위가 언어·문학, 2위가 경영·경제, 3위가 간호, 4위가 디자인, 5위가 생물·화학, 6위가 기계·금속, 7위가 사회과학, 8위가 컴퓨터·통신, 9위가 인문과학, 10위가 중등교육, 11위가 체육이다. 이때 2022년 순위가 2024년 순위보다 낮은 전공은 경영·경제, 컴퓨터·통신, 사회과학, 인문과학, 체육, 중등교육 6개이고, 2022년 순위가 2024년 순위보다 높은 전공은 언어·문학, 간호, 디자인, 생물·화학, 기계·금속 5개이므로 옳은 설명이다.

오답 체크

① 2023년에 전년 대비 순위가 상승한 전공은 경영·경제, 사회과학, 체육, 인문과학, 중등교육 5개이므로 옳지 않은 설명이다.

③ 2023~2024년 동안 매년 순위가 전년 대비 하락한 전공은 간호, 기계·금속 2개이므로 옳지 않은 설명이다.

④ 2024년에 전년 대비 순위가 상승한 전공은 언어·문학, 컴퓨터·통신, 디자인, 인문과학, 중등교육, 생물·화학이나, 전년 대비 희망 인원이 증가한 전공은 컴퓨터·통신 1개뿐이므로 옳지 않은 설명이다.

⑤ 2023년 상위 5개 전공 평균 희망 인원 수는 (665+627+599+594+472)/5≒591명, 2024년 상위 5개 전공 평균 희망 인원 수는 (549+484+448+447+375)/5≒461명으로 2023년 상위 5개 전공 평균 희망 인원 수는 2024년 상위 5개 전공 평균 희망 인원 수보다 많으므로 옳지 않은 설명이다.

빠른 문제 풀이 Tip

③ 2023~2024년 동일한 전공의 등락이 모두 ↓인 전공은 2023~2024년 동안 매년 순위가 전년 대비 하락한 전공이므로 간호, 기계·금속이 매년 순위가 전년 대비 하락한 전공임을 알 수 있다.

19 자료이해

정답 ④

ㄱ. 강원 지역의 문교사회용 건축물 비율은 (14,047/428,405)×100≒3.3%로 전국의 문교사회용 건축물 비율인 2.7%보다 높으므로 옳은 설명이다.

ㄷ. 공업용 건축물 상위 3개 지역은 경기, 경북, 경남이고, 해당 지역들의 공업용 건축물의 합은 111,246+34,713+30,450=176,409동으로 전국 공업용 건축물의 절반인 335,451/2=167,725.5동 이상이므로 옳은 설명이다.

ㄹ. 서울 지역 인구 50만 명 이상 행정구역의 주거용 건축물의 합은 9,079+19,031+12,381+17,861=58,352동으로, 전국 건축물 중에서 차지하는 비중은 (58,352/7,314,264)×100≒0.8%이므로 옳은 설명이다.

오답 체크

ㄴ. 서울 지역 인구 50만 명 이상 행정구역의 건축물은 12,853+25,053+23,429+23,469=84,804동으로, 서울 지역 건축물 중에서 차지하는 비중은 (84,804/585,636)×100≒14.5%이므로 옳지 않은 설명이다.

빠른 문제 풀이 Tip

ㄹ. 전국의 주거용 건축물 비율이 62.7%이고 서울 지역 인구 50만 명 이상 행정구역의 주거용 건축물의 합은 58,352동으로 전국 주거용 건축물의 1% 이상이다. 따라서 서울 지역 인구 50만 명 이상 행정구역의 주거용 건축물의 합은 전국 건축물의 62.7×0.01=0.627% 이상을 차지함을 알 수 있다.

20 자료논리

정답 ①

메뉴별 이익=메뉴별 판매가격−메뉴별 재료비이므로 대표메뉴를 제외한 5개 메뉴의 메뉴 한 잔당 이익의 합은 (3,500−700)+(3,500−800)+(4,000−900)+(4,300−900)+(4,300−850)=15,450원이고, 6개 메뉴에 대한 메뉴 한 잔당 이익의 합이 18,600원이 되도록 하는 대표메뉴의 한 잔당 이익은 18,600−15,450=3,150원이다. 음료 판매점의 6개 메뉴는 모두 두 종류 이상의 재료로 제조되므로 한 종류 이상의 재료가 공통으로 사용되면서 다른 한 종류의 재료는 서로 다른 메뉴의 재료비를 비교해서 재료별 비용을 도출한다. 탄산수 1개와 자몽 1개가 사용되는 자몽에이드와 탄산수 1개와 레몬 1/2개, 자몽 1개가 사용되는 레몬자몽에이드의 재료비를 비교하면 레몬 1/2개의 비용이 900−800=100원임을 알 수 있다. 레몬 1개의 비용이 200원일 때 탄산수 1개와 레몬 1개가 사용되는 레몬에이드의 재료비는 700원이므로 탄산수 1개의 비용이 500원임을 알 수 있다. 이를 통해 자몽에이드 제조에 사용된 자몽 1개의 비용이 800−500=300원임을 알 수 있고, 자몽모히또에 사용된 민트 1개의 비용이 900−500−300=100원, 라임모히또에 사용된 라임 1개의 비용이 850−500−100=250원임을 알 수 있다. 이에 따라 대표메뉴의 재료비는 500+100+250+100=950원이다. 따라서 대표메뉴의 판매가격은 3,150+950=4,100원이다.

빠른 문제 풀이 Tip

메뉴별 사용재료를 비교하면 대표메뉴는 라임모히또 사용재료에 레몬 1/2개를 추가로 사용하여 제조한다. 이에 따라 레몬의 비용만 찾아 라임모히또 재료비에 합산하면 재료별 비용을 모두 확인하지 않고도 대표메뉴의 재료비를 찾을 수 있다.

21 자료이해

정답 ④

ㄱ. 3월 20일 '갑'극장의 총 예약자 수가 1,150명이므로 3월 20일 C영화의 예약자 수는 1,150−345−115−230=460명이고, 3월 21일 '갑'극장의 총 예약자 수가 1,450명이므로 3월 21일 A영화의 예약자 수는 1,450−145−290−435=580명이다. 따라서 3월 20일 대비 3월 21일 예약자 수의 증가율은 A영화가 {(580−345)/345}×100≒68.1%, B영화가 {(145−115)/115}×100≒26.1%, D영화가 {(435−230)/230}×100≒89.1%로 D영화가 가장 높으므로 옳은 설명이다.

ㄴ. 3월 18~21일 동안 영화별 예약자 수의 합은 A영화가 315+135+345+580=1,375명, B영화가 420+270+115+145=950명, C영화가 105+405+460+290=1,260명, D영화가 210+540+230+435=1,415명이다. 따라서 3월 18~21일 동안 영화별 예약자 수의 합이 많은 영화부터 순서대로 나열하면 D−A−C−B 순이므로 옳은 설명이다.

ㄹ. '갑'극장의 3월 19일 총 예약자 수는 135+270+405+540=1,350명이다. 따라서 3월 19일 방문율은 (1,062/1,350)×100≒78.7%로 75% 이상이므로 옳은 설명이다.

오답 체크

ㄷ. 3월 20일 C영화의 예약자 수는 460명이고, 3월 19일 B영화 예약자 수는 270명으로 3월 20일 C영화의 예약자 수의 460/270≒1.7배로 2배 미만이므로 옳지 않은 설명이다.

22 자료매칭

정답 ①

- 첫 번째 〈조건〉에 따르면 2014년 대비 2024년 재정수입 증가율이 5% 이상인 국가는 증가율이 {(1,253－1,011)/1,011}×100≒23.9%인 '나'와 {(433－396)/396}×100≒9.3%인 '마'이므로 D국과 F국은 각각 '나' 또는 '마'임을 알 수 있다.
- 두 번째 〈조건〉에 따르면 2024년 GDP는 B국이 F국의 2배 이상이므로 2024년 국가별 GDP를 계산한다. 2024년 GDP는 '가'가 581/0.208≒2,793.3십억 달러, '나'가 1,253/0.323≒3,879.3십억 달러, '다'가 902/0.496≒1,818.5십억 달러, '라'가 143/0.540≒264.8십억 달러, '마'가 433/0.342≒1,266.1십억 달러이다. 이때 F국은 '나' 또는 '마'이고, GDP는 B국이 F국의 2배 이상이므로 B국이 '가', F국이 '마'. 이에 따라 D국이 '나'임을 알 수 있다.
- 세 번째 〈조건〉에 따르면 2014년, 2019년, 2024년 E국의 재정수입은 각각 C국 재정수입의 2배 이상이고, '다'와 '라' 중에서 재정수입이 큰 국가는 '다'이므로 '다'가 E국, '라'가 C국임을 알 수 있다.

따라서 '가'는 B, '나'는 D, '다'는 E, '라'는 C, '마'는 F이다.

23 자료논리

정답 ②

- 동욱의 '라' 과목 점수는 83－(20＋18＋10＋16)＝13.2×5－(6＋15＋14＋12)＝19점이므로 A＝19임을 알 수 있다.
- 경우의 학업수준은 '기초'이므로 경우의 5개 과목 점수의 평균은 12점 미만이다. 이에 따라 10＋13＋15＋10＋B＜12×5이고, 과목별 시험 점수는 최소 0점이므로 0≤B＜12임을 알 수 있다.
- 민정의 학업수준은 '보통'이므로 민정의 5개 과목 점수의 평균은 12점 이상 15점 미만이다. 이에 따라 12×5≤14＋16＋C＋16＋14＜15×5이므로 0≤C＜15이다. 또한, 지수의 '다' 과목 점수를 x라고 할 때 x＋14＋17＋15＋C＝78이므로 C＝32－x를 만족해야 한다. 이때 지수의 학업수준은 '수월'로 5개 과목 점수의 평균이 18점 이상이므로 18×5≤19＋16＋x＋20＋18이며, 과목별 시험 점수는 최대 20점이므로 17≤x≤20임을 알 수 있다. 이에 따라 12≤C≤15이며, 0≤C＜15와 동시에 만족하는 범위는 12≤C＜15이다.

따라서 A~C 중 큰 것부터 순서대로 나열하면 A, C, B이다.

24 자료이해

정답 ③

ㄴ. 2022년 1~12월 동안 미세먼지(PM10) 농도는 매월 같은 달 미세먼지(PM2.5) 농도의 1.5배 이상이므로 옳은 설명이다.

ㄷ. 2020년 동월 대비 2024년 메탄 농도의 변화폭은 6월이 2,016－1,960＝56ppb로 가장 크므로 옳은 설명이다.

오답 체크

ㄱ. 연평균 미세먼지(PM2.5) 농도는 2021년이 (32＋35＋38＋26＋26＋23＋21＋13＋21＋17＋27＋30)/12≒25.8㎍/m³이고, 2023년이 (35＋34＋39＋20＋25＋20＋17＋17＋13＋15＋20＋26)/12≒23.4㎍/m³이므로 옳지 않은 설명이다.

ㄹ. 2020년 동월 대비 2024년 미세먼지(PM10) 농도의 감소율은 4월이 {(67－41)/67}×100≒38.8%이다. 한편 9월의 감소율은 {(37－22)/37}×100≒40.5%로 4월보다 9월의 감소율이 더 크므로 옳지 않은 설명이다.

빠른 문제 풀이 Tip

ㄱ. 연도별 평균값을 계산하지 않고 합계를 산출하여 크기를 비교한다. 이때 2023년을 기준으로 2021년의 월별 미세먼지(PM2.5) 농도와의 차이값을 비교하면 2021년보다 2023년이 1월은 3만큼 크고 2월은 1만큼 작으며, 12월까지 확인했을 때 3－1＋1－6－1－3－4＋4－8－2－7－4＝－28이므로 2023년이 작음을 알 수 있다.

25 자료이해

정답 ⑤

제시된 〈정보〉에 따르면 2022년 특별저감대책 시행 시기를 판단하기 위해 2021년의 대기오염도를 대입해서 월별 '통합대기오염판단지수'를 산출해야 한다. 선택지에 제시된 월만 산식에 따라 산출하면 다음과 같다.

구분	상반기			하반기	
	1월	2월	3월	11월	12월
미세먼지(PM10) 농도	41.6	49.6	47.2	39.2	37.6
미세먼지(PM2.5) 농도	38.4	42.0	45.6	32.4	36.0
메탄 농도	19.84	19.72	19.75	19.77	19.87
판단지수	99.84	111.32	112.55	91.37	93.47

따라서 2022년에 특별저감대책이 시행되었던 월은 상반기에 3월, 하반기에 12월이다.

빠른 문제 풀이 Tip

제시된 〈표〉의 농도와 〈정보〉의 산식을 비교하면, 메탄 농도에 0.01을 곱하여 산출되는 값은 매월 19.xx임을 알 수 있다. 이는 월별 통합대기오염판단지수의 크기에 영향을 주지 않으므로 미세먼지(PM10) 농도 값과 미세먼지(PM2.5) 농도 값만 산출하여 크기를 비교할 수 있다.

실전모의고사 6회

모바일 자동 채점 및
성적 분석 서비스

정답

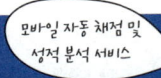

1	③	자료매칭	6	⑤	자료이해	11	②	자료이해	16	①	자료이해	21	③	자료이해
2	②	자료계산	7	④	자료이해	12	①	자료매칭	17	④	자료이해	22	②	자료매칭
3	⑤	자료계산	8	②	자료변환	13	③	자료변환	18	②	자료이해	23	③	자료논리
4	①	자료매칭	9	③	자료이해	14	⑤	자료매칭	19	④	자료이해	24	⑤	자료계산
5	①	자료변환	10	④	자료이해	15	⑤	자료이해	20	②	자료논리	25	②	자료이해

취약 유형 분석표

유형별로 맞힌 개수, 틀린 문제 번호와 풀지 못한 문제 번호를 적고 나서 취약한 유형이 무엇인지 파악해 보세요.

유형	맞힌 개수	틀린 문제 번호	풀지 못한 문제 번호
자료이해	/12		
자료계산	/3		
자료매칭	/5		
자료논리	/2		
자료변환	/3		
TOTAL	/25		

해설

1 자료매칭

정답 ③

- 세 번째 〈조건〉에서 2022~2024년 상반기의 경우, 철스크랩 가격과 열연 가격의 전년동기 대비 증감 방향이 같고, A~E 중 B, D, E의 상반기 가격의 전년동기 대비 증감 방향이 '감소, 감소, 증가'로 같다. 이에 따라 철스크랩과 열연은 각각 B, D, E 중 하나임을 알 수 있다.
- 다섯 번째 〈조건〉에서 2022년 상반기 대비 2022년 하반기 가격 감소율의 상위 2개 원자재는 열연과 철근이고, 원자재별 2022년 상반기 대비 2022년 하반기 가격 감소율은 A가 {(101－84)/84}×100≒20.2%, B가 {(368－353)/368}×100≒4.1%, C가 {(772－685)/772}×100≒11.3%, D가 {(718－603)/718}×100≒16.0%, E가 {(880－805)/880}×100≒8.5%이다. 이에 따라 C와 D가 각각 열연 또는 철근임을 알 수 있다. 이때 세 번째 〈조건〉에서 열연은 B, D, E 중 하나라고 했으므로 D가 열연이고, C가 철근이다.
- 두 번째 〈조건〉에서 2021년 상반기 대비 2024년 상반기 가격의 증가율은 냉연이 철근보다 높으며, 2021년 상반기 대비 2024년 상반기 가격 증가율은 C(철근)가 {(919－741)/741}×100≒24.0%이고, A가 {(182－73)/73}×100≒149.3%, B가 {(508－423)/423}×100≒20.1%, E가 {(1,723－1,056)/1,056}×100≒63.2%이다. 이에 따라 A와 E 중 하나가 냉연임을 알 수 있다.
- 네 번째 〈조건〉에서 2023년 상반기 대비 2024년 상반기 가격의 증가폭은 냉연이 열연보다 크며, 2023년 상반기 대비 2024년 상반기 가격 증가폭은 D(열연)가 1,511－592=919달러/톤이고, A가 182－91=91달러/톤, B가 508－314=194달러/톤, E가 1,723－798=925달러/톤이다. 이에 따라 E가 냉연, B가 철스크랩, 남은 A는 철광석임을 알 수 있다.

따라서 A는 철광석이고, D는 열연이다.

2 자료계산

정답 ②

제시된 각주에 따르면 (　)는 각 항목의 상위 개념에 대한 비중을 나타내므로, 미처분 인원=접수 인원－처분 인원이고, 기소 인원=처분 인원－(불기소 인원+이송 인원)임을 알 수 있다.

2024년의 미처분 인원인 A는 1,855－1,484=371천 명, 기소 인원인 B는 1,484－(445+297)=742천 명이다.

따라서 〈그림〉의 A, B에 해당하는 값의 차이는 742－371=371이다.

빠른 문제 풀이 Tip

기소 인원은 접수 인원의 80×0.5=40%, 미처분 인원은 접수 인원의 20%이므로 두 값의 차는 접수 인원의 20%임을 알 수 있다. 따라서 1,855×0.2=371명이다.

3 자료계산

정답 ⑤

$1인당\ GDP = \frac{1인당\ 배출량}{GDP당\ 배출량}$임을 적용하여 구하면, 2020년에 138/500≒0.28억 원, 2021년에 136/480≒0.28억 원, 2022년에 135/472≒0.29억 원, 2023년에 135/458≒0.29억 원, 2024년에 138/455≒0.30억 원이므로 1인당 GDP가 가장 큰 연도는 2024년이다.

빠른 문제 풀이 Tip

1인당 배출량이 가장 많은 연도는 2024년이고, GDP당 배출량이 가장 적은 연도도 2024년이므로 1인당 GDP가 가장 큰 연도가 2024년임을 알 수 있다.

4 자료매칭

정답 ①

- 첫 번째 〈조건〉에 따르면 2023년 벨기에의 전체 취업자수는 전년 대비 증가하고 건설업 취업자수는 전년 대비 감소하며, 이에 해당하는 국가는 C와 D이므로 C 또는 D가 벨기에임을 알 수 있다.
- 두 번째 〈조건〉에 따르면 2022년 오스트리아의 전체 남자 취업자수에서 제조업 남자 취업자수가 차지하는 비중은 20% 이상이고, 국가별 비중은 A가 (226/1,514)×100≒14.9%, B가 (927/2,928)×100≒31.7%, C가 (450/2,556)×100≒17.6%, D가 (494/2,277)×100≒21.7%이므로 B 또는 D가 오스트리아임을 알 수 있다.
- 세 번째 〈조건〉에 따르면 2022년 건설업 여자 취업자수 대비 제조업 여자 취업자수의 비가 두 번째로 높은 국가는 덴마크이고, 국가별 비는 A가 95/16≒5.9, B가 472/36≒13.1, C가 141/32≒4.4, D가 177/46≒3.8이므로 A가 덴마크임을 알 수 있다.
- 네 번째 〈조건〉에 따르면 2023년 제조업 및 건설업 취업자수의 합계가 가장 많은 국가는 체코이고, 제조업 취업자수가 가장 많은 국가는 B이며, 건설업 취업자수가 가장 많은 국가도 B이므로 B가 체코이고, 이에 따라 D가 오스트리아, C가 벨기에임을 알 수 있다.

따라서 A는 덴마크, B는 체코, C는 벨기에, D는 오스트리아이고, 2023년 건설업 여자 취업자수가 많은 국가부터 순서대로 나열하면 '오스트리아－체코－벨기에－덴마크'이다.

5 자료변환

정답 ①

ㄱ. 〈보고서〉의 첫 번째 단락에서 2022년 APEC 가입국 중 한국의 자동차 생산량은 전체 APEC 가입 국가 자동차 생산량 중 4위를 차지하고 있었으나, 자동차 생산량이 점차 감소하여 2024년 전체 APEC 가입 국가 자동차 생산량 중 5위를 차지하였다고 했으므로 추가로 필요한 자료임을 알 수 있다.

ㄴ. 〈보고서〉의 세 번째 단락에서 2022~2023년 APEC 가입국 중 캐나다와 러시아의 한국 자동차 수입량은 각각 전년 대비 매년 증가한 것으로 조사되었다고 했으므로 추가로 필요한 자료임을 알 수 있다.

오답 체크

ㄷ. 〈보고서〉에 제시되지 않은 내용이므로 추가로 필요한 자료가 아니다.

ㄹ. 〈보고서〉의 두 번째 단락에서 국내 자동차 생산량은 2021년 이후 점차 감소하여 2024년 국내 자동차 생산량은 4,000천 대 이하의 생산량을 기록하였다고 했으므로 〈표 1〉에서 확인할 수 있다. 따라서 추가로 필요한 자료가 아니다.

6 자료이해

정답 ⑤

ㄴ. 보물의 문화재 지정 건수는 2021년이 36건, 2022년이 58건, 2023년이 48건이고, 2020년 이후 문화재 지정 건수에서 보물이 차지하는 비중은 2020년에 $(42/56) \times 100 = 75.0\%$, 2021년에 $(36/48) \times 100 = 75.0\%$, 2022년에 $(58/70) \times 100 ≒ 82.9\%$, 2023년에 $(48/65) \times 100 ≒ 73.8\%$, 2024년에 $(44/64) \times 100 ≒ 68.8\%$이므로 옳은 설명이다.

ㄷ. 2019년 명승의 문화재 지정 건수는 17건이므로 보물과 명승의 문화재 지정 건수가 같은 해는 2019년이다. 2019년 사적과 국가민속문화재의 문화재 지정 건수도 2건으로 같으므로 옳은 설명이다.

오답 체크

ㄱ. 2016년 사적과 국가무형문화재 각각의 문화재 지정 건수는 모두 1건으로 같으므로 옳지 않은 설명이다.

7 자료이해

정답 ④

2024년 전망 순위는 2023년보다 하락한 업종이 4개, 상승한 업종은 3개로 하락한 업종이 많았지만, 가정용품의 전망 순위는 1위로, 2023년 전망 순위인 5위에 비해 순위가 4단계 상승했으므로 옳지 않은 설명이다.

오답 체크

① 2021년에 전망 순위와 체감 순위가 동일한 업종은 1위인 축산물, 2위인 가공식품, 6위인 가정용품, 7위인 의류·신발로 4개 업종이므로 옳은 설명이다.

② 2024년 전망 순위와 체감 순위의 차이는 가정용품이 6단계로 가장 크고, 가공식품이 4단계로 그 다음으로 크므로 옳은 설명이다.

③ 2022년부터 2024년까지 전망 순위가 매년 전년도 전망 순위에 비해 상승한 업종은 의류·신발뿐이므로 옳은 설명이다.

⑤ 2022~2024년 동안 체감 순위가 전년도 순위와 동일한 업종은 2022년이 5개이고, 2023년은 없으며, 2024년은 2개로 2022년이 가장 많으므로 옳은 설명이다.

8 자료변환

정답 ②

ㄴ. 제시된 〈보고서〉의 세 번째 단락에서 2023년 '갑'국 산업의 업종별 전체 기업 수에서 대기업이 차지하는 비중이 가장 큰 업종은 금융 및 보험업(6.2%)이고, 가장 작은 업종은 수리 및 기타 개인 서비스업(0.2%)이었다고 했으므로 [업종별, 기업규모별 기업 수]는 〈보고서〉를 작성하기 위해 추가로 필요한 자료이다.

ㄷ. 제시된 〈보고서〉의 세 번째 단락에서 2023년 종사자규모가 100인 이상인 기업 수가 가장 많은 업종은 제조업(4,568개)이었으며, 10인 미만인 기업 수가 가장 많은 업종은 도매 및 소매업(1,632,986개)이었다고 했으므로 [업종별, 종사자규모별 기업 수]는 〈보고서〉를 작성하기 위해 추가로 필요한 자료이다.

오답 체크

ㄱ. 기업의 종사자 수에 관한 내용은 〈보고서〉에 없으므로 [업종별, 기업규모별 종사자 수]는 〈보고서〉를 작성하기 위해 추가로 필요한 자료가 아니다.

ㄹ. 제시된 〈보고서〉의 두 번째 단락에서 중소기업 수와 중소기업 중 소상공인이 차지하는 비중에 대해 언급되었으나, 해당 내용은 제시된 〈그림〉과 〈표〉를 통해 도출할 수 있으므로 [금융 및 보험업종 중소기업 분류별 기업 수]는 〈보고서〉를 작성하기 위하여 추가로 필요한 자료가 아니다.

9 자료이해

정답 ③

ㄱ. 2022년 한국의 여성의원 수는 $295 \times 0.173 ≒ 51$명이고, 여성의원 수가 한국보다 적은 국가는 여성의원 수가 $150 \times 0.333 ≒ 50$명인 네덜란드와 여성의원 수가 $464 \times 0.099 ≒ 46$명인 일본이므로 옳은 설명이다.

ㄷ. 2022년 대비 2024년 순위가 가장 큰 폭으로 변동된 국가는 순위가 $40 - 26 = 14$위만큼 상승한 네덜란드이므로 옳은 설명이다.

오답 체크

ㄴ. 2023년 네덜란드의 여성의원 비율은 33.3%이므로, 네덜란드의 순위는 여성의원 비율이 33.9%인 영국의 순위 39위보다 낮고, 여성의원 비율이 31.5%인 독일의 순위 49위보다 높다. 2024년 네덜란드의 순위는 26위이므로 2024년에는 순위가 전년 대비 상승했지만, 2022년 네덜란드의 순위는 40위이므로 2023년에는 순위가 전년 대비 변동이 없거나 하락했음을 알 수 있다. 따라서 2022~2024년 동안 순위가 꾸준히 상승한 국가는 존재하지 않으므로 옳지 않은 설명이다.

10 자료이해

정답 ④

ㄱ. 승차인원이 5인인 A, B, C는 승차인원이 7인인 D에 비해 배기량과 최대출력이 모두 작으므로 옳은 설명이다.

ㄴ. 사용기간 대비 금액은 A가 $1,480/30 ≒ 49.3$만 원/개월, C가 $1,070/93 ≒ 11.5$만 원/개월로 A가 C의 $49.3/11.5 ≒ 4.3$배이므로 옳은 설명이다.

ㄹ. 연비 = $\frac{\text{주행거리}}{\text{소비연료}}$임을 적용하여 구한다. A~D가 30L의 연료로 고속도로를 주행한다면, 주행거리는 중고차 A가 $14.6 \times 30 = 438$km, 중고차 B가 $17.5 \times 30 = 525$km, 중고차 C가 $19.3 \times 30 = 579$km, 중고차 D가 $21.4 \times 30 = 642$km이고, 주행거리가 500km 이상인 중고차는 B, C, D로 총 3대이므로 옳은 설명이다.

오답 체크

ㄷ. 제조연도가 두 번째로 오래된 중고차는 D이고, 중고차 D의 사용기간 대비 총 주행거리는 $94,500/68 ≒ 1,389.7$km/개월이므로 옳지 않은 설명이다.

11 자료이해

정답 ②

ㄱ. 완성공사원가는 재료비, 노무비, 외주비, 현장경비로만 이루어져 있고, 이 중 노무비가 매년 가장 적어 완성공사원가에서 노무비가 차지하는 비중도 가장 작으므로 옳은 설명이다.

ㄷ. 2020년 대비 2022년 완성공사원가의 감소율은 {(5,117－1,619)/5,117}×100≒68.4%로 70% 미만이므로 옳은 설명이다.

오답 체크

ㄴ. 완성공사원가 중 현장경비의 비중은 2020년이 (657/5,117)×100≒12.8%, 2021년이 (170/1,411)×100≒12.0%로 2021년은 전년 대비 감소했으므로 옳지 않은 설명이다.

ㄹ. 현장경비 대비 외주비가 가장 큰 해는 784/156≒5.0인 2019년이고, 가장 작은 해는 540/302≒1.8인 2024년이다. 따라서 2019년 현장경비 대비 외주비는 2024년의 5.0/1.8≒2.8배로 3배 미만이므로 옳지 않은 설명이다.

빠른 문제 풀이 Tip

ㄷ. 완성공사원가의 감소율을 나타낸 식을 〈보기〉에 제시된 수치의 크기와 비교한다.
2020년 대비 2022년 완성공사원가의 감소율을 식으로 나타내면 $\frac{5,117-1,619}{5,117}=\frac{3,498}{5,117}$이고, 〈보기〉에 제시된 수치 70%는 $\frac{70}{100}$이므로 첫 번째 항과 분모의 크기가 비슷해지도록 50을 곱하면 $\frac{3,500}{5,000}$이 된다.
이때 분모는 완성공사원가의 감소율인 첫 번째 항이 크고, 분자는 제시된 수치인 두 번째 항이 크므로 첫 번째 항의 크기가 두 번째 항보다 작아 감소율은 70%보다 작은 것을 알 수 있다.

12 자료매칭

정답 ①

- 두 번째 〈조건〉에서 2019년 매체 중 응답 비율의 전년 대비 변화폭이 가장 큰 매체는 '스마트폰'이라고 했고, 2019년 매체 중 응답 비율의 전년 대비 변화폭이 가장 큰 매체는 변화폭이 37.7－24.3=13.4%p인 B이므로 B가 '스마트폰'이다.
- 첫 번째 〈조건〉에서 2019~2024년 동안 'TV' 응답 비율의 전년 대비 증감 방향과 'PC/노트북' 응답 비율의 전년 대비 증감 방향은 서로 동일하다고 했고, 2019~2024년 동안 응답 비율의 전년 대비 증감 방향이 매년 감소하는 A와 C가 서로 동일하므로 A와 C가 'TV' 또는 'PC/노트북'이다.
- 세 번째 〈조건〉에서 2018~2021년 '기타'를 제외한 매체별 응답 비율이 높은 것부터 순서대로 나열하면 'PC/노트북', '신문', '태블릿PC', '라디오'의 순위는 매년 동일하다고 했고, 2018~2021년 '기타'를 제외한 매체별 응답 비율이 높은 것부터 순서대로 나열하면 매년 3위가 C, 4위가 D, 5위가 '라디오', 6위가 '태블릿PC'이므로 C가 'PC/노트북', D가 '신문', A가 'TV'이다.

따라서 A는 'TV', B는 '스마트폰', C는 'PC', D는 '신문'이며, 2024년 '갑'국의 국민들의 '일상에서 필수적인 매체' 응답 비율이 가장 높은 매체는 '스마트폰'이고, 두 번째로 높은 매체는 'TV'이다.

13 자료변환

정답 ③

〈보고서〉의 세 번째 단락에서 2022년 이후 청년층의 첫 취업 평균 소요기간과 첫 일자리 평균 근속기간은 각각 증가하는 추세이고, 연도별 첫 취업 평균 소요기간과 첫 일자리 평균 근속기간 격차는 매년 줄어들고 있다고 했으나, [청년층 인구의 첫 취업 평균 소요기간 및 첫 일자리 평균 근속기간]에서 첫 취업 평균 소요기간과 첫 일자리 평균 근속기간의 차이는 2022년이 7.5개월, 2023년이 8.1개월, 2024년이 8.0개월으로 매년 줄어들고 있지는 않으므로 〈보고서〉의 내용과 부합하지 않는 자료이다.

오답 체크

① 〈보고서〉의 첫 번째 단락에 따르면 2024년 청년층 취업자는 410.4만 명으로 전년 대비 증가하고, 청년층 실업자는 전년 대비 40.2－32.0=8.2만 명 감소하여, 실업률은 전년 대비 {(9.3－7.2)/9.3}×100≒22.6% 하락했으므로 [청년층 취업자 및 실업자 현황]은 〈보고서〉의 내용과 부합하는 자료이다.

② 〈보고서〉의 첫 번째 단락에 따르면 2024년 청년층 경제활동참가율은 51.5%으로 전년 대비 51.5－49.0=2.5%p 상승하고, 청년층 고용률은 47.8%로 전년 대비 47.8－44.4=3.4%p 상승했으므로 [청년층 경제활동참가율과 고용률]은 〈보고서〉의 내용과 부합하는 자료이다.

④ 〈보고서〉의 세 번째 단락에 따르면 청년층이 첫 일자리를 그만둔 사유 중 '근로여건 불만족'이 45.1%로 가장 높고, '개인·가족적 이유'의 45.1/15.3≒2.9배이므로 [청년층 인구가 첫 일자리를 그만둔 사유 비율]은 〈보고서〉의 내용과 부합하는 자료이다.

⑤ 〈보고서〉의 두 번째 단락에 따르면 2024년 청년층 비경제활동인구 중 취업시험 준비분야별 비율은 일반직공무원이 29.9%로 가장 높고, 그 다음 일반기업체가 23.8%로 높지만, 전년 대비 감소폭은 일반직공무원이 32.4－29.9=2.5%p로 가장 높으므로 [청년층 비경제활동인구 중 취업시험 준비분야 비율]은 〈보고서〉의 내용과 부합하는 자료이다.

14 자료매칭

정답 ⑤

- A: 연도별 네 학교급의 도서관 장서수 합은 2022년에 104,001+45,885+37,613+164,229=351,728천 권, 2023년에 106,409+46,924+38,759+168,744=360,836천 권, 2024년에 108,616+47,975+39,857+173,283=369,731천 권이므로 네 학교급의 도서관 장서수의 합은 매년 증가한다.
- B: 학교급별 2022년 대비 2024년 도서관 좌석수의 감소율은 초등학교가 {(278,675－270,519)/278,675}×100≒2.9%, 중학교가 {(171,552－166,222)/171,552}×100≒3.1%, 고등학교가 {(154,134－147,284)/154,134}×100≒4.4%, 대학이 {(447,860－445,756)/447,860}×100≒0.5%이므로 감소율이 가장 작은 학교급은 '대학'이다.
- C: 2022년 대비 2024년 도서관 직원수의 증가인원은 초등학교가 3,195－3,145=50명, 중학교가 1,647－1,565=82명, 고등학교가 1,148－1,078=70명, 대학은 0명 미만이므로 직원수의 증가인원이 많은 학교급부터 순서대로 나열하면 중학교, 고등학교, 초등학교, 대학 순으로 '초등학교'는 네 학교급 중 세 번째에 해당한다.

따라서 A는 증가, B는 대학, C는 세 번째이다.

15 자료이해

정답 ⑤

월별 식중독 발생 건수는 8월이 365건으로 가장 많고, 2월이 141건으로 가장 적다. 따라서 8월의 식중독 발생 건수는 2월의 141×2.5=352.5건보다 많으므로 옳지 않은 설명이다.

오답 체크

① 월별 식중독 발생 1건당 환자 수는 8월이 12,217/365≒33명, 9월이 10,651/319≒33명이고, 이외 나머지 월은 식중독 발생 환자 수가 매월 식중독 발생 건수의 30배보다 작다. 따라서 상위 2개는 8월과 9월이므로 옳은 설명이다.

② 식중독 발생 환자 수가 월평균보다 많은 달은 4월, 5월, 6월, 8월, 9월이고, 월평균보다 적은 달은 1월, 2월, 3월, 7월, 10월, 11월, 12월이므로 옳은 설명이다.

③ 식중독 발생 장소별 건수는 그 비중에 비례하고, '학교 외 집단급식'에서 발생한 식중독 건수의 비중은 100−(56.6+1.8+12.5+14.5+7.8)=6.8%이다. 따라서 '음식점'에서 발생한 식중독 건수는 '학교 외 집단급식'에서 발생한 식중독 건수의 56.6/6.8≒8.3배이므로 옳은 설명이다.

④ 봄(3~5월)에 발생한 식중독 건수는 210+260+293=763건, 연간 '학교'에서 발생한 식중독 건수는 (257×12)×0.125≒386건이다. 따라서 연간 '학교'에서 발생한 식중독이 모두 봄에 발생했다면, 봄에 발생한 식중독 건수 중 발생 장소가 '학교'인 식중독의 비중은 (386/763)×100≒50.6%이므로 옳은 설명이다.

빠른 문제 풀이 Tip

④ '학교'에서 발생한 식중독 건수의 비중은 12.5%로, 봄(3~5월)에 발생한 식중독 건수 중 발생 장소가 '학교'인 식중독의 비중이 50% 이상이려면, 봄에 발생한 식중독 건수의 비중은 12.5×2=25% 이하여야 한다. 즉, 봄에 발생한 식중독 건수의 4배가 연간 식중독 발생 건수보다 작은지 확인한다. 봄에 발생한 식중독 건수의 4배는 (210+260+293)×4=763×4=3,052건으로, 2024년에 발생한 식중독 건수인 257×12=3,084건보다 작으므로 옳은 것을 확인할 수 있다.

16 자료이해

정답 ①

ㄱ. 미인증 전시회 개최 건수는 169건, 인증 전시회 개최 건수는 119건이므로 전체 전시회 개최 건수는 169+119=288건이다. 이때 6월 미인증 전시회 개최 건수는 31건으로, 전체 전시회 개최 건수의 10%인 288×0.1=28.8건보다 많으므로 옳은 설명이다.

오답 체크

ㄴ. 인증 전시회 개최 건수 중 '레저'가 차지하는 비중은 (19/119)×100≒16.0%이고, 미인증 전시회 개최 건수 중 '레저'가 차지하는 비중은 (36/169)×100≒21.3%이므로 옳지 않은 설명이다.

ㄷ. 월별 전시회 개최 건수는 1~12월 중 11월이 60건으로 가장 많고, 7월이 48건으로 두 번째로 많다. 따라서 11월의 전시회 개최 건수는 7월의 60/48=1.25배이므로 옳지 않은 설명이다.

17 자료이해

정답 ④

ㄱ. 연도별 방산업체 지정개수 대비 방산물자 지정건수 비율은 2020년이 1,364/100=13.64, 2021년이 1,427/101≒14.1, 2022년이 1,472/91≒16.2, 2023년이 1,471/87≒16.9, 2024년이 1,503/88≒17.1로 매년 증가했으므로 옳은 설명이다.

ㄷ. 2020년 대비 2024년 '화생방' 방산물자 지정건수의 증가율은 {(34−26)/26}×100≒30.8%로 제시된 방산물자 중 가장 높으므로 옳은 설명이다.

ㄹ. 2023년 '항공유도' 방산업체 지정개수 대비 '항공유도' 방산물자 지정건수 비율은 575/16≒35.9로 제시된 방산물자 중 가장 크므로 옳은 설명이다.

오답 체크

ㄴ. 2020년 '항공유도' 방산물자 지정건수는 '탄약' 방산물자 지정건수의 507/223≒2.3배, 2021년 '항공유도' 방산물자 지정건수는 '탄약' 방산물자 지정건수의 536/224≒2.4배이므로 옳지 않은 설명이다.

18 자료이해

정답 ②

학사와 석사의 부족인력 인원수의 차이는 조선 산업이 329−33=296명, 화학 산업이 538−74=464명, 섬유 산업이 77−3=74명, 소프트웨어 산업이 4,430−1,037=3,393명으로 섬유 산업이 가장 작다. 학사와 석사의 부족인력 비중의 차이는 조선 산업이 3.2−1.7=1.5%p, 화학 산업이 3.3−2.3=1.0%p, 섬유 산업이 1.3−0.7=0.6%p, 소프트웨어 산업이 6.9−4.1=2.8%p로 섬유 산업이 가장 작으므로 옳은 설명이다.

오답 체크

① 고졸의 부족인력 비중이 3% 이상인 산업은 조선, 화학, 섬유이다. 각 산업에서 고졸의 종사인력 인원수는 조선 산업이 (540/3.2)×100=16,875명, 화학 산업이 (2,892/3.6)×100≒80,333명, 섬유 산업이 (699/3.1)×100≒25,548명으로 화학 산업이 가장 많으므로 옳지 않은 설명이다.

③ 화학 산업에서 최종학력이 높아질수록 부족인력 인원수는 감소하지만, 부족인력 비중의 경우 학사보다 석사가 크므로 옳지 않은 설명이다.

④ 소프트웨어 산업에서 석사의 종사인력 인원수는 (1,037/6.9)×100≒15,029명으로, 박사의 종사인력 인원수인 (143/11.9)×100≒1,202명의 20배인 1,202×20≒24,040명보다 적으므로 옳지 않은 설명이다.

⑤ 섬유 산업의 고졸 부족인력 인원수는 조선 산업보다 많고, 섬유 산업의 박사 부족인력 비중은 조선 산업보다 크므로 옳지 않은 설명이다.

빠른 문제 풀이 Tip

④ 소프트웨어 산업의 부족인력 인원수는 석사가 박사의 1,037/143≒7.3배로 7배 이상이고, 부족인력 비중은 박사가 석사의 11.9/6.9≒1.7배로 2배 이하이므로 석사의 종사인력 인원수는 박사의 종사인력 인원수의 7×2=14배보다 적음을 알 수 있다.

19 자료이해

정답 ④

ㄴ. 출판의 합법저작물 이용량은 82−22=60천 개이고, 이는 게임 합법저작물 이용량의 2배인 28×2=56천 개보다 많고, 출판 불법복제물 이용량은 게임 불법복제물 이용량의 22/9≒2.4배이므로 옳은 설명이다.

ㄹ. 게임 콘텐츠 이용량 대비 영화 콘텐츠 이용량 비율인 126/37≒3.4는 방송 불법복제물 이용량 대비 전체 불법복제물 이용량 비율인 1,467/462≒3.2보다 크므로 옳은 설명이다.

오답 체크

ㄱ. 콘텐츠 이용량=합법저작물 이용량+불법복제물 이용량, 합법저작물 이용률=$\frac{\text{합법저작물 이용량}}{\text{콘텐츠 이용량}}$×100이므로 합법저작물 이용률=100−불법복제물 이용률이고, 불법복제물 이용률이 높을수록 합법저작물 이용률이 낮은 것을 알 수 있다. 이때 영화의 불법복제물 이용률은 (54/126)×100≒42.9%로 방송의 불법복제물 이용률보다 높으므로 옳지 않은 설명이다.

ㄷ. 음악 불법복제물 이용량은 4,950−4,030=920천 개이고, 전체 합법저작물 이용량에서 음악이 차지하는 비중인 (4,030/5,200)×100=77.5%는 전체 불법복제물 이용량에서 음악이 차지하는 비중인 (920/1,467)×100≒62.7%보다 높으므로 옳지 않은 설명이다.

빠른 문제 풀이 Tip

ㄹ. 각 비율을 분수 식으로 나타내어 분자와 분모의 크기를 각각 비교한다.
게임 콘텐츠 이용량 대비 영화 콘텐츠 이용량 비율인 $\frac{126}{37}=\frac{126\times12}{37\times12}=\frac{1,512}{444}$는 방송 불법복제물 이용량 대비 전체 불법복제물 이용량 비율인 $\frac{1,467}{462}$보다 분모의 크기는 작고 분자의 크기는 크므로 비율의 크기가 더 큰 것을 알 수 있다.

20 자료논리

정답 ②

ㄱ. 2024년 12월 31일 기준, 펀드 A~E에 대한 '갑'의 평가손익은 총 (5×0.2)+(4×0.3)+(2×0.1)+(2×0.2)+(4×0.1)=3.2백만 원으로 3백만 원 이상이므로 옳은 설명이다.

ㄷ. 2024년 12월 31일 기준, 펀드별 '갑', '을', '병' 세 사람의 평가손익의 총합은 펀드 A가 (5×0.2)+(2×1.1)+(3×0.1)=3.5백만 원, B가 (4×0.3)+(3×1)+0=4.2백만 원, C가 (2×0.1)+(7×0.8)+(1×0.05)=5.85백만 원, D가 (2×0.2)+(6×0.7)+{2×(−0.05)}=4.5백만 원, E가 (4×0.1)+(5×0.5)+(1×0.1)=3백만 원으로 세 사람의 평가손익의 총합이 가장 높은 펀드는 C이므로 옳은 설명이다.

오답 체크

ㄴ. 2024년 12월 31일 기준, 펀드 B에 대한 '을'의 평가손익은 3×1.0=3백만 원이고, '갑'의 평가손익은 4×0.3=1.2백만 원이므로 옳지 않은 설명이다.

ㄹ. 펀드 A~E 중 고위험 펀드는 C, E, 초고위험 펀드는 A, B, D이다. 2024년 12월 31일 기준, '병'의 고위험 펀드에 대한 평가손익 총합은 1×0.05+1×0.1=0.15백만 원으로 초고위험 펀드에 대한 평가손익 총합인 (3×0.1)+0+{2×(−0.05)}=0.2백만 원보다 적으므로 옳지 않은 설명이다.

21 자료이해

정답 ③

ㄷ. 2024년 고등학교 진로체험 참여율은 77.5%로 진로상담 참여율 70.2%의 77.5/70.2≒1.1배에 해당한다. 진로활동별 참여인원과 참여율은 비례하므로 2024년 고등학교 진로체험 참여인원은 6,701×1.1≒7,371명이다. 따라서 2024년보다 2021년 고등학교 진로체험 참여인원이 많으므로 옳은 설명이다.

ㄹ. 향후 참여희망인원이 참여인원보다 많은 진로활동만 참여인원 대비 향후 참여희망인원 크기를 비교한다. 이때 진로체험 참여인원은 진로상담 참여인원의 1.1배 이상임을 고려하면 향후 참여희망인원은 진로체험이 8,476명이며, 이는 진로상담 7,948명의 1.1배보다 적으므로 진로체험의 참여인원 대비 향후 참여희망인원이 진로상담보다 적다. 따라서 참여인원 대비 향후 참여희망인원은 진로상담이 7,948/6,701≒1.19명, 진로동아리가 6,945/5,498≒1.26명으로 진로동아리가 가장 많으므로 옳은 설명이다.

오답 체크

ㄱ. 해당 진로활동 참여율=$\frac{\text{해당 진로활동 중학교 참여인원}}{\text{'갑'시 전체 중학교 학생 수}}$×100임을 적용하여 구한다. 2021년 중학교 진로상담 참여율은 59.7%로 약 60%로 간주하고 계산하면 2021년 '갑'시의 전체 중학교 학생 수는 6,405×(100/60)≒10,675명이므로 옳지 않은 설명이다.

ㄴ. 2021년 중학교 참여인원이 가장 많은 진로활동은 진로와 직업 수업이다. 이때 중학교 참여인원 중 진로와 직업 수업 참여인원인 9,409명은 진로상담과 진로동아리 참여인원 합인 6,405+3,390=9,795명보다 적으므로 진로와 직업 수업 참여율은 진로상담과 진로동아리 참여율의 합인 59.7+31.6=91.3%보다 작다. 따라서 진로와 직업 수업 참여율은 2021년이 91.3% 미만, 2024년이 93.6%로 2024년에 2021년 대비 증가했으므로 옳지 않은 설명이다.

22 자료매칭

정답 ②

<표>의 빈칸을 채우면 다음과 같다.

분야 \ 연도	2019	2020	2021	2022	2023	2024
A	16,262	18,854	(20,581)	20,098	19,522	20,516
B	63,698	67,809	70,327	70,324	72,727	77,628
C	65,107	66,263	61,209	64,000	65,537	(61,913)
D	214,406	227,885	247,206	267,162	279,191	276,390
기타	53,912	53,520	56,579	57,134	63,170	59,472
계	(413,385)	434,331	455,902	(478,718)	500,147	495,919

- 첫 번째 <조건>에 따라 2020년 대비 2023년 특허 수수료 수입 증가율은 A가 {(19,522−18,854)/18,854}×100≒3.5%, B가 {(72,727−67,809)/67,809}×100≒7.3%, C가 {(65,537−66,263)/66,263}×100≒−1.1%, D가 {(279,191−227,885)/227,885}×100≒22.5%이므로 A와 C가 '출원료' 또는 '신규등록료'이고, 이에 따라 B와 D가 '연차등록료' 또는 '심사청구료'이다.
- 세 번째 <조건>에 따라 '기타'를 제외하고 2020~2024년 동안 전체 특허 수수료 수입의 전년 대비 증감 방향은 '증가, 증가, 증가, 증가, 감소'이고, D의 특허 수수료 수입의 전년 대비 증감 방향도 '증가, 증가, 증가, 증가, 감소'이므로 D가 '연차등록료'이고, 이에 따라 B가 '심사청구료'이다.

6회

• 두 번째 〈조건〉에 따라 A의 2021년 대비 2024년 특허 수수료 수입은 감소, C의 2021년 대비 2024년 특허 수수료 수입은 증가했으므로 A가 '출원료'이고, 이에 따라 C가 '신규등록료'이다.

따라서 A는 '출원료', B는 '심사청구료', C는 '신규등록료', D는 '연차등록료'이다.

23 자료논리

정답 ③

먼저 〈선정 방식〉 1단계의 3개 조건 중 연산이 적은 조건부터 지역 조건, 세대 조건, 면적 조건 순으로 확인한다.

• 지역 조건: 재개발 계획 용도지역은 3종 일반주거지역이어야 하므로 후보지 A와 E를 제외한 B, C, D, F, G가 조건을 충족한다.
• 세대 조건: 재개발 계획 세대수가 현황 대비 250세대 이상 증가해야 하므로 후보지 B, C, D, F, G 중 세대수 증가량이 618−389=229세대인 B와 357−169=188세대인 D를 제외한 C, F, G가 조건을 충족한다.
• 면적 조건: 용적률=(연면적/대지면적)×100이므로 재개발 계획 용적률이 현황 대비 130%p 이상 증가하려면, 연면적의 현황과 계획의 차이가 대지면적의 1.3배 이상이어야 한다. 후보지 C, F, G 중 C는 (40,762−16,223)/13,633≒1.8배, F는 (32,913−13,520)/11,082≒1.7배, G는 (36,550−12,998)/12,870≒1.8배로 모두 조건을 만족한다.

1단계에서 3개 조건을 모두 충족한 후보지 C, F, G가 예비 후보지로 선정되며, 노후도가 높은 곳부터 F, C, G 순이므로, 이 중 노후도가 높은 2곳 F, C를 사업 대상 지역으로 선정한다.

따라서 사업 대상 지역으로 선정되는 후보지는 C, F이다.

24 자료계산

정답 ⑤

〈표 2〉의 각주에 따르면 차시별 면접시험의 등급은 3가지 평가요소에서 모두 '상'을 받는 경우 '우수', 3가지 평가요소 중 1개 이상에서 '하'를 받는 경우 '미흡', 그 외에는 '보통' 등급을 부여하며, 면접시험의 최종등급은 1차, 2차 면접시험에서 모두 '우수' 등급을 받은 경우 '우수', 모두 '미흡' 등급을 받은 경우 '미흡', 그 외에는 '보통' 등급을 부여한다. 또한 면접시험의 최종결과는 최종등급이 '우수'이면 합격, '미흡'이면 불합격이므로 지원자별 면접시험 등급 및 최종결과를 정리하면 다음과 같다.

구분	1차등급	2차등급	최종등급	최종결과
A	보통	우수	보통	불합격
B	보통	미흡	보통	합격
C	미흡	보통	보통	(　　)
D	우수	우수	우수	합격
E	미흡	미흡	미흡	불합격
F	우수	미흡	보통	(　　)

이때 〈표 2〉의 각주 3)에서 최종등급이 '보통'이면 필기시험 평균점수가 높은 지원자부터 순서대로 합격정원까지 합격시키는 것을 알 수 있고 최종등급이 '보통'이면서 최종결과가 '합격'인 B의 경우 평균점수가 83점이므로 평균점수가 이보다 높은 지원자는 합격한다. 최종등급이 '보통'인 C와 F는 평균점수가 83점보다 높으므로 최종결과는 '합격'이고, 이에 따라 합격한 지원자는 B, C, D, F이다. 이때 D의 필기시험 평균점수는 (75+80+90+21)/3.5=76점이다.

따라서 필기시험 평균점수가 낮은 지원자부터 순서대로 나열하면 D, B, F, C이다.

25 자료이해

정답 ②

ㄷ. 1~2차 면접시험 평가 총 6개의 등급에서 '상' 등급을 받은 횟수가 '중' 또는 '하' 등급을 받은 횟수보다 많은 지원자는 A, D, F이고, F의 필기시험 4개 과목 점수의 합은 87×3.5=304.5점이므로 한국사 점수는 304.5−(70+95+44.5)=95점이다. 이에 따라 A, D, F 중 한국사 점수가 가장 높은 지원자는 F이며, F의 평균점수는 87점이므로 옳은 설명이다.

오답 체크

ㄱ. 1차, 2차 면접시험의 등급이 동일한 지원자는 D와 E 2명이고, 이는 전체 지원자 중 (2/6)×100≒33.3%이므로 옳지 않은 설명이다.

ㄴ. A는 B보다 국어 점수는 높지만 평균점수는 낮으므로 옳지 않은 설명이다.

ㄹ. 〈표 2〉에 따르면 최종결과 '합격'인 지원자는 B, C, D, F로 합격정원이 4명이었음을 알 수 있다. 최종등급이 '우수'인 D는 최종결과 '합격'이고, 최종등급이 '보통'인 지원자 A, B, C, F 중 3명만 최종결과 '합격'이다. A의 영어점수가 90점이라면, A의 평균점수는 (90+80+90+30)/3.5≒82.9점이며, 이보다 B, C, F의 평균점수가 높다. 따라서 A의 최종결과는 '불합격'이므로 옳지 않은 설명이다.

실전모의고사 7회

모바일 자동 채점 및
성적 분석 서비스

정답

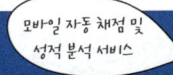

1	⑤	자료이해	6	②	자료이해	11	③	자료이해	16	②	자료매칭	21	④	자료계산
2	④	자료이해	7	④	자료이해	12	④	자료매칭	17	②	자료이해	22	⑤	자료이해
3	①	자료변환	8	⑤	자료이해	13	③	자료논리	18	⑤	자료이해	23	④	자료매칭
4	③	자료이해	9	⑤	자료이해	14	①	자료변환	19	③	자료이해	24	①	자료이해
5	④	자료매칭	10	④	자료변환	15	②	자료이해	20	④	자료계산	25	③	자료계산

취약 유형 분석표

유형별로 맞힌 개수, 틀린 문제 번호와 풀지 못한 문제 번호를 적고 나서 취약한 유형이 무엇인지 파악해 보세요.

유형	맞힌 개수	틀린 문제 번호	풀지 못한 문제 번호
자료이해	/14		
자료계산	/3		
자료매칭	/4		
자료논리	/1		
자료변환	/3		
TOTAL	/25		

해설

1 자료이해

정답 ⑤

- 남자 육아휴직자 수는 2020년에 32,040명, 2021년에 39,249명이므로 2021년 남자 육아휴직자 수의 전년 대비 증가율은 {(39,249−32,040)/32,040}×100=22.5%이다.
- 2022년 여자 육아휴직자 수는 135,125명, 2023년 여자 육아휴직자 수의 전년 대비 증가율은 8.0%이므로 2023년 여자 육아휴직자 수는 135,125×1.08=145,935명이다.

따라서 A는 22.5, B는 145,935이다.

2 자료이해

정답 ④

ㄱ. 2024년 C지역 다중 추돌 교통사고 사상자수는 2,534−530−535−441−595=433명이다. 따라서 2023년 대비 2024년 다중 추돌 교통사고 사상자수 감소폭은 D지역이 793−441=352명으로 가장 크므로 옳은 설명이다.

ㄴ. 2023년 전국 다중 추돌 교통사고 발생 건수는 80+63+50+47+46=286건으로, 2024년 전국 다중 추돌 교통사고 발생 건수는 2023년 대비 286−164=122건 감소했으므로 옳은 설명이다.

ㄷ. 2023년 전국 다중 추돌 교통사고 발생 건수 286건 중 A지역의 발생 건수가 차지하는 비중은 (80/286)×100≒28.0%이므로 옳은 설명이다.

오답 체크

ㄹ. 2024년 C지역 다중 추돌 교통사고 사상자수는 433건이고, 2024년 다중 추돌 교통사고 발생 1건당 사상자수는 C지역이 433/38≒11.4명으로 B지역의 535/41≒13.0명보다 적으므로 옳지 않은 설명이다.

빠른 문제 풀이 Tip

ㄷ. 2023년 A지역의 다중 추돌 교통사고 발생 건수의 3배인 80×3=240건이 A지역을 제외한 모든 지역의 다중 추돌 교통사고 발생 건수의 합인 63+50+47+46=206건보다 많으므로 25%를 초과함을 알 수 있다.

3 자료변환

정답 ①

〈보고서〉의 첫 번째 단락에서 전체 농산물 생산량은 15,000톤으로 2023년 대비 10% 이상 증가했다고 했지만, [전체 농업인 수와 전체 농산물 생산량]에서는 전체 농산물 생산량의 {(15,000−13,730)/13,730}×100≒9.2% 증가한 것으로 나타나므로 〈보고서〉의 내용과 부합하지 않는 자료이다.

4 자료이해

정답 ③

ㄱ. 좌석 점유율$=\frac{\text{입장 인원}}{\text{수용 인원}}\times 100$임을 적용하여 구한다. A구단과 B구단의 좌석 점유율은 A구단이 (17,000/68,700)×100≒24.7%, B구단이 (8,800/43,900)×100≒20.0%로 A구단이 B구단보다 높으므로 옳은 설명이다.

ㄴ. 입장 수입=입장 인원×입장료임을 적용하여 구한다. C구단의 입장료는 104,250/13,900=7.5천 원이고, 구단별 입장료는 연중 동일하므로 3월 31일 C구단의 좌석 점유율이 80%였다면, 3월 31일 C구단의 입장 인원은 42,400×0.8=33,920명, 이에 따라 입장 수입은 33,920×7.5=254,400천 원이다. 따라서 3월 31일 C구단의 좌석 점유율이 80%였다면, C구단의 입장 수입은 3월 31일이 4월 1일의 254,400/104,250≒2.4배이므로 옳은 설명이다.

오답 체크

ㄷ. 입장료는 A구단이 204,000/17,000=12천 원, B구단이 123,200/8,800=14천 원, C구단이 104,250/13,900=7.5천 원, D구단이 117,700/10,700=11천 원이다. 따라서 입장료가 가장 높은 구단은 B구단이므로 옳지 않은 설명이다.

5 자료매칭

정답 ④

- 첫 번째 〈조건〉에 따라 2021~2024년 OO시 호텔 전체 이용객 수의 증감방향이 '감소, 증가, 증가, 증가'임을 알 수 있다. 이때 2021~2024년 호텔 'E' 이용객 수의 증감 방향이 '감소, 증가, 증가, 증가'로 OO시 호텔 전체 이용객 수의 증감 방향과 동일하므로 호텔 E가 '나'임을 알 수 있다.
- 네 번째 〈조건〉에 따라 2024년 호텔 '나'와 '마' 이용객 수의 합은 2024년 호텔 전체 이용객 수의 80%인 53,588×0.8≒42,870.4천 명 이상이고, 이에 따라 '마' 이용객 수는 42,870.4−30,936=11,934.4천 명 이상이므로 호텔 D가 '마'임을 알 수 있다.
- 두 번째 〈조건〉에 따라 2020년 대비 2024년 이용객 수가 2배 이상 증가한 호텔은 1,505/419≒3.6배 증가한 A와 4,153/1,905≒2.2배 증가한 B이므로 호텔 A와 B가 '다' 또는 '라'이고, 이에 따라 호텔 C가 '가'임을 알 수 있다.
- 세 번째 〈조건〉에 따라 2022년 이용객 수가 전년 대비 감소한 호텔은 B와 D이고, 호텔 D는 '마'이므로 호텔 B가 '다'임을 알 수 있다. 이에 따라 호텔 A가 호텔 '라'임을 알 수 있다.

따라서 A에 해당하는 호텔은 '라'이고, C에 해당하는 호텔은 '가'이다.

6 자료이해

정답 ②

ㄴ. 2024년 교원 수는 2018년 대비 증가했으나, 2024년 학생 수는 2018년 대비 {(6,286−5,347)/6,286}×100≒14.9% 감소했으므로 옳은 설명이다.

ㄷ. 2024년 교원 1명당 학생 수는 초등학교가 2,694/189≒14명, 중학교가 1,316/112≒12명, 고등학교가 1,337/132≒10명으로 초등학교가 가장 많으므로 옳은 설명이다.

오답 체크

ㄱ. 2024년 전체 학교 중 초등학교가 차지하는 비중은 (6,120/11,710)×100≒52.3%이므로 옳지 않은 설명이다.

ㄹ. 2024년 전체 교원 수에서 중학교 교원 수가 차지하는 비중은 (112/433)×100≒25.9%이고, 고등학교 교원 수가 차지하는 비중은 (132/433)×100≒30.5%이다. 따라서 2024년 전체 교원 수에서 고등학교 교원 수가 차지하는 비중이 중학교 교원 수가 차지하는 비중보다 30.5−25.9≒4.6%p 더 높으므로 옳지 않은 설명이다.

7 자료이해

정답 ④

제시된 〈조건〉에 따르면 모든 심사위원은 각 지원자에게 서로 다른 점수를 부여하므로 심사위원 '갑'이 지원자 A에게 부여한 점수는 60점부터 100점까지 중 60점 또는 90점이 가능하다. 이때, 지원자 A의 평가 점수 중 최고점 100점을 제외한 점수의 합은 80+90+70=240점으로, 최고점과 최하점을 제외한 점수의 합인 240점과 같으므로 심사위원 '갑'이 지원자 A에게 부여한 점수는 최하점인 60점임을 알 수 있다. 또한, 중앙값은 주어진 값들을 크기순으로 배열했을 때 한가운데 위치하는 값을 의미하여 지원자 B의 평가 점수 중앙값은 80점이며, 지원자 C의 평가 점수 중앙값은 지원자 D의 중앙값과 같고, 지원자 B의 중앙값보다 낮으므로 지원자 C와 D의 평가 점수 중앙값은 60점 또는 70점이 가능하다. 심사위원 '병'이 지원자 D에게 부여한 점수는 70점 또는 100점이 가능하고, 심사위원 '병'이 부여한 D의 점수가 70점인 경우 D의 중앙값은 70점, 심사위원 '병'이 부여한 D의 점수가 100점인 경우 D의 중앙값은 90점이므로, 심사위원 '병'이 지원자 D에게 부여한 점수는 70점임을 알 수 있다. 이에 따라 C와 D의 평가 점수 중앙값은 70점이고, 심사위원 '을'이 지원자 C에게 부여한 점수는 100점임을 알 수 있다.

ㄱ. 지원자 A~D 중 평가 점수의 총합이 가장 높은 지원자는 70+90+80+100+80=420점인 B이므로 옳은 설명이다.

ㄴ. 지원자 C의 평가 점수 중앙값은 70점이므로 옳은 설명이다.

ㄷ. 심사위원 '을'은 지원자 C에게 100점을 부여하여 지원자 중 D에게 가장 낮은 점수를 부여했으므로 옳은 설명이다.

오답 체크

ㄹ. 지원자 D에 대한 심사위원 '병'의 평가 점수는 70점으로, '갑'의 평가 점수인 100점과 같지 않으므로 옳지 않은 설명이다.

8 자료이해

정답 ⑤

ㄱ. 〈그림 1〉을 통해 2024년 구축 및 컨설팅 관련 데이터산업 시장 규모는 45,000억 원 미만임을 짐작할 수 있고, 그 값은 114,350×0.382≒43,682억 원이므로 옳은 설명이다.

ㄴ. 〈그림 1〉에서 2021년 판매 및 제공 관련 데이터산업 시장 규모는 20,000억 원보다 작고 2024년 판매 및 제공 관련 데이터산업 시장 규모는 40,000억 원보다 많은 것을 확인할 수 있다. 따라서 2024년 판매 및 제공 관련 데이터산업 시장 규모는 2021년 대비 2배 이상이므로 옳은 설명이다.

ㄷ. 2024년 데이터산업 세부분야 중 정보제공의 구성비가 가장 크고, 정보제공이 속하는 판매 및 제공 관련 분야의 구성비가 가장 크므로 세부분야별 시장 규모는 정보제공이 가장 크다. 마찬가지로 데이터산업 세부분야 중 보안의 구성비가 가장 작고, 보안이 속하는 처리 및 개발 관련 분야의 구성비가 가장 작아 세부분야별 시장 규모는 보안이 가장 작으므로 옳은 설명이다.

9 자료이해

정답 ⑤

- A: 유치원에 등록된 반려견 중 체구별 분류에서 매년 그 수가 증가한 것은 중형견이다.
- B: 유치원 1개당 선생님 수는 2022년에 181/35≒5.17명, 2023년에 195/39=5명이므로 유치원 1개당 선생님 수는 2023년이 2022년보다 적었다.
- C: 대형견 1마리당 실외 운동장 면적은 2024년에 7,235/31≒233m², 2019년에 6110/20≒306m²이므로 2024년이 2019년보다 좁았다.

따라서 A는 '중형견', B는 '적었다', C는 '좁았다'이다.

10 자료변환

정답 ④

ㄱ. 〈보고서〉의 세 번째 단락에서 2024년 10월 항공기 결항편수는 23편이고, 공항별로는 포항(6편), 제주(4편), 김포(4편), 인천(3편) 등이라고 했으므로 [2024년 10월 전체 및 공항별 항공기 결항편수]는 〈보고서〉를 작성하기 위해 추가로 필요한 자료이다.

ㄴ. 〈보고서〉의 첫 번째 단락에서 2024년 10월 항공기의 운항편수는 1월 이후 세 번째로 높은 수치로서, 5월을 기점으로 감소해오던 항공기 운항이 다시 증가한 것을 보여준다고 했으므로 [2024년 1~7월 항공기 운항편수]는 〈보고서〉를 작성하기 위해 추가로 필요한 자료이다.

ㄷ. 〈보고서〉의 세 번째 단락에서 2024년 10월 항공기 결항편수의 결항 원인을 살펴보면 가장 높은 비중을 차지한 원인은 전월과 동일한 기상(18편)이라고 했으므로 [2024년 1~10월 결항원인별 항공기 결항편수]는 〈보고서〉를 작성하기 위해 추가로 필요한 자료이다.

오답 체크

ㄹ. 〈표〉에 제시된 2024년 10월 항공기 운항편수와 A/C접속 문제로 인한 지연편수로 도출할 수 있으므로 [2024년 10월 항공기 운항편수에서 지연원인별 지연편수 비중]은 〈보고서〉를 작성하기 위해 추가로 필요한 자료가 아니다.

11 자료이해

정답 ③

'갑'국의 지역별 동물 치료소 수를 정리하면 다음과 같다.

동물 치료소 / 지역	동물병원	축산관련기관	관리단체·동물보호단체	합
가	17	(2)	0	19
나	(13)	0	1	14
다	3	0	1	4
라	2	0	1	3
마	(10)	(1)	0	(11)
바	5	0	1	6
사	4	0	(1)	(5)
기타	117	18	9	144
전국	171	21	14	206

ㄱ. 전국 동물병원 수에서 '나' 지역의 동물병원의 수가 차지하는 비중은 (13/171)×100≒7.6%로 5% 이상이므로 옳은 설명이다.

ㄴ. 전체 동물 치료소 수는 '마' 지역이 11개소, '사' 지역이 5개소로 '마' 지역이 '사' 지역의 11/5=2.2배로 2배 이상이므로 옳은 설명이다.

오답 체크

ㄷ. 축산관련기관의 수는 '가' 지역이 2개소, '마' 지역이 1개소로 '가' 지역이 '마' 지역보다 많으므로 옳지 않은 설명이다.

12 자료매칭 정답 ④

〈정보〉를 근거로 산정한 가수 A~D의 콘서트 총 수익 지표는 다음과 같다.

(단위: 십만 원)

가수	총 수익 지표
A	(1.2×100,000)+(320,000×2×3)=2,040,000
B	(1.5×85,000)+(350,000×2×3)=2,227,500
C	(1.0×120,000)+(400,000×2×3)=2,520,000
D	(0.8×75,000)+(300,000×2×3)=1,860,000

따라서 산정된 총 수익 지표가 가장 높은 가수는 C이고, 가장 낮은 가수는 D이다.

13 자료논리 정답 ③

1강의당 강의 시간이 60분인 기본 과정을 1.5배속으로, 1강의당 강의 시간이 70분인 문제풀이 과정과 심화 과정을 1.4배속으로 수강하므로, 과정별 1강의당 예측 수강 시간은 기본 과정이 60/1.5=40분이고, 문제풀이 과정과 심화 과정이 70/1.4=50분이다. 이에 따라 과목별 예측 수강 시간은 다음과 같다.

(단위: 분)

과목	예측 수강 시간
A	38×40+(22+10)×50=3,120
B	45×40+(12+8)×50=2,800
C	35×40+(12+15)×50=2,750
D	35×40+(18+12)×50=2,900
E	30×40+(22+18)×50=3,200

예측 수강 시간이 3,000분 이상인 A, E 중 예측 수강 시간이 긴 과목부터 수강하므로 E, A 순으로 수강하고, 이후 예측 수강 시간이 3,000분 미만인 B, C, D 중 예측 수강 시간이 짧은 과목부터 수강하므로 C, B, D 순으로 수강한다. 이에 따라 첫 번째 수강 과목은 E, 마지막 수강 과목은 D이다. 따라서 E와 D의 수강 시간 차이는 3,200−2,900=300분이므로 (다)는 300이다.

14 자료변환 정답 ①

보도자료에 따르면 만족도 조사 항목별 프랑스산 와인의 가격 만족도의 순위는 가장 높고, 품질과 다양성 측면에서의 만족도는 순위가 가장 낮은 것을 알 수 있다. 그러나 [주요 원산지별 와인에 대한 소비자 만족도]에서 프랑스산 와인의 가격 만족도 점수가 제시된 원산지 중 가장 낮아 순위도 가장 낮고, 품질과 다양성 각각의 만족도 점수는 가장 높아 순위도 가장 높으므로 보도자료에 부합하지 않는 자료이다.

오답 체크

② [수입 와인 구매 시 최우선 기준에 대한 응답 비율]에서 수입 와인 구매 시 선택의 기준 중 '맛'이 44.5%로 응답 비율이 가장 높으므로 보도자료에 부합하는 자료이다.

③ [주요 수입국별 와인 수입량 및 수입액 구성비(2023년 기준)]에서 기타를 제외한 5개 국가의 수입량 구성비 합은 100.0−17.0=83.0%이고, 수입액의 점유율은 프랑스 28.3%, 칠레 17.7%, 미국 17.0%, 이탈리아 14.8%, 스페인 7.8% 순으로 나타나므로 보도자료에 부합하는 자료이다.

④ [주요 원산지별 와인의 100mL 기준 소비자가격]에서 100mL 기준 프랑스산 와인 가격은 2021년 8,030원에서 2024년 7,045원으로 하락하고, 이탈리아산 와인 가격은 2021년 4,533원에서 2024년 4,080원으로 하락하였고, 2021년 대비 2024년 칠레산 와인의 100mL 기준 가격의 감소율은 {(4,941−3,185)/4,941}×100≒35.5%이므로 보도자료에 부합하는 자료이다.

⑤ [수입 와인 구매 장소에 대한 응답 비율]에서 대형마트에서 와인을 구매한 소비자 비율 72.8%는 백화점에서 구매한 소비자 비율의 5배인 10.8×5=54.0%보다 크므로 보도자료에 부합하는 자료이다.

15 자료이해 정답 ②

2024년 1/4분기 중국의 온라인쇼핑 해외직접판매액은 1,327,577백만 원이고, 화장품 온라인쇼핑 해외직접판매액은 1,312,146백만 원이다. 이때 화장품 온라인쇼핑 해외직접판매액이 모두 중국의 온라인쇼핑 해외직접판매액일 경우 중국의 나머지 상품군들의 온라인쇼핑 해외직접판매액의 합은 1,327,577−1,312,146=15,431백만 원이다. 따라서 2024년 1/4분기 중국에서 화장품을 제외한 나머지 상품군들의 온라인쇼핑 해외직접판매액의 합은 적어도 150억 원 이상이므로 옳은 설명이다.

오답 체크

① 2024년 2/4분기 전체 온라인쇼핑 해외직접판매액 중 아시아의 온라인쇼핑 해외직접판매액의 비중은 {(1,094,521+51,570+27,546+2,519)/1,273,753}×100≒92.3%이므로 옳지 않은 설명이다.

③ 기타 상품군을 제외한 2024년 1/4분기 상위 3개 상품군은 화장품, 의류 및 패션관련 상품, 음반·비디오·악기이고, 상위 3개 상품군의 온라인쇼핑 해외직접판매액의 합은 1,312,146+87,086+32,898=1,432,130백만 원이다. 따라서 2024년 1/4분기 전체 온라인쇼핑 해외직접판매액 중 기타 상품군을 제외한 상위 3개 상품군의 온라인쇼핑 해외직접판매액의 합이 차지하는 비중은 (1,432,130/1,525,487)×100≒93.9%로 95% 미만이므로 옳지 않은 설명이다.

④ 2024년 2/4분기 미국의 온라인쇼핑 해외직접판매액은 63,218백만 원이고, 2024년 2/4분기 화장품 온라인쇼핑 해외직접판매액은 1,075,338백만 원, 2024년 2/4분기 전체 온라인 해외직접판매액은 1,273,753백만 원이다. 이에 따라 화장품을 제외한 나머지 상품군들의 온라인쇼핑 해외직접판매액은 1,273,753−1,075,338=198,415백만 원이므로 미국의 온라인쇼핑 해외직접판매액인 63,218백만 원이 모두 화장품을 제외한 나머지 상품군들의 온라인쇼핑 해외직접판매액일 수 있다. 따라서 옳지 않은 설명이다.

⑤ 2024년 2/4분기 중국의 온라인쇼핑 해외직접판매액은 1,094,521백만 원이고, 화장품 온라인쇼핑 해외직접판매액은 1,075,338백만 원이다. 이때 화장품 온라인쇼핑 해외직접판매액이 모두 중국의 온라인쇼핑 해외직접판매액일 경우 중국에서 화장품을 제외한 나머지 상품군들의 온라인쇼핑 해외직접판매액의 합은 1,094,521−1,075,338=19,183백만 원이다. 따라서 2024년 2/4분기 중국에서 화장품을 제외한 나머지 상품군들의 온라인쇼핑 해외직접판매액의 합은 200억 원 미만일 수 있으므로 옳지 않은 설명이다.

16 자료매칭
정답 ②

- 〈보고서〉의 두 번째 문장에 따르면 '가' 산업의 사업장 1개당 근로자 수는 5명보다 많고, 근로자 수 대비 재해자 수의 비율은 10% 이상이므로 2024년 사업장 1개당 근로자 수가 5,289/1,633 ≒ 3.2명인 D는 소거되고, 근로자 수 대비 재해자 수 비율이 (5,551/76,033) × 100 ≒ 7.3%인 E도 소거된다.
- 〈보고서〉의 세 번째 문장에 따르면 '가' 산업의 사업장 1개당 재해자 수는 0.9명 미만이므로 A, B, C 중 사업장 1개당 재해자 수가 959/1,054 ≒ 0.91명으로 0.9명 이상인 A는 소거된다.
- 〈보고서〉의 네 번째 문장에 따르면 '가' 산업의 사망자 수는 200명 이상이므로 B와 C 중 2024년 사망자 수가 9,124 × 0.014 ≒ 128명으로 200명 미만인 C는 소거된다.

따라서 A~E산업 중 '가' 산업에 해당하는 산업은 B이다.

17 자료이해
정답 ②

ㄴ. 인구 1인당 국내총생산 = $\frac{\text{국내총생산}}{\text{인구}}$ 임을 적용하여 구한다. 〈그림 2〉의 X축에 해당하는 인구 대비 Y축에 해당하는 국내총생산의 비율을 의미하므로 그 크기는 원점에서 각 점을 이은 선분의 기울기 크기와 같다. 따라서 〈그림 2〉에서 9개국 중 H국의 기울기가 가장 큼에 따라 인구 1인당 국내총생산이 가장 높은 국가는 H국이므로 옳은 설명이다.

ㄷ. 국가채무 = $\frac{\text{국가채무비율} \times \text{국내총생산}}{100}$ 이므로 〈그림 3〉에서 X축에 해당하는 국내총생산 값과 Y축에 해당하는 국가채무비율의 값을 곱해서 국가채무 크기를 비교한다. D국은 380 × 60 ≒ 22,800, E국은 200 × 130 ≒ 26,000으로 국가채무는 D국이 E국보다 적으므로 옳은 설명이다.

오답 체크

ㄱ. 인구밀도 = $\frac{\text{인구}}{\text{면적}}$ 이므로 인구밀도 크기는 〈그림 1〉에서 각 점과 원점을 이은 선분의 기울기 값의 역수와 같다. 따라서 인구밀도는 G국이 가장 낮고, A국이 가장 높으므로 옳지 않은 설명이다.

ㄹ. 국가채무비율이 가장 높은 국가는 B국이고, 9개국 중 C국의 면적이 가장 넓으므로 옳지 않은 설명이다.

18 자료이해
정답 ⑤

제시된 〈표〉는 1978년 이후 국내에서 발생한 지진 중 규모 기준 상위 11위에 해당하는 지진으로 해당 기간 동안 이보다 높은 규모의 지진은 발생하지 않았다. 따라서 해당 기간 동안 규모가 가장 큰 지진은 2016년 9월 12일 경주에서 발생한 지진이므로 옳지 않은 설명이다.

오답 체크

① 규모 기준 상위 11위 지진 중 경북에서 발생한 지진의 규모는 5.2Ml, 5.1Ml, 5.8Ml, 5.4Ml로 모두 규모 5.1Ml 이상이므로 옳은 설명이다.

② 규모 기준 상위 11위 지진 중 진앙의 위치가 가장 서쪽인 지진은 진앙의 경도가 123.70°E인 지진으로, 2003년 3월 30일에 발생했으므로 옳은 설명이다.

③ 규모 기준 상위 11위 지진 중 해역에서 발생한 지진은 9건으로, 지역에서 발생한 지진 건수의 1.5배인 6 × 1.5 = 9건과 같으므로 옳은 설명이다.

④ 규모 기준 상위 11위 지진 15건 중 진앙의 위도가 35.00~37.00°N인 지진은 10건 발생하여, (10/15) × 100 ≒ 66.7%를 차지하므로 옳은 설명이다.

19 자료이해
정답 ③

ㄷ. 2024년 5~7월 소비자물가지수의 전년동월비는 전기·가스·수도가 매월 가장 높지만, 전월비가 가장 높은 품목의 경우 5월은 전기·가스·수도, 6월은 공업제품, 7월은 농축수산물로 매월 다르므로 옳지 않은 설명이다.

ㄹ. 〈그림〉의 각주에 따라 2023년 5월 대비 2024년 4월 소비자물가지수는 $\frac{\text{2024년 5월 소비자물가지수}}{\text{2023년 5월 소비자물가지수}} / \frac{\text{2024년 5월 소비자물가지수}}{\text{2024년 4월 소비자물가지수}}$ = 2024년 5월 전년동월비/2024년 5월 전월비임을 알 수 있다. 이는 그래프의 가로축 값/세로축 값을 의미하므로, 기울기 역수에 해당한다. 3개 품목 중 2024년 5월의 각 점을 원점에서 연결했을 때의 기울기는 공업제품이 가장 작으므로 기울기의 역수는 공업제품이 가장 크다. 따라서 2023년 5월 대비 2024년 4월의 소비자물가지수가 가장 높은 품목은 공업제품이므로 옳지 않은 설명이다.

오답 체크

ㄱ. 전월비 = $\frac{\text{2024년 N월 소비자물가지수}}{\text{2024년 (N−1)월 소비자물가지수}}$ × 100이고, 2024년 5~7월 공업제품의 전월비는 100%보다 크므로 '2024년 N월 소비자물가지수 > 2024년 (N−1)월 소비자물가지수'임을 알 수 있다. 따라서 2024년 5~7월 공업제품의 소비자물가지수는 전월 대비 매월 증가했으므로 옳은 설명이다.

ㄴ. 전년동월비 = $\frac{\text{2024년 N월 소비자물가지수}}{\text{2023년 N월 소비자물가지수}}$ × 100이므로 2023년 7월 소비자물가지수 = $\frac{\text{2024년 7월 소비자물가지수}}{\text{2024년 7월 전년동월비}}$로 크기를 확인한다. 3개 품목 중 분자인 2024년 7월 소비자물가지수는 농축수산물이 가장 높고, 분모인 2024년 7월 전년동월비는 농축수산물이 가장 작아, 2023년 7월의 소비자물가지수가 가장 높은 품목은 농축수산물이므로 옳은 설명이다.

20 자료계산
정답 ④

배출원별 '갑'의 월간 탄소배출량은 다음과 같다.

- 냉장고: (1kg/40시간) × 600시간 = 15kg
- 세탁기: (1kg/5시간) × 30시간 = 6kg
- 노트북: (1kg/20시간) × 120시간 = 6kg
- 도시가스: (0.3kg/m^3) × 50m^3 = 15kg
- 자동차: (0.1kg/km) × 500km = 50kg

이에 따라 '갑'의 월간 탄소배출량은 15 + 6 + 6 + 15 + 50 = 92kg이고, A장치가 14개, B장치가 25개일 때의 월간 탄소정화량이 (3 × 14) + (2 × 25) = 92kg으로 같다.

따라서 필요한 A장치는 14개, B장치는 25개이다.

21 자료계산

정답 ④

현금영수증 가맹점 1개당 평균 발급금액 = $\frac{\text{발급건수} \times \text{1건당 평균 발급금액}}{\text{가맹점 수}}$ 임을 적용하여 구하면 다음과 같다.

(단위: 만 원)

구역 \ 구분	현금영수증 가맹점 1개당 평균 발급금액
A	(48,000 × 2.5) / 600 = 200
B	(49,000 × 2.3) / 700 = 161
C	(52,000 × 2.0) / 650 = 160
D	(48,000 × 2.6) / 800 = 156
E	(42,500 × 3.0) / 750 = 170

따라서 현금영수증 가맹점 1개당 평균 발급금액이 가장 작은 구역은 D이다.

22 자료이해

정답 ⑤

ㄱ. 11개 분야 중 2024년 사업체 수 상위 5개 분야와 종사자 수 상위 5개 분야는 출판, 음악, 게임, 광고, 지식정보로 동일하므로 옳은 설명이다.

ㄴ. 부가가치율 = $\frac{\text{부가가치액}}{\text{매출액}}$ × 100임을 적용하여 구한다. 2024년 분야별 부가가치율은 방송이 (7,700 / 21,965) × 100 ≒ 35.1%, 콘텐츠솔루션이 (2,820 / 5,635) × 100 ≒ 50.0%이다. 따라서 부가가치율이 가장 높은 분야는 콘텐츠솔루션이므로 옳은 설명이다.

ㄹ. 2020년 수출액이 가장 큰 분야인 게임의 2020년 대비 2024년 수출액 증가율은 {(819,356 − 327,735) / 327,735} × 100 ≒ 150.0%로 140% 이상이므로 옳은 설명이다.

오답 체크

ㄷ. 2024년 캐릭터 분야 매출액은 (4,864 / 40.0) × 100 = 12,160십억 원이고, 2024년 콘텐츠산업 평균 매출액은 128,228 / 11 ≒ 11,657십억 원이다. 따라서 2024년 매출액이 콘텐츠산업 평균 매출액보다 큰 분야는 출판, 게임, 방송, 광고, 캐릭터, 지식정보로 총 6개이므로 옳지 않은 설명이다.

23 자료매칭

정답 ④

• 〈보고서〉의 두 번째 단락 두 번째 문장에 따르면 2020년 대비 2024년 수입액이 증가한 콘텐츠산업 분야는 게임, 애니메이션, 지식정보, 콘텐츠솔루션 4개 분야이고, 나머지 7개 분야의 수입액은 감소하였다. A~E 중 2020년 대비 2024년 수입액이 증가한 B와 E는 '애니메이션' 또는 '지식정보'이고, 2020년 대비 2024년 수입액이 감소한 A, C, D는 '음악' 또는 '방송' 또는 '광고'이다.

• 〈보고서〉의 두 번째 단락 세 번째 문장에 따르면 2024년 수입액이 전년 대비 증가한 콘텐츠산업 분야는 지식정보가 유일하므로 B와 E 중 B가 '지식정보', E가 '애니메이션'이며, 2024년 수입액의 전년 대비 감소율이 가장 큰 콘텐츠산업 분야는 광고이므로 감소율이 {(27,603 − 9,867) / 27,603} × 100 ≒ 64.3%로 가장 큰 C가 '광고'임을 알 수 있다.

• 〈보고서〉의 두 번째 단락 마지막 문장에 따르면 2024년 콘텐츠산업 분야별 수입액 대비 수출액이 콘텐츠산업 전체보다 큰 분야는 음악, 게임, 애니메이션, 지식정보, 콘텐츠솔루션이다. 2024년 콘텐츠 산업 전체 수입액 대비 수출액은 1,192,430 / 92,082 ≒ 12.9이므로 음악 분야의 수출액 67,963만 달러를 이용하여 A와 D의 수입액 대비 수출액을 계산해보면, A가 67,963 / 1,215 ≒ 55.9, D가 67,963 / 6,097 ≒ 11.1로 12.9보다 큰 A가 '음악'이고, D가 '방송'이다.

따라서 〈표 3〉에서 '방송'에 해당하는 콘텐츠산업 분야는 D이다.

24 자료이해

정답 ①

공무원 1인당 주민수 = 인구수 / 지방공무원수이므로 전국의 공무원 1인당 주민수는 51,829(천 명) / 359,588 ≒ 144명이고, 광역자치단체 중 특별자치도의 공무원 1인당 주민수는 675(천 명) / 5,109 ≒ 132명이다. 따라서 광역자치단체 중 특별자치도의 공무원 1인당 주민수는 전국의 공무원 1인당 주민수보다 적으므로 옳은 설명이다.

오답 체크

② 하부행정구역수는 232 + 1,180 + 2,089 = 3,501개이고, 기초자치단체수의 15배는 (75 + 82 + 69) × 15 = 3,390개로 하부행정구역수가 더 많으므로 옳지 않은 설명이다.

③ 주민 1인당 면적 = 면적 / 인구수임을 적용하면 경상북도의 주민 1인당 면적은 19,034(km^2) / 2,639(천 명) ≒ 7,213m^2이고 울산광역시의 주민 1인당 면적은 1,062(km^2) / 1,136(천 명) ≒ 935m^2이므로 옳지 않은 설명이다.

④ 6개 광역시 인구수의 합은 〈표 1〉에 제시된 광역시 인구수인 12,803천 명과 같으며, 이는 특별시 인구수의 1.4배인 9,668 × 1.4 = 13,535.2천 명보다 작으므로 옳지 않은 설명이다.

⑤ 전국의 인구수가 2025년부터 전년 대비 1%씩 감소한다면 10년 뒤인 2034년의 인구수는 51,829 × 0.99^{10} ≒ 51,829 × 0.9 ≒ 46,646천 명이 된다. 따라서 2034년 주민 1인당 면적은 100,406(km^2) / 46,646(천 명) ≒ 2,153m^2이므로 옳지 않은 설명이다.

빠른 문제 풀이 Tip

① 공무원 1인당 주민수 = 인구수 / 지방공무원수이고, 〈표〉에 제시된 수치로 비교했을 때 전국의 지방공무원수인 359,588은 전국의 인구수인 51,829의 7배 미만이므로 특별자치도의 지방공무원수가 인구수의 7배보다 많은지 확인한다. 이때 특별자치도의 지방공무원수인 5,109가 인구수인 675의 약 7.5배이므로 공무원 1인당 주민수는 전국보다 적다.

③ 주민 1인당 면적 = 면적 / 인구수이고, 경상북도 인구수는 울산광역시 인구수의 2배 이상이지만, 경상북도 면적은 울산광역시 면적의 20배 미만이므로 경상북도의 주민 1인당 면적은 울산광역시의 주민 1인당 면적의 10배 미만임을 알 수 있다.

25 자료계산

정답 ③

종사자 규모별 사업체의 전체 매출액=매출 발생 사업체 수×매출 발생 사업체의 평균 매출액임을 적용하여 구한다. 이때 〈그림〉에서 매출 발생 비율은 종사자 규모별 사업체 중 매출이 발생한 사업체의 비율을 의미하므로 종사자 규모별 매출 발생 사업체 수=종사자 규모별 사업체 수×매출 발생 비율로 구할 수 있다.

- A: 120×0.30×3,000=108,000백만 원
- B: 200×0.75×1,400=210,000백만 원
- C: 380×0.75×600=171,000백만 원
- D: 420×0.60×250=63,000백만 원

따라서 종사자 규모별 사업체의 전체 매출액 크기가 가장 큰 것부터 순서대로 나열하면 'B-C-A-D'이다.

빠른 문제 풀이 Tip

종사자 규모별 사업체의 전체 매출액 도출 식에서 공통인 수를 찾아 나머지 수의 크기를 비교한다.

- A: (120×0.30)×3,000=36×3,000=360×300
- B: (200×0.75)×1,400=150×1,400=300×700
- C: (380×0.75)×600=285×600=570×300
- D: (420×0.60)×250=252×250

4개의 종사자 규모 중 D는 두 항이 모두 가장 작으므로 곱한 값도 가장 작으며, 300이 공통으로 묶이는 A~C의 나머지 항이 B는 700, C는 570, A는 360으로 나타나므로 전체 매출액은 크기가 큰 것부터 'B-C-A-D'임을 알 수 있다.

실전모의고사 8회

모바일 자동 채점 및 성적 분석 서비스

정답

1	②	자료계산	6	①	자료이해	11	⑤	자료변환	16	⑤	자료변환	21	⑤	자료계산
2	③	자료이해	7	④	자료이해	12	④	자료이해	17	③	자료매칭	22	②	자료매칭
3	③	자료변환	8	①	자료계산	13	①	자료매칭	18	③	자료이해	23	①	자료논리
4	③	자료매칭	9	⑤	자료이해	14	③	자료논리	19	②	자료이해	24	③	자료계산
5	⑤	자료이해	10	④	자료이해	15	⑤	자료이해	20	⑤	자료이해	25	②	자료이해

취약 유형 분석표

유형별로 맞힌 개수, 틀린 문제 번호와 풀지 못한 문제 번호를 적고 나서 취약한 유형이 무엇인지 파악해 보세요.

유형	맞힌 개수	틀린 문제 번호	풀지 못한 문제 번호
자료이해	/12		
자료계산	/4		
자료매칭	/4		
자료논리	/2		
자료변환	/3		
TOTAL	/25		

해설

1 자료계산

정답 ②

직원 1인당 연간 매출액$=\frac{\text{음료가격}\times\text{연간 음료 판매량}}{\text{직원 수}}$임을 적용하여 구하면 다음과 같다.

(단위: 원)

구분 / 카페	직원 1인당 연간 매출액
A	(4,200 × 2,000) / 60 = 140,000
B	(4,500 × 840) / 35 = 108,000
C	(1,500 × 2,400) / 50 = 72,000
D	(3,500 × 1,440) / 40 = 126,000
E	(4,300 × 1,200) / 30 = 172,000

따라서 카페 B의 직원 1인당 연간 매출액은 108,000원이다.

2 자료이해

정답 ③

ㄱ. 조정총자산은 7개 신용카드사 평균인 175조 원보다 적고 조정자기자본은 7개 신용카드사 평균인 35조 원보다 많은 신용카드사는 A와 G이므로 옳은 설명이다.

ㄴ. 조정총자산 상위 2개 신용카드사 B와 C의 조정총자산 합은 280+250=530조 원으로, 조정총자산 하위 2개 신용카드사 D와 E의 조정총자산 합인 80+105=185조 원의 530 / 185 ≒ 2.9배이므로 옳은 설명이다.

오답 체크

ㄷ. 조정총자산이 150조 원 이상인 A, B, C, F, G 중 B의 조정자기자본 비율은 (41 / 280) × 100 ≒ 14.6%이므로 옳지 않은 설명이다.

빠른 문제 풀이 Tip

ㄷ. 조정자기자본 비율$=\frac{\text{조정자기자본}}{\text{조정총자산}}\times100$임을 적용하여 〈그림〉에서 기울기가 $\frac{1}{5}$인 선을 그리면, 선 아래 영역에 분포한 신용카드사는 조정자기자본 비율이 20% 미만, 선 위 영역에 분포한 신용카드사는 조정자기자본 비율이 20% 초과이므로 A, B, C, F, G 중 선 아래 영역에 분포한 B는 조정자기자본 비율이 20% 미만임을 알 수 있다.

3 자료변환

정답 ③

〈보고서〉의 세 번째 단락에 따르면 기타 유형을 제외하고 특례수급자의 수급가구 수가 많은 특례 유형부터의 순서는 전년과 동일하게 나타났다고 했지만, [2023년 및 2024년 특례수급자의 특례 유형별 수급가구 구성비]에서 수급가구 수가 많은 특례 유형부터 나열하면 2023년에는 재산기준, 자활급여, 타법률 수급자, 이행급여, 의료급여 순이고, 2024년에는 재산기준, 자활급여, 타법률 수급자, 의료급여, 이행급여 순으로 나타나므로 〈보고서〉의 내용과 부합하지 않는 자료이다.

4 자료매칭

정답 ③

- 2024년 '타 공사'로 인한 가스사고 건수와 '공급자 취급부주의'로 인한 가스사고 건수는 동일하고, 2024년 '공급자 취급부주의'로 인한 가스사고 건수는 전년 대비 3건 증가하여 6건이므로 2024년 '타 공사'로 인한 가스사고 건수도 6건이다. 이에 따라 (가)는 7임을 알 수 있다.
- 2024년 전체 가스사고 건수는 121+22=143건이고, 2024년 '고의사고'로 인한 가스사고 건수는 12건이다. 이에 따라 전년 대비 증감의 합은 (−8)+3+(−1)+5+(나)+(−5)+3+6=22이므로 (나)는 19임을 알 수 있다.
- 2024년 00:00~04:00 시간대에는 7+2=9건, 16:00~20:00 시간대에는 23+10=33건의 가스사고가 일어났으므로 두 시간대에 일어난 가스사고는 총 33+9=42건이다. 이때 2024년 00:00~04:00 시간대와 16:00~20:00 시간대에 일어난 가스사고는 3건의 '파열' 형태를 제외하고는 모두 '폭발' 형태라고 했으므로 '폭발' 형태의 가스사고는 42−3=39건임을 알 수 있다.
- 2023년 '누출' 형태의 가스사고 건수는 2023년 '시설미비'로 인한 가스사고 건수와 동일하므로 2023년 '누출' 형태 가스사고 건수는 29건이고, 2024년 '누출' 형태 가스사고 건수는 29+6=35건이다. 2024년 전체 가스사고 건수가 143건이므로 '파열' 형태의 가스사고 건수는 143−(35+39+33+10)=26건이며, 이에 따라 (라)는 26임을 알 수 있다. 또한 2023년 전체 가스사고 건수는 121건이고, '누출' 형태 가스사고 건수가 29건, '화재' 형태 가스사고 건수가 33건이므로 '중독' 형태 가스사고 건수인 (다)는 121−(29+34+33+1+15)=9건임을 알 수 있다.
- 2023년 08:00~12:00 시간대에 일어난 가스사고 건수는 37−10=27건이고, 2023년 가스사고 전체 건수는 121건이므로 (마)는 121−7−25−27−23−13=26건임을 알 수 있다.

따라서 (가)는 7, (나)는 19, (다)는 9, (라)는 26, (마)는 26이다.

5 자료이해

정답 ⑤

ㄱ. 2020년 바이오 에너지 생산량은 13,953 × 0.198 ≒ 2,763천 TOE이고, 태양광과 바이오 에너지 생산량의 합은 1,186+2,763 ≒ 3,949천 TOE로 4백만 TOE 미만이므로 옳지 않은 설명이다.

ㄴ. 2022년 재생에너지 생산량은 2,195 × (100 / 12.7) ≒ 17,283천 TOE이고, 2021년 바이오 에너지 생산량의 5배는 3,599 × 5=17,995천 TOE이므로 옳지 않은 설명이다.

ㄷ. 2018~2024년 중 태양광 에너지 생산량이 바이오 에너지 생산량보다 많은 해는 2024년이고, 2024년의 재생에너지 생산량은 4,156 × (100 / 37.4) ≒ 11,112천 TOE로, 2019년보다 적으므로 옳지 않은 설명이다.

6 자료이해

정답 ①

ㄱ. 근로자 평균근속년수의 전년 대비 증가율이 가장 큰 해는 증가율이 {(6.4−6.2)/6.2} × 100 ≒ 3.2%인 2019년이므로 옳은 설명이다.

오답 체크

ㄴ. 근로자 평균연령의 전년 대비 증가율은 2019년에 (0.4/41.1) × 100 < 1%, 2024년에 (0.5 / 42.9) × 100 > 1%로 2019년이 2024년보다 작으므로 옳지 않은 설명이다.

ㄷ. '대졸 이상'을 제외한 학력별 평균 월급의 합은 2021년에 176+220+245=641만 원이고, 2022년에 177+210+248=635만 원으로 2021년 대비 감소하였으므로 옳지 않은 설명이다.

7 자료이해

정답 ④

ㄱ. 진학률 $= \frac{\text{진학자}}{\text{졸업자 수}} \times 100$임을 적용하여 구한다. 진학률은 일반학교 내 일반학급이 (669/1,157)×100 ≒ 57.8%, 특수학교가 (1,316/2,386)×100 ≒ 55.2%로 일반학교 내 일반학급이 특수학교보다 높으므로 옳은 설명이다.

ㄷ. 취업률 $= \frac{\text{취업자 수}}{\text{졸업자 수} - \text{진학자 수}} \times 100$임을 적용하여 구한다. 일반학교 내 특수학급의 취업자 수는 0.342×(3,796−1,705) ≒ 715명, 일반학교 내 일반학급의 진학자 수는 669명으로 일반학교 내 특수학급의 취업자 수가 일반학교 내 일반학급의 진학자 수보다 많으므로 옳은 설명이다.

ㄹ. 취업률은 특수학교가 {64/(2,386−1,316)}×100 ≒ 6.0%, 일반학교 내 특수학급이 34.2%이다. 따라서 취업률은 일반학교 내 특수학급이 특수학교의 34.2/6.0 ≒ 5.7배로 5배 이상이므로 옳은 설명이다.

오답 체크

ㄴ. 특수교육대상자 전체의 진학률은 {(1,316+1,705+669)/(2,386+3,796+1,157)}×100 ≒ 50.3%로 55% 미만이므로 옳지 않은 설명이다.

8 자료계산

정답 ①

순매출액 = 총자산회전율 × $\frac{\text{자기자본}}{1-\text{부채비율}}$임을 적용하여 구하면 다음과 같다.

(단위: 억 원)

구분 / 기업	순매출액
A	0.4×{50/(1−0.84)}=125
B	0.27×{127/(1−0.73)}=127
C	0.16×{64/(1−0.92)}=128

따라서 순매출액은 A가 125억 원, B가 127억 원, C가 128억 원이다.

9 자료이해

정답 ⑤

ㄱ. 2024년 전국 토지 필지수의 1.5%는 39,367×0.015 ≒ 591천 필지이고, 주요 7개 도시 중 2024년 토지 필지수가 591천 필지보다 적은 도시는 광주, 대전, 울산으로 3개이므로 옳은 설명이다.

ㄴ. 2024년 서울의 '군유지'를 제외한 소유구분별 토지는 각각 필지수가 2023년 대비 적거나 같고 토지 가액은 2023년 대비 크다. '군유지'의 1필지당 토지 가액은 2023년에 75,246/73,000 ≒ 1.03십억 원, 2024년에 86,969/74,000 ≒ 1.18십억 원으로 2024년이 2023년보다 큼에 따라 2024년 서울의 토지 소유구분별 1필지당 토지 가액이 모두 전년 대비 증가했으므로 옳은 설명이다.

ㄷ. 2023년 대비 2024년 서울 '민유지'의 토지 가액 증가분은 1,119,951−1,001,673=118,278십억 원으로, '민유지'를 제외한 토지의 가액 증가분인 2,008,916−1,791,158−118,278=99,480십억 원보다 크므로 옳은 설명이다.

빠른 문제 풀이 Tip

ㄴ. 서울 '군유지'의 경우 2023년 대비 2024년 필지수의 증가율은 (1/73)×100, 토지 가액의 증가율은 약 (11/75)×100으로 필지수의 증가율보다 토지 가액의 증가율이 더 크므로 서울 '군유지'의 1필지당 토지 가액은 증가함을 알 수 있다.

10 자료이해

정답 ④

2024년 5만 원권 손상화폐 폐기액은 47,614×0.142 ≒ 6,761억 원이고 5만 원권 손상화폐 교환액의 300배는 18.6×300=5,580억 원이므로 옳은 설명이다.

오답 체크

① 2021~2024년 손상화폐의 평균 폐기량은 (4.7+5.9+6.1+6.6)/4 ≒ 5.8억 장이므로 옳지 않은 설명이다.

② 2024년 1만 원권 손상화폐 폐기액은 47,614×0.767 ≒ 36,520억 원으로, 2022년 전체 손상화폐 폐기액인 42,590억 원보다 적으므로 옳지 않은 설명이다.

③ 2024년 손상화폐 교환액은 18.6+3.9+0.3+0.2=23억 원이고, 손상사유가 화재 또는 취급 부주의에 해당하는 교환액 비중은 33.9+10.9=44.8%이다. 따라서 해당 손상사유에 대한 손상화폐 교환액은 23×0.448 ≒ 10.3억 원이므로 옳지 않은 설명이다.

⑤ 2024년 손상화폐 폐기량이 2억 장보다 많은 화폐 권종은 손상화폐 권종별 폐기 비중이 (2/6.6)×100 ≒ 30.3% 이상인 1만 원권과 1천 원권이다. 그중 1천 원권의 손상화폐 폐기액은 47,614×0.051 ≒ 2,428억 원이므로 옳지 않은 설명이다.

11 자료변환

정답 ⑤

ㄱ. <보고서>의 두 번째 단락에서 종사기간이 길수록 업무상 손상자 수가 많았고, 2023년과 2024년 모두 종사기간이 30년 이상인 어업인의 업무상 손상 발생률이 종사기간이 10년 미만인 어업인의 업무상 손상 발생률 대비 2배 이상이었다고 했으므로, [2023~2024년 어업인 종사기간별 업무상 손상자 현황]은 <보고서>를 작성하기 위해 추가로 필요한 자료이다.

ㄷ. <보고서>의 네 번째 단락에서 건강수준을 '좋음'이라고 응답한 어업인 수가 가장 많았고, '매우 나쁨'이라고 응답한 어업인의 업무상 손상 발생률은 20% 이상으로 매우 높게 나타났다고 했으므로, [2024년 어업인 건강수준별 업무상 손상자 현황]은 <보고서>를 작성하기 위해 추가로 필요한 자료이다.

ㄹ. <보고서>의 세 번째 단락에서 지역에 따른 업무상 손상자 수와 업무상 손상 발생률에 대한 내용이 제시되었으므로 [2024년 지역별 업무상 손상자 현황]은 <보고서>를 작성하기 위해 추가로 필요한 자료이다.

오답 체크

ㄴ. <보고서>의 두 번째 단락에서 종사기간이 길수록 업무상 손상자의 연령이 높다는 내용이 언급되었으나, [2023~2024년 어업인 연령별 업무상 손상 발생률]에서는 종사기간과 연령 사이의 관계를 파악할 수 없으므로 추가로 필요한 자료가 아니다.

12 자료이해

정답 ④

ㄱ. 2021~2024년 동안 보훈병원 감면진료 지원액의 전년 대비 증가율은 2021년에 {(866−649)/649}×100≒33.4%, 2022년에 {(1,010−866)/866}×100≒16.6%, 2023년에 {(1,070−1,010)/1,010}×100≒5.9%, 2024년에 {(1,104−1,070)/1,070}×100≒3.2%로 매년 감소했으므로 옳은 설명이다.

ㄴ. 진료비 지원 인원 중 보훈병원 국비진료 인원이 차지하는 비중은 2020년에 (2,933/8,432)×100≒34.8%, 2021년에 (2,899/8,332)×100≒34.8%, 2022년에 (2,957/8,928)×100≒33.1%, 2023년에 (2,666/8,103)×100≒32.9%, 2024년에 (2,581/7,686)×100≒33.6%로 매년 30% 이상이므로 옳은 설명이다.

ㄹ. 진료비 지원 인원 1인당 진료비 지원액은 2022년에 8,018/8,928≒0.90십만 원, 2023년에 7,957/8,103≒0.98십만 원으로, 2023년에 전년 대비 증가했으므로 옳은 설명이다.

오답 체크

ㄷ. 2020~2024년의 연평균 위탁병원 진료 지원액은 (2,231+2,291+2,544+2,519+2,508)/5=2,418.6억 원이므로 옳지 않은 설명이다.

빠른 문제 풀이 Tip

ㄱ. 2021~2024년 동안 보훈병원 감면진료 지원액의 전년 대비 증가액은 매년 감소하는 반면, 전년도의 지원액은 매년 증가하므로 증가율은 매년 감소하는 것을 알 수 있다.

ㄷ. 연도별 위탁병원 진료 지원액을 〈보기〉에 제시된 연평균 진료 지원액 2,400억 원과 비교하여 편차의 합을 확인하면 0보다 크다. 이에 따라 연평균 진료 지원액은 2,400억 원 이상임을 알 수 있다.

13 자료매칭

정답 ①

- 첫 번째 〈정보〉에 따르면 '영화 수입'에 종사하는 종사자가 없는 업종은 '사업기획' 및 '마케팅/홍보'뿐이며, B, C 업종은 '영화 수입'에 종사하는 종사자가 있으므로 A와 D가 각각 '사업기획', '마케팅/홍보' 중 하나임을 알 수 있다.
- 두 번째 〈정보〉에 따르면 영화산업 전체 종사자 중 직무별 전체 종사자가 차지하는 비중이 10%대인 직무에는 '마케팅/홍보' 종사자가 없으며, 영화산업 전체 종사자 중 직무별 전체 종사작 차지하는 비중이 10%대인 직무는 (4,900/35,672)×100≒13.7%인 '영화제작 지원'으로, '영화제작 지원'에 종사하는 종사자가 없는 업종은 '마케팅/홍보'와 '기타'이므로 A가 '사업기획', D가 '마케팅/홍보'이다.
- 세 번째 〈정보〉에 따르면 '영화제작 지원'을 제외하고, 업종별로 각 직무에 종사하는 종사자 수가 많은 순서대로 나열했을 때, '제작'은 '기타'와 같은 순위의 직무가 없다. '영화제작 지원'을 제외한 직무 종사자 순위는 '기타'가 '극장상영', '영화배급', '영화 수입', '영화기획 및 제작', '영화홍보 및 마케팅' 순, B는 '영화기획 및 제작', '극장상영', '영화배급', '영화 수입', '영화홍보 및 마케팅' 순, C는 '영화기획 및 제작', '극장상영', '영화배급', '영화홍보 및 마케팅', '영화 수입' 순이다. 이때 B는 '기타'와 5순위가 같으므로, '제작'은 C임을 알 수 있다. 이에 따라 B는 '관리', C는 '제작'이다.

따라서 A가 '사업기획', B가 '관리', C가 '제작', D가 '마케팅/홍보'이다.

14 자료논리

정답 ③

제시된 〈조건〉에 따라 A와 B가 배트에 공을 맞춘 횟수는 다음과 같다.

구분 \ 라운드	1	2	3	4	5
A	2회	4회	4회	4회	5회
B	3회	4회	5회	5회	4회

이때 두 번째 〈조건〉에 따라 A와 B 모두 1~5라운드 동안 성공 타수의 최솟값은 1, 최댓값은 5, 세 번째 〈조건〉에서 A의 4라운드 성공 타수는 4회, B의 3라운드 성공 타수는 3회라고 했고, 네 번째 〈조건〉에서 개인별로 성공 타수를 1회만 기록한 라운드는 2개 이하라고 했으므로 이를 고려하여 A의 총 성공 타수의 최솟값과 B의 총 성공 타수의 최댓값으로 가능한 경우를 구해보면 다음과 같다.

- A의 총 성공 타수의 최솟값
  A의 총 성공 타수가 최솟값이 되려면 1~5라운드 중에서 성공 타수의 최댓값인 5회가 한 라운드뿐이어야 한다. 이때 개인별로 1회만 성공 타수를 기록한 라운드는 2개 이하라고 했으므로 성공 타수가 5회인 한 라운드와 성공 타수가 4회인 4라운드를 제외한 남은 세 라운드의 성공 타수가 각각 1, 1, 2회라면 A의 총 성공 타수는 최솟값이 된다. 이에 따라 A의 총 성공 타수의 최솟값은 1+1+2+4+5=13회이다.
- B의 총 성공 타수의 최댓값
  B의 총 성공 타수가 최댓값이 되려면 1~5라운드 중에서 성공 타수의 최솟값인 1회가 한 라운드뿐이어야 한다. 이때 배트에 공을 맞춘 횟수는 1라운드에서 3회로 가장 적으므로 1라운드의 성공 타수가 1회이고, 1라운드와 성공 타수가 3회인 3라운드를 제외한 남은 세 라운드의 성공 타수가 모두 배트에 공을 맞춘 횟수와 같다면 B의 총 성공 타수는 최댓값이 된다. 이에 따라 B의 총 성공 타수의 최댓값은 1+4+3+5+4=17이다.

따라서 A의 총 성공 타수의 최솟값과 B의 총 성공 타수의 최댓값의 합은 13+17=30이다.

15 자료이해

정답 ⑤

가축 사육량=닭 사육량+소 사육량+돼지 사육량임을 적용하여 구한다. D국의 가축 사육량이 350백만 마리일 경우, D국의 돼지 사육량은 350−150−10=190백만 마리이고, D국을 제외한 A~J국의 돼지 사육량은 A국이 200−155=45백만 마리, B국이 350−300−5=45백만 마리, C국이 250−200−15=35백만 마리 또는 300−200−15=85백만 마리, E국이 200−150−30=20백만 마리, F국이 200−150−25=25백만 마리, G국이 250−150−15=85백만 마리 또는 300−150−15=135백만 마리, H국이 150−100−5=45백만 마리, I국이 250−200−10=40백만 마리, J국이 150−100−25=25백만 마리로 D국의 돼지 사육량이 가장 많으므로 옳은 설명이다.

오답 체크

① A국의 가축 사육량은 닭 사육량과 소 사육량의 합인 150+5=155백만 마리보다 크므로 200백만 마리이고, 이에 따라 H국의 가축 사육량은 150백만 마리이다. 이때 A국의 돼지 사육량은 200−155=45백만 마리이고, H국의 돼지 사육량은 150−100−5=45백만 마리이다. 따라서 돼지 사육량은 A국과 H국이 서로 동일하므로 옳지 않은 설명이다.

② A~J국 중 닭 사육량과 소 사육량, 가축 사육량이 모두 제시되어 있는 B, E, F, J국의 돼지 사육량을 먼저 살펴본다. B국의 돼지 사육량은 45백만 마리, E국의 돼지 사육량은 20백만 마리, F국의 돼지 사육량은 25백만 마리, J국의 돼지 사육량은 25백만 마리이다. 따라서 돼지 사육량이 25백만 마리인 국가는 최소 F국, J국으로 2개 이상이므로 옳지 않은 설명이다.

③ 닭 사육량이 200백만 마리 이상인 국가는 B, C, I국이다. 이때 B국의 돼지 사육량은 45백만 마리, C국의 돼지 사육량은 35백만 마리 또는 85백만 마리, I국의 돼지 사육량은 40백만 마리 또는 140백만 마리이다. 따라서 닭 사육량이 200백만 마리 이상인 국가 중 C국의 돼지 사육량은 35백만 마리가 될 수 있으므로 옳지 않은 설명이다.

④ 소 사육량 상위 3개 국가는 E, F, J국이고, E, F, J국의 닭 사육량의 합은 150+150+100=400백만 마리로 350백만 마리를 초과하므로 옳지 않은 설명이다.

16 자료변환

정답 ⑤

〈보고서〉의 세 번째 단락에서 2024년 15세 이상의 모든 연령대에서 '식도락 관광'을 '가장 만족한 활동'이라고 응답한 비율이 가장 높았다고 했으나 15~20세는 '쇼핑'을 '가장 만족한 활동'이라고 응답한 비율이 가장 높으므로 [2024년 외래관광객의 연령대별 '가장 만족한 활동'에 대한 응답 비율]은 〈보고서〉에 부합하지 않는 자료이다.

오답 체크

① '만족'한다는 응답 비율='매우 만족' 응답 비율+'약간 만족' 응답 비율과 '불만족'한다는 응답 비율='매우 불만족' 응답 비율+'약간 불만족' 응답 비율임을 적용하여 구한다. 〈보고서〉의 두 번째 단락에 따라 '도보 이용편의'에 '만족'한다는 응답 비율은 32.1+43.1=75.2%, '모바일/인터넷 이용편의'에 '만족'한다는 응답 비율은 45.1+41.5=86.6%이고, '도보 이용편의'에 '불만족'한다는 응답 비율은 0.8+3.7=4.5%로 '모바일/인터넷 이용편의'에 '불만족'한다는 응답 비율인 0.4+1.5=1.9%보다 2배 이상 높으므로 [2024년 '모바일/인터넷 이용편의' 항목과 '도보 이용편의' 항목 만족도 조사 응답 비율]은 〈보고서〉에 부합하는 자료이다.

② 〈보고서〉의 첫 번째 단락에 따라 '치안'에 '만족'한다는 응답 비율이 2024년에 91.8%, '언어소통'에 '만족'한다는 응답 비율이 2022년에 66.2%, 2023년에 60.5%, 2024년에 62.5%로 매년 가장 낮으므로 [2022~2024년 '갑'국을 방문한 외래관광객의 항목별 '만족'한다는 응답 비율]은 〈보고서〉에 부합하는 자료이다.

③ 〈보고서〉의 네 번째 단락에 따라 '전반적 만족도'는 미국이 4.67점으로 가장 높고, 홍콩이 4.15점으로 가장 낮으므로 [2024년 주요 국적별 '갑'국 이행에 대한 '전반적 만족도']는 〈보고서〉에 부합하는 자료이다.

④ 〈보고서〉의 네 번째 단락에 따라 미국과 홍콩 두 국가의 '만족'한다는 응답 비율의 차이가 '언어소통'에서 가장 크므로 [2024년 미국, 홍콩 국적 외래관광객의 항목별 '만족'한다는 응답 비율]은 〈보고서〉에 부합하는 자료이다.

17 자료매칭

정답 ③

• 한 해 동안 다른 달에 비해 9월 배합사료 생산실적이 가장 낮았다고 했지만 E는 8월 배합사료 생산실적이 가장 낮았으므로 E는 소거된다.

• 배합사료 생산실적이 가장 높은 달과 가장 낮은 달의 배합사료 생산실적 차이가 50천 톤 미만이라고 했지만 A의 배합사료 생산실적이 가장 높은 12월과 가장 낮은 9월의 배합사료 생산실적 차이는 446−370=76천 톤이므로 A는 소거된다.

• 4분기 배합사료 생산실적이 같은 해 3분기 배합사료 생산실적보다 높다고 했지만 B의 배합사료 생산실적은 3분기에 121+118+100=339천 톤, 4분기에 126+104+107=337천 톤으로 3분기가 4분기보다 높으므로 B는 소거된다.

• 전체 배합사료 생산실적에서 7월 배합사료 생산실적이 차지하는 비중은 8% 미만이라고 했지만 D의 전체 배합사료 생산실적에서 7월 배합사료 생산실적이 차지하는 비중은 (278/3,367)×100≒8.3%이므로 D는 소거된다.

따라서 〈보고서〉의 내용에 부합하는 축종은 C이다.

18 자료이해

정답 ③

ㄴ. 확산 전 근무형태가 대면인 회사의 비율은 77.3%이고, 확산 후 근무형태가 대면인 회사의 비율은 100−(16.3+23.4)=60.3%이다. 따라서 확산 후 근무형태가 대면인 회사의 확산 전 대비 감소율은 {(77.3−60.3)/77.3}×100≒22.0%이므로 옳은 설명이다.

ㄷ. 확산 전 근무형태가 대면이었으나 확산 후 비대면인 회사의 비율은 23.4−(2.2+4.5)=16.7%로, 그 회사의 수는 1,600×0.167≒267개이므로 옳은 설명이다.

오답 체크

ㄱ. 확산 전후 근무형태에 변화가 있는 회사의 비중은 4.1+1.4+5.8+0.5+(23.4−4.5)=30.7%이므로 옳지 않은 설명이다.

ㄹ. 확산 전 근무형태가 혼합이던 회사의 비율은 100−77.3−(1.4+0.5+4.5)=16.3%이다. 따라서 확산 후 근무형태가 대면인 회사의 비율인 60.3%는 확산 전 근무형태가 혼합이던 회사의 비율의 4배인 16.3×4=65.2%보다 작으므로 옳지 않은 설명이다.

빠른 문제 풀이 Tip

ㄷ. 확산 전 근무형태가 대면이었으나 확산 후 비대면인 회사의 비율인 16.7%는 전체의 1/6에 해당한다. 이때 〈보기〉에 제시된 250의 6배인 250×6=1,500은 전체 조사대상인 1,600보다 작으므로 1,600의 16.7%에 해당하는 회사의 수가 250보다 많은 것을 알 수 있다.

19 자료이해

정답 ②

각주의 내용에 따라 〈표〉의 빈칸을 채우면 다음과 같다.

도서 / 독자	A	B	C	D	E	독자 만족도 평균
갑	1.8	8.9	3.1	5.9	1.8	4.3
을	1.5	8.8	1.9	4.7	2.1	3.8
병	2.7	6.3	1.7	9.5	2.3	(4.5)
정	(3.1)	9.0	2.6	4.7	(1.1)	4.1
무	2.3	7.9	1.7	8.4	1.2	4.3
기	1.2	4.1	(1.6)	6.4	(1.7)	3.0
도서 만족도 평균	2.1	7.5	2.1	6.6	1.7	−

ㄱ. 도서 C에 대한 독자 '갑'의 만족도인 3.1점은 도서 C에 대한 독자 '기'의 만족도인 1.6점의 3.1/1.6≒1.9배로 1.5배 이상이므로 옳은 설명이다.

ㄷ. 독자 만족도 평균이 4.0점 이상인 독자는 '갑', '병', '정', '무' 총 4명이므로 옳은 설명이다.

오답 체크

ㄴ. 도서 A에 대한 만족도가 가장 높은 독자는 '정'이고, 도서 E에 대한 만족도가 가장 높은 독자는 '병'이므로 옳지 않은 설명이다.

ㄹ. 독자 '기'의 만족도 중 만족도가 가장 낮은 도서는 A이므로 옳지 않은 설명이다.

20 자료이해 정답 ⑤

2022년 A지역에서 출발하는 국내선의 하루 평균 운항 편수인 126+158=284편보다 A지역에 도착하는 국내선의 하루 평균 운항 편수인 113+174=287편이 많으므로 옳은 설명이다.

오답 체크

① 2024년 A~C지역 중 각 지역에서 출발하는 국내선의 하루 평균 운항 편수는 A지역이 130+164=294편, B지역이 127+95=222편, C지역이 171+110=281편으로 A지역이 가장 많으므로 옳지 않은 설명이다.

② 2023년 C지역에 도착하는 국내선의 하루 평균 운항 편수는 159+90=249편으로, B지역에 도착하는 국내선의 하루 평균 운항 편수인 124+96=220편보다 29편 더 많으므로 옳지 않은 설명이다.

③ 2020년 대비 2024년 하루 평균 운항 편수의 증가율은 A지역에서 출발하여 B지역에 도착하는 국내선의 증가율이 {(130−125)/125}×100=4.0%로, B지역에서 출발하여 A지역에 도착하는 국내선의 증가율인 {(127−122)/122}×100≒4.1%보다 낮으므로 옳지 않은 설명이다.

④ 2024년 C지역에서 출발하여 A지역에 도착하는 국내선의 하루 평균 운항 편수의 전년 대비 증가율은 {(171−158)/158}×100≒8.2%로, 10% 미만이므로 옳지 않은 설명이다.

빠른 문제 풀이 Tip

③ 2020년 대비 2024년 하루 평균 운항 편수의 증가율을 구하는 식에서 2020년 대비 2024년 하루 평균 운항 편수의 증가폭인 분자의 값은 둘 다 5편으로 같은 데 반해, 분모에 해당하는 2020년 국내선의 하루 평균 운항 편수는 A지역에서 출발하여 B지역에 도착하는 국내선이 125편으로 더 많으므로 증가율이 더 작은 것을 알 수 있다.

21 자료계산 정답 ⑤

1차 면접 응시자 수를 x명이라고 하면, 1차 면접 합격자 수와 자격시험 응시자 수가 각각 $0.5x$명이다. 이에 따라 자격시험 합격자 수는 $0.5x \times 0.1 = 0.05x$명, 자격시험 불합격자 수는 $0.5x \times 0.9 = 0.45x$명이고, 2차 면접 응시자 수는 $0.5x + 0.05x = 0.55x$명, 최종 합격자 수는 $0.55x \times 0.6 = 0.33x$명이다. 이때 최종 합격자 수가 198명이면 1차 면접 응시자 수 x는 198/0.33=600명이다.

따라서 자격시험 불합격자 수는 600×0.45=270명이다.

22 자료매칭 정답 ②

- (가): 5월 1~5일 A충전소 충전건수의 합은 47+38+31+51+42=209건이므로 일평균 충전건수는 209/5=41.8건이다. 이때 A충전소의 16시~18시를 제외한 시간대의 일평균 충전건수의 합은 2.6+6.6+5.0+3.6+4.6+7.4+6.2=36건이므로 A충전소 16시~18시 시간대의 일평균 충전건수는 41.8−36.0=5.8건이다.
- (다): 16시~18시 시간대의 일평균 충전건수는 A충전소가 5.8건이므로 B충전소는 13.8−5.8−3.6=4.4건이다.
- (나): 5월 1~5일 B충전소 충전건수의 합은 40+55+57+39+33=224건이므로 일평균 충전건수는 224/5=44.8건이다. 이때 B충전소의 8시~10시를 제외한 시간대의 일평균 충전건수의 합은 7.4+5.0+6.6+4.4+4.4+5.0+8.8=41.6건이므로 B충전소 8시~10시 시간대의 일평균 충전건수는 44.8−41.6=3.2건이다.
- (마): 8시~10시 시간대의 일평균 충전건수는 B충전소가 3.2건이므로 C충전소가 17.4−6.6−3.2=7.6건이다.
- (라): C충전소 6시~8시 시간대의 일평균 충전건수는 16.8−2.6−7.4=6.8건이다.

따라서 '가'~'마' 중 최댓값은 7.6, 최솟값은 3.2이다.

23 자료논리 정답 ①

제시된 〈조건〉을 근거로 도출할 수 있는 일자별, 시간대별 충전건수는 다음과 같다.

- 첫 번째 〈조건〉에 따르면 5월 첫째 주 평일 중 4일을 제외한 A충전소의 오전 시간대 충전건수는 각각 15건이다. 이때 A충전소의 평일 오전 시간대 충전건수의 합은 (2.6+6.6+5.0)×5=71건이므로 5월 4일 A충전소의 오전 시간대 충전건수는 71−(15×4)=11건이다.
- 두 번째 〈조건〉에 따르면 5월 4일 B충전소의 오후 시간대 충전건수는 5월 1일 B충전소 충전건수의 35%인 40×0.35=14건이다.
- 세 번째 〈조건〉에 따르면 5월 4일 B충전소와 C충전소의 오후 시간대 충전건수는 각 충전소의 저녁 시간대 충전건수와 동일하므로 5월 4일 B충전소의 저녁 시간대 충전건수도 14건이고, 이에 따라 오전 시간대 충전건수는 39−14−14=11건이다.
- 다섯 번째 〈조건〉에 따르면 5월 4일 C충전소의 오전 시간대 충전건수는 12건이므로 오후 시간대와 저녁 시간대 충전건수의 합은 38−12=26건이고, 세 번째 조건에 따라 C충전소의 충전건수는 오후 시간대와 저녁 시간대가 같으므로 각각 26/2=13건이다.
- 네 번째 〈조건〉에 따르면 5월 4일 A~C 충전소의 저녁 시간대 충전건수의 합은 48건이므로 A충전소의 저녁 시간대 충전건수는 48−14−13=21건이다. 이에 따라 A충전소 오후 시간대 충전건수는 51−11−21=19건이다.

ㄱ. 5월 4일 오후 시간대 충전건수는 B충전소가 14건으로, C충전소의 13건보다 많으므로 옳은 설명이다.

ㄷ. 5월 4일 A충전소의 충전건수는 오전 시간대가 11건, 오후 시간대가 19건, 저녁 시간대가 21건으로 충전건수가 가장 많은 시간대는 저녁 시간대이므로 옳은 설명이다.

오답 체크

ㄴ. 5월 4일 C충전소의 저녁 시간대 충전건수는 13건으로, 5월 3일 A충전소의 오전 시간대 충전건수인 15건보다 적으므로 옳지 않은 설명이다.

ㄹ. B충전소의 5월 첫째 주 평일의 오전 시간대 충전건수의 합은 (7.4+3.2+5.0)×5=78건이고 이중 5월 4일 오전 시간대 충전건수는 11건이다. 따라서 비중은 (11/78)×100≒14.1%로 20% 미만이므로 옳지 않은 설명이다.

24 자료계산

정답 ③

- '가' 가구의 2분기와 3분기 여가활동비의 합은 (9×4)−(9+7)=20십만 원이고, 분기별 여가활동비의 최댓값은 10십만 원이므로 '가' 가구의 2분기와 3분기 여가활동비는 모두 10십만 원이다. 이에 따라 '가' 가구의 범위는 10−7=3십만 원이므로 A는 3이다.
- '가' 가구의 1분기 여가활동비와 '다' 가구의 2분기 여가활동비가 동일하므로 '다' 가구의 2분기 여가활동비는 9십만 원이고, 3분기와 4분기 여가활동비의 합은 (7.5×4)−(10+9)=11십만 원이다. 이때 '다' 가구의 범위는 5십만 원이므로 3분기와 4분기 중 여가활동비가 더 적은 4분기 여가활동비가 10−5=5십만 원이고, 3분기 여가활동비는 11−5=6십만 원이다. 이에 따라 C는 5이다.
- '가'~'다' 가구의 분기별 여가활동비의 최솟값이 4십만 원이지만, '가' 가구와 '다' 가구의 분기별 여가활동비 중 4십만 원은 없으므로 '나' 가구의 1분기 또는 2분기 여가활동비가 4십만 원이다. 이때 '나' 가구의 범위가 4십만 원이므로 1분기와 2분기 여가활동비 중 하나는 8십만 원이다. 이에 따라 '나' 가구의 평균은 (4+8+6+6)/4=6십만 원이므로 B는 6이다.

따라서 〈표〉의 A~C에 해당하는 값들의 합은 3+6+5=14이다.

25 자료이해

정답 ②

ㄱ. 2024년 4월 누계 분양실적의 전년동기 대비 감소율은 수도권이 {(43,752−42,374)/43,752}×100≒3.1%, 지방이 {(55,439−36,520)/55,439}×100≒34.1%이므로 옳은 설명이다.

ㄷ. 2024년 4월 누계 분양실적 중 4월 분양실적이 차지하는 비중은 지방이 (9,246/36,520)×100≒25.3%이고, 수도권이 (4,374/42,374)×100≒10.3%이므로 옳은 설명이다.

오답 체크

ㄴ. 2024년 4월 서울의 분양실적은 678호로, 전년동월 대비 증가율이 {(678−194)/194}×100≒249.5%이므로 옳지 않은 설명이다.

ㄹ. 전국의 2024년 4월 일반분양 실적은 11,148호이고, 전국은 수도권과 지방으로만 구분되어, 지방의 전체 분양실적인 9,246호가 모두 일반분양이라면 수도권 일반분양 실적은 최소 1,902호로 2,000호 미만일 수 있으므로 옳지 않은 설명이다.

시험일: ____년 ____월 ____일

국가공무원 7급 공개경쟁채용 1차 필기시험 모의고사

| 자료해석영역 |

응시번호
성명

실전모의고사 **1회**

문제책형 **가**

응시자 주의사항

1. **시험시작 전 시험문제를 열람하는 행위나 시험종료 후 답안을 작성하는 행위를 한 사람**은 「공무원 임용시험령」 제51조에 의거 **부정행위자**로 처리됩니다.
2. **답안지 책형 표기는 시험시작 전** 감독관의 지시에 따라 **문제책 앞면에 인쇄된 문제책형을 확인**한 후, **답안지 책형란에 해당 책형(1개)**을 '●'로 표기하여야 합니다.
3. 시험이 시작되면 문제를 주의 깊게 읽은 후, **문항의 취지에 가장 적합한 하나의 정답만을 고르며**, 문제내용에 관한 질문은 할 수 없습니다.
4. **답안을 잘못 표기하였을 경우에는 답안지를 교체하여 작성**하거나 **수정할 수 있으며**, 표기한 답안을 수정할 때는 **응시자 본인이 가져온 수정테이프만을 사용**하여 해당 부분을 완전히 지우고 부착된 수정테이프가 떨어지지 않도록 손으로 눌러주어야 합니다. **(수정액 또는 수정스티커 등은 사용 불가)**
5. **시험시간 관리의 책임은 응시자 본인에게 있습니다.**
   ※ 문제책은 시험종료 후 가지고 갈 수 있습니다.

정답공개 및 해설강의 안내

1. 모바일 자동 채점 및 성적 분석 서비스
   • '약점 보완 해설집'에 회차별로 수록된 QR코드 인식 ▶ 응시 인원 대비 자신의 성적 위치 확인
2. 해설강의 수강 방법
   • 해커스PSAT 사이트(psat.Hackers.com) 접속 후 로그인 ▶ 우측 퀵배너 [쿠폰/수강권등록] 클릭 ▶ '약점 보완 해설집'에 수록된 쿠폰번호 입력 후 이용

해커스PSAT

1. 다음 〈표〉는 2019~2023년 '갑'국의 이혼 현황에 관한 자료이다. 이를 근거로 인구 수가 가장 많은 해와 가장 적은 해를 바르게 연결한 것은?

〈표〉 2019~2023년 '갑'국의 이혼 현황

(단위: 천 건, %)

연도 \ 구분	이혼 건수	조이혼율
2019	111	2.2
2020	107	2.1
2021	102	2.0
2022	93	1.8
2023	92	1.8

※ 조이혼율(%) = $\frac{\text{이혼 건수}}{\text{인구 수}} \times 100$

	가장 많은 해	가장 적은 해
①	2021년	2019년
②	2021년	2020년
③	2022년	2019년
④	2022년	2020년
⑤	2023년	2019년

2. 다음 〈표〉는 병원 A~E의 병상 및 진료 현황에 관한 자료이다. 이 경우 병상가동률이 가장 높은 병원과 가장 낮은 병원의 일평균 외래 환자 수의 평균은?

〈표〉 병원 A~E의 병상 및 진료 현황

(단위: 개, 명)

병원 \ 구분	평균 가동 병상 수	일평균 외래 환자 수	재원 대비 외래 환자 수
A	500	1,200	4.0
B	2,700	11,250	4.6
C	800	2,100	3.5
D	1,500	1,260	2.1
E	2,000	3,500	2.1

※ 1) 일평균 환자 수(명) = 일평균 외래 환자 수 + 일평균 재원 환자 수
2) 연 외래(재원) 환자 수(명) = 일평균 외래(재원) 환자 수 × 365
3) 재원 대비 외래 환자 수(명) = $\frac{\text{연 외래 환자 수}}{\text{연 재원 환자 수}}$
4) 병상가동률(%) = $\frac{\text{일평균 재원 환자 수}}{\text{평균 가동 병상 수}} \times 100$

① 1,230명
② 2,800명
③ 6,255명
④ 6,675명
⑤ 7,375명

3. 다음 〈보고서〉는 국내 자전거 이용 현황에 관한 자료이다. 〈보고서〉를 작성하는 데 사용되지 않은 자료는?

〈보고서〉

자전거를 이용하는 인구가 증가하면서 자전거 이용 현황 점검과 자전거 교통사고 예방에 대한 중요성이 커지고 있다. 2024년 전국 자전거도로 노선 수와 연장을 살펴보면, 노선 수는 총 15,338개, 연장은 23,849.9km로 2022년 이후 노선 수와 연장 모두 꾸준히 증가한 것으로 나타났다.

또한 15개 기초자치단체에서는 자전거 이용 활성화를 위해 자전거 등록제를 운영하고 있다. 2024년 15개 기초자치단체에 등록된 자전거의 지역별 비중을 살펴보면 서울(노원구, 양천구, 강동구)이 가장 높았고, 그 다음으로 경기(광명시, 부천시, 고양시, 의왕시), 제주(제주시), 순으로 높았다. 등록된 자전거의 지역별 비중이 가장 높은 서울(노원구, 양천구, 강동구)의 비중은 경북(상주시), 인천(연수구), 경남(사천시, 함양군, 김해시), 울산(남구, 중구)의 등록된 자전거의 지역별 비중의 합보다 15배 이상 큰 것으로 나타났다.

한편 자전거 교통사고 발생건수는 2020~2023년 동안 꾸준히 감소하다가 2024년에 전년대비 10% 이상 증가하였다. 그러나 2024년 자전거 교통사고로 인한 사망자 수는 2020년 대비 30% 이상 감소하였으며, 2024년 자전거 교통사고가 전체 교통사고에서 차지하는 비중은 약 5.7%로, 2020년보다 약 1.8%p 감소한 것으로 나타났다.

① 2024년 도로 종류별 자전거 교통사고 전년 대비 증가율

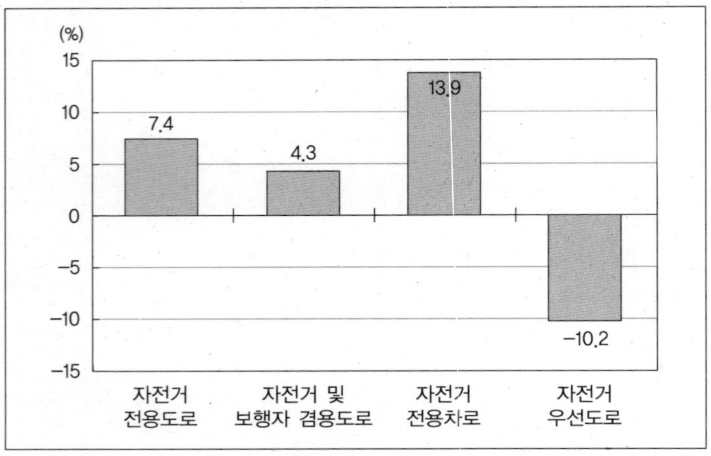

② 2024년 자전거 등록제 지역별 등록 대수 비중

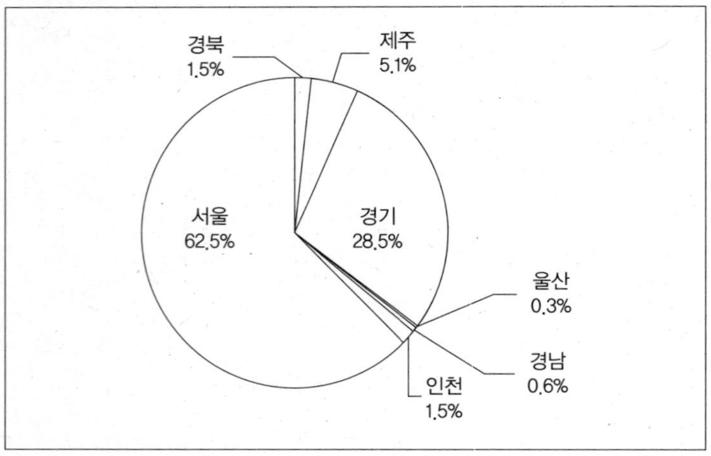

③ 2022~2024년 전국 자전거도로 노선 수 및 연장

(단위: 개, km)

연도	2022	2023	2024
노선 수	13,337	15,172	15,338
연장	22,315.3	23,000.3	23,849.9

④ 2020~2024년 자전거 교통사고 발생건수 및 사망자 수

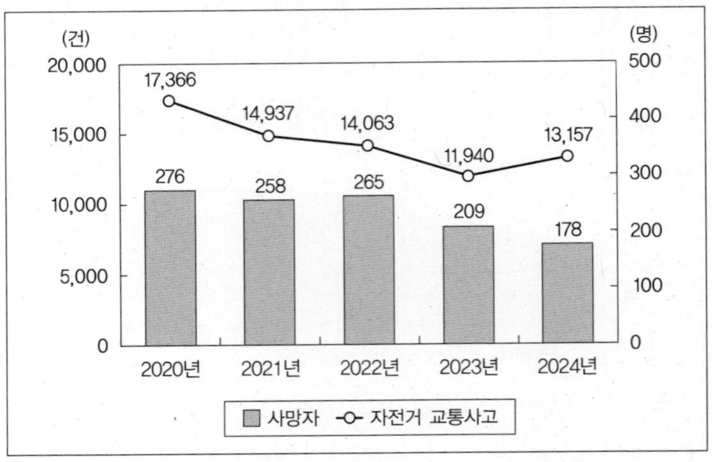

⑤ 2020~2024년 전체 교통사고 중 자전거 교통사고 비중

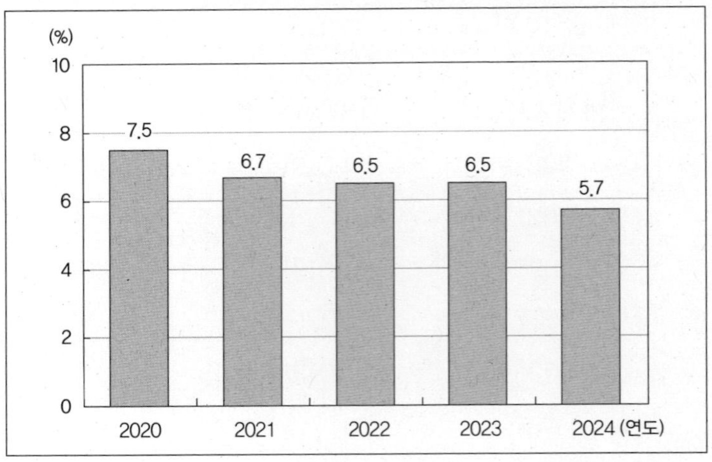

4. 다음 〈표〉는 2024년 품목별 '갑'국 수출액 및 '을'사 수출액과 '을'사의 '갑'국에 대한 목표 점유율에 관한 자료이다. 이를 근거로 품목별 실제 점유율과 목표 점유율 간 차이가 가장 큰 품목과 가장 작은 품목을 바르게 연결한 것은?

〈표 1〉 품목별 '갑'국 수출액 및 '을'사 수출액

(단위: 억 원)

구분 \ 품목	A	B	C	D
'갑'국 수출액	300	20	70	44
'을'사 수출액	90	3	21	11

※ 품목별 실제 점유율(%) = $\frac{\text{품목별 '을'사 수출액}}{\text{품목별 '갑'국 수출액}} \times 100$

〈표 2〉 '을'사의 '갑'국에 대한 목표 점유율

(단위: %)

품목	A	B	C	D
목표 점유율	25	18	20	40

	가장 큰 품목	가장 작은 품목
①	C	A
②	C	B
③	D	A
④	D	B
⑤	D	C

5. 다음 〈표〉는 2024년 분야별 온라인 피해 상담 건수에 관한 자료이다. 제시된 〈표〉 이외에 〈보고서〉를 작성하기 위해 추가로 필요한 자료만을 〈보기〉에서 모두 고르면?

〈표〉 분야별 온라인 피해 상담 건수

(단위: 건)

구분 분야	유선	스마트폰	홈페이지	합계
재화 및 서비스	55	22	18	95
통신	111	48	25	184
콘텐츠	11	6	3	20
전자상거래	13	16	20	49
권리침해	54	23	18	95
불법콘텐츠	4	0	0	4
디지털성범죄	6	4	0	10
사이버범죄	84	50	49	183

〈보고서〉

2024년 온라인 피해 상담 건수는 총 640건으로 파악되었다. 그중 '통신'과 '사이버범죄'의 상담 건수의 합은 전체의 50% 이상으로 나타났다. 같은 해 성별 온라인 피해 상담 건수를 살펴보면, 여성이 남성보다 상담 건수가 더 많았다. 분야별로 여성은 '사이버범죄', 남성은 '통신'에서 상담 건수가 가장 많았고, 여성과 남성 모두 '불법 콘텐츠'에서 상담 건수가 가장 낮았다.

온라인 피해 상담을 신청하면, 온라인 피해 센터는 심층상담과 일반상담으로 구분하여 처리하게 된다. 2024년 상담 유형별 처리 건수를 살펴보면, 온라인 피해 상담 건수 중 75% 이상은 심층상담으로 처리되었다.

〈보 기〉

ㄱ. 온라인 피해 지원 유관기관 안내 비율

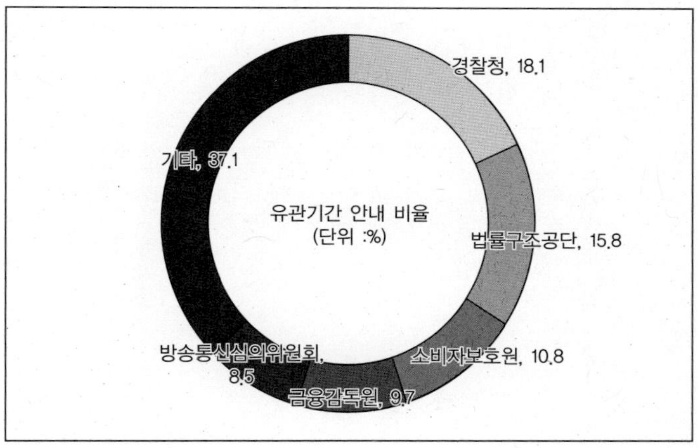

ㄴ. 온라인 피해 상담유형별 처리 건수

(단위: 건)

상담유형	심층상담	일반상담
처리 건수	509	131

ㄷ. 온라인 피해 상담 사후관리 처리현황

(단위: 건)

구분	사후관리 대상	사후관리 처리 현황			비대상
		진행완료	재안내	연락부재	
건수	514	384	5	120	126

ㄹ. 성별 온라인 피해 상담 건수

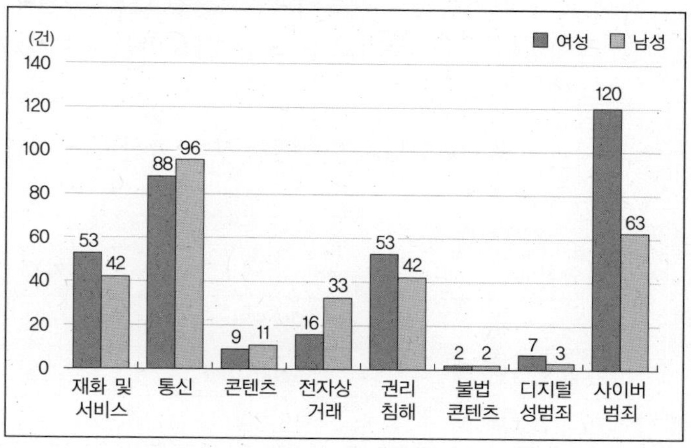

① ㄱ, ㄴ ② ㄴ, ㄷ ③ ㄴ, ㄹ
④ ㄱ, ㄴ, ㄹ ⑤ ㄴ, ㄷ, ㄹ

6. 다음은 지자체별 산불 피해 현황에 관한 자료이다. 이를 근거로 A와 C에 해당하는 지자체를 바르게 연결한 것은?

〈표〉 지자체별 산불 피해 현황

(단위: 건, ha, 천 원)

연도	구분 지자체	발생건수	피해면적	피해액
2022	A	27	2.44	177,788
	B	38	6.25	377,747
	C	66	7.93	791,528
	D	67	15.57	758,854
2024	A	34	3.97	211,092
	B	36	8.19	612,221
	C	41	25.69	1,560,039
	D	209	49.21	2,065,925

〈대 화〉

갑: 산불 피해 현황 보고 및 방지대책 논의를 위한 회의를 시작하겠습니다. 오늘은 경기, 경남, 전남, 충남의 2022년과 2024년 산불 피해 현황을 비교하기로 하였는데, 각 지자체에 대한 피해 현황 분석 결과는 어떤가요?

을: 2022년 대비 2024년 산불 피해액은 4개 지자체에서 모두 증가하였으며, 특히 증가율 상위 2개 지자체는 경남과 경기로 나타났습니다.

갑: 2022년 산불 피해 현황의 특이사항이 있었나요?

을: 2022년 산불 발생건당 피해액은 전남이 충남보다 많은 것으로 조사되었습니다.

갑: 그렇군요. 2024년 산불 발생건당 피해면적은 경남이 가장 높은 것으로 나타났으니 지자체별 피해면적과 피해액에 적합한 방지대책을 각 지자체와 협의하도록 합시다.

	A	C
①	전남	경남
②	충남	경기
③	전남	경기
④	충남	경남
⑤	경기	전남

7. 다음 〈표〉와 〈보고서〉는 '갑'국 신혼부부의 출산자녀 및 영유아 자녀 보육형태에 관한 자료이다. 제시된 〈표〉 이외에 〈보고서〉를 작성하기 위해 추가로 필요한 자료만을 〈보기〉에서 모두 고르면?

〈표〉 혼인연차별 신혼부부의 출산자녀 현황

(단위: 쌍)

혼인연차 \ 출산자녀 유무	전체	자녀 없음
전국	99,839	42,414
혼인 1년 차	18,301	15,104
혼인 2년 차	19,390	10,816
혼인 3년 차	19,579	7,189
혼인 4년 차	20,967	5,343
혼인 5년 차	21,602	3,962

※ 신혼부부는 혼인 1년 차부터 5년 차까지의 부부에 해당함.

〈보고서〉

'갑'국의 신혼부부 99,839쌍을 대상으로 출산자녀 및 영유아 자녀 보육형태를 조사한 결과 이 중 42,414쌍은 자녀가 없는 것으로 나타났다. 혼인연차별로 살펴보면, 혼인 1년 차 신혼부부 중 자녀가 있는 부부의 비율은 약 17.5%이고, 혼인 2년 차부터 자녀가 있는 부부의 비율은 모두 전체의 40% 이상이었다.

신혼부부 영유아 자녀의 보육형태를 살펴보면, 혼인연차가 높아질수록 어린이집을 통해 보육하는 자녀수가 점차 많아지고, 혼합보육을 하는 자녀수 또한 동일한 경향을 보였다. 특히 혼합보육은 어린이집과 시간제 돌봄서비스를 함께 이용하는 비중이 가장 높은 것으로 나타났다.

한편 맞벌이여부에 따른 신혼부부 수는 맞벌이 부부가 외벌이 부부보다 많았으며, 신혼부부의 영유아 자녀수는 외벌이 부부가 맞벌이 부부보다 많은 것으로 확인되었다.

〈보 기〉

ㄱ. 혼인연차별 출산자녀수에 따른 신혼부부 구성비

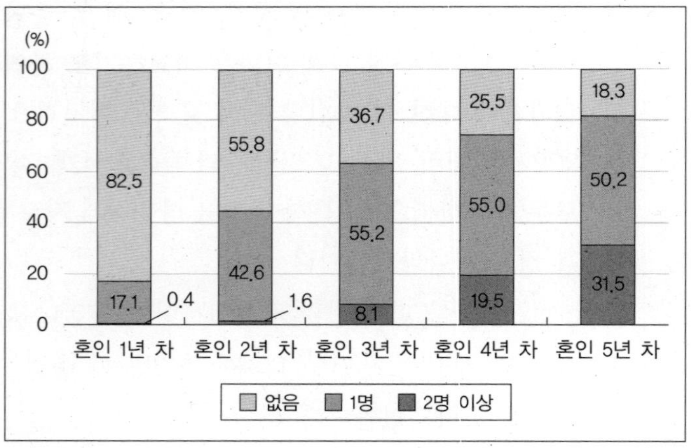

ㄴ. 맞벌이여부별 출산자녀수에 따른 신혼부부 수

(단위: 쌍)

맞벌이여부 \ 출산자녀수	계	1명	2명 이상
맞벌이	25,674	20,504	5,170
외벌이	28,046	21,270	6,776
미상	3,705	2,816	889

ㄷ. 혼인연차별 보육형태에 따른 영유아 자녀수

(단위: 명)

혼인연차 \ 보육형태	가정양육	어린이집	유치원	돌봄서비스(종일제)	혼합보육	미상
혼인 1년 차	2,742	104	3	3	17	345
혼인 2년 차	6,945	1,450	6	12	118	301
혼인 3년 차	7,370	5,928	8	19	300	304
혼인 4년 차	7,019	11,605	59	23	705	310
혼인 5년 차	6,213	14,908	2,131	25	943	410

※ 혼합보육은 가정양육, 어린이집, 유치원 중 하나와 시간제 돌봄서비스를 함께 이용하는 경우임.

ㄹ. 맞벌이여부별 신혼부부 및 영유아 자녀의 비중

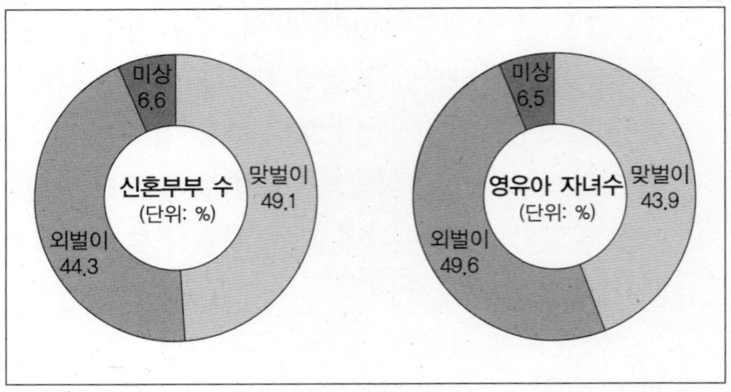

① ㄱ, ㄴ

② ㄴ, ㄷ

③ ㄷ, ㄹ

④ ㄱ, ㄷ, ㄹ

⑤ ㄴ, ㄷ, ㄹ

8. 다음은 '갑'국의 11개국을 대상으로 한 석유제품 수출 현황에 관한 자료이다. 이를 근거로 A~E에 해당하는 국가를 바르게 연결한 것은?

〈그림〉 '갑'국의 석유제품 수출 현황

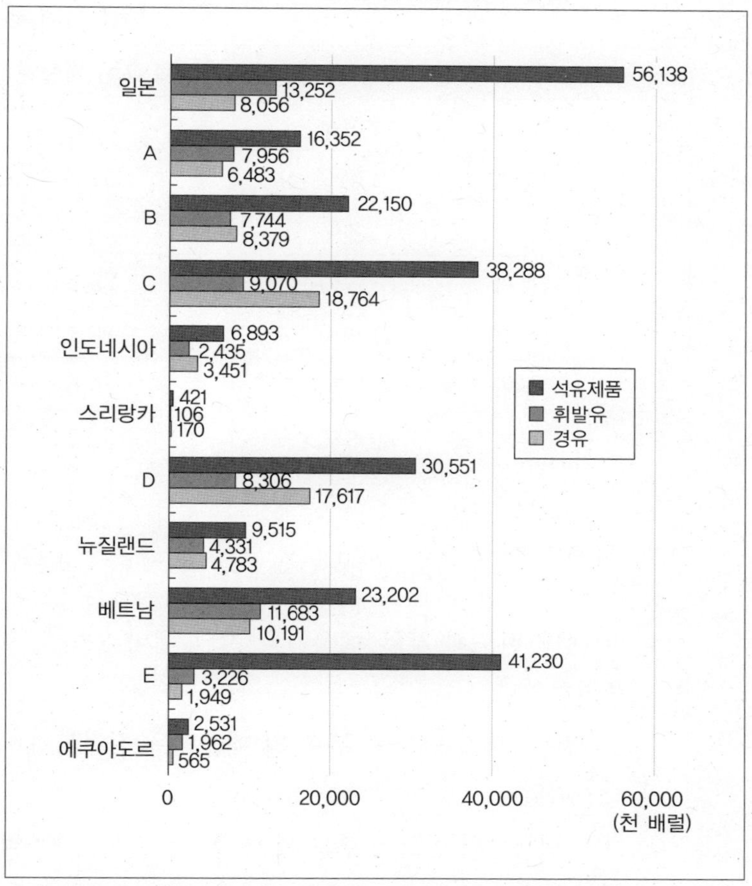

※ 1) 석유제품의 종류는 휘발유, 등유, 경유 등 13종으로 구분됨.
2) 석유제품 총수출량의 세계평균은 29,150천 배럴, 휘발유 수출량의 세계평균은 5,506천 배럴, 경유 수출량의 세계평균은 11,491천 배럴임.

〈조 건〉

- 석유제품 총수출량이 세계평균보다 높은 국가 중 휘발유 수출량이 두 번째로 많은 국가는 싱가포르이다.
- 휘발유 수출량과 경유 수출량의 합이 석유제품 총수출량의 50% 미만인 국가는 미국과 일본이다.
- 휘발유 수출량이 다섯 번째로 많은 국가는 필리핀이다.
- 경유 수출량이 세계평균보다 많은 국가 중 석유제품 총수출량이 경유 수출량의 2배 미만인 국가는 호주이다.
- 석유제품 총수출량이 미국보다 적은 국가 중 휘발유 수출량이 세계평균보다 많은 국가는 말레이시아, 베트남, 싱가포르, 필리핀, 호주이다.

	A	B	C	D	E
①	필리핀	말레이시아	싱가포르	호주	미국
②	말레이시아	필리핀	미국	호주	싱가포르
③	필리핀	호주	말레이시아	싱가포르	미국
④	미국	말레이시아	싱가포르	호주	필리핀
⑤	필리핀	호주	싱가포르	말레이시아	미국

9. 다음 〈표〉는 2020~2024년 '갑'국 5개 항만의 컨테이너 화물 처리 실적에 관한 자료이다. 이에 대한 설명으로 옳은 것은?

〈표〉 항만별 컨테이너 화물 처리 실적

(단위: 천 TEU)

항만	화물 유형 \ 연도	2020	2021	2022	2023	2024
A	합	2,284	( )	2,327	2,249	2,234
	수출입	1,748	1,820	1,750	1,806	1,754
	환적	536	519	577	443	442
	연안	0	0	0	0	38
B	합	2,161	2,335	( )	2,680	3,047
	수출입	2,108	2,307	2,350	2,655	2,978
	환적	18	17	17	16	24
	연안	35	11	10	9	45
C	합	17,686	18,686	19,468	19,456	20,493
	수출입	( )	9,254	9,363	9,620	10,186
	환적	8,748	9,429	10,105	9,836	10,225
	연안	4	3	0	0	82
D	합	386	392	386	423	455
	수출입	380	377	377	412	452
	환적	6	15	9	11	3
	연안	0	0	0	0	0
E	합	518	545	566	623	641
	수출입	514	543	563	611	636
	환적	4	2	3	12	5
	연안	0	0	0	0	0

※ '갑'국의 항만은 A~E 5개만 존재하고, 화물 유형은 수출입, 환적, 연안으로만 구분됨.

① 5개 항만 중 2020년 환적 화물 처리 실적이 가장 낮은 항만은 2023년 환적 화물 처리 실적도 가장 낮다.

② 2021~2024년 동안 수출입 화물 처리 실적이 전년 대비 매년 증가한 항만은 2곳이다.

③ 2024년 환적 대비 수출입 화물 처리 실적 비율은 D보다 E가 크다.

④ 2020~2024년 동안 연안 화물 처리 실적의 합이 가장 많은 항만은 B이다.

⑤ 항만의 화물 처리 실적 합이 큰 순서는 2021년과 2022년이 같다.

10. 다음 〈표〉는 '갑'국의 상수도 요금 산정기준과 A~E 기업의 상수도 사용량에 관한 자료이다. A~E 기업 중 상수도 요금이 두 번째로 큰 기업은?

〈표 1〉 구경별 정액 요금 산정기준

구경(mm)	15	20	25	40	80	150	200	250
정액 요금(원)	1,200	2,200	3,400	9,300	31,000	105,000	142,000	193,000

〈표 2〉 업종별 사용 요금 산정기준

업종	단계	사용량(m^3)	사용 요금(원)
일반용	1	0~50	1,200
	2	51~300	1,260
	3	301 이상	1,330
대중탕용	1	0~500	1,000
	2	501~1,000	1,070
	3	1,001 이상	1,150

※ 상수도 요금은 구경별 정액 요금 + 1단계 사용량 × 1단계 사용 요금 + 2단계 사용량 × 2단계 사용 요금 + 3단계 사용량 × 3단계 사용 요금 값의 합임. 예를 들어 구경이 15mm이고 상수도를 일반용으로 100m³를 사용한 경우, 상수도 요금은 1,200 + 50 × 1,200 + 50 × 1,260 = 124,200원임.

〈표 3〉 A~E 기업의 상수도 사용량

기업	구경	업종	사용량
A	20mm	일반용	350m³
B	40mm	대중탕용	600m³
C	80mm	일반용	400m³
D	150mm	일반용	250m³
E	250mm	대중탕용	300m³

① A
② B
③ C
④ D
⑤ E

11. 다음 〈표〉는 전자제품 제조업체 '갑'의 2023년 및 2024년 분기별 반도체 부문 매출액 현황에 관한 자료이다. 이에 대한 〈보기〉의 설명 중 옳은 것만을 모두 고르면?

〈표〉 '갑'의 2023년 및 2024년 분기별 반도체 부문 매출액 현황

(단위: 십억 원, %)

연도	분기	반도체 부문 매출액	반도체 부문 매출액 비중
2023년	1분기	1,760	31.8
	2분기	1,820	34.3
	3분기	1,880	28.1
	4분기	1,820	29.5
2024년	1분기	1,900	29.1
	2분기	2,270	35.6
	3분기	2,640	35.7
	4분기	2,600	33.1

※ 반도체 부문 매출액 비중(%) = $\frac{\text{반도체 부문 매출액}}{\text{반도체 부문 매출액} + \text{반도체 부문 외 매출액}} \times 100$

〈보 기〉

ㄱ. 2024년 반도체 부문 매출액은 전년 대비 2조 원 이상 증가하였다.
ㄴ. 2023년 4분기 반도체 부문 외 매출액은 직전분기 대비 증가하였다.
ㄷ. 2024년 4분기 반도체 부문 외 매출액은 5조 2,000억 원 이상이다.
ㄹ. 2024년 반도체 부문 매출액 비중이 가장 큰 분기의 반도체 부문 매출액은 2023년 반도체 부문 매출액 비중이 가장 큰 분기의 반도체 부문 매출액의 1.3배 이상이다.

① ㄱ, ㄴ
② ㄱ, ㄷ
③ ㄴ, ㄹ
④ ㄱ, ㄷ, ㄹ
⑤ ㄴ, ㄷ, ㄹ

12. 다음 〈그림〉은 연령대별 문화예술행사 평균 관람 횟수를 나타낸 자료이다. 이에 대한 설명으로 옳지 않은 것은?

〈그림 1〉 연령대별 연극 평균 관람 횟수

(단위: 회)

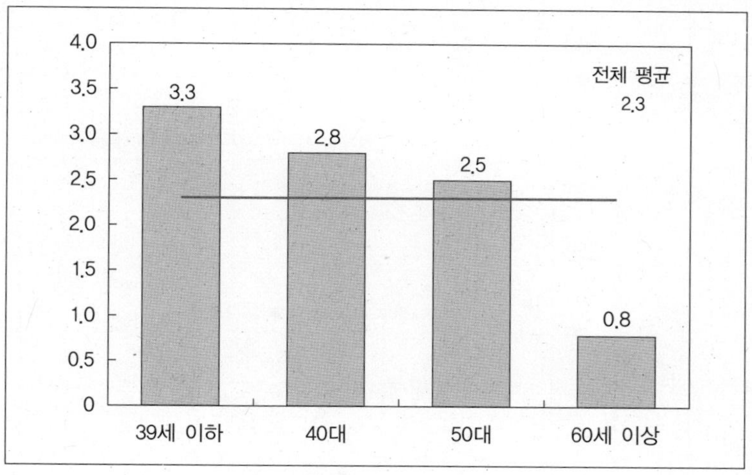

〈그림 2〉 연령대별 영화 평균 관람 횟수

(단위: 회)

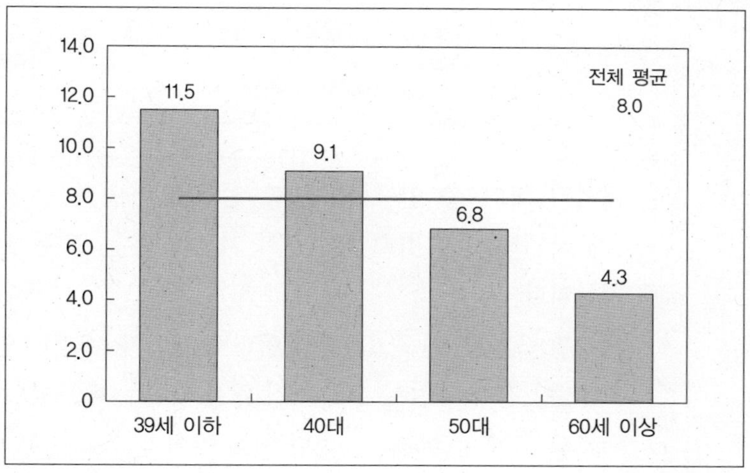

〈그림 3〉 연령대별 콘서트 평균 관람 횟수

(단위: 회)

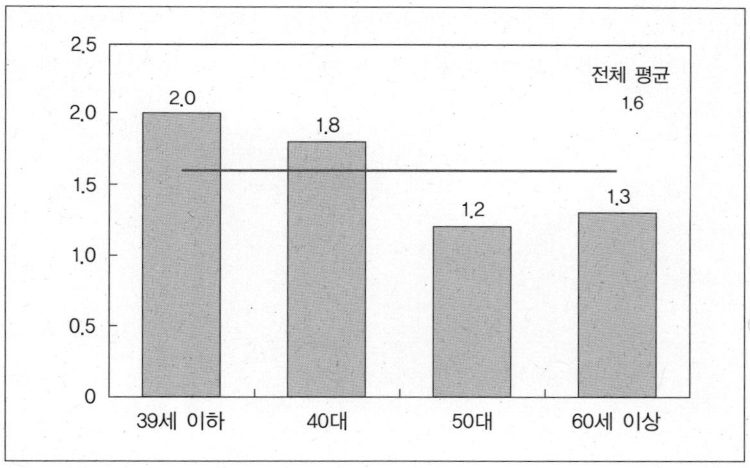

〈그림 4〉 연령대별 문학행사 평균 관람 횟수

(단위: 회)

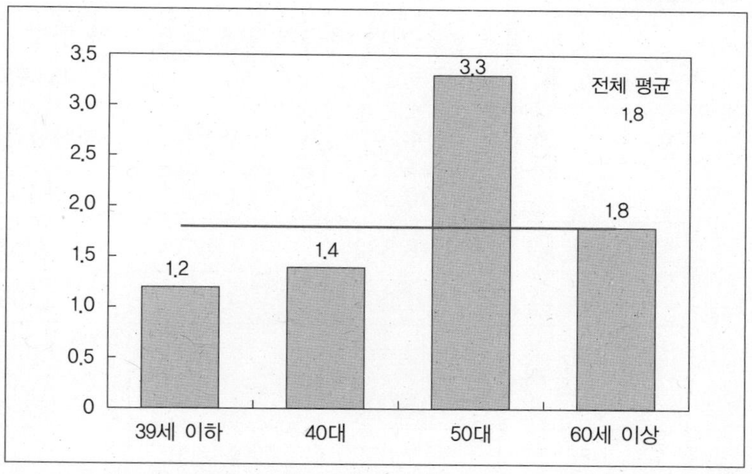

※ 1) 연령대별 조사 인원은 39세 이하가 55,366명, 40대가 35,720명, 50대가 37,522명, 60세 이상이 49,932명임.

2) 연령대별 문화 소외도 $= \frac{\text{전체 평균 관람 횟수} - \text{해당 연령대별 평균 관람 횟수}}{\text{전체 평균 관람 횟수}} \times 100$

① 60세 이상의 문화예술행사 분야별 문화 소외도는 연극이 가장 높다.

② 50대와 60세 이상의 콘서트 문화 소외도는 각각 20 이상이다.

③ 문화예술행사 분야별 전체 평균 관람 횟수보다 39세 이하의 문화예술행사 분야별 평균 관람 횟수가 낮은 분야는 문학행사뿐이다.

④ 연령대가 높을수록 평균 관람 횟수가 줄어드는 분야는 2개이다.

⑤ 50대의 영화 문화 소외도는 50대의 콘서트 문화 소외도보다 낮다.

13. 다음 〈표〉는 2024년 '갑'국의 중소기업 자금지원 접수 및 심사 현황에 관한 자료이다. 이에 대한 설명으로 옳지 않은 것은?

〈표 1〉 월별 중소기업 자금지원 접수 및 심사 현황

(단위: 건)

구분 월	접수건수	심사건수	재심사건수
1월	10,952	3,580	1,138
2월	8,832	3,420	1,382
3월	11,963	4,105	1,293
4월	13,472	4,530	1,332
5월	15,003	4,840	1,508
6월	7,095	2,963	842
7월	12,080	3,442	1,257
8월	11,350	3,850	882
9월	15,430	5,920	1,135
10월	9,875	3,003	1,072
11월	6,935	1,588	743
12월	11,322	2,880	863

〈표 2〉 12월 분야별 자금지원 접수 및 심사 현황

(단위: 건)

구분 분야	접수건수	심사건수	재심사건수
A	1,853	131	32
B	2,295	250	108
C	3,080	1,280	307
D	2,132	963	211
E	1,962	256	205
합계	11,322	2,880	863

※ 1) 심사율(%) = $\frac{\text{심사건수}}{\text{접수건수}} \times 100$

2) 재심사율(%) = $\frac{\text{재심사건수}}{\text{심사건수}} \times 100$

① 1~12월 동안 재심사건수가 가장 많은 달에 심사율도 가장 높다.

② C분야의 12월 재심사율은 D분야의 12월 재심사율보다 높다.

③ 1~12월 동안 접수건수, 심사건수, 재심사건수가 모두 7월보다 많은 달은 2개이다.

④ 2월 이후 접수건수의 전월 대비 증가량이 가장 큰 달은 7월이다.

⑤ 12월 접수건수에서 D분야의 접수건수가 차지하는 비중은 12월 심사건수에서 D분야의 심사건수가 차지하는 비중보다 작다.

14. 다음 〈그림〉은 APEC 가입 국가 중 일부 국가의 인구 100명당 인터넷 가입자 수와 전화 가입자 수에 관한 자료이다. 이에 대한 〈보기〉의 설명 중 옳은 것만을 모두 고르면?

〈그림〉 인구 100명당 인터넷 가입자 수 및 전화 가입자 수

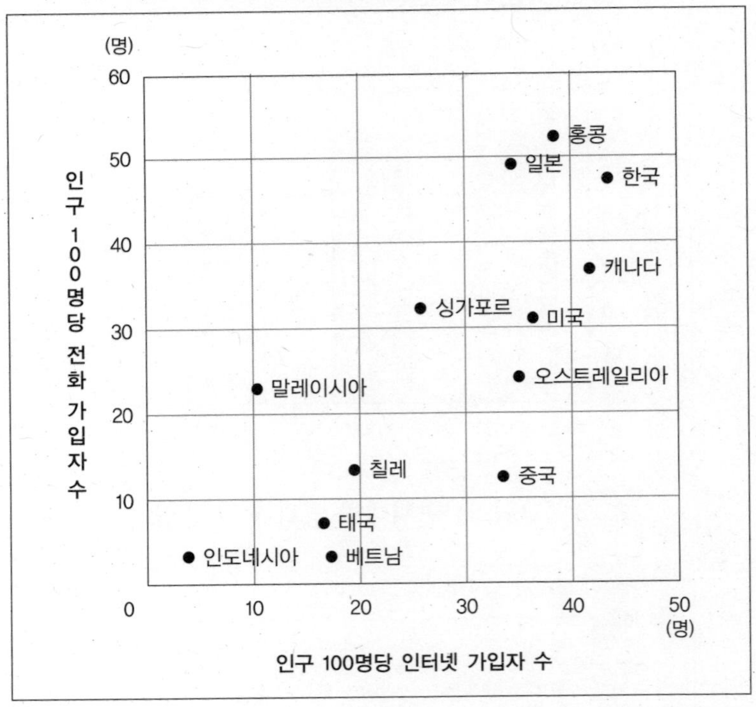

〈보 기〉

ㄱ. 제시된 국가 중 인구 100명당 인터넷 가입자 수 상위 3개 국가의 인구 100명당 전화 가입자 수는 모두 35명 이상이다.

ㄴ. 제시된 국가 중 인구 100명당 인터넷 가입자 수 대비 인구 100명당 전화 가입자 수가 가장 많은 국가는 베트남이다.

ㄷ. 제시된 국가 중 인구 100명당 전화 가입자 수와 인구 100명당 인터넷 가입자 수의 차이가 가장 큰 국가는 중국이다.

ㄹ. 인구 100명당 인터넷 가입자 수가 싱가포르보다 많은 국가 중 인구 100명당 전화 가입자 수가 싱가포르를 기준으로 이보다 많은 국가는 이보다 적은 국가보다 많다.

① ㄱ, ㄴ

② ㄱ, ㄷ

③ ㄴ, ㄹ

④ ㄷ, ㄹ

⑤ ㄱ, ㄷ, ㄹ

15. 다음은 A~I 지점의 기상관측요소에 관한 자료이다. 이를 근거로 '가'~'라'에 들어갈 수 있는 값으로만 연결한 것은?

〈표〉 A~I 지점의 기상관측요소

구분 지점	빗물 산도 (pH)	평균 기온 (℃)	평균 풍속 (m/s)	평균 습도 (%)	평균 증기압 (hPa)	합계 일조시간 (hr)	평균 전운량 (10)
A	5.9	16.2	(가)	68.7	14.4	1,834.5	6.0
B	5.5	15.0	3.5	63.3	13.1	2,374.4	4.7
C	5.6	14.5	2.2	59.1	11.7	2,275.9	4.7
D	5.5	14.8	2.0	62.6	12.8	2,250.2	4.6
E	5.1	12.8	2.3	61.8	11.5	2,143.1	4.8
F	5.0	(나)	2.9	68.8	12.4	2,378.3	4.7
G	6.3	12.0	1.1	66.6	(다)	2,063.2	5.4
H	5.5	13.1	1.7	67.9	12.4	2,253.7	5.0
I	6.1	14.1	2.0	(라)	13.0	2,164.1	5.2

※ 1) 빗물의 산도는 pH 값이 작을수록 강한 산성을 나타냄.
2) 전운량이 0~5.4인 경우 '맑음', 5.5~8.4인 경우 '구름 많음', 8.5~10인 경우 '흐림'에 해당함.

〈조 건〉

○ 빗물산도의 pH 값이 가장 큰 지점은 평균증기압이 가장 낮다.
○ 평균습도가 I보다 높은 지점은 A와 F뿐이다.
○ 합계일조시간이 가장 긴 지점은 평균기온이 두 번째로 낮다.
○ 평균전운량이 '구름 많음'에 해당하는 지점은 평균풍속이 두 번째로 빠르다.

	가	나	다	라
①	2.8	12.3	11.0	67.9
②	3.0	12.8	11.2	68.7
③	3.1	12.9	11.6	69.0
④	3.2	12.2	11.7	68.5
⑤	3.3	12.5	11.4	68.1

16. 다음 〈그림〉은 A 도시에서 하나의 주택을 소유한 25명을 대상으로 두 차례에 걸쳐 소유 주택의 평형과 취득 방법을 나타낸 자료이다. 이에 대한 〈보기〉의 설명 중 옳은 것만을 모두 고르면?

〈그림〉 소유주별 소유 주택 평형 및 취득 방법

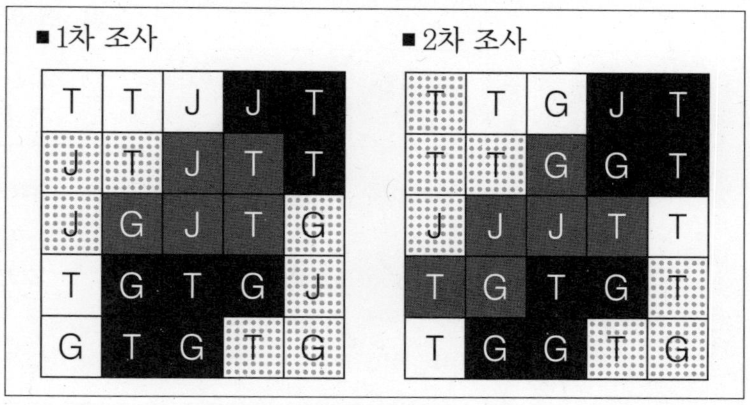

※ 1) 25개의 정사각형 각각은 서로 다른 주택 소유주를 나타내고, 조사 차시별 같은 위치의 칸은 동일인을 의미함. 예를 들어 1차 조사의 1행 1열의 칸과 2차 조사 1행 1열의 칸에 해당하는 소유주는 동일함.
2) 소유 주택 평형은 □이 18평형, ▒이 24평형, ■이 32평형, ■이 40평형을, 취득 방법은 T가 매매, G가 증여, J가 판결을 의미함.

〈보 기〉

ㄱ. 소유 주택 평형별 인원수가 1차 조사에서 가장 많은 평형과 2차 조사에서 가장 많은 평형은 동일하다.
ㄴ. 취득 방법이 1차 조사에서 매매가 아닌 인원 중 2차 조사에서는 매매인 인원수는 취득 방법이 1차 조사에서 판결인 인원 중 2차 조사에서는 판결이 아닌 인원수보다 많다.
ㄷ. 1차 조사와 비교하여 2차 조사에서 소유 주택의 평형이 변경된 인원수는 2차 조사에서 32평형 이상의 주택을 증여로 취득한 인원수보다 적다.
ㄹ. 1차 조사 대비 2차 조사에서의 취득 방법별 소유주 증감 인원은 가장 많은 취득 방법이 두 번째로 많은 취득 방법의 2배 미만이다.

① ㄱ, ㄴ
② ㄱ, ㄹ
③ ㄴ, ㄷ
④ ㄷ, ㄹ
⑤ ㄱ, ㄷ, ㄹ

17. 다음 〈표〉는 2024년 정부지원 예산안 상위 10개 공공기관에 관한 자료이다. 이에 대한 설명으로 옳은 것은?

〈표〉 2024년 정부지원 예산안 상위 10개 공공기관의 2022~2024년 정부지원 예산 현황

(단위: 억 원, %)

공공기관 \ 구분	2022년 결산	2023년 본예산	2023년 추경	2024년 예산안
국민연금공단	264,613	300,000	300,415	317,663
국민건강보험공단	111,256	116,977	117,697	129,587
국가철도공단	46,840	58,087	58,087	54,713
한국토지주택공사	30,049	43,324	44,612	52,497
한국장학재단	44,323	45,431	45,684	52,296
공무원연금공단	37,015	42,782	42,782	47,906
한국농어촌공사	31,888	34,262	34,363	35,662
소상공인시장진흥공단	41,207	6,803	146,859	26,221
한국도로공사	16,623	20,565	20,565	23,930
한국지능정보사회진흥원	14,178	11,129	11,909	16,414
소계(A)	637,992	679,360	822,973	756,889
전체 공공기관(B)	956,968	1,002,964	1,149,218	1,087,900
비중($\frac{A}{B}\times 100$)	66.7	67.7	71.6	( )

① 2024년 정부지원 예산안 상위 10개 공공기관은 2024년 예산안이 모두 2022년 결산에 비해 증액되었다.

② 연도별 전체 공공기관 정부지원 예산에서 한국토지주택공사 예산이 차지하는 비중은 2024년 예산안이 2022년 결산에 비해 증가하였다.

③ 2024년 정부지원 예산안 상위 10개 공공기관의 2022년 결산의 합에서 한국장학재단이 차지하는 비중은 5% 미만이다.

④ 2023년에 정부지원을 받은 전체 공공기관 중 본예산과 추경이 같은 공공기관은 3개이다.

⑤ 2024년 전체 공공기관의 정부지원 예산안에서 상위 10개 공공기관의 예산안이 차지하는 비중은 70% 이상이다.

18. 다음 〈그림〉은 2023년 1월부터 2024년 7월까지 '갑'국과 '을'국의 기준금리 변동 현황에 관한 자료이다. 이에 대한 〈보기〉의 설명 중 옳은 것만을 모두 고르면?

〈그림〉 '갑'국 및 '을'국의 기준금리 변동 현황

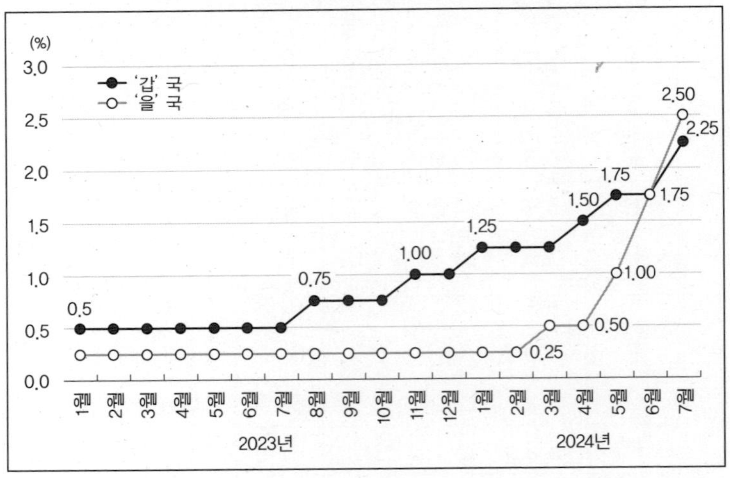

〈보 기〉

ㄱ. 2023년 2월 이후 전월 대비 '갑'국의 기준금리 인상률은 2023년 8월이 가장 높다.

ㄴ. '갑'국과 '을'국의 월별 기준금리 차이는 매월 1.0%p 이하이다.

ㄷ. 2023년 2월 이후 전월 대비 기준금리 인상 횟수는 '갑'국이 '을'국의 1.5배 이상이다.

① ㄱ ② ㄷ ③ ㄱ, ㄴ
④ ㄴ, ㄷ ⑤ ㄱ, ㄴ, ㄷ

19. 다음 〈표〉는 '갑'국의 기관별 여성 자원봉사자 수 및 비율에 관한 자료이다. 이에 대한 설명으로 옳은 것은?

〈표〉 기관별 여성 자원봉사자 수 및 비율

(단위: 명, %)

연도 \ 기관·구분	A기관 여성 자원봉사자 수	A기관 비율	B기관 여성 자원봉사자 수	B기관 비율	C기관 여성 자원봉사자 수	C기관 비율
2020	207	60	189	42	134	67
2021	203	58	188	40	154	70
2022	176	55	215	43	171	76
2023	172	50	234	45	184	80
2024	198	55	235	47	170	68

※ 1) 기관별 여성 자원봉사자 비율(%) $= \frac{\text{기관별 여성 자원봉사자 수}}{\text{기관별 전체 자원봉사자 수}} \times 100$
2) 자원봉사자들은 1인당 하나의 기관에만 소속되어 있음.

① 2021년 이후 B기관의 여성 자원봉사자 수 비율은 전년 대비 매년 증가한다.

② A기관의 전체 자원봉사자 수는 2023년이 2021년보다 많다.

③ C기관의 남성 자원봉사자 수는 2020년과 2021년에 동일하다.

④ 2024년 B기관의 전체 자원봉사자 수는 같은 해 A기관과 C기관의 전체 자원봉사자 수의 합보다 많다.

⑤ C기관의 여성 자원봉사자 수는 2022년이 2020년의 1.5배 이상이다.

[20 ~ 21] 다음 〈표〉는 2021~2024년 '갑'국의 산업별 취업자 현황에 관한 자료이다. 다음 물음에 답하시오.

〈표〉 '갑'국 산업별 취업자 현황

(단위: 명)

구분 \ 연도		2021	2022	2023	2024
농림어업		1,340	1,394	1,406	1,479
	여성	539	577	566	594
제조업		4,542	4,473	3,658	4,377
	여성	1,336	1,290	1,280	1,229
도·소매업		3,795	3,735	2,288	3,536
	여성	1,757	1,720	1,676	1,621
숙박·음식점업		2,274	2,247	2,288	2,077
	여성	1,408	1,417	1,437	1,270
보건업		1,920	2,063	2,190	2,267
	여성	1,603	1,658	1,793	1,853
전체		13,871	13,912	11,830	13,736
	여성	6,643	6,662	6,752	6,570

※ 산업별 취업자 수=여성 취업자 수+남성 취업자 수

20. 위 〈표〉를 이용하여 작성한 자료로 옳지 않은 것은?

① 2021~2024년 전체 취업자 수 중 남성 취업자 수

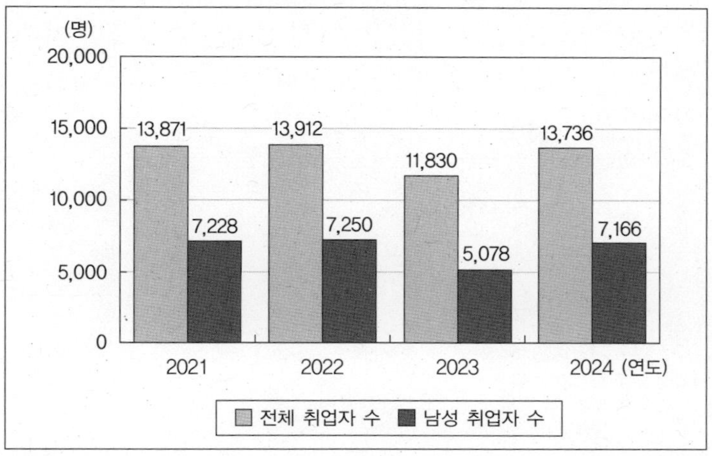

② 2022~2024년 '갑'국 전체 및 여성 취업자 수 전년 대비 증가율

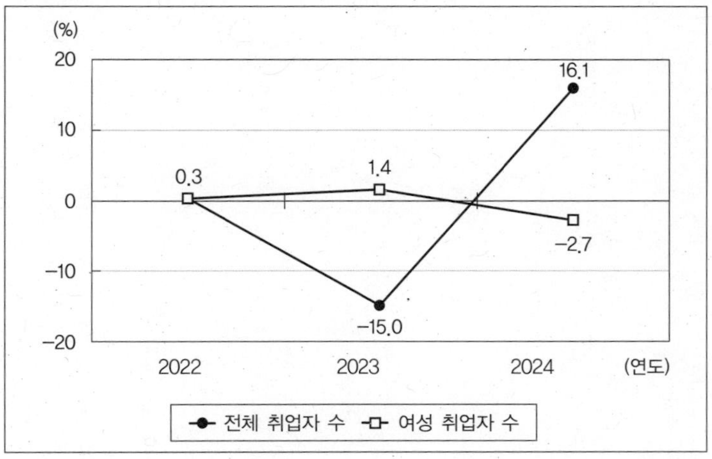

③ 2024년 산업별 취업자 수 구성비

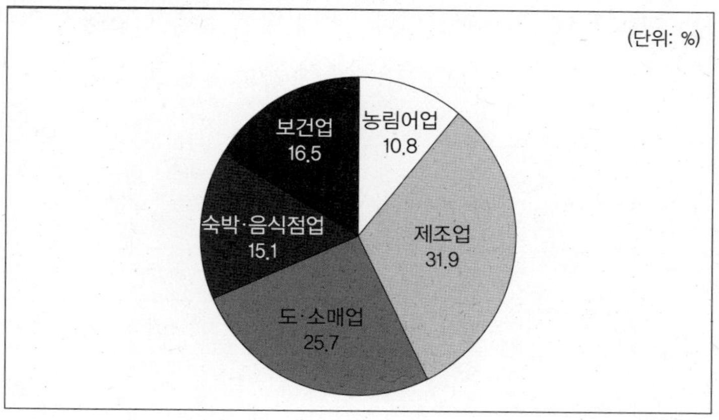

④ 2021~2024년 성별 농림어업 취업자 수

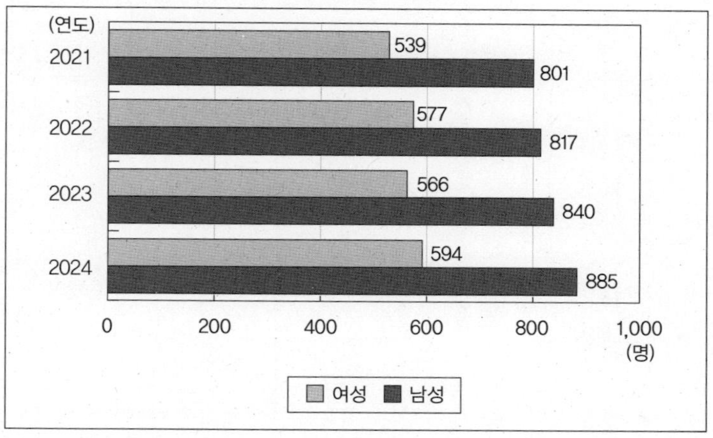

⑤ 2021~2024년 전체 취업자 수에서 제조업 취업자 수가 차지하는 비중

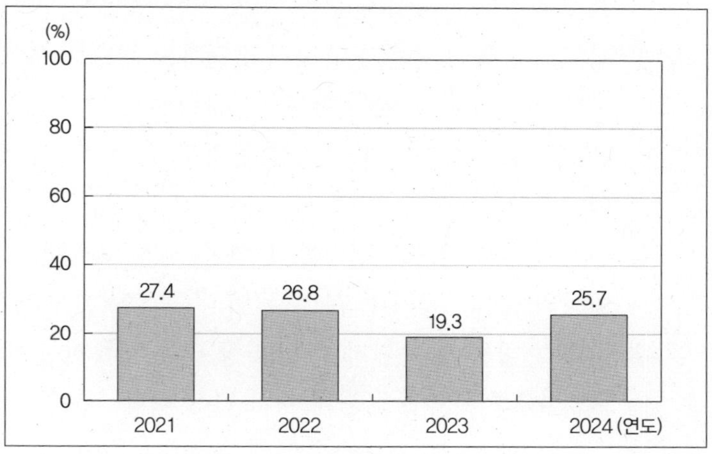

21. 위 〈표〉에 대한 〈보기〉의 설명 중 옳은 것만을 모두 고르면?

〈보 기〉

ㄱ. 농림어업 취업자 수 대비 제조업 취업자 수는 2021년이 2023년보다 더 크다.

ㄴ. 2024년 숙박·음식점업 취업자 수에서 남성 취업자 수가 차지하는 비중은 40% 이상이다.

ㄷ. 2022~2024년 동안 보건업 여성 취업자 수는 매년 증가한다.

ㄹ. 2021~2024년 동안 도·소매업 취업자 수가 가장 적은 해는 도·소매업 여성 취업자 수도 가장 적다.

① ㄱ, ㄴ ② ㄱ, ㄷ ③ ㄴ, ㄹ
④ ㄱ, ㄴ, ㄷ ⑤ ㄱ, ㄷ, ㄹ

22. 다음 〈표〉는 테니스용품을 취급하는 '갑'회사 고객의 A/S 만족도에 관한 자료이다. 이에 대한 설명으로 옳지 않은 것은?

〈표〉 '갑'회사 고객의 A/S 만족도

(단위: 명)

구분	항목	응답자 수	만족도 점수별 응답자 수				
			1점	2점	3점	4점	5점
성별	남성	767	86	157	201	184	139
	여성	515	78	98	98	123	118
연령	19세 이하	188	19	37	57	39	36
	20~39세	940	131	198	208	227	176
	40~59세	115	12	18	33	22	30
	60세 이상	39	2	2	1	19	15
서비스 품목	라켓	849	117	174	194	180	184
	신발	278	27	47	69	76	59
	의류	155	20	34	36	51	14
서비스 내용	교환	381	45	78	94	90	74
	반품	278	77	60	42	49	50
	수리	623	42	117	163	168	133

※ 설문조사 응답자는 구분별 항목 중 1개 항목에 대해서만 만족도 점수 1~5점을 부여함.

① 서비스 품목 중 '라켓'과 서비스 내용 중 '수리'에 만족도 점수를 부여한 응답자 수는 '19세 이하' 응답자 수보다 많다.

② 서비스 품목별 응답자 중 4점의 만족도 점수를 부여한 응답자의 비율이 가장 높은 항목은 '의류'이다.

③ '60세 이상' 응답자가 부여한 만족도 점수의 총점은 155점 이상이다.

④ 4점 이상의 만족도 점수를 부여한 '남성' 응답자 수는 3점 이상의 만족도 점수를 부여한 '여성' 응답자 수보다 많다.

⑤ 서비스 내용 중 응답자 수가 가장 많은 항목이 만족도 점수를 1점으로 부여한 응답자 수가 가장 적다.

23. 다음 〈표〉는 A~E 지역의 인구와 행정서비스 품질 점수에 관한 자료이다. 이에 대한 〈보기〉의 설명 중 옳은 것만을 모두 고르면?

〈표〉 A~E 지역의 인구와 행정서비스 품질 점수

(단위: 천 명, 점)

영역 \ 지역	A	B	C	D	E
인구	653	194	( )	259	940
신뢰성(p)	75	90	65	70	95
적극성(q)	100	95	80	85	75
편리성(r)	95	95	90	95	100
접근성(s)	80	70	100	75	85
심미성(t)	70	65	85	60	90

※ 1) 행정서비스 품질은 신뢰성, 적극성, 편리성, 접근성, 심미성 5개 영역에서 평가함.
2) 각 영역의 괄호 안의 문자(p~t)는 영역별 가중치를 의미함.
3) 통합 행정서비스 품질 지수는 5개 영역에 대한 영역별 (가중치×점수)의 합으로 도출함.

〈보 기〉

ㄱ. 심미성 영역에 관한 5개 지역 행정서비스 품질 점수의 평균은 75점 이하이다.

ㄴ. 5개 영역 행정서비스 품질 점수의 평균이 가장 높은 지역과 가장 낮은 지역의 평균의 차이는 15점 이상이다.

ㄷ. $p=r=0.3$이고, $q=s=t=0.2$이면, 통합 행정서비스 품질 지수는 B지역이 A지역보다 높다.

ㄹ. $p=q=r=s=t$라면, 통합 행정서비스 품질 지수는 인구가 500천 명 이상인 지역의 평균이 인구가 500천 명 미만인 지역의 평균보다 높다.

① ㄱ, ㄴ
② ㄱ, ㄷ
③ ㄴ, ㄹ
④ ㄱ, ㄷ, ㄹ
⑤ ㄴ, ㄷ, ㄹ

24. 다음은 A 방송사의 X월 X일 시간별 시청률과 편성표에 관한 자료이다. 이에 대한 〈보기〉의 설명 중 옳은 것만을 모두 고르면?

〈그림〉 A 방송사의 X월 X일 시간별 시청률

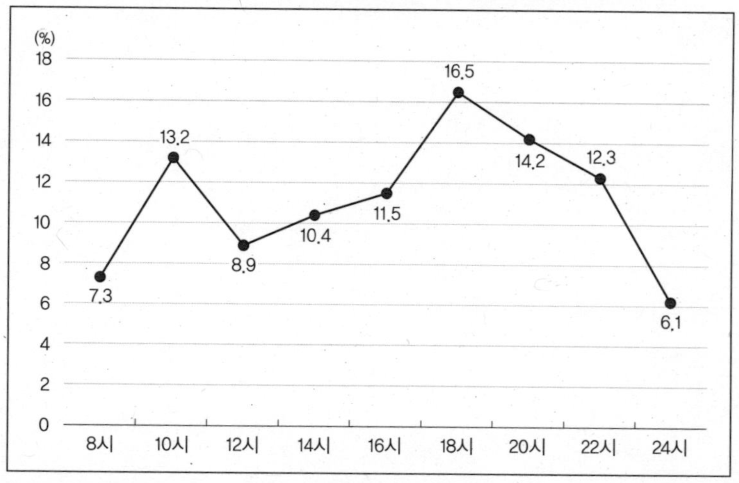

※ 시청률은 8시부터 2시간마다 산출되며, 각 시간 정각의 순간 시청률임.

〈표〉 A 방송사의 X월 X일 편성표

방송 시작시간	프로그램명	방송시간(분)	시청 등급
7:30	1994년	65	15세 이상
8:50	놀라운 수요일	85	15세 이상
10:40	뉴스특집	60	15세 이상
11:50	밥심을 찾아서	60	15세 이상
13:00	단내투어	60	15세 이상
14:10	여행의 법칙	80	15세 이상
15:50	방탈출	75	15세 이상
17:20	의사생활	65	12세 이상
18:40	책과 함께	60	15세 이상
19:50	시사토론	60	12세 이상
21:00	홈카페	85	12세 이상
22:50	오늘의 퀴즈	90	15세 이상

※ 1) 모든 프로그램은 방송이 끝난 직후 다음 프로그램 방송 시작시간 전까지 광고를 방영하며, 이를 직전 프로그램의 '광고시간'으로 정의함.
2) 예를 들어 '1994년' 방송 시작시간부터 다음 방송 프로그램인 '놀라운 수요일' 방송 시작시간까지 총 80분이면, '1994년'의 방송시간은 65분이므로 '1994년'의 광고시간은 15분임.

〈보 기〉

ㄱ. 방송시간이 같은 프로그램은 광고시간도 같다.

ㄴ. 시청 등급이 '12세 이상'인 프로그램의 광고시간은 각각 20분 미만이다.

ㄷ. 시청률이 가장 높은 시간에는 광고가 방영 중이다.

① ㄱ

② ㄴ

③ ㄱ, ㄷ

④ ㄴ, ㄷ

⑤ ㄱ, ㄴ, ㄷ

25. 다음 〈표〉는 '갑'국 여행업 사업체 10,000개를 대상으로 조사한 휴무일 여부 및 휴무일 수에 관한 자료이다. 이에 대한 〈보기〉의 설명 중 옳은 것만을 모두 고르면?

〈표〉 여행업 사업체의 휴무일 여부 및 휴무일 수

(단위: 개, %)

구분		사업체 수	휴무일 있음	1~5일	6~10일	11일 이상	휴무일 없음
전체		10,000	86.3	24.6	60.6	1.1	13.7
업종	일반여행업	2,138	88.4	22.3	63.6	2.5	11.6
	국외여행업	2,897	88.8	28.7	59.6	0.5	11.2
	국내여행업	2,360	85.0	17.6	66.1	1.3	15.0
	국내외여행업	2,605	83.0	28.3	54.2	0.5	17.0
종사자 규모	5명 미만	4,891	81.5	41.2	38.5	1.8	18.5
	5~9명	2,801	94.1	7.5	86.2	0.4	5.9
	10~19명	1,231	85.7	6.0	79.7	0.0	14.3
	20~49명	939	87.8	14.7	71.7	1.4	12.2
	50명 이상	138	94.2	15.2	78.3	0.7	5.8
존속 기간	5년 미만	3,293	82.7	20.4	61.4	0.9	17.3
	5년 이상 9년 미만	3,302	90.5	21.4	68.5	0.6	9.5
	10년 이상	3,405	85.7	31.8	52.1	1.8	14.3
조직 형태	개인사업체	3,761	80.4	29.2	50.5	0.7	19.6
	회사법인	5,920	89.4	21.7	66.3	1.4	10.6
	회사외법인	278	97.5	27.7	69.8	0.0	2.5
	비법인단체	41	100.0	0.0	100.0	0.0	0.0

※ 1) 업종, 종사자 규모, 존속기간, 조직형태 4개 항목에서 각 항목 내 중복응답과 무응답은 없음.
2) 각 응답비중은 소수점 아래 둘째 자리에서 반올림한 값임.

〈보 기〉

ㄱ. 휴무일이 6일 이상인 사업체 수는 국외여행업이 일반여행업보다 많다.

ㄴ. 휴무일이 있는 사업체 중 종사자 규모가 5명 미만인 사업체의 비율은 50% 미만이다.

ㄷ. 존속기간이 10년 이상인 사업체 중 휴무일이 없거나 5일 이하인 비율보다 존속기간이 5년 미만인 사업체 중 휴무일이 없거나 5일 이하인 비율이 높다.

ㄹ. 휴무일이 11일 이상인 사업체 중 조직형태가 회사법인인 사업체 수는 개인사업체 수의 4배 이상이다.

① ㄱ, ㄴ

② ㄱ, ㄹ

③ ㄴ, ㄷ

④ ㄱ, ㄴ, ㄷ

⑤ ㄴ, ㄷ, ㄹ

약점 보완 해설집 p.2

자르는 선

2025 해커스PSAT 7급 PSAT FINAL 봉투모의고사 자료해석 (1회)

컴퓨터용 흑색사인펜만 사용

책형
㉮
㉯

【필적감정용 기재】
*아래 예시문을 옮겨 적으시오
본인은 OOO(응시자성명)임을 확인함
기 재 란

성 명	
자필성명	본인 성명 기재
시험장소	

응시번호							
	⓪	⓪	⓪	⓪	⓪	⓪	⓪
	①	①	①	①	①	①	①
	②	②	②	②	②	②	②
	③	③	③	③	③	③	③
	④	④	④	④	④	④	④
⑤	⑤	⑤	⑤	⑤	⑤	⑤	⑤
⑥	⑥	⑥	⑥	⑥	⑥	⑥	⑥
⑦	⑦	⑦	⑦	⑦	⑦	⑦	⑦
	⑧	⑧	⑧	⑧	⑧	⑧	⑧
	⑨	⑨	⑨	⑨	⑨	⑨	⑨

생년월일					
⓪	⓪	⓪	⓪	⓪	⓪
①	①	①	①	①	①
②	②		②	②	②
③	③		③	③	③
④	④		④		④
⑤	⑤		⑤		⑤
⑥	⑥		⑥		⑥
⑦	⑦		⑦		⑦
⑧	⑧		⑧		⑧
⑨	⑨		⑨		⑨

※시험감독관 서명
(서명을 정자로 기재할 것)
적색 볼펜만 사용

자료해석(1~10번)					
1	①	②	③	④	⑤
2	①	②	③	④	⑤
3	①	②	③	④	⑤
4	①	②	③	④	⑤
5	①	②	③	④	⑤
6	①	②	③	④	⑤
7	①	②	③	④	⑤
8	①	②	③	④	⑤
9	①	②	③	④	⑤
10	①	②	③	④	⑤

자료해석(11~20번)					
11	①	②	③	④	⑤
12	①	②	③	④	⑤
13	①	②	③	④	⑤
14	①	②	③	④	⑤
15	①	②	③	④	⑤
16	①	②	③	④	⑤
17	①	②	③	④	⑤
18	①	②	③	④	⑤
19	①	②	③	④	⑤
20	①	②	③	④	⑤

자료해석(21~25번)					
21	①	②	③	④	⑤
22	①	②	③	④	⑤
23	①	②	③	④	⑤
24	①	②	③	④	⑤
25	①	②	③	④	⑤

시험일: ____년 ____월 ____일

국가공무원 7급 공개경쟁채용 1차 필기시험 모의고사

| 자료해석영역 |

응시번호
성명

실전모의고사 **2회**

문제책형 **㉰**

응시자 주의사항

1. **시험시작 전 시험문제를 열람하는 행위나 시험종료 후 답안을 작성하는 행위를 한 사람**은 「공무원 임용시험령」 제51조에 의거 **부정행위자**로 처리됩니다.
2. **답안지 책형 표기는 시험시작 전** 감독관의 지시에 따라 **문제책 앞면에 인쇄된 문제책형을 확인**한 후, **답안지 책형란에 해당 책형(1개)**을 '●'로 표기하여야 합니다.
3. 시험이 시작되면 문제를 주의 깊게 읽은 후, **문항의 취지에 가장 적합한 하나의 정답만을 고르며**, 문제내용에 관한 질문은 할 수 없습니다.
4. **답안을 잘못 표기하였을 경우에는 답안지를 교체하여 작성**하거나 **수정할 수 있으며**, 표기한 답안을 수정할 때는 **응시자 본인이 가져온 수정테이프만을 사용**하여 해당 부분을 완전히 지우고 부착된 수정테이프가 떨어지지 않도록 손으로 눌러주어야 합니다. **(수정액 또는 수정스티커 등은 사용 불가)**
5. **시험시간 관리의 책임은 응시자 본인에게 있습니다.**
   ※ 문제책은 시험종료 후 가지고 갈 수 있습니다.

정답공개 및 해설강의 안내

1. 모바일 자동 채점 및 성적 분석 서비스
   • '약점 보완 해설집'에 회차별로 수록된 QR코드 인식 ▶ 응시 인원 대비 자신의 성적 위치 확인
2. 해설강의 수강 방법
   • 해커스PSAT 사이트(psat.Hackers.com) 접속 후 로그인 ▶ 우측 퀵배너 [쿠폰/수강권등록] 클릭 ▶ '약점 보완 해설집'에 수록된 쿠폰번호 입력 후 이용

해커스PSAT

1. 다음 〈표〉는 '갑' 연구소에서 실시한 과목 A~D의 시험 응시 현황에 관한 자료이다. 이를 근거로 응시율이 가장 높은 과목과 가장 낮은 과목을 바르게 연결한 것은?

〈표〉 4과목의 시험 응시 현황

(단위: 명)

과목	응시자 수	등록자 수
A	7,020	9,000
B	9,060	12,000
C	6,810	10,000
D	9,170	14,000

※ 응시율(%) = $\frac{\text{응시자 수}}{\text{등록자 수}} \times 100$

	가장 높은 과목	가장 낮은 과목
①	A	B
②	A	C
③	A	D
④	B	C
⑤	B	D

2. 다음 〈표〉와 〈그림〉은 2016~2024년 '갑'국의 출생 및 사망 인원에 관한 자료이다. 2016년 대비 2024년 인구 증가 인원은?

〈표〉 출생 및 사망 인원

(단위: 명)

연도 \ 구분	출생 인원	사망 인원
2016	471,003	257,049
2017	483,108	266,192
2018	463,179	282,903
2019	435,024	267,786
2020	438,265	275,525
2021	405,576	280,188
2022	357,247	284,867
2023	326,340	298,368
2024	302,512	294,742

〈그림〉 인구 10만 명당 출생 및 사망 인원

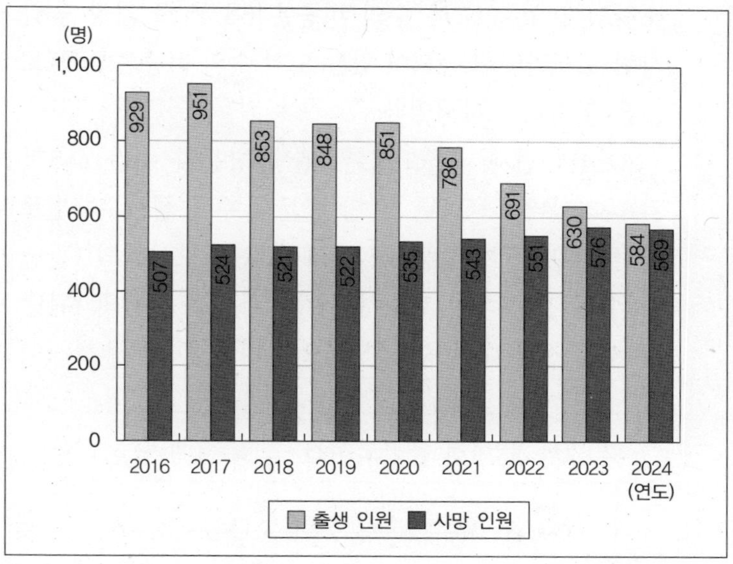

① 9십만 명

② 10십만 명

③ 11십만 명

④ 12십만 명

⑤ 13십만 명

3. 다음 〈보고서〉는 2024년 전국 공공도서관 현황에 관한 자료이다. 〈보고서〉의 내용과 부합하는 자료만을 〈보기〉에서 모두 고르면?

〈보고서〉

2024년 공공도서관 수는 1,096개관, 좌석 수는 368천 개로 나타났다. 이는 2020년 대비 공공도서관 수가 20% 이상 증가, 좌석 수가 5% 이상 증가한 것이다. 좌석 수의 경우 2023년에 전년 대비 소폭 감소하였으나 공공도서관 수는 2021~2024년 동안 꾸준히 증가하는 것으로 나타났다.

그러나 2024년 우리나라와 다른 주요 국가의 공공도서관 수를 비교한 결과, 공공도서관 수가 현저히 적은 것으로 나타났다. 또한 2024년 우리나라의 공공도서관 1관당 인구 수는 독일의 4배 이상, 영국의 3배 이상으로 나타났는데, 이는 우리나라의 공공도서관 수가 인구 수에 비해 많지 않다는 것을 보여준다.

한편, 설립주체별 공공도서관 소장 도서 수는 큰 차이를 보였다. 2024년 공공도서관 전체 도서 중 지자체 도서관에 소장되어 있는 도서 수의 비중은 68.5%로 가장 높았으며, 사립 도서관에 소장되어 있는 도서 수의 비중은 0.8%로 가장 낮은 것으로 조사되었다.

2024년 전체 공공도서관 1관당 방문자 수는 253천 명으로 나타났다. 2024년 1관당 방문자 수를 설립주체별로 나누어 살펴보면, 지자체 도서관과 교육청 도서관의 1관당 방문자 수는 전년 대비 감소하였으나 사립 도서관의 1관당 방문자 수는 전년 대비 증가한 것으로 나타났다.

〈보 기〉

ㄱ. 2020~2024년 공공도서관 수 및 좌석 수

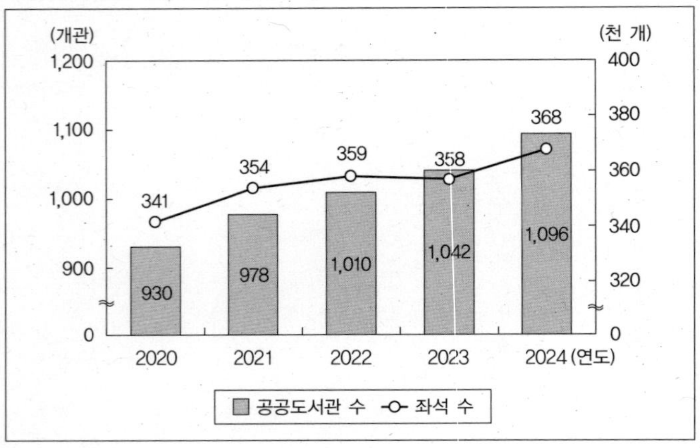

ㄴ. 2024년 주요 국가별 공공도서관 수 및 1관당 인구 수

(단위: 개관, 명)

국가 \ 구분	도서관 수	1관당 인구 수
한국	1,096	47,287
미국	9,045	35,469
영국	4,145	15,465
독일	7,414	11,151
일본	3,303	38,664

ㄷ. 2024년 설립주체별 공공도서관 소장 도서 수 비중

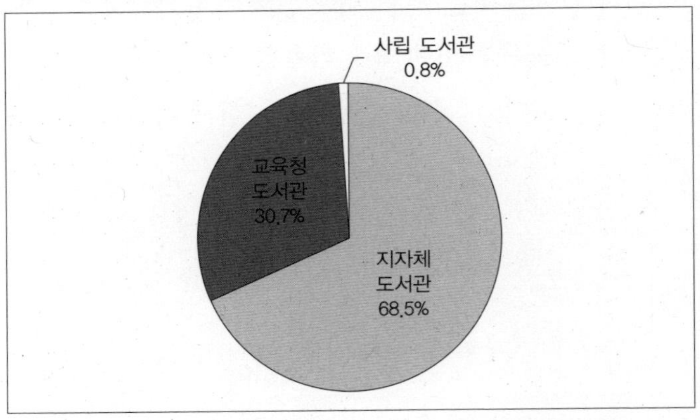

ㄹ. 2022~2024년 설립주체별 공공도서관 1관당 방문자 수

(단위: 천 명)

설립주체 \ 연도	2022	2023	2024
지자체	262	245	239
교육청	356	336	327
사립	40	35	42
전체	279	261	253

① ㄱ, ㄷ
② ㄴ, ㄷ
③ ㄴ, ㄹ
④ ㄱ, ㄴ, ㄹ
⑤ ㄴ, ㄷ, ㄹ

4. 다음 〈표〉는 2020~2024년 근로장려금 신청 및 지급 현황에 관한 자료이다. 이에 대한 설명으로 옳지 않은 것은?

〈표〉 근로장려금 신청 및 지급 현황

(단위: 천 가구, 억 원)

연도 \ 구분	신청		지급	
	가구 수	금액	가구 수	금액
2020	1,883	14,175	1,570	11,416
2021	2,056	15,865	1,693	12,808
2022	4,742	53,156	3,885	43,003
2023	4,808	49,979	4,214	43,915
2024	4,915	52,568	4,207	44,286

① 2024년 근로장려금 지급 가구 수는 2020년의 2.5배 이상이다.
② 2020년 대비 2021년 근로장려금 지급 금액 증가폭은 신청 금액 증가폭보다 작다.
③ 2022년 근로장려금 신청 가구당 신청 금액은 110만 원 이상이다.
④ 2024년 근로장려금 신청 금액 중 지급 금액이 차지하는 비중은 근로장려금 신청 가구 수 중 지급 가구 수가 차지하는 비중보다 크다.
⑤ 근로장려금 신청 금액과 지급 금액의 차이가 가장 큰 해는 2022년이다.

5. 다음은 '갑'국의 과학기술 개발 연구와 관련된 자료이다. 제시된 〈표〉 이외에 〈보고서〉를 작성하기 위해 추가로 필요한 자료만을 〈보기〉에서 모두 고르면?

〈표 1〉 과학기술 개발 연구원 수

(단위: 명)

연도	2019	2020	2021	2022	2023	2024
연구원 수	401,724	410,333	437,447	453,262	460,769	482,796

〈표 2〉 연구원 1인당 연구개발사용비

(단위: 천 원)

연도	2019	2020	2021	2022	2023	2024
연구원 1인당 연구개발 사용비	138,030	144,519	145,696	145,522	150,630	163,194

〈보고서〉

'갑'국의 과학기술 개발 정책담당자는 2019~2024년 '갑'국의 과학기술 개발 연구에 종사하는 연구원 수에 대해 조사하였다. 2019~2024년 동안 전체 연구원 수는 꾸준히 증가하여 2019년 401,724명이었던 연구원 수는 2024년 482,796명으로 증가하였다. 특히 2019년 대비 2024년 공공연구기관의 연구원 수는 20% 이상 증가하여 큰 상승폭을 보여주었다.

2022~2024년 동안 연구개발사용비는 꾸준히 증가하여 2024년 연구개발사용비는 전년에 비해 10% 이상 증가하였다. 연구원 1인당 연구개발사용비 역시 2023년 150,630천 원, 2024년 163,194천 원으로 전년 대비 증가한 것으로 나타났다.

연구원들을 주체별로 살펴본 결과, 2024년 전체 연구원 수에서 기업체가 차지하는 비중이 60%가 넘었으며, 기업체에서 민간기업이 차지하는 비중이 90% 이상이었다. 한편, 2024년 전체 연구원 수에서 공공연구기관의 연구원 수는 15% 이하의 비중을 차지하고 있어, 과학기술 개발에서 공공연구기관에 대한 투자가 필요할 것으로 보인다.

〈보 기〉

ㄱ. 2024년 주체별 연구원 수

(단위: 명)

구분	공공연구기관	대학	정부투자기관	민간기업
연구원 수	36,552	102,877	2,979	340,388

※ 기업체=정부투자기관+민간기업

ㄴ. 연도별 총 연구개발사용비

(단위: 십억 원)

연도	2021	2022	2023	2024
연구개발 사용비	63,734	65,959	69,405	78,789

ㄷ. 2024년 학위별 연구원 수

(단위: 명)

학위	박사	석사	학사	기타
연구원 수	103,582	137,996	214,752	26,466

ㄹ. 연도별 공공연구기관 연구원 수

(단위: 명)

연도	2019	2020	2021	2022	2023	2024
연구원 수	28,822	31,140	33,322	35,550	36,280	36,552

① ㄱ, ㄴ

② ㄱ, ㄹ

③ ㄴ, ㄷ

④ ㄱ, ㄴ, ㄹ

⑤ ㄴ, ㄷ, ㄹ

6. 다음은 2024년 전국 및 전라도(전북, 전남)와 충청도(충북, 충남)의 국가기술자격시험 현황에 관한 자료이다. 이를 근거로 A와 B에 해당하는 지역을 바르게 연결한 것은?

〈표〉 지역별 국가기술자격시험 현황

(단위: 명, %)

구분	지역	전국	A	B	C	D
필기시험	접수자 수	3,227,486	132,618	104,860	109,214	113,500
	응시자 수	2,475,561	106,585	78,120	83,842	88,536
	합격자 수	1,140,826	47,192	34,838	38,972	39,420
	합격률	46.1	44.3	44.6	46.5	44.5
실기시험	접수자 수	2,342,854	99,849	64,145	72,853	71,968
	응시자 수	2,000,864	89,426	55,829	63,171	65,272
	합격자 수	817,293	39,169	24,872	25,332	29,960
	합격률	40.8	43.8	44.6	40.1	45.9

※ 합격률(%) $= \frac{\text{합격자 수}}{\text{응시자 수}} \times 100$

〈보고서〉

2024년 국가기술자격 필기시험의 전국 접수자 수는 320만 명 이상이었고 이 중 응시자 수는 약 248만 명에 달하였다. 특히 전북, 전남, 충북, 충남 중 필기시험 접수자 수 대비 응시자 수의 비율이 가장 높은 지역은 전북이었다.

국가기술자격 필기시험 및 실기시험의 합격률은 전국과 전북, 전남, 충북, 충남에서 모두 40% 대를 기록하였으며, 전북, 전남, 충북, 충남 중 필기시험 합격률이 실기시험 합격률보다 높거나 같은 지역은 전북, 충북, 충남이었다. 한편, 전북, 전남, 충북, 충남 중 필기시험 합격자 수 대비 실기시험 합격자 수의 비가 가장 낮은 지역은 충북이었다.

	A	B
①	전북	전남
②	전북	충북
③	전북	충남
④	전남	충남
⑤	충남	전북

7. 다음 〈보고서〉는 2024년 '갑'국 국민의 생활체육 참여 현황에 관한 자료이다. 〈보고서〉의 내용과 부합하는 자료는?

〈보고서〉

생활체육은 국민들이 건강을 위해 부담 없이 즐기는 운동을 일컫는다. 국민들을 대상으로 2024년 생활체육 참여현황을 조사한 결과, 생활체육 경험률(최근 1년간 한 번이라도 체육 활동에 참여한 경험이 있는 비율)은 85.2%로 나타났으며, 이는 전년 대비 1.6%p 감소하였다. 특히 참여 경험이 있는 종목 수에 따른 생활체육 경험률의 경우 '4종목 이상'의 2024년 비율이 전년 대비 25% 이상 감소하였다.

2024년 생활체육 참여율(주 1회 이상, 1회 운동 시 30분 이상 규칙적으로 생활체육에 참여한 비율)은 60.8%로, 2020년과 2023년보다는 높게 나타났으나 2021년과 2022년에 비해서는 낮았다. 2024년을 기준으로 생활체육 참여자가 주로 하는 체육활동 상위 8개 종목을 살펴보면, 전년에 비해 2024년의 비율이 증가한 종목은 3개, 감소한 종목은 5개이었고, 이 중 비율의 감소폭이 가장 큰 종목은 등산이었다. 생활체육 참여자의 체육시설 이용률의 경우 '이용하지 않음'을 제외하고, 2023년에 유형별 비율이 두 번째로 높았던 '공공체육시설'이 2024년에는 가장 높았다.

한편, '기타'를 제외한 생활체육 비참여자의 체육활동 중단 이유로는 2023년과 2024년 모두 '체육활동 가능시간 부족'의 비율이 50% 이상으로 가장 높았고, 그 뒤를 이어 '체육활동에 대한 관심 부족', '건강상의 문제', '체육활동 지출비용 부담' 순이었다.

① 연도별 생활체육 참여율

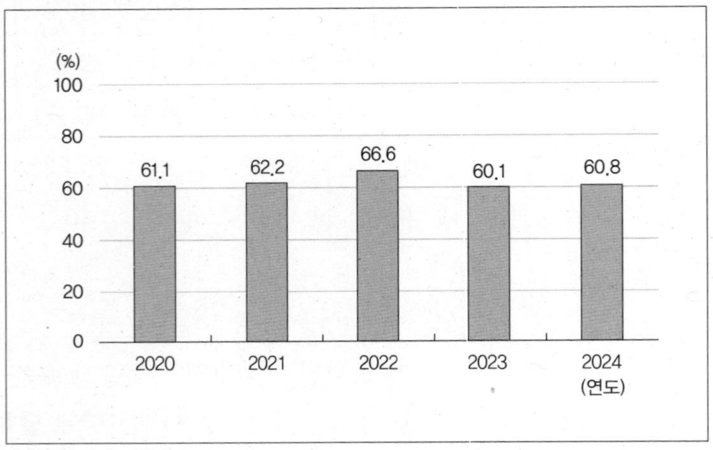

② 생활체육 참여자가 주로 하는 체육활동 상위 8개 종목(2024년 기준)

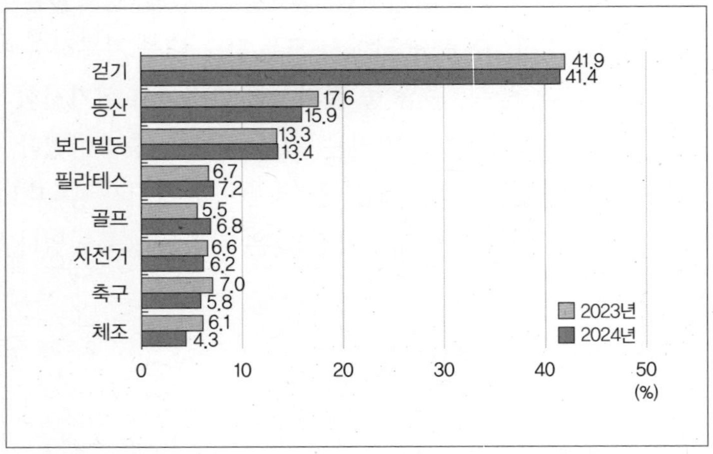

③ 생활체육 경험률의 참여 경험 종목수별 비율

(단위: %)

구분	경험률	1종목	2종목	3종목	4종목 이상
2023년	86.8	38.0	22.6	12.3	13.9
2024년	85.2	36.1	24.2	13.7	11.2

④ 체육시설 유형별 이용률

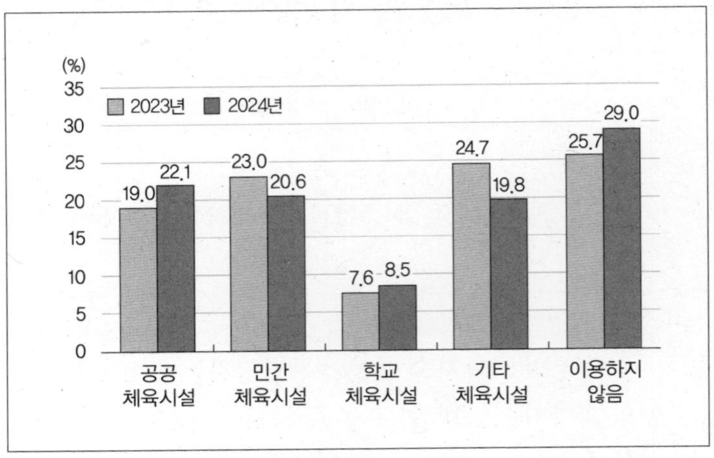

⑤ 생활체육 비참여자의 체육활동 중단 이유

(단위: %)

중단 이유 \ 연도	2023	2024
체육활동 가능시간 부족	57.7	56.8
체육활동에 대한 관심 부족	11.2	12.2
체육활동 지출비용 부담	4.7	4.4
건강상의 문제	5.5	8.0
기타	20.9	18.6

※ 중복응답 없음.

8. 다음은 ○○대학교 사회과학대학 정시 나군 신입생 입학 현황에 관한 자료이다. 이를 근거로 A, C에 해당하는 전형을 바르게 연결한 것은?

〈표〉 ○○대학교 사회과학대학 정시 나군 신입생 입학 현황

(단위: 명)

모집 단위 \ 전형	A	B	C	D	합
정치외교학부	10	20	1	1	32
경제학부	20	50	1	–	71
사회학과	–	10	3	1	14
인류학과	6	–	2	1	9
심리학과	–	9	1	–	10
지리학과	–	8	2	–	10
사회복지학과	–	6	1	1	8
언론정보학과	–	7	1	–	8
계	36	110	12	4	162

〈보고서〉

올해 ○○대학교 사회과학대학의 정시 나군으로 입학한 신입생은 총 162명이다. 사회과학대학의 경우 8개의 모집 단위로 구분되고, 신입생들은 하나의 모집 단위에 속한다. 신입생 162명은 정시 나군 중 일반전형, 지역균형전형, 저소득 기회균형특별전형, 특수·북한 기회균형특별전형 중 한 가지 전형으로 입학하였다. 특히 정시 나군으로 입학한 전체 사회과학대학 신입생 중 일반전형으로 입학한 신입생이 차지하는 비중은 60% 이상이었고, 저소득 기회균형특별전형으로 입학한 신입생 수는 특수·북한 기회균형특별전형 신입생 수의 3배로 나타났다. 한편 전형별로 정시 나군의 신입생이 입학한 모집 단위 수는 지역균형전형이 가장 적다.

	A	C
①	일반전형	저소득 기회균형특별전형
②	지역균형전형	일반전형
③	저소득 기회균형특별전형	특수·북한 기회균형특별전형
④	특수·북한 기회균형특별전형	지역균형전형
⑤	지역균형전형	저소득 기회균형특별전형

9. 다음 〈표〉는 2019~2024년 한국인의 국제결혼 건수 현황에 관한 자료이다. 이에 대한 설명으로 옳은 것은?

〈표 1〉 한국인 여자의 외국인 남자와의 국적별 국제결혼 건수

(단위: 건)

국적 \ 연도	2019	2020	2021	2022	2023	2024
계	5,769	5,966	6,090	5,956	4,241	4,117
미국	1,377	1,392	1,439	1,468	1,101	1,276
중국	1,463	1,523	1,489	1,407	942	777
베트남	565	586	587	639	501	440
캐나다	398	436	402	363	257	223
일본	381	311	313	265	135	140
영국	186	185	184	190	146	112
기타	1,399	1,533	1,676	1,624	1,159	1,149

〈표 2〉 한국인 남자의 외국인 여자와의 국적별 국제결혼 건수

(단위: 건)

국적 \ 연도	2019	2020	2021	2022	2023	2024
계	14,822	14,869	16,608	17,687	11,100	8,985
중국	4,198	3,880	3,671	3,649	2,524	2,426
태국	720	1,017	1,560	2,050	1,735	1,589
베트남	5,377	5,364	6,338	6,712	3,136	1,319
일본	838	843	987	903	758	723
미국	570	541	567	597	432	457
러시아	125	171	234	305	275	356
필리핀	864	842	852	816	367	260
기타	2,130	2,211	2,399	2,655	1,873	1,855

① 한국인 남자와 외국인 여자의 국제결혼 건수가 가장 많은 해에 한국인 여자와 외국인 남자의 국제결혼 건수도 가장 많다.

② 2024년 한국인 여자와 외국인 남자의 국제결혼 건수 중 남자의 국적이 미국인 국제결혼 건수의 비중은 한국인 남자와 외국인 여자의 국제결혼 건수 중 여자의 국적이 중국인 국제결혼 건수의 비중보다 작다.

③ 한국인 남자와 국적이 베트남인 여자의 국제결혼 건수가 많은 해일수록 한국인 여자와 국적이 베트남인 남자의 국제결혼 건수도 많다.

④ 한국인 여자와 외국인 남자의 국제결혼 건수 중 남자의 국적이 캐나다인 국제결혼 건수의 비중은 매년 5% 이상이다.

⑤ 2023년 한국인 남자와 외국인 여자의 전체 국제결혼 건수의 2년 전 대비 감소율은 30% 미만이다.

10. 다음은 2018~2024년 증권시장 상장회사 수 및 시가총액에 관한 자료이다. 이를 근거로 '가'~'다'에 해당하는 값을 바르게 연결한 것은?

〈표〉 증권시장 상장회사 수 및 시가총액

(단위: 개, 조 원)

구분		2018	2019	2020	2021	2022	2023	2024
상장회사 수	계	1,922	1,987	( )	2,111	2,204	2,268	2,356
	유가증권시장	770	779	774	788	799	800	( )
	코스닥시장	1,152	1,208	(가)	1,323	1,405	1,468	1,532
시가총액	계	1,445	1,510	(나)	1,572	1,717	2,365	2,649
	유가증권시장	1,243	1,308	( )	1,344	1,476	1,980	(다)
	코스닥시장	202	202	( )	228	241	385	( )

〈조 건〉

○ 2018~2024년 동안 증권시장 상장회사 수는 매년 증가하였다.

○ 2018~2024년 동안 증권시장 시가총액은 2022년이 네 번째로 많다.

○ 2019~2024년 증권시장 상장회사 수의 전년 대비 증가량은 2020년이 가장 적다.

○ 2024년 유가증권시장 상장회사 개당 유가증권시장 시가총액은 2.5조 원 이상이다.

	가	나	다
①	1,276	1,921	2,317
②	1,266	1,889	2,203
③	1,249	2,497	1,989
④	1,235	2,174	2,058
⑤	1,212	1,715	2,456

11. 다음 〈표〉는 2024년 3분기 '갑'국의 품목별 리콜 현황에 관한 자료이다. 이에 대한 〈보기〉의 설명 중 옳은 것만을 모두 고르면?

〈표 1〉 품목별 리콜 현황

(단위: 건)

구분 \ 품목	어린이제품	생활용품	전기용품	전체
안전성 조사 건수	443	225	337	1,005
리콜 조치 건수	95	62	66	223
리콜 명령	21	16	14	51
리콜 권고	74	46	52	172
회수 건수	52	32	37	121

※ 1) 리콜 조치율(%) = $\frac{\text{리콜 조치 건수}}{\text{안전성 조사 건수}} \times 100$

2) 리콜 회수율(%) = $\frac{\text{회수 건수}}{\text{리콜 조치 건수}} \times 100$

〈표 2〉 리콜 명령 사유

(단위: 건)

구분	제조 불량	유해물질 검출	안전성 부적합	전체
건수	8	31	12	51

〈보 기〉

ㄱ. 리콜 조치율은 생활용품이 어린이제품보다 높다.

ㄴ. 전기용품의 리콜 조치율은 25% 이상이다.

ㄷ. 리콜 회수율은 전기용품이 가장 높다.

ㄹ. 리콜 명령을 받은 어린이제품 중 리콜 명령 사유가 유해물질 검출인 건수는 최소 2건이다.

① ㄱ, ㄴ

② ㄱ, ㄷ

③ ㄴ, ㄹ

④ ㄱ, ㄷ, ㄹ

⑤ ㄴ, ㄷ, ㄹ

12. 다음 〈표〉는 2021년과 2024년 OECD 아시아 4개국의 성별 및 영역별 학업성취도에 관한 자료이다. 이에 대한 설명으로 옳지 않은 것을 고르면?

〈표 1〉 2021년 OECD 아시아 4개국의 성별 및 영역별 학업성취도 점수

(단위: 점)

영역	성별 \ 국가	한국	이스라엘	일본	튀르키예
수학	남자	521	474	539	423
	여자	528	466	525	418
과학	남자	511	469	545	422
	여자	521	464	532	429
읽기	남자	498	467	509	414
	여자	539	490	523	442

〈표 2〉 2024년 OECD 아시아 4개국의 성별 및 영역별 학업성취도 점수

(단위: 점)

영역	성별 \ 국가	한국	이스라엘	일본	튀르키예
수학	남자	528	458	532	456
	여자	524	467	522	451
과학	남자	521	452	531	465
	여자	517	471	528	472
읽기	남자	503	445	493	453
	여자	526	493	514	478

① 이스라엘 남자와 일본 남자는 2024년 모든 영역의 학업성취도 점수가 2021년에 비해 하락하였다.

② 2024년 남자 학업성취도 점수가 가장 높은 영역은 4개국 모두 수학이다.

③ 2021년 국가별 남자의 읽기 학업성취도 점수 대비 여자의 읽기 학업성취도 점수의 비는 한국이 가장 크다.

④ 2024년 이스라엘의 과학 학업성취도 남녀 평균 점수는 2021년 대비 5점 감소하였다.

⑤ 여성의 국가별 학업성취도 점수가 높은 국가부터 순서대로 나열하면, 2021년과 2024년에 순위가 같은 영역이 있다.

13. 다음은 15개 국가의 상품무역 수출입 현황에 관한 자료이다. 이를 근거로 판단할 때, 국가명을 알 수 없는 것은?

〈그림〉 15개 국가의 상품무역 수출입 현황

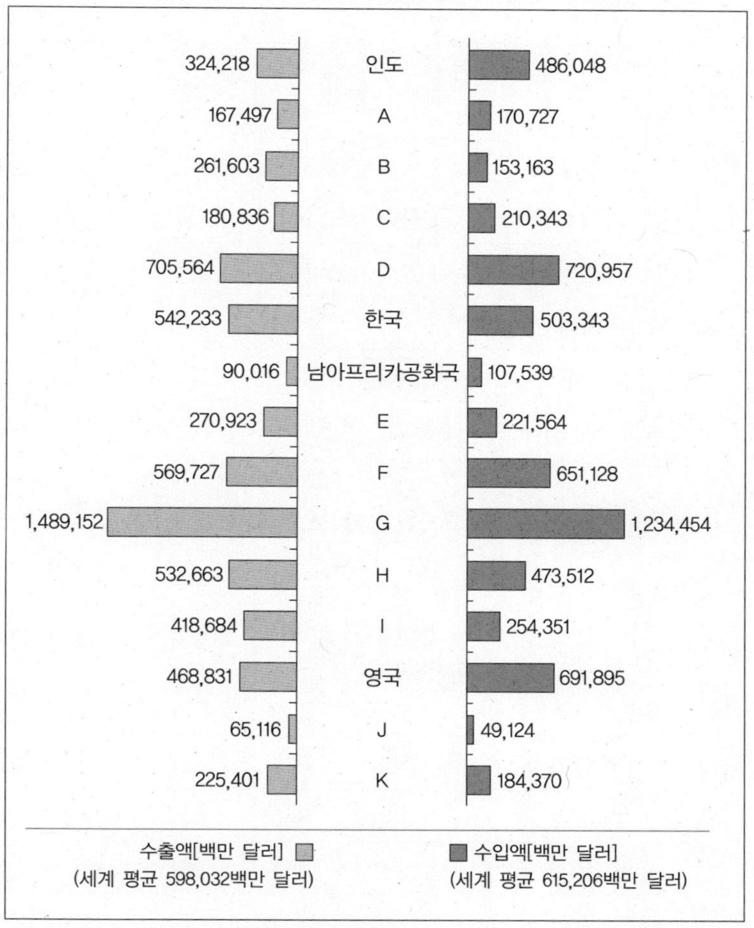

※ 수출액이 수입액보다 많으면 무역수지 흑자, 수출액이 수입액보다 적으면 무역수지 적자에 해당함.

〈대 화〉

갑: 15개 국가의 수출액과 수입액 현황을 확인해 봅시다. 우선 독일의 수출액과 수입액이 다른 국가에 비해 월등히 많은 반면, 아르헨티나의 수출액과 수입액이 가장 적군요. 또 어떤 특징을 확인할 수 있나요?

을: 러시아와 이탈리아는 무역수지 흑자를 기록했으며, 이탈리아는 수출액이 영국보다 많고 한국보다 적었습니다. 그리고 무역수지 적자를 기록한 국가 중 인도네시아의 적자가 가장 적은 것을 확인할 수 있습니다.

병: 저는 세계 평균 수출입액과 비교했을 때 세계 평균 수입액보다 많은 수입을 기록한 국가는 독일을 제외하고 영국, 프랑스, 일본이며, 이 중 세계 평균 수출액보다 많은 수출을 기록한 국가는 일본뿐인 것을 확인했습니다.

을: 덧붙여 수출액이 세계 평균 수출액의 절반 수준에 못 미치는 국가들은 수입액도 세계 평균 수입액의 50%보다 낮게 나타났습니다. 이 국가들 간에 수출액이 많은 국가부터 순위를 매기면 1위는 오스트레일리아, 2위는 사우디아라비아, 3위는 브라질입니다.

① C

② F

③ H

④ I

⑤ K

14. 다음 〈표〉는 2020~2024년 보호조치 아동 현황에 관한 자료이다. 이에 대한 〈보기〉의 설명 중 옳은 것만을 모두 고르면?

〈표 1〉 유형별 보호조치 아동 수

(단위: 명)

유형 \ 연도	2020	2021	2022	2023	2024
시설보호	2,682	2,887	2,421	2,449	2,739
가정위탁	1,582	1,447	1,417	1,294	1,199
입양	239	243	285	174	104
소년·소녀 가정	0	6	2	1	5
계	4,503	4,583	4,125	3,918	4,047

※ 보호조치 유형은 '시설보호', '가정위탁', '입양', '소년·소녀 가정'으로만 구성됨.

〈표 2〉 원인별 보호조치 아동 수

(단위: 명)

원인 \ 연도	2020	2021	2022	2023	2024
부모의 학대·빈곤	2,866	3,139	2,778	2,726	2,865
비행·가출	360	314	227	231	473
미혼 부모	930	855	847	623	464
유기	321	264	261	320	237
미아	26	11	12	18	8
계	4,503	4,583	4,125	3,918	4,047

※ 보호조치 원인은 '부모의 학대·빈곤', '비행·가출', '미혼 부모', '유기', '미아'로만 구성됨.

〈보 기〉

ㄱ. 2020년 대비 2024년 유형별 보호조치 아동 수의 감소율은 '입양'이 가장 크다.

ㄴ. 2020~2022년 동안 '부모의 학대·빈곤'으로 인해 보호조치된 아동 수가 전체에서 차지하는 비중은 매년 65% 이상이다.

ㄷ. '시설보호'와 '가정위탁' 유형의 보호조치 아동 수의 합은 2020년이 2021년보다 작다.

ㄹ. 각 연도별로 보호조치 아동 수가 많은 원인부터 순서대로 나열하면, '비행·가출'과 '미혼 부모'의 순서는 매년 동일하다.

① ㄱ, ㄷ

② ㄱ, ㄹ

③ ㄴ, ㄹ

④ ㄱ, ㄴ, ㄷ

⑤ ㄴ, ㄷ, ㄹ

15. 다음은 도시 가~아의 과실종류별 생산량과 도시 A와 B의 과실종류별 생산량의 구성비를 나타낸 자료이다. 이를 근거로 A와 B를 바르게 연결한 것은?

〈표〉 도시 가~아의 과실종류별 생산량

(단위: 톤)

도시 \ 과실종류	복숭아	배	사과	포도	감	자두	매실	계
가	7,253	26,253	1,561	29,299	518	120	2,455	67,459
나	67	332	28	19	346	49	380	1,221
다	2,346	110	647	583	1,535	967	518	6,706
라	113	1,355	61	8	3,211	47	1,186	5,981
마	3,851	1,185	8,215	2,530	1,940	417	633	18,771
바	113	1,856	63	1,690	63	75	632	4,492
사	602	200	20	39	2,355	2	409	3,627
아	5,702	27,788	2,944	2,482	36,439	237	14,739	90,331

〈그림〉 도시 A와 B의 과실종류별 생산량의 구성비

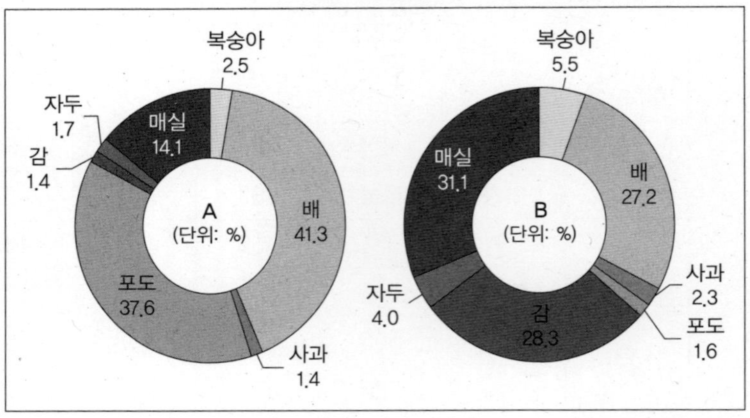

	A	B
①	가	나
②	가	다
③	바	나
④	바	라
⑤	아	라

16. 다음은 '갑'국의 외국인주민 현황에 관한 자료이다. 이에 대한 〈보기〉의 설명 중 옳은 것만을 모두 고르면?

〈표〉 연도별 외국인주민 현황

(단위: 천 명)

연도 \ 구분	전체 인구	외국인주민
2020	51,069	1,711
2021	51,270	1,765
2022	51,423	1,861
2023	51,630	2,055
2024	51,780	2,217

※ 1) 외국인주민은 '갑'국 국적 미취득 외국인과 '갑'국 국적 취득자로 구성됨.

2) 외국인주민 비중(%) = $\frac{\text{외국인주민}}{\text{전체 인구}} \times 100$이고, 해당 비중이 5% 이상인 해에 다문화 국가에 진입함.

〈그림 1〉 2024년 '갑'국 국적 미취득 외국인주민의 유형별 구성비

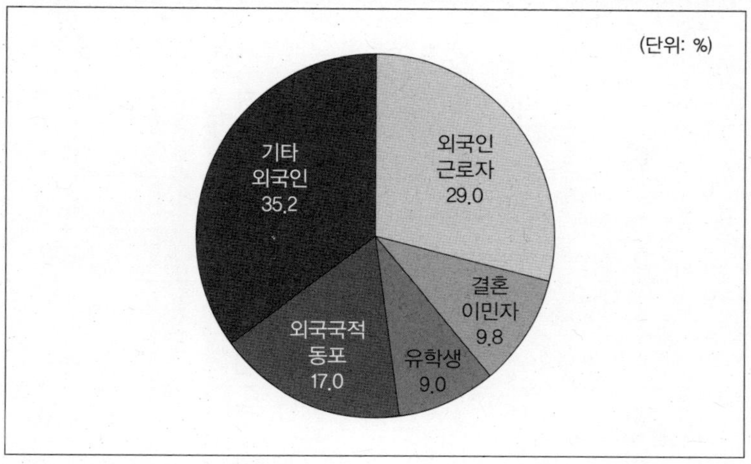

※ '갑'국 국적 미취득 외국인주민은 총 1,780천 명임.

〈그림 2〉 2024년 '갑'국 국적 미취득 외국인주민의 국적별 구성비

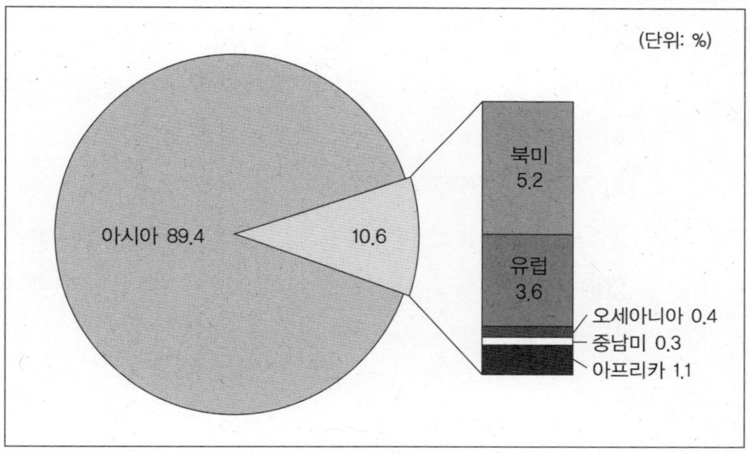

〈보 기〉

ㄱ. 2024년 '갑'국 국적 미취득 외국인주민 중 아시아 국적의 외국인 근로자는 적어도 30만 명 이상이다.

ㄴ. '갑'국은 제시된 연도 중 2024년에 처음으로 다문화 국가에 진입하였다.

ㄷ. 2024년 '갑'국의 외국인주민 중 유럽, 북미 국적의 '갑'국 국적 미취득 외국인주민이 차지하는 비중은 8% 이상이다.

① ㄱ

② ㄷ

③ ㄱ, ㄴ

④ ㄱ, ㄷ

⑤ ㄴ, ㄷ

17. 다음 〈표〉는 '갑'국의 기업을 대상으로 실시한 설문조사에서 배포된 설문지에 관한 자료이다. 이에 대한 설명으로 옳지 않은 것은?

〈표〉 기업 규모별 배포 설문지 수에 따른 회수, 활용 현황

(단위: 장, %)

구분 \ 기업 규모	대기업	중견기업	중소기업	전체
배포 설문지 수	50	60	(　)	(　)
회수 설문지 수	45	51	(　)	(　)
회수율	(　)	(　)	60.0	75.0
활용 설문지 수	40	43	(　)	(　)
활용률	88.9	84.3	85.2	(　)

※ 1) 기업 규모는 대기업, 중견기업, 중소기업으로만 구분됨.

2) 설문조사 대상 기업에는 기업 1개당 설문지 1장씩만 배포하고, 설문이 완료되면 이를 회수함.

3) 회수율(%) = $\frac{\text{회수 설문지 수}}{\text{배포 설문지 수}} \times 100$

4) 활용률(%) = $\frac{\text{활용 설문지 수}}{\text{회수 설문지 수}} \times 100$

① 대기업 배포 설문지의 회수율은 중견기업 배포 설문지의 회수율보다 높다.

② 중소기업 배포 설문지 수는 85장 이상이다.

③ 중소기업 배포 설문지 중 활용 설문지 수는 45장 이상이다.

④ 전체 활용 설문지 중에서 대기업 활용 설문지 수가 차지하는 비중은 30% 미만이다.

⑤ 전체 배포 설문지의 활용률은 85% 이상이다.

18. 다음 〈표〉는 '갑'국의 2021~2024년 식품수거 검사 현황에 관한 자료이다. 이에 대한 〈보기〉의 설명 중 옳은 것만을 모두 고르면?

〈표〉 품목별 식품수거 검사 현황

(단위: 건)

연도 / 품목	2021		2022		2023		2024	
구분	검사 건수	적합 건수	검사 건수	적합 건수	검사 건수	적합 건수	검사 건수	적합 건수
커피	172	168	240	236	216	214	144	136
다류	391	374	339	332	264	249	293	273
두부류	142	129	140	137	308	303	124	121
식용유지류	360	309	435	392	343	327	340	290
건포류	151	144	153	145	154	136	102	93
일반가공품	535	526	665	602	529	487	512	479
건강기능식품	148	135	151	133	333	319	431	408
식품첨가물	256	252	219	219	168	165	105	101
용기·포장류	645	644	535	529	403	401	503	498

※ 1) 검사 건수 = 적합 건수 + 부적합 건수

2) 부적합률(%) = $\frac{\text{부적합 건수}}{\text{검사 건수}} \times 100$

〈보 기〉

ㄱ. 2022~2024년 동안 전년 대비 건강기능식품 검사 건수의 증가율은 매년 증가한다.

ㄴ. 2021~2024년 동안 커피의 부적합률은 건포류의 부적합률보다 매년 낮다.

ㄷ. 제시된 품목 중 부적합 건수가 가장 적은 품목은 2022년과 2024년이 동일하다.

① ㄱ

② ㄴ

③ ㄷ

④ ㄴ, ㄷ

⑤ ㄱ, ㄴ, ㄷ

19. 다음 〈표〉는 2024년 '갑' 지역의 음식점 상금지급기준과 A~I 음식점 현황에 대한 자료이다. 이에 대한 〈보기〉의 설명 중 옳은 것만을 모두 고르면?

〈표 1〉 상금지급기준

요건 / 등급	원가 대비 판매가격	고객평가점수	음식점 위생등급
1등급	3.5 이상	75점 이상	매우 우수
2등급	2.5 이상 3.5 미만	60점 이상 75점 미만	우수
3등급	2.5 미만	60점 미만	좋음

※ 1) 세 가지 요건이 모두 1등급인 음식점에 상금 1,000만 원을 지급함.

2) 세 가지 요건 중 두 가지 요건이 1등급, 나머지 요건이 2등급인 음식점에 상금 500만 원을 지급함.

3) 세 가지 요건 중 두 가지 요건이 1등급, 나머지 요건이 3등급인 음식점에 상금 300만 원을 지급함.

4) 그 외 등급에 해당하는 음식점에는 상금을 지급하지 않음.

〈표 2〉 A~I 음식점 현황

구분	원가 대비 판매가격	고객평가점수	음식점 위생등급
A	1.9	71점	매우 우수
B	2.5	65점	좋음
C	3.8	88점	우수
D	2.2	73점	좋음
E	4.6	82점	매우 우수
F	1.7	69점	우수
G	4.3	55점	좋음
H	2.8	49점	우수
I	3.1	83점	매우 우수

〈보 기〉

ㄱ. 상금 500만 원을 지급받는 음식점은 2개이다.

ㄴ. 세 가지 요건 중 두 가지 요건이 2등급인 음식점은 B와 F뿐이다.

ㄷ. 지급되는 총 상금은 2,000만 원 이상이다.

ㄹ. A~I 음식점의 고객평가점수가 모두 10%씩 증가한다면, 300만 원의 상금을 지급받는 음식점 수와 1,000만 원의 상금을 지급받는 음식점 수는 동일하다.

① ㄱ, ㄴ

② ㄱ, ㄷ

③ ㄴ, ㄹ

④ ㄷ, ㄹ

⑤ ㄱ, ㄷ, ㄹ

[20 ~ 21] 다음 〈표〉는 '갑'국의 우주산업 예산액에 관한 자료이다. 다음 물음에 답하시오.

〈표 1〉 2021~2024년 우주산업 예산액

(단위: 백만 원)

예산 항목 \ 연도	2021	2022	2023	2024
위성체 제작	176,839	256,619	298,188	317,258
발사체 제작	241,920	260,270	274,033	224,959
지상장비	48,123	71,328	103,003	84,197
위성활용 서비스 및 장비	37,044	47,267	55,945	35,716
과학연구	58,951	48,140	50,934	53,543
우주탐사	6,997	5,068	21,661	68,031

〈표 2〉 2024년 연구기관별 우주산업 예산액

(단위: 백만 원)

예산 항목 \ 연구기관	정부부처	공공기관	민간기관	대학	해외 연구기관
전체	92,492	687,311	1,255	503	2,143
위성체 제작	43,573	273,554	45	86	0
발사체 제작	0	224,959	0	0	0
지상장비	33,055	49,605	1,167	0	370
위성활용 서비스 및 장비	5,551	29,945	0	220	0
과학연구	10,313	41,217	43	197	1,773
우주탐사	0	68,031	0	0	0

※ 우주산업 예산 항목은 '위성체 제작', '발사체 제작', '지상장비', '위성활용 서비스 및 장비', '과학연구', '우주탐사'로만 구분됨.

20. 위 〈표〉에 근거한 〈보기〉의 설명 중 옳은 것만을 모두 고르면?

〈보 기〉

ㄱ. 우주산업 예산액 중 우주탐사 항목 예산액의 전년 대비 증가율은 2023년이 2024년보다 크다.

ㄴ. 2021~2023년 우주산업 예산액 중 가장 높은 비중의 예산을 배정받은 항목은 매년 동일하다.

ㄷ. 2024년 공공기관의 우주산업 예산액 상위 4개 항목이 공공기관의 전체 예산액에서 차지하는 비중은 85% 이상이다.

ㄹ. 2024년 공공기관 우주산업 예산액 대비 정부부처 우주산업 예산액의 비율이 가장 큰 항목은 과학연구이다.

① ㄱ, ㄴ

② ㄱ, ㄷ

③ ㄱ, ㄹ

④ ㄴ, ㄷ

⑤ ㄷ, ㄹ

21. 제시된 〈표〉 이외에 〈보고서〉를 작성하기 위해 추가로 필요한 자료만을 〈보기〉에서 모두 고르면?

〈보고서〉

2023년 '갑'국의 우주산업 예산액은 2021년 이후 최고치를 기록했으나, 여전히 세계 다른 국가들에 비해서는 낮은 편이었으며, 오히려 2024년에는 전년 대비 감소하는 모습을 보였다. 특히 과학연구 항목에 대한 2024년 예산액은 2021년에 비해 감소하였고, 2024년 과학연구 예산액은 미국 예산액의 약 2.4% 수준에 그쳤다. 또한 2024년 '갑'국 과학연구 예산액 중 3% 이상이 해외 연구기관에 배정되었는데, 다른 예산 항목에 비해서는 해외 연구기관 비중이 높은 편이지만 해외 기술을 연구하기 위해서는 예산을 더 늘려야 한다는 주장이 제기되고 있다.

2024년 '갑'국 우주산업 예산액 중 발사체 제작 항목은 전년 대비 약 490억 원의 예산액이 감소하여 발사체 기술 연구에 어려움을 겪고 있다. 2022~2024년 3년간 발사체 제작 연구기관에 종사하는 인력이 매년 70명 내외인 점을 고려하면 현재와 같은 예산과 인력 수준이 지속될 경우 발사체 제작 항목의 예산 부족과 인력난이 더욱 심화될 것으로 예상된다.

2021년 이후 '갑'국에서 우주산업에 참여하는 연구기관이 점차 늘어나며 2024년에는 2021년 대비 약 25% 증가한 것으로 나타났다. 이러한 추세에 발맞춰 2024년에 위성체 제작, 지상장비, 위성활용 서비스 및 장비 항목은 정부부처 및 공공기관뿐만 아니라 민간기관 또는 대학에도 약 15억 원의 예산이 배정되었다. 그러나 핵심 기술 연구를 위해서는 턱없이 부족한 예산이라는 비판이 제기되고 있다.

〈보 기〉

ㄱ. 2021~2024년 '갑'국의 우주산업 참여 연구기관 수

ㄴ. 2022~2024년 우주산업 예산 항목별 세계 및 '갑'국 종사 인력

ㄷ. 2023~2024년 우주산업 예산 항목별, 세계 국가별 예산액

ㄹ. 2024년 '갑'국 전체 우주산업 예산액 중 해외 연구기관의 비중

① ㄱ, ㄷ

② ㄴ, ㄹ

③ ㄱ, ㄴ, ㄷ

④ ㄱ, ㄴ, ㄹ

⑤ ㄴ, ㄷ, ㄹ

22. 다음은 '갑'국의 2021~2023년 IT 산업 품목별 수출액에 관한 자료이다. 이를 근거로 의료용기기의 2024년 예상 수출액(A)과 2024년 예상 수출액이 세 번째로 큰 품목(B)을 바르게 연결한 것은?

〈표〉 2021~2023년 IT 산업의 품목별 수출액

(단위: 백만 달러)

품목 \ 연도	2021	2022	2023
전자부품	13,302	15,254	10,739
컴퓨터	87	136	157
주변기기	751	745	787
통신기기	2,023	1,648	1,530
방송장비	25	36	42
영상기기	192	142	247
음향기기	66	92	90
기타 영상음향기기	4	6	4
가정용전기기기	332	337	327
사무용기기	16	19	28
의료용기기	143	190	204
측정제어분석기기	381	538	431
전기장비	674	1,056	899
계	17,996	20,199	15,485

〈대 화〉

가을: 2021~2023년 IT 산업의 품목별 수출액 자료를 바탕으로 2024년 수출액을 예측해 보고자 합니다. 특히 최근 3개년의 수출액 증감 방향을 고려하면 어떨지 검토해봅시다.

나비: 네, 좋은 생각입니다. 더불어 2022년 대비 2023년 수출액의 증감폭을 2024년 예상 수출액 산출에 적용하면 좋을 것 같습니다.

가을: 좋습니다. 가장 최신 지표를 활용하면 실제 수출액과의 오차를 줄일 수 있겠군요. 2024년 예상 수출액은 2023년 수출액에 2023년 수출액의 전년 대비 증감폭을 가감해서 산출해보도록 합시다. 전년 대비 2022~2023년 수출액이 모두 증가한 품목은 2023년 증가폭의 2배만큼 증가한 값을, 모두 감소한 품목은 2023년 감소폭의 2배만큼 감소한 값으로 산출해주세요. 만약 전년 대비 2022~2023년 수출액의 증감 방향이 다른 경우에는 2023년 수출액의 증감 방향에 따라 2023년의 증가폭만큼 가산하거나 감소폭만큼 감산해서 산출하면 되겠습니다.

나비: 네, 말씀해주신 방법을 적용하면, 2024년 예상 수출액은 의료용기기가 [A] 백만 달러이고, IT 산업 13개 품목 중 2024년 예상 수출액이 세 번째로 큰 품목은 [B] 인 것을 확인할 수 있습니다.

	A	B
①	179	주변기기
②	218	통신기기
③	218	전기장비
④	232	주변기기
⑤	232	전기장비

23. 다음 〈표〉는 '갑'국에서 실시한 중소기업 기술개발지원사업 평가에 지원한 기업 수 및 합격률에 관한 자료이다. 이에 대한 설명으로 옳은 것은?

〈표〉 중소기업 기술개발지원사업평가에 지원한 기업 수 및 합격률

(단위: 개, %)

구분 \ 사업유형		창업기업 과제	디딤돌 창업과제	혁신R&D 과제	전체
지원 기업 수		35	45	( )	( )
평가항목별 합격률	기술성	80.0	100.0	85.0	90.0
	사업성	80.0	60.0	80.0	( )
	정책부합성	80.0	100.0	90.0	( )
최종 합격률		40.0	60.0	( )	( )

※ 1) 평가한 사업유형은 창업기업과제, 디딤돌창업과제, 혁신R&D과제뿐임.
2) 기술성, 사업성, 정책부합성에서 모두 합격한 지원 기업만 최종 합격임.
3) 합격률(%) $= \frac{\text{합격한 지원 기업 수}}{\text{지원 기업 수}} \times 100$
4) 평가 결과는 합격 또는 불합격임.

① 혁신R&D과제에 지원한 기업의 수는 25개 이상이다.
② 사업성 평가에서 합격한 기업의 수는 창업기업과제가 디딤돌창업과제보다 5개 더 많다.
③ 창업기업과제에 지원한 기업 중 최종 불합격한 지원 기업의 수는 20개 미만이다.
④ 정책부합성 평가에서 불합격한 기업의 수는 창업기업과제가 혁신R&D과제보다 많다.
⑤ 전체 정책부합성 평가의 합격률은 95% 이상이다.

24. 다음은 2024년 '갑'국의 기업 업종별 기술개발 추진실적 현황에 관한 자료이다. 이에 대한 설명으로 옳은 것은?

〈표〉 기업 업종별 기술개발 추진실적

(단위: 개, 건)

업종 \ 구분	기업체 수	기술개발 시도건수	기술개발 성공건수	상품화 성공건수
A	10,241	3.3	1.5	( )
B	6,858	5.2	2.8	2.0
C	41,354	3.1	( )	( )
D	4,503	3.5	1.6	1.1
E	5,860	4.4	2.1	1.4
F	24,130	3.1	1.7	1.1
G	3,478	3.3	1.6	1.1

※ 1) 업종별 기술개발 시도(성공)건수는 해당 업종의 전체 기술개발 시도(성공)건수에서 기업체 수로 나눈 평균값을 의미함.

2) 기술개발 성공률(%) $= \frac{\text{기술개발 성공건수}}{\text{기술개발 시도건수}} \times 100$

3) 상품화 성공률(%) $= \frac{\text{상품화 성공건수}}{\text{기술개발 성공건수}} \times 100$

〈그림〉 기업 업종별 기술개발 성공률 및 상품화 성공률

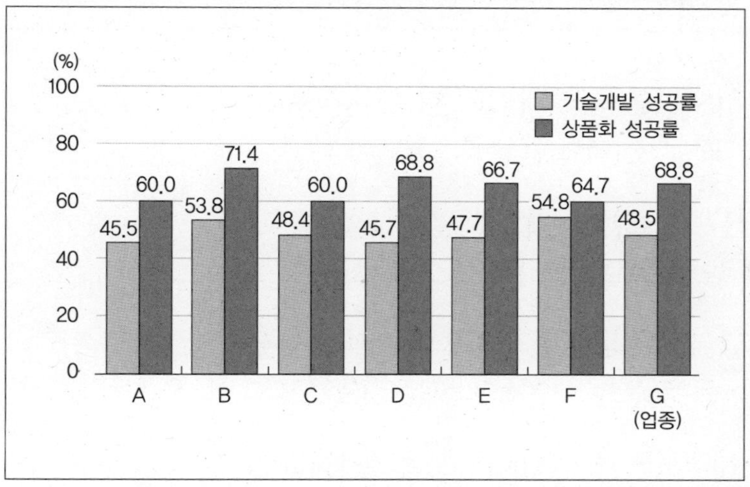

① 제시된 업종 중 기업체 수가 가장 많은 업종이 기술개발 성공률도 가장 높다.

② C업종의 상품화 성공건수는 F업종의 상품화 성공건수보다 많다.

③ 기술개발 시도건수가 4.0건 이상인 업종의 기술개발 성공률과 상품화 성공률의 차이는 각각 15%p 이하이다.

④ 제시된 업종 중 기술개발 시도건수에서 상품화 성공건수가 차지하는 비중이 가장 큰 업종은 G이다.

⑤ 제시된 업종 중 상품화 성공률이 가장 높은 업종이 기술개발 성공건수도 가장 많다.

25. 다음 〈표〉는 A 이동통신사 TV 결합 상품의 모바일 결합 여부와 인터넷 속도에 따른 월 인터넷 요금에 관한 자료이다. 이에 대한 설명으로 옳은 것은?

〈표〉 TV 결합 상품별 월 인터넷 요금

(단위: 원)

TV 결합 상품	모바일 결합 여부	인터넷 속도		
		100Mbps	500Mbps	1Gbps
미이용	미결합	22,000	33,000	38,500
	결합	18,700	25,300	30,800
이코노미	미결합	34,100	41,800	47,300
	결합	30,800	35,200	38,500
베이직	미결합	38,500	44,000	49,500
	결합	32,800	36,800	40,600
에센스	미결합	42,900	48,400	53,900
	결합	37,400	41,600	48,400
프리미엄	미결합	51,000	56,500	62,000
	결합	45,500	46,400	50,200

※ 1) TV 결합 상품은 이코노미, 베이직, 에센스, 프리미엄만 존재하고, 상품 이용 시 TV 요금은 인터넷 요금에 포함됨.

2) 인터넷 속도는 가장 빠른 것부터 1Gbps, 500Mbps, 100Mbps 순임.

3) 모바일 결합 할인율(%) $= \frac{\text{모바일 미결합 요금} - \text{모바일 결합 요금}}{\text{모바일 미결합 요금}} \times 100$

① TV 결합 상품을 이용하지 않는 경우 인터넷 속도가 빠를수록 모바일 결합 할인율이 상승한다.

② TV 결합 상품으로 '베이직'을 이용하는 경우 인터넷 속도 100Mbps와 1Gbps의 월 인터넷 요금 차이는 모바일을 결합하지 않은 경우가 결합한 경우의 1.5배 이상이다.

③ TV 결합 상품으로 '에센스'를 이용하는 경우 모바일 결합 할인율은 인터넷 속도 100Mbps가 가장 높다.

④ 각 인터넷 속도에서 모바일 결합 요금과 모바일 미결합 요금의 차이는 TV 결합 상품으로 '프리미엄'을 이용하는 경우가 '이코노미'를 이용하는 경우보다 2,000원 이상 크다.

⑤ 인터넷 속도 1Gbps에 TV 결합 상품으로 '이코노미'를 이용하고 모바일을 결합하는 경우 연간 인터넷 요금은 480,000원 이상이다.

약점 보완 해설집 p.8

자르는 선

2025 해커스PSAT 7급 PSAT FINAL 봉투모의고사 자료해석 (2회)

컴퓨터용 흑색사인펜만 사용

책형
㉰ ㉱

【필적감정용 기재】
*아래 예시문을 옮겨 적으시오
본인은 OOO(응시자성명)임을 확인함

기 재 란

성 명	
자필성명	본인 성명 기재
시험장소	

응시번호							
⑤⑥⑦	⓪①②③④⑤⑥⑦⑧⑨	⓪①②③④⑤⑥⑦⑧⑨	⓪①②③④⑤⑥⑦⑧⑨	⓪①②③④⑤⑥⑦⑧⑨	⓪①②③④⑤⑥⑦⑧⑨	⓪①②③④⑤⑥⑦⑧⑨	⓪①②③④⑤⑥⑦⑧⑨

생년월일					
⓪①②③④⑤⑥⑦⑧⑨	⓪①②③④⑤⑥⑦⑧⑨	⓪①	⓪①②③④⑤⑥⑦⑧⑨	⓪①②③	⓪①②③④⑤⑥⑦⑧⑨

※시험감독관 서명 (서명을 정자로 기재할 것)	적색 볼펜만 사용

자료해석(1~10번)					
1	①	②	③	④	⑤
2	①	②	③	④	⑤
3	①	②	③	④	⑤
4	①	②	③	④	⑤
5	①	②	③	④	⑤
6	①	②	③	④	⑤
7	①	②	③	④	⑤
8	①	②	③	④	⑤
9	①	②	③	④	⑤
10	①	②	③	④	⑤

자료해석(11~20번)					
11	①	②	③	④	⑤
12	①	②	③	④	⑤
13	①	②	③	④	⑤
14	①	②	③	④	⑤
15	①	②	③	④	⑤
16	①	②	③	④	⑤
17	①	②	③	④	⑤
18	①	②	③	④	⑤
19	①	②	③	④	⑤
20	①	②	③	④	⑤

자료해석(21~25번)					
21	①	②	③	④	⑤
22	①	②	③	④	⑤
23	①	②	③	④	⑤
24	①	②	③	④	⑤
25	①	②	③	④	⑤

시험일: _____ 년 _____ 월 _____ 일

국가공무원 7급 공개경쟁채용 1차 필기시험 모의고사

| 자료해석영역 |

응시번호	
성명	

실전모의고사 **3회**

문제책형 **인**

응시자 주의사항

1. **시험시작 전 시험문제를 열람하는 행위나 시험종료 후 답안을 작성하는 행위를 한 사람**은 「공무원 임용시험령」 제51조에 의거 **부정행위자**로 처리됩니다.
2. **답안지 책형 표기는 시험시작 전** 감독관의 지시에 따라 **문제책 앞면에 인쇄된 문제책형을 확인**한 후, **답안지 책형란에 해당 책형(1개)**을 '●'로 표기하여야 합니다.
3. 시험이 시작되면 문제를 주의 깊게 읽은 후, **문항의 취지에 가장 적합한 하나의 정답만을 고르며**, 문제내용에 관한 질문은 할 수 없습니다.
4. **답안을 잘못 표기하였을 경우에는 답안지를 교체하여 작성**하거나 **수정할 수 있으며**, 표기한 답안을 수정할 때는 **응시자 본인이 가져온 수정테이프만을 사용**하여 해당 부분을 완전히 지우고 부착된 수정테이프가 떨어지지 않도록 손으로 눌러주어야 합니다. **(수정액 또는 수정스티커 등은 사용 불가)**
5. **시험시간 관리의 책임은 응시자 본인에게 있습니다.**
   ※ 문제책은 시험종료 후 가지고 갈 수 있습니다.

정답공개 및 해설강의 안내

1. 모바일 자동 채점 및 성적 분석 서비스
   • '약점 보완 해설집'에 회차별로 수록된 QR코드 인식 ▶ 응시 인원 대비 자신의 성적 위치 확인
2. 해설강의 수강 방법
   • 해커스PSAT 사이트(psat.Hackers.com) 접속 후 로그인 ▶ 우측 퀵배너 [쿠폰/수강권등록] 클릭 ▶ '약점 보완 해설집'에 수록된 쿠폰번호 입력 후 이용

해커스PSAT

1. 다음 〈표〉는 2024년 '갑'국 축구리그 A~D 축구단의 관중 집계 현황에 관한 자료이다. 이를 근거로 무료 관중 중 군인이 차지하는 비중이 가장 높은 축구단과 가장 낮은 축구단을 바르게 연결한 것은?

〈표〉 2024년 '갑'국 축구리그 A~D 축구단의 관중 집계 현황

(단위: 백 명)

구분 / 축구단	군인	이벤트 당첨자
A	743	1,560
B	1,483	1,472
C	900	1,650
D	31	57

※ 무료 관중은 군인과 이벤트 당첨자에 한함.

	가장 높은 축구단	가장 낮은 축구단
①	B	A
②	B	C
③	B	D
④	D	A
⑤	D	C

2. 다음 〈표〉는 2024년 '갑'국의 전력발전 실적에 관한 자료이다. 5월과 11월의 소내전력률 차이는?

〈표〉 2024년 '갑'국의 전력발전 실적

(단위: GWh)

구분 / 월	발전량	소내전력량
1	183	4.5
2	177	4.9
3	172	4.2
4	165	5.1
5	175	(　)
6	181	4.8
7	186	4.6
8	195	5.3
9	172	4.9
10	167	5.5
11	(　)	4.5
12	188	5.2
계	2,141	58.4

※ 소내전력률(%) $= \frac{\text{소내전력량}}{\text{발전량}} \times 100$

① 0.2%p
② 0.3%p
③ 0.4%p
④ 0.5%p
⑤ 0.6%p

3. 다음 〈표〉는 2020~2024년 '갑'국의 지역별 오존 및 이산화질소 농도에 관한 자료이다. 〈표〉를 이용하여 작성한 자료로 옳지 않은 것은?

〈표〉 '갑'국의 지역별 오존 및 이산화질소 농도

(단위: ppm)

지역	구분 \ 연도	2020	2021	2022	2023	2024
A	오존	0.022	0.025	0.038	0.026	0.028
	이산화질소	0.040	0.038	0.038	0.033	0.034
B	오존	0.032	0.031	0.022	0.034	0.039
	이산화질소	0.021	0.026	0.022	0.021	0.020
C	오존	0.027	0.028	0.024	0.030	0.036
	이산화질소	0.027	0.023	0.024	0.022	0.021
D	오존	0.024	0.026	0.030	0.027	0.033
	이산화질소	0.033	0.031	0.030	0.029	0.028
E	오존	0.031	0.033	0.025	0.033	0.036
	이산화질소	0.023	0.022	0.025	0.019	0.022
F	오존	0.027	0.025	0.021	0.032	0.028
	이산화질소	0.021	0.019	0.021	0.022	0.023

① 2021~2024년 A지역의 전년 대비 오존 농도 증가율

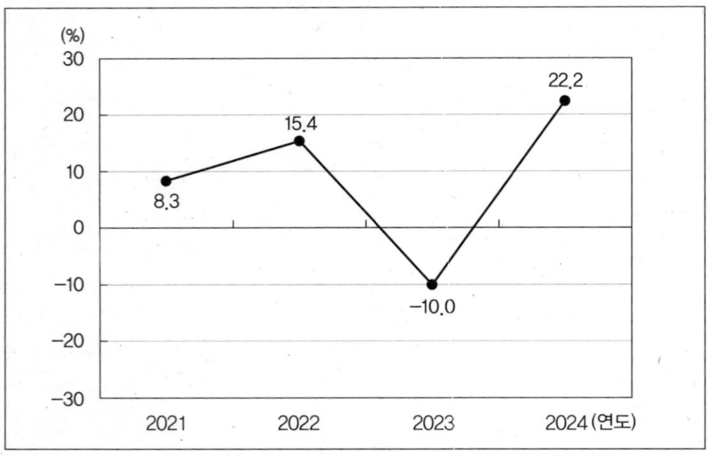

② 2021~2024년 C지역의 전년 대비 이산화질소 농도 증가율

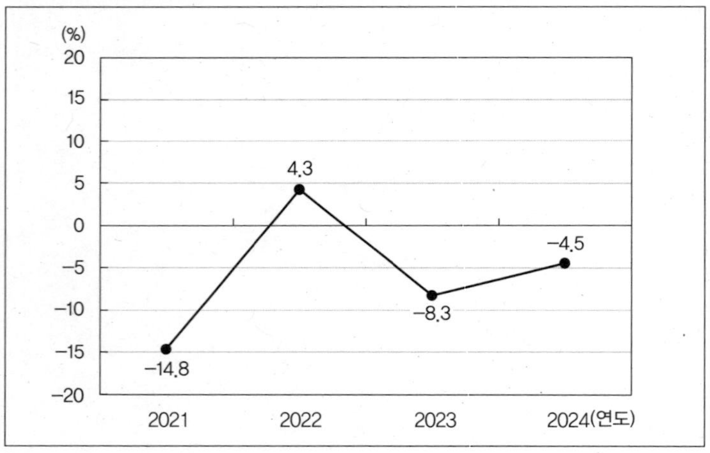

③ 2022~2024년 F지역의 오존 및 이산화질소 평균 농도

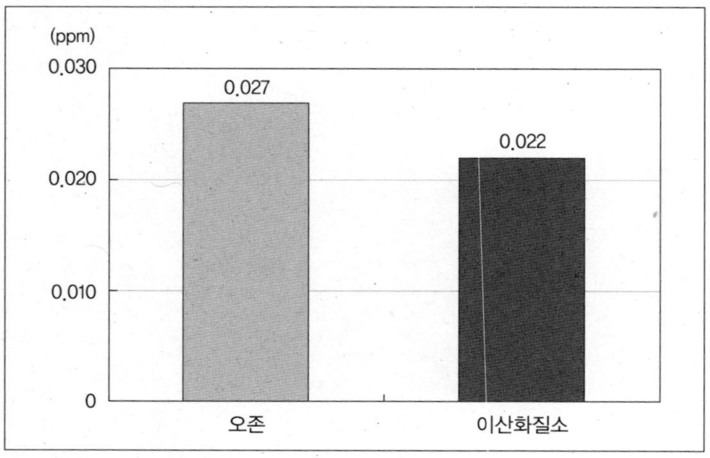

④ 2021~2024년 D지역의 전년 대비 오존 및 이산화질소 농도 증감폭 추이

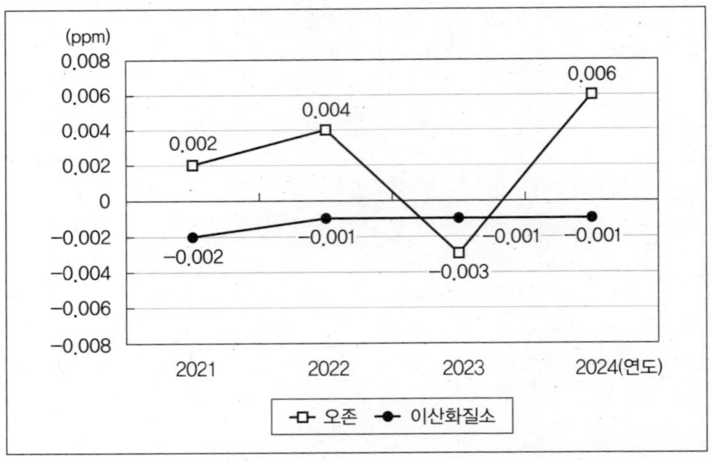

⑤ 2024년 '갑'국의 지역별 오존 및 이산화질소 농도

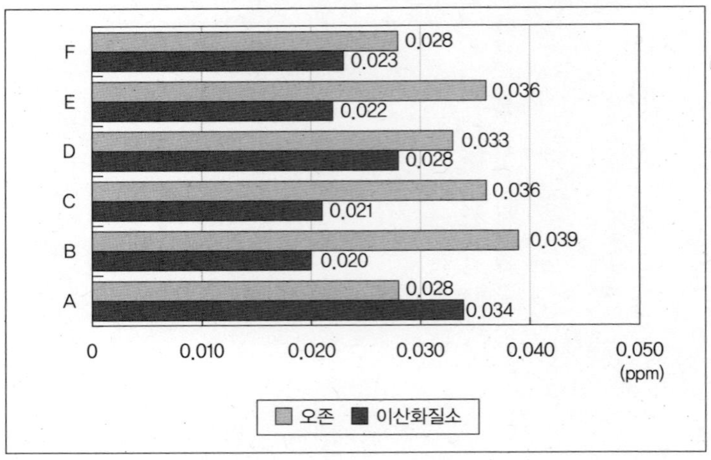

4. 다음은 '갑'국의 의약품 생산 현황에 관한 자료이다. 이를 근거로 의약품 생산액이 가장 많은 연도와 가장 적은 연도를 바르게 연결한 것은?

〈표〉 의약품 생산 현황

(단위: 개, 백만 달러)

구분 \ 연도	2019	2020	2021	2022	2023	2024
생산품목 수	26,400	26,320	26,280	28,400	30,000	28,000
생산액	( )	( )	( )	( )	( )	22,400
전년 대비 증감액	1,500	0	( )	( )	( )	( )

〈조 건〉

○ 2021년과 2022년 생산액의 전년 대비 증감액이 같다.

○ 2019년과 2023년의 생산액이 같다.

○ 2023년과 2024년의 생산품목 1개당 생산액이 같다.

○ 2021년 생산액의 전년 대비 증감액은 2019년의 1.2배이다.

	가장 많은 연도	가장 적은 연도
①	2022	2019
②	2021	2020
③	2022	2021
④	2021	2023
⑤	2022	2024

5. 다음 〈보고서〉는 2023년 중소기업통합관리시스템 운영 현황에 관한 자료이다. 〈보고서〉의 내용과 부합하는 자료만을 〈보기〉에서 모두 고르면?

〈보고서〉

2023년 중소기업 지원사업은 세부사업과 내역사업으로 이루어졌다. 중소기업 지원사업 중 세부사업은 1,653건이 시행되었다. 이 중 중앙부처에 의해 이루어진 세부사업은 344건, 지자체에 의해 이루어진 세부사업은 1,309건이었다. 한편 2023년 중소기업 지원사업 중 내역사업은 2,816건이 시행되었다. 이 중 중앙부처에 의해 이루어진 내역사업은 853건, 지자체에 의해 이루어진 내역사업은 1,963건이었다.

또한 2023년 중소기업 이력지원정보 현황에 따르면 기관 수에 있어서 온라인 연계 비율이 10%대에 불과하였으나, 지원금액의 온라인 연계 비율은 90% 이상을 차지하였으며 지원기업 수의 온라인 연계비율은 사업 수의 온라인 연계비율의 3배 이상이었다.

한편 각 부처별로 2024년 지원 협의대상 사업을 발굴한 결과, 전체 부처의 지원 협의대상 사업 83개 중 중기부의 지원사업은 농식품부의 지원사업보다 5배 이상 많았으며, 전체 지원 협의대상 사업 수 중에서 지원 협의대상 사업 수 상위 3개 부처가 차지하는 비중은 80% 이상이었다. 이러한 지원 협의대상 사업에 대해서 사전심의를 행한 결과, 1차 검토 사업은 63개, 재협의 후 협의 완료 사업은 6개이다. 조정 심의에 들어간 사업은 14개가 되었다.

〈보 기〉

ㄱ. 2023년 중소기업 이력지원정보 현황

구분		연계현황	연계비율
기관 수	온라인	36개	10.8%
	오프라인	297개	89.2%
사업 수	온라인	338개	23.9%
	오프라인	1,078개	76.1%
지원금액	온라인	516.1조 원	90.7%
	오프라인	52.7조 원	9.3%
지원기업 수	온라인	2,269,381개	78.6%
	오프라인	618,160개	21.4%

※ 연계비율은 소수점 아래 둘째 자리에서 반올림한 값임.

ㄴ. 2023년 전체 중소기업 지원사업의 시행주체별 사업 수 비율

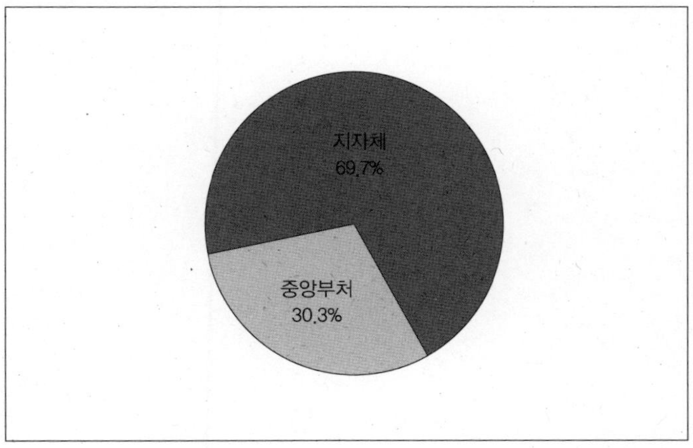

ㄷ. 2024년 부처별 지원 협의대상 사업 수

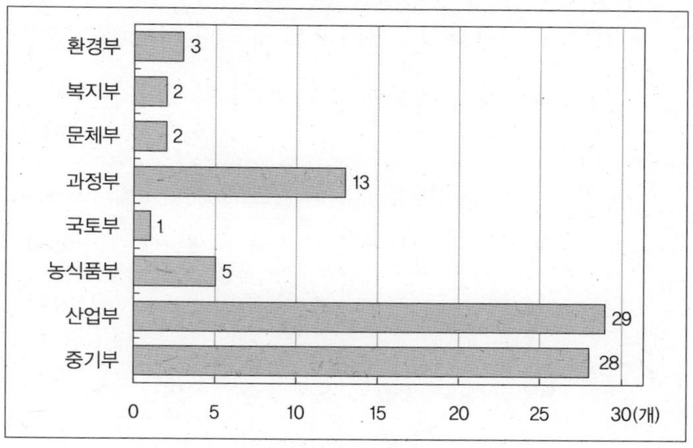

ㄹ. 2024년 지원 협의대상 사업 사전심의 결과

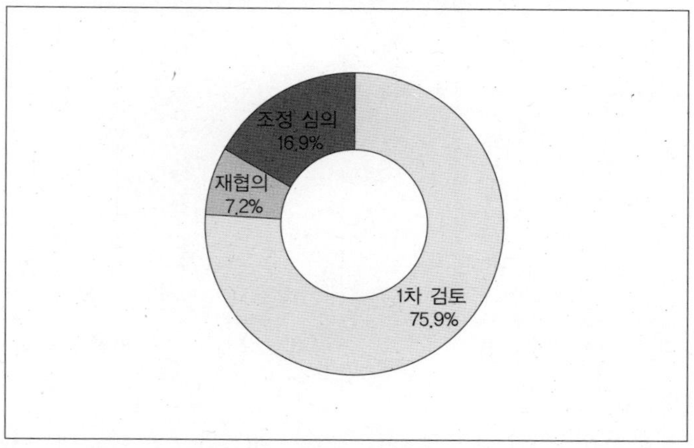

① ㄱ, ㄴ
② ㄱ, ㄹ
③ ㄴ, ㄷ
④ ㄱ, ㄷ, ㄹ
⑤ ㄴ, ㄷ, ㄹ

6. 다음 〈표〉는 2022~2024년 의료기기 생산액 상위 10개 업체의 업체명 및 생산액에 관한 자료이다. 〈표〉와 〈조건〉을 근거로 B, D에 해당하는 업체명을 바르게 연결한 것은?

〈표〉 의료기기 생산액 상위 10개 업체의 업체명 및 생산액

(단위: 십억 원)

구분 / 순위	2022년		2023년		2024년	
	업체명	생산액	업체명	생산액	업체명	생산액
1	O임플란트	649	O임플란트	689	O임플란트	874
2	S메디슨	239	S메디슨	281	S메디슨	306
3	K초음파	156	K초음파	152	B	172
4	A	109	B	149	K초음파	146
5	B	95	A	103	A	113
6	C	84	S전자	83	D	103
7	V의료기기	78	C	79	S전자	97
8	D	71	E	71	C	96
9	E	67	O테크	66	M테크	79
10	M임플란트	58	G시니어헬스	65	G시니어헬스	69

※ 1) 의료기기 생산 업체들은 2022~2024년 동안 새로 생기거나 없어지지 않았다고 가정함.
2) 순위의 숫자가 클수록 순위가 낮음을 의미함.

〈조 건〉

- 2024년 생산액 상위 10개 업체 중 2023년 생산액이 전년 대비 감소하고 2024년 생산액이 전년 대비 증가한 업체는 'G헬스케어', 'H헬스', 'S의료기기' 이다.
- 2023년 'I헬스'의 생산액은 'S의료기기'의 생산액보다 많았으나 2024년에는 'S의료기기'의 생산액이 'I헬스'의 생산액보다 많았다.
- 2024년 생산액 상위 10개 업체 중 2022~2024년 동안 순위가 꾸준히 하락한 업체는 'H헬스'이다.
- 2022년에는 'G헬스케어'의 순위가 'T임플란트'보다 높았으나 2023년에는 'T임플란트'의 순위가 'G헬스케어'의 순위보다 높았다.

	B	D
①	G헬스케어	I헬스
②	G헬스케어	S의료기기
③	T임플란트	H헬스
④	T임플란트	S의료기기
⑤	T임플란트	G헬스케어

7. 다음 〈표〉는 공공기관 정책 인식도 조사에 관한 응답 집단 A~E의 응답 비율이고, 〈보고서〉는 '가' 응답 집단에 대해 분석한 자료이다. 이를 근거로 판단할 때, 〈보고서〉의 내용에 해당하는 '가' 응답 집단을 A~E 중에서 고르면?

〈표〉 응답 집단 A~E의 조사 부문별 응답 비율

(단위: %)

조사 부문 / 응답 내용 / 응답 집단	조직·인력 규모		평균보수	
	많다	적다	높다	낮다
A	55	6	14	44
B	48	8	61	7
C	71	12	31	39
D	40	17	13	46
E	52	23	33	57

※ 조사 부문별 응답 내용은 '많다/높다', '적다/낮다', '적정하다' 중 하나이며, 무응답 및 중복응답은 없음.

〈보고서〉

2024년 공공기관 정책 인식도 조사 부문 중 '조직·인력 규모'와 '평균보수'에 대한 '가' 응답 집단의 조사 결과는 다음과 같다. 먼저 '조직·인력 규모'의 경우 응답 내용의 비율은 '많다'가 가장 높고, 그다음 '적정하다', '적다' 순으로 나타났다. 특히, '많다'는 응답 비율이 '적다'의 5배 이상으로 크게 차이 나는 편이었다.

한편 '평균보수'에 대한 조사 부문에서는 다른 양상이 분석되었다. 응답 내용 중 '낮다'의 비율이 가장 높은 것으로 확인되었기 때문이다. 또한, '낮다'는 응답 비율은 '적정하다'는 비율과 5%p 이상 차이 나고, '높다'는 비율과는 30%p 이내로 차이 나는 특징이 있다.

① A
② B
③ C
④ D
⑤ E

8. 다음 〈보고서〉는 2024년 '갑'국의 가구 통계 중 일부를 요약한 자료이다. 〈보고서〉의 내용을 작성하는 데 직접적인 근거로 활용되지 않은 자료는?

〈보고서〉

○ 연도별 혼인 현황

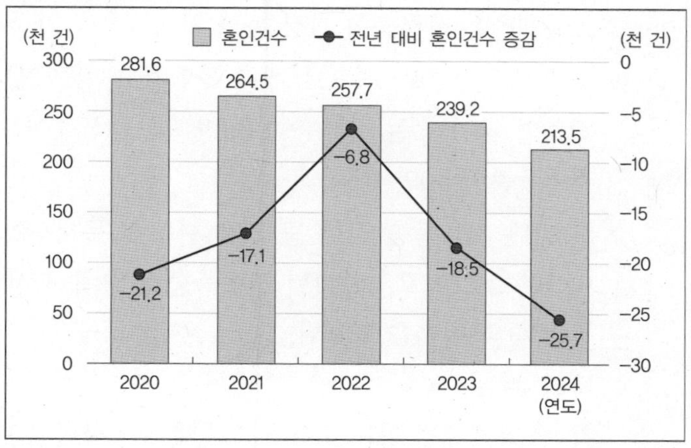

○ 2024년 이혼 현황

이혼건수
106.5천 건

전년 대비 이혼건수 증감
−4.3천 건

전년 대비 이혼건수 증감률
−3.9%

○ 조혼인율 및 조이혼율 현황

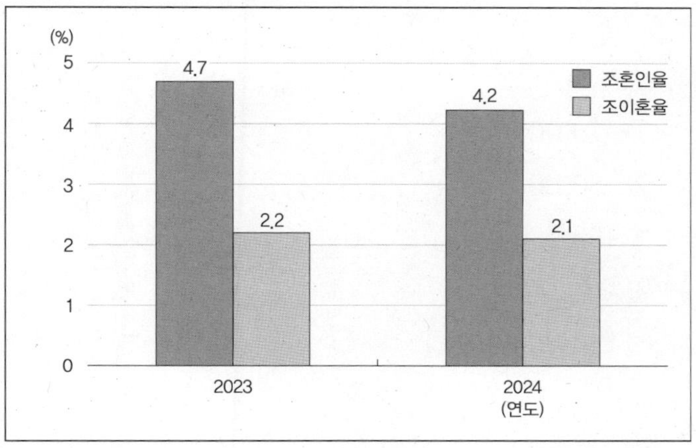

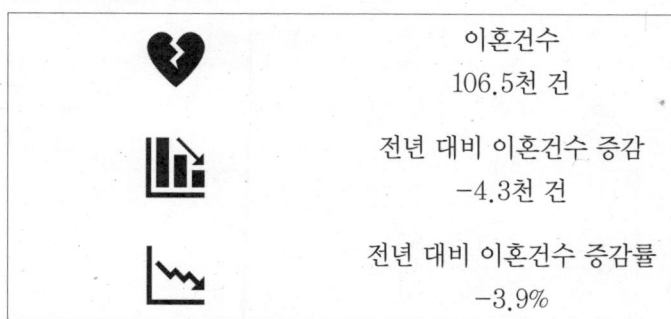

※ 조혼인율(조이혼율)은 인구 1천 명당 혼인건수(이혼건수)를 의미함.

○ 2024년 한부모가구 현황

한부모가구수
1,533천 가구

총가구수 대비 한부모가구수 비율
7.1%

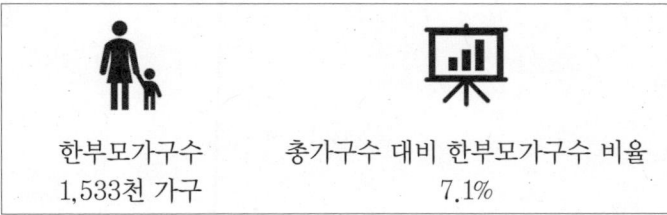

○ 2024년 여성가구주 현황

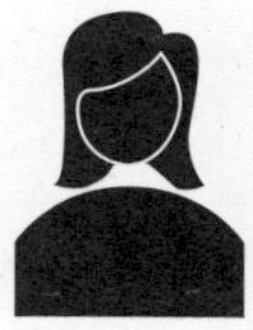

여성가구주 가구수
6,845천 가구

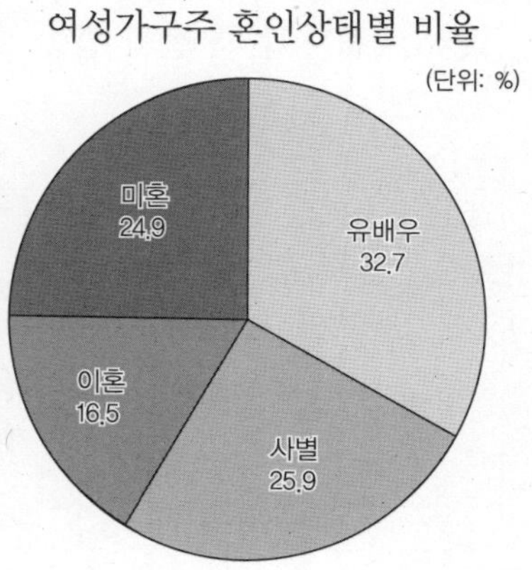

① 2023년 및 2024년 '갑'국의 총인구수
② 2023년 및 2024년 '갑'국의 이혼건수
③ 2024년 '갑'국의 총가구수 및 한부모가구수
④ 2019~2024년 '갑'국의 혼인건수
⑤ 2024년 '갑'국의 혼인상태별 여성인구수

9. 다음 〈표〉는 2022~2024년 '갑'국 전체 업종 및 A업종 창업기업 수 현황에 관한 자료이다. 이에 대한 설명으로 옳은 것은?

〈표〉 '갑'국 전체 업종 및 A업종 창업기업 수 현황

(단위: 개)

구분		연도	2022	2023	2024
전체	법인	남성	73,303	76,081	79,709
		여성	23,707	25,636	29,127
	개인	남성	596,569	635,462	609,292
		여성	562,030	606,437	566,357
A업종	법인	남성	29,247	30,678	30,971
		여성	8,193	8,963	9,791
	개인	남성	95,443	99,090	101,811
		여성	65,800	73,236	77,776

※ A업종은 전체 업종 중 한 업종임.

① 전체 개인 창업기업 수가 가장 적은 해에 A업종 개인 창업기업 수는 가장 많다.

② 전체 남성 창업기업 수가 가장 적은 해에 A업종 남성 창업기업 수도 가장 적다.

③ 2022~2024년 동안 A업종 법인 창업기업 수는 전체 법인 창업기업 수의 40% 이상이다.

④ 2022~2024년 동안 전체 업종 여성 창업기업 수는 매년 증가하였다.

⑤ A업종 개인 창업기업 수 중 여성 창업기업 수는 매년 A업종 개인 창업기업 수의 45% 이상이다.

10. 다음 〈조건〉과 〈표〉는 2024년 '갑'국 국민의 소득계층 이동에 관한 자료이다. 이를 근거로 판단할 때, 2024년 '갑'국의 국민 총소득은?

〈조 건〉

○ 소득계층은 3단계(상류층, 중산층, 저소득층)로 구분되며, 소득계층은 상류층이 가장 높고 저소득층이 가장 낮음.

○ 국민 수는 100만 명으로 매년 동일하고, 2022년의 소득계층별 국민 수는 상류층이 35만 명, 중산층이 15만 명, 저소득층이 50만 명임.

○ 2022년 저소득층 국민 중 2024년에 소득계층이 이동한 비율은 20%이고, 2024년 저소득층 국민 수 대비 상류층 국민 수의 비율은 40%임.

○ 국민 총소득 = 각 (소득계층별 평균 소득 × 소득계층별 국민 수)의 합

○ 매년 상류층의 평균 소득은 3,000만 원, 중산층은 2,000만 원, 저소득층은 1,000만 원임.

〈표〉 2022년 대비 2024년 '갑'국 국민의 소득계층 이동 현황

(단위: 만 명)

소득계층 이동 결과	인원
2단계 하락	5
1단계 하락	20
변동 없음	65
1단계 상승	5
2단계 상승	5

① 170,000억 원

② 180,000억 원

③ 190,000억 원

④ 200,000억 원

⑤ 210,000억 원

11. 다음 〈표〉는 A학교에서 구입하려는 도서 목록과 전문가 평점 및 선호도에 따른 도서 구매 지원 비율에 관한 자료이다. 이에 대한 〈보기〉의 설명 중 옳은 것만을 모두 고르면?

〈표 1〉 A학교에서 구입하려는 도서 목록

(단위: 원, 점)

구분 / 도서명	가격	전문가 평점	학생 선호도	교사 선호도
내일은 내일이	14,000	☆☆☆☆	75	85
조르도바	15,500	☆☆☆	48	80
정찰	21,000	☆☆☆☆☆	60	90
데미어	10,000	☆☆	84	70
경제야구	13,000	☆☆☆☆	90	55

〈표 2〉 전문가 평점 및 선호도에 따른 도서 구매 지원 비율

(단위: %)

전문가 평점 / 총점	☆	☆☆	☆☆☆	☆☆☆☆	☆☆☆☆☆
150점 이하	10	20	30	50	60
150점 초과	40	60	80	90	100

※ 1) 총점(점) = 학생 선호도 + 교사 선호도
2) 구매 지원비(원) = 10,000 × 도서 구매 지원 비율

〈보 기〉

ㄱ. A학교에서 구입하려는 도서 목록 중 총점이 가장 높은 도서는 '내일은 내일이'이다.

ㄴ. A학교에서 구입하려는 도서 목록 중 구매 지원비가 5,000원 이상인 도서는 3개이다.

ㄷ. A학교에서 구입하려는 도서 목록 중 학생 선호도가 가장 높은 도서의 구매 지원비는 교사 선호도가 가장 높은 도서의 구매 지원비보다 적다.

ㄹ. A학교에서 구입하려는 도서 목록 중 가격 대비 구매 지원비가 가장 작은 도서는 '조르도바'이다.

① ㄱ, ㄴ
② ㄱ, ㄹ
③ ㄴ, ㄷ
④ ㄷ, ㄹ
⑤ ㄱ, ㄷ, ㄹ

12. 다음 〈표〉는 2024년 '갑'국의 기술무역 현황에 관한 자료이다. 이를 바탕으로 작성한 〈보고서〉의 내용 중 옳지 않은 것은?

〈표 1〉 기관유형별 기술무역 현황

(단위: 백만 달러)

구분 / 기관유형		기술 수출액	기술 도입액	기술 무역규모	기술 무역수지
기업	대기업	6,424	10,116	16,540	−3,692
	중견기업	3,472	3,707	7,179	−235
	중소기업	3,679	3,918	7,597	−239
	소계	13,575	17,741	31,316	−4,166
공공기관		119	76	195	43
교육기관		16	11	27	5
비영리기관		46	49	95	−3
전체		13,756	17,877	31,633	−4,121

※ 1) 기술무역규모 = 기술수출액 + 기술도입액
2) 기술무역수지 = 기술수출액 − 기술도입액
3) 기술무역수지가 0보다 크면 흑자, 0보다 작으면 적자를 의미함.

〈표 2〉 산업별 기술무역 현황

(단위: 백만 달러)

구분 / 산업	기술 수출액	기술 도입액	기술 무역규모	기술 무역수지
농림수산	34	170	204	−136
섬유	76	301	377	−225
화학	506	898	1,404	−392
소재	13	284	297	−271
기계	1,626	1,670	3,296	−44
전기·전자	4,071	8,168	12,239	−4,097
건설	162	68	230	94
정보·통신	5,957	5,100	11,057	857
기술서비스	1,311	1,218	2,529	93
전체	13,756	17,877	31,633	−4,121

〈보고서〉

2024년 '갑'국의 기술무역규모는 약 316.3억 달러, 기술무역수지 적자 규모는 약 41.2억 달러로 나타났다. 기관유형별 기술무역 현황을 살펴보면, ㉠ 전체 기술무역규모 중 기업이 95% 이상을 차지하였고, 기업 중에서는 대기업이 50% 이상을 차지하였다. 또한 ㉡ 중소기업은 중견기업보다 기술수출액과 기술도입액이 모두 2억 달러 이상 크고, 이에 따라 기술무역규모도 중소기업이 중견기업보다 큰 것으로 나타났다.

산업별 기술무역 현황을 살펴보면, ㉢ 기술수출액과 기술도입액 각각 상위 3개 산업은 기계, 전기·전자, 정보·통신으로 동일하였다. 특히 ㉣ 정보·통신 산업의 기술무역수지는 8억 5천 7백만 달러로 모든 산업 중 흑자 규모가 가장 크고, 기술무역규모의 경우 전체 산업의 40% 이상으로 나타났다.

또한 ㉤ 전기·전자 산업은 기술도입액이 기술수출액의 2배 이상이었고, 기술무역수지 적자 규모는 화학 산업의 10배 이상이었다.

① ㄱ ② ㄴ ③ ㄷ ④ ㄹ ⑤ ㅁ

13. 다음 〈표〉는 2018~2023년 '갑'국의 무연탄 수급량에 관한 자료이다. 이에 대한 설명으로 옳지 않은 것은?

〈표〉 2018~2023년 '갑'국의 무연탄 수급량

(단위: 톤)

구분 \ 연도	2018	2019	2020	2021	2022	2023
생산	1,848	1,605	1,290	1,104	(　　)	887
소비	1,495	1,314	1,143	1,044	908	849
재고	2,151	2,442	(　　)	2,649	2,772	2,810
정부비축	899	899	905	918	932	944

※ 1) '정부비축'은 당해연도 '재고' 중 국가 차원에서 관리하는 물량임.
2) 당해연도 재고량=직전년도 재고량+당해연도 생산량−당해연도 소비량

① 생산량과 소비량의 연도별 증감 방향은 같다.
② 재고량 중 정부비축량의 비중은 2021년이 2023년보다 크다.
③ 2018~2023년 중 직전년도 재고량이 가장 적은 연도는 2019년이다.
④ 2019년 이후 생산량의 전년 대비 감소율이 가장 높은 연도는 2020년이다.
⑤ 소비량 대비 재고량의 비율은 매년 증가한다.

14. 다음은 2024년 '갑'국 A~E도시의 종사자 수, 인구 천 명당 사업체 수, 사업체 수에 관한 자료이다. 이를 근거로 '다', '마'에 해당하는 도시를 바르게 연결한 것은?

〈표〉 도시별 종사자 수, 인구 천 명당 사업체 수, 사업체 수

(단위: 천 명, 개)

도시 \ 구분	종사자 수	인구 천 명당 사업체 수	사업체 수
가	5,827	84	823,600
나	868	80	164,700
다	5,003	100	934,300
라	932	85	123,700
마	1,150	95	234,400

〈조 건〉
○ A~E 중 인구가 가장 많은 도시는 B이다.
○ D는 C와 E에 비해 사업체 1개당 종사자 수가 많다.
○ B와 C의 종사자 수의 합은 A, D, E의 종사자 수의 합보다 크다.
○ B와 C의 사업체 수의 합은 D와 E의 사업체 수의 합과 같다.

	다	마
①	A	B
②	D	A
③	D	C
④	E	B
⑤	E	C

15. 다음 〈그림〉은 2018~2024년 '갑'국 제조업의 세부업종에 속하는 식품산업의 총생산액 및 GDP에 관한 자료이다. 이에 대한 〈보기〉의 설명 중 옳은 것만을 모두 고르면?

〈그림 1〉 식품산업 총생산액 추이

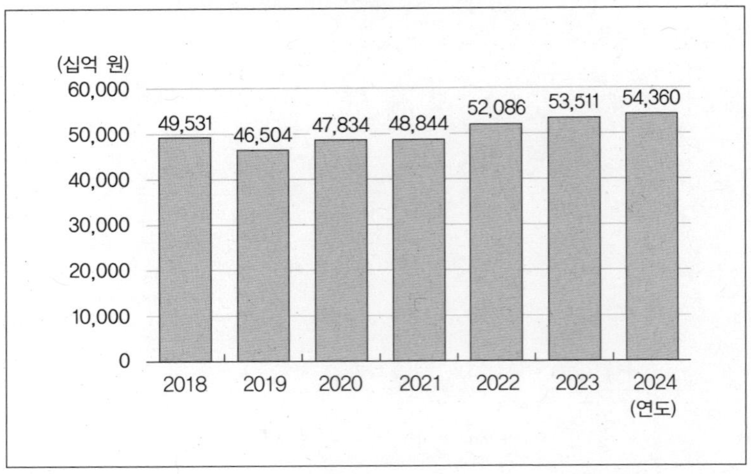

〈그림 2〉 GDP 및 제조업 GDP 대비 식품산업 총생산액 비율

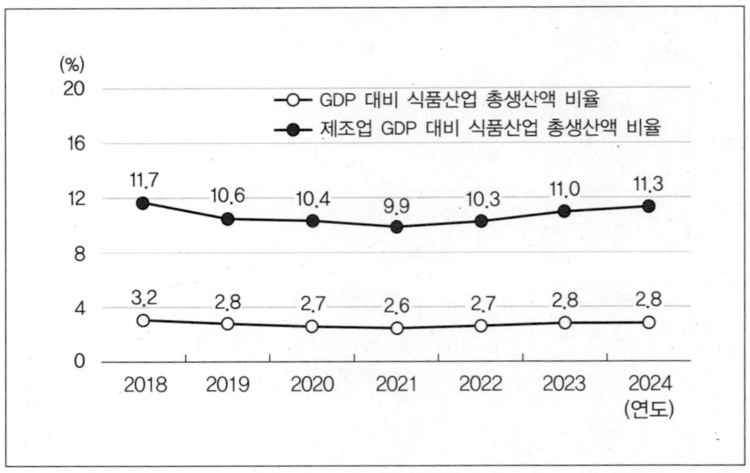

〈보 기〉
ㄱ. 2024년 GDP는 제조업 GDP의 4배 이상이다.
ㄴ. 식품산업 총생산액이 두 번째로 큰 해에 제조업 GDP는 500조 원 이상이다.
ㄷ. 2022년 이후 식품산업 총생산액의 전년 대비 증가율은 매년 감소한다.

① ㄴ
② ㄷ
③ ㄱ, ㄴ
④ ㄱ, ㄷ
⑤ ㄱ, ㄴ, ㄷ

16. 다음 〈표〉는 A대학교 예술학과 동아리 지원비에 관한 자료이다. 이에 대한 〈보기〉의 설명 중 옳은 것만을 모두 고르면?

〈표〉 A대학교 예술학과 동아리 지원비

(단위: 천 원)

학과	동아리 \ 구분	2020년 3월	2021년 3월	2022년 3월	2023년 3월	2024년 3월	2020~2024년 3월 평균
실용음악	댄스	180	220	( )	240	250	224
	악기	150	180	190	( )	220	188
	연기	200	230	250	270	300	250
시각디자인	애니메이션	200	220	250	250	270	238
	그래픽	180	190	200	220	255	209
	영상	240	250	280	300	350	284

※ 동아리는 학과별로 3개만 존재함.

〈보 기〉

ㄱ. 실용음악학과 동아리 중 지원비가 높은 동아리부터 순서대로 나열하면, 2024년 3월과 2020년 3월의 순서는 동일하다.

ㄴ. 2024년 3월 시각디자인학과 동아리 중 전년동월 대비 지원비 증가율이 가장 높은 동아리와 2021년 3월 시각디자인학과 동아리 중 전년동월 대비 지원비 증가율이 가장 높은 동아리는 동일하다.

ㄷ. 2021년 3월 이후 실용음악학과 동아리별 지원비는 전년동월 대비 매년 증가한다.

ㄹ. 2025년 3월 시각디자인학과 동아리별 지원비의 전년동월 대비 증감폭이 2024년 3월과 동일하다면, 2025년 3월 시각디자인학과 동아리별 지원비의 총합은 95만 원 이상이다.

① ㄱ, ㄷ
② ㄱ, ㄹ
③ ㄴ, ㄷ
④ ㄴ, ㄹ
⑤ ㄱ, ㄷ, ㄹ

17. 다음 〈표〉는 2024년 관광사업체 현황에 관한 자료이다. 이에 대한 〈보고서〉의 내용 중 업종 A~D에 해당하는 사업체 수의 합은?

〈표〉 2024년 관광사업체 현황

업종 \ 구분	매출액 (억 원)	이용자 수 (천 명)	종사자 수 (명)	사업체 수 (개)
여행업	84,622	84,464	99,077	19,039
관광 숙박업	76,644	119,038	69,926	2,110
관광객 이용시설업	10,207	56,979	23,154	4,323
국제회의업	13,033	34,336	9,100	886
카지노업	30,254	5,691	7,330	17
유원시설업	19,709	136,578	26,189	3,000
관광 편의시설업	19,822	94,616	32,785	4,077
전산업	254,291	–	267,561	33,452
전체	508,582	531,702	535,122	66,894

〈보고서〉

2024년 관광사업체 전체 매출액은 508,582억 원으로 조사되었다. 업종별로 매출액을 보면, 전산업이 가장 많았고, [A]이 가장 적었다. 2024년 관광사업체 중 전산업을 제외한 전체 이용자 수는 531,702천 명으로 조사되었다. 전산업을 제외한 업종별 이용자당 매출액은 카지노업이 가장 높게 나타났으며, 유원시설업이 가장 낮게 나타났다.

2024년 관광사업체 종사자 수는 전산업이 가장 많았다. 전체 관광사업체 종사자 수에서 전산업 종사자 수가 약 50%를 차지하고 있으며, 그 다음으로 여행업이 약 18.5%를 차지하고 있다. 반면, [B]은 전체 관광업사업체 종사자 수에서 약 1.4%를 차지하고 있어 가장 낮은 비중을 보였다.

2024년 관광사업체 전체의 사업체당 매출액은 약 7.6억 원으로 조사되었다. [C]은 사업체당 매출액이 카지노업 사업체당 매출액보다 적지만, 전체 업종별 사업체당 매출액 중에서는 두 번째로 많은 것으로 나타났다. 또한, 업종별 사업체당 종사자 수를 살펴보면 [D]의 사업체당 종사자 수는 관광 편의시설업의 사업체당 종사자 수보다 많으나 국제회의업의 사업체당 종사자 수보다는 적은 것으로 조사되었다.

① 7,336개
② 9,204개
③ 9,450개
④ 10,319개
⑤ 10,527개

18. 다음 〈표〉는 2023년 1분기 '갑'국의 업종별 산업재해 및 질병재해 사망자수에 관한 자료이다. 이에 대한 〈보기〉의 설명 중 옳은 것만을 모두 고르면?

〈표〉 2023년 1분기 업종별 산업재해 및 질병재해 사망자 현황

(단위: 명, %)

구분	산업재해 사망자수	전년동기 대비 증감률	질병재해 사망자수	전년동기 대비 증감인원
광업	117	0.9	114	1
제조업	134	−2.2	74	3
전기가스 상수도업	4	100.0	3	2
건설업	129	−12.2	18	−1
운수창고 통신업	38	−5.0	20	2
임업	5	25.0	0	−1
서비스업	78	4.0	70	17
기타	4	−50.0	2	−2

※ 산업재해 사망자수=질병재해 사망자수+사고재해 사망자수

〈보 기〉

ㄱ. 2023년 1분기 전기가스 상수도업 질병재해 사망자수는 전년동기 대비 2배 이상이다.

ㄴ. 2023년 1분기 서비스업 사고재해 사망자수는 전년동기 대비 14명 감소하였다.

ㄷ. 전년동기 대비 2023년 1분기의 운수창고 통신업 산업재해 사망자의 감소인원은 제조업 질병재해 사망자의 증가인원과 동일하다.

① ㄱ
② ㄷ
③ ㄱ, ㄴ
④ ㄴ, ㄷ
⑤ ㄱ, ㄴ, ㄷ

19. 다음 〈표〉는 A~G기관의 항목별 사회책임지수를 조사한 자료이다. 이에 대한 설명으로 옳지 않은 것은?

〈표 1〉 항목별 사회책임지수 평가 결과(대학생 대상)

기관＼항목	인권	노동권	제품책임	환경	반부패	투명성	공정성
A	●	△	●	○	○	●	●
B	▲	●	■	△	●	▲	△
C	●	●	△	●	○	■	○
D	●	●	■	▲	△	△	●
E	■	■	▲	▲	■	●	△
F	○	○	●	△	○	■	▲
G	●	■	■	■	■	○	○

〈표 2〉 항목별 사회책임지수 평가 결과(일반시민 대상)

기관＼항목	인권	노동권	제품책임	환경	반부패	투명성	공정성
A	●	■	△	○	▲	■	●
B	▲	▲	○	●	●	▲	○
C	●	●	○	●	○	●	■
D	■	●	▲	■	●	●	■
E	▲	○	■	■	●	△	○
F	○	▲	●	△	▲	●	○
G	●	○	■	○	■	○	■

※ 1) 각 항목별로 ●(매우 우수, 5점), ○(우수, 4점), ■(보통, 3점), △(부족, 2점), ▲(매우 부족, 1점) 순으로 평가하고 점수를 부여함.

2) 기관별 사회책임지수는 모든 항목의 평가 점수를 합한 값임.

① 제시된 기관 중 대학생과 일반시민을 대상으로 한 조사 모두에서 모든 항목의 평가 결과가 '보통' 이상인 기관은 1개이다.
② 대학생을 대상으로 한 조사에서 '노동권'과 '반부패' 항목을 재평가한다면, B기관의 사회책임지수는 A기관보다 더 높을 수 있다.
③ 기관별 사회책임지수가 대학생을 대상으로 한 조사보다 일반시민을 대상으로 한 조사가 더 높은 기관은 5개이다.
④ D기관의 경우 모든 평가 항목에서 '보통'이 차지하는 비중은 일반시민을 대상으로 한 조사가 대학생을 대상으로 한 조사보다 25%p 이상 높다.
⑤ '환경' 항목의 평가 점수는 모든 기관에서 각각 일반시민을 대상으로 한 조사가 대학생을 대상으로 한 조사보다 높거나 같다.

[20 ~ 21] 다음 〈표〉는 '갑'국의 우주산업 분야별 수출액 및 직능별 인력 수와 우주산업 참여주체별 참여기관 수에 관한 자료이다. 다음 물음에 답하시오.

〈표 1〉 우주산업 분야별 수출액

(단위: 백만 원)

분야 \ 연도		2020	2021	2022	2023	2024
전체		1,818,397	1,778,020	1,274,357	688,025	607,452
우주기기제작	소계	18,762	31,369	44,237	53,864	38,592
	위성체 제작	13,673	23,151	39,645	47,315	27,206
	발사체 제작	0	0	20	0	9,283
	지상장비	2,373	8,218	4,572	3,663	2,103
	우주보험	2,716	0	0	2,886	0
우주활용	소계	1,799,635	1,746,651	1,230,120	634,161	568,860
	위성활용 서비스	1,763,740	1,694,277	1,217,810	621,460	559,495
	과학연구	35,895	52,374	12,310	12,701	9,365

〈표 2〉 우주산업 직능별 인력 수

(단위: 명)

직능 \ 연도	2020	2021	2022	2023	2024
전체	7,665	7,673	7,835	7,440	8,492
연구기술직	4,587	4,726	5,179	4,922	5,572
사무직	1,736	1,723	1,560	1,042	1,252
생산직	804	814	719	641	830
기타	538	410	377	835	838

〈표 3〉 우주산업 참여주체별 참여기관 수

(단위: 개)

연도 \ 참여주체	전체	기업체	연구기관	대학
2022	449	360	33	56
2023	470	389	25	56
2024	541	455	31	55

20. 위 〈표〉에 대한 〈보기〉의 설명 중 옳은 것만을 모두 고르면?

〈보 기〉

ㄱ. '우주활용' 분야의 수출액 중 '위성활용 서비스' 분야가 차지하는 비중은 매년 95% 이상이다.

ㄴ. 2024년 우주산업 참여기관 1개당 수출액은 전년 대비 감소하였다.

ㄷ. 2020~2024년 5년간 우주산업 분야별 수출액 합계는 '지상장비'가 '우주보험'의 4배 이상이다.

ㄹ. 2021년 이후 전년 대비 '연구기술직' 인력 수 증가폭이 가장 큰 해에 전년 대비 '연구기술직' 인력 수의 증가율도 가장 크다.

① ㄱ, ㄴ ② ㄱ, ㄷ ③ ㄷ, ㄹ
④ ㄱ, ㄴ, ㄹ ⑤ ㄴ, ㄷ, ㄹ

21. 위 〈표〉를 이용하여 작성한 〈보기〉의 자료 중 옳은 것만을 모두 고르면?

〈보 기〉

ㄱ. 2020~2024년 우주산업 인력 1명당 수출액

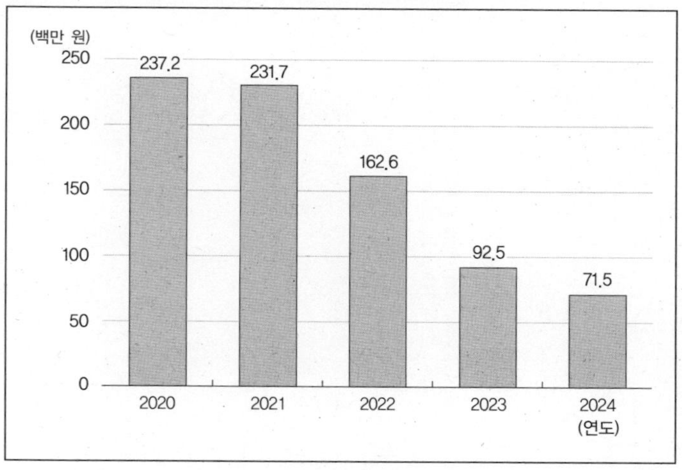

ㄴ. 2024년 우주산업 직능별 인력 구성비

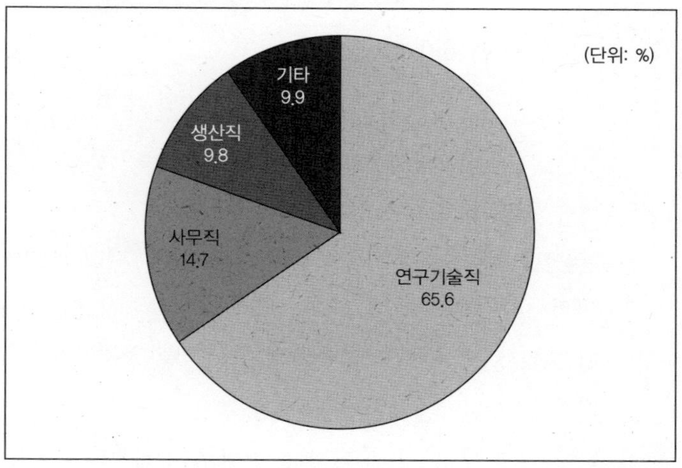

ㄷ. 2022~2024년 우주산업 참여주체별 참여기관 구성비

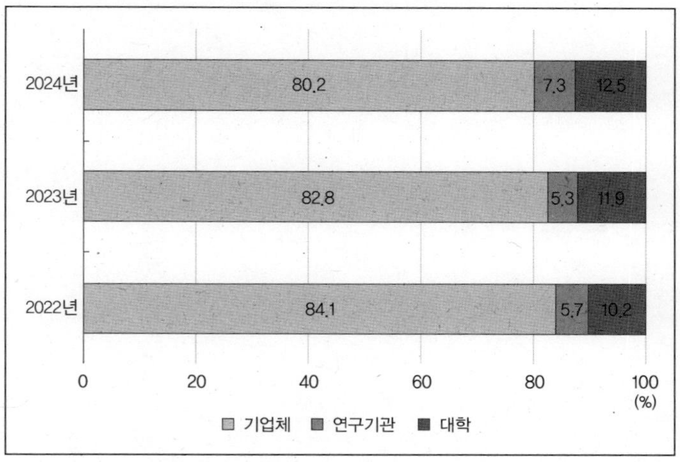

ㄹ. 2023년과 2024년 우주산업 참여 기업체 수 및 연구기관 수의 전년 대비 증가율

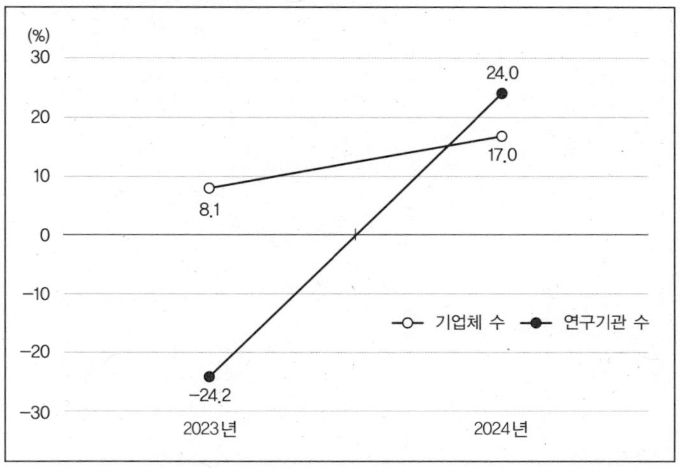

① ㄱ, ㄴ ② ㄱ, ㄹ ③ ㄴ, ㄷ
④ ㄱ, ㄴ, ㄹ ⑤ ㄴ, ㄷ, ㄹ

22. 다음 〈표〉는 '갑'국의 2021~2023년 4대 분야(이용계약, 품질, 중요사항 고지, 기타)의 유형별 통신분쟁조정 처리 현황에 관한 자료이다. 이에 대한 설명으로 옳지 않은 것은?

〈표〉 4대 분야의 유형별 통신분쟁조정 처리 현황

(단위: 건)

분야	유형	2021년	2022년	2023년
이용계약	계약 체결	31	182	153
	계약 이용	21	92	118
	계약 해지	130	216	194
품질	속도 품질	14	50	34
	통화 품질	173	173	84
중요사항 고지	이용 요금	5	97	91
	약정 조건	143	277	321
	요금 할인	10	18	94
기타	명의 도용	28	46	33
	기기 불량	6	3	1
	소액결제	11	16	18

① 2022년 이후 품질 분야 처리 건수 중 '통화 품질' 유형의 비중은 매년 전년 대비 감소한다.

② 2024년 '계약 이용' 처리 건수가 2021년 대비 60건 증가하고, '계약 체결'과 '계약 해지' 처리 건수는 2021년과 동일하다면 2024년 이용계약 분야의 처리 건수 중 '계약 이용' 유형의 비중은 30% 이상이다.

③ 기타 분야에서 2021년 대비 2023년 처리 건수의 증가율이 가장 높은 유형은 '소액결제'이다.

④ 중요사항 고지 분야의 처리 건수는 2023년이 2021년의 3배 이상이다.

⑤ 2024년 각 유형의 처리 건수가 2023년 대비 10건씩 증가한다면, 전체 처리 건수 중 이용계약 분야의 비중은 50% 이상이다.

23. 다음은 2019~2024년 '갑' 공제회의 총자산 규모와 자산유형별 회원 수 및 비중에 대한 자료이다. 이에 관한 설명으로 옳은 것은?

〈그림〉 '갑' 공제회 총자산 규모 및 회원 수

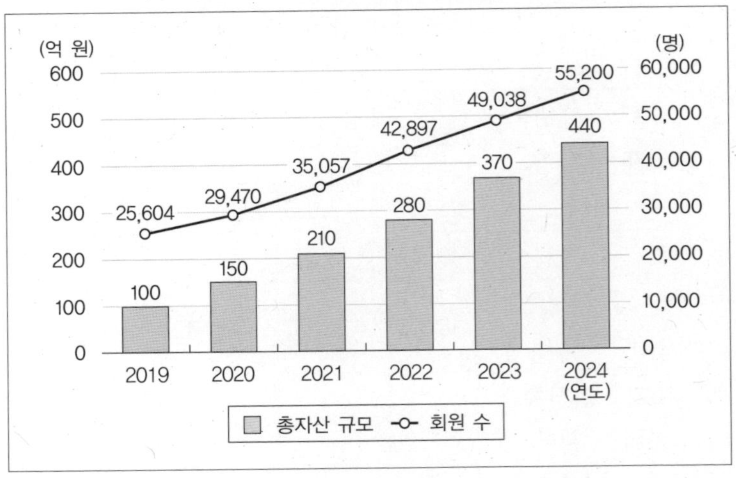

〈표〉 '갑' 공제회 총자산 규모의 자산유형별 비중

(단위: %)

자산유형 \ 연도	2019	2020	2021	2022	2023	2024
현금	47.7	50.1	44.5	46.8	47.7	41.2
주식	28.6	27.1	30.9	27.8	27.4	29.1
부동산	23.7	22.8	24.6	25.4	24.9	29.7

① 전년 대비 2021년 회원 수의 증가율보다 모든 자산유형의 자산 규모 증가율이 더 작다.

② 2020년 이후 주식의 자산 비중의 전년 대비 증가율이 가장 큰 연도는 2024년이다.

③ 2020년 이후 회원 1인당 총자산 규모는 전년 대비 매년 증가하였다.

④ 2019년 대비 2024년 주식의 자산 규모는 5배 이상 증가하였다.

⑤ 자산유형을 자산 규모가 큰 것부터 순서대로 나열했을 때의 2022년 순서와 2024년 순서는 동일하다.

24. 다음 〈표〉는 A국의 산재보험급여 수급자 수 및 산재보험 진료비 지급액에 관한 자료이다. 이에 대한 〈보기〉의 설명 중 옳은 것만을 모두 고르면?

〈표 1〉 산재보험급여 수급자 수

(단위: 명)

급여 종류 \ 연도	2020	2021	2022	2023	2024
요양급여	185,704	195,407	207,456	225,665	256,611
휴업급여	111,811	110,979	125,162	137,309	138,675
장해급여	93,383	93,407	96,493	101,942	103,768
유족급여	25,949	27,272	28,842	30,328	31,846
장의비	2,052	2,218	2,565	2,470	2,566
상병보상연금	4,643	4,400	4,192	3,943	3,800
간병급여	5,472	5,383	5,365	5,273	5,143
직업재활급여	3,337	3,088	3,042	3,688	2,945
계	432,351	442,154	473,117	510,618	545,354

〈표 2〉 산재보험 진료비 지급액

(단위: 억 원)

의료기관		진료형태 \ 연도	2020	2021	2022	2023	2024
양방	상급종합병원	입원	1,320	1,305	1,745	1,812	2,049
		통원	213	228	353	471	550
		소계	1,533	1,533	2,098	2,283	2,599
	종합병원	입원	1,727	1,671	1,923	2,036	2,410
		통원	202	208	261	309	362
		소계	1,929	1,879	2,184	2,345	2,772
	병원	입원	1,676	1,620	1,928	1,914	2,491
		통원	234	233	277	279	345
		소계	1,910	1,853	2,205	2,193	2,836
	의원	입원	296	280	344	298	333
		통원	217	199	234	222	268
		소계	513	479	578	520	601
한방		입원	15	24	35	50	89
		통원	7	10	14	20	37
		소계	22	34	49	70	126

※ 의료기관은 양방과 한방으로만 나뉘고, 양방은 상급종합병원, 종합병원, 병원, 의원 4개 세부기관으로 구분됨.

〈보 기〉

ㄱ. 2020년 이후 산재보험 진료비 지급액이 처음으로 7,000억 원을 초과한 해는 2022년이다.

ㄴ. 2020~2024년 동안 연도별 산재보험급여 수급자 수가 많은 급여 종류부터 순서대로 나열하면 그 순서는 매년 동일하다.

ㄷ. 2021~2024년 동안 장해급여 수급자 수의 전년 대비 증가율이 가장 높은 해에는 전년 대비 증가한 종합병원의 입원 진료비 지급액도 가장 많다.

① ㄱ ② ㄴ ③ ㄷ

④ ㄱ, ㄴ ⑤ ㄱ, ㄴ, ㄷ

25. 다음 〈표〉는 '갑'국 병역의무자의 국외여행 허가 현황에 관한 자료이다. 이에 대한 〈보기〉의 설명 중 옳은 것만을 모두 고르면?

〈표〉 2021~2024년 병역의무자 국외여행 허가 현황

(단위: 건, %)

국가 \ 구분	2021년	전년 대비 증가율	2022년	전년 대비 증가율	2023년	전년 대비 증가율	2024년	전년 대비 증가율
전체	74,168	20.6	81,325	9.6	83,971	3.3	22,094	−73.7
일본	25,945	41.4	29,354	13.1	24,995	−14.8	4,741	−81.0
미국	9,450	2.4	9,484	0.4	10,506	10.8	5,400	−48.6
중국	3,790	−12.5	4,296	13.4	4,893	13.9	831	−83.0
필리핀	2,910	3.8	3,182	9.3	4,476	40.7	986	−78.0
대만	2,511	11.0	2,650	5.5	3,338	26.0	588	−82.4
홍콩	2,156	17.7	2,198	1.9	1,559	−29.1	137	−91.2
호주	1,390	15.8	1,330	−4.3	1,502	12.9	698	−53.5
독일	1,192	8.7	1,233	3.4	1,386	12.4	561	−59.5
캐나다	1,172	33.6	1,230	4.9	1,265	2.8	745	−41.1
영국	1,161	12.4	1,144	−1.5	1,325	15.8	387	−70.8
프랑스	1,017	1.9	1,075	5.7	1,259	17.1	269	−78.6
인도네시아	642	23.7	686	6.9	904	31.8	202	−77.7
러시아	439	100.5	839	91.1	1,048	24.9	171	−83.7
중동	383	16.4	55	−85.6	359	552.7	33	−90.8
브라질	143	−11.2	124	−13.3	167	34.7	68	−59.3
기타	19,867	22.3	22,445	13.0	24,989	11.3	6,277	−74.9

※ 국가 중 기타는 오대양을 포함한 나머지 국가를 의미하고, 해당 국가들의 각각의 허가 건수는 제시된 국가보다 작은 것으로 간주함.

〈보 기〉

ㄱ. 2020년 이후 중국으로의 병역의무자 국외여행 허가 건수는 매년 전체에서 5% 이상 차지한다.

ㄴ. 기타를 제외한 국가 중 병역의무자 국외여행 허가 건수의 전년 대비 증가율이 2021년보다 2022년에 높은 국가는 3개국이다.

ㄷ. 기타를 제외한 국가 중 2021년 대비 2023년 병역의무자 국외여행 허가 건수의 증가율이 가장 높은 국가는 러시아이다.

ㄹ. 2024년 병역의무자 국외여행 허가 건수의 전년 대비 감소율이 높은 국가부터 상위 5개국을 선정하면 일본, 중국, 홍콩, 러시아, 중동이 해당한다.

① ㄱ, ㄴ

② ㄱ, ㄷ

③ ㄴ, ㄷ

④ ㄴ, ㄹ

⑤ ㄷ, ㄹ

약점 보완 해설집 p.16

✂ 자르는 선

2025 해커스PSAT 7급 PSAT FINAL 봉투모의고사 자료해석 (3회)

컴퓨터용 흑색사인펜만 사용

책형
㊞ ⓐ

【필적감정용 기재】
*아래 예시문을 옮겨 적으시오
본인은 OOO(응시자성명)임을 확인함

기 재 란

성 명	
자필성명	본인 성명 기재
시험장소	

응 시 번 호							
	⓪	⓪	⓪	⓪	⓪	⓪	⓪
	①	①	①	①	①	①	①
	②	②	②	②	②	②	②
	③	③	③	③	③	③	③
	④	④	④	④	④	④	④
⑤	⑤	⑤	⑤	⑤	⑤	⑤	⑤
⑥	⑥	⑥	⑥	⑥	⑥	⑥	⑥
⑦	⑦	⑦	⑦	⑦	⑦	⑦	⑦
	⑧	⑧	⑧	⑧	⑧	⑧	⑧
	⑨	⑨	⑨	⑨	⑨	⑨	⑨

생 년 월 일					
⓪	⓪	⓪	⓪	⓪	⓪
①	①	①	①	①	①
②	②		②	②	②
③	③		③	③	③
④	④		④		④
⑤	⑤		⑤		⑤
⑥	⑥		⑥		⑥
⑦	⑦		⑦		⑦
⑧	⑧		⑧		⑧
⑨	⑨		⑨		⑨

※시험감독관 서명
(서명을 정자로 기재할 것)

적색 볼펜만 사용

자료해석(1~10번)					
1	①	②	③	④	⑤
2	①	②	③	④	⑤
3	①	②	③	④	⑤
4	①	②	③	④	⑤
5	①	②	③	④	⑤
6	①	②	③	④	⑤
7	①	②	③	④	⑤
8	①	②	③	④	⑤
9	①	②	③	④	⑤
10	①	②	③	④	⑤

자료해석(11~20번)					
11	①	②	③	④	⑤
12	①	②	③	④	⑤
13	①	②	③	④	⑤
14	①	②	③	④	⑤
15	①	②	③	④	⑤
16	①	②	③	④	⑤
17	①	②	③	④	⑤
18	①	②	③	④	⑤
19	①	②	③	④	⑤
20	①	②	③	④	⑤

자료해석(21~25번)					
21	①	②	③	④	⑤
22	①	②	③	④	⑤
23	①	②	③	④	⑤
24	①	②	③	④	⑤
25	①	②	③	④	⑤

시험일: ____년 ____월 ____일

국가공무원 7급 공개경쟁채용 1차 필기시험 모의고사

| 자료해석영역 |

응시번호	
성명	

실전모의고사 **4회**

문제책형 **㉦**(선)

응시자 주의사항

1. **시험시작 전 시험문제를 열람하는 행위나 시험종료 후 답안을 작성하는 행위를 한 사람**은 「공무원 임용시험령」 제51조에 의거 **부정행위자**로 처리됩니다.

2. **답안지 책형 표기는 시험시작 전** 감독관의 지시에 따라 **문제책 앞면에 인쇄된 문제책형을 확인**한 후, **답안지 책형란에 해당 책형(1개)**을 '●'로 표기하여야 합니다.

3. 시험이 시작되면 문제를 주의 깊게 읽은 후, **문항의 취지에 가장 적합한 하나의 정답만을 고르며**, 문제내용에 관한 질문은 할 수 없습니다.

4. **답안을 잘못 표기하였을 경우에는 답안지를 교체하여 작성**하거나 **수정할 수 있으며**, 표기한 답안을 수정할 때는 **응시자 본인이 가져온 수정테이프만을 사용**하여 해당 부분을 완전히 지우고 부착된 수정테이프가 떨어지지 않도록 손으로 눌러주어야 합니다. **(수정액 또는 수정스티커 등은 사용 불가)**

5. **시험시간 관리의 책임은 응시자 본인에게 있습니다.**
   ※ 문제책은 시험종료 후 가지고 갈 수 있습니다.

정답공개 및 해설강의 안내

1. 모바일 자동 채점 및 성적 분석 서비스
   • '약점 보완 해설집'에 회차별로 수록된 QR코드 인식 ▶ 응시 인원 대비 자신의 성적 위치 확인

2. 해설강의 수강 방법
   • 해커스PSAT 사이트(psat.Hackers.com) 접속 후 로그인 ▶ 우측 퀵배너 [쿠폰/수강권등록] 클릭 ▶ '약점 보완 해설집'에 수록된 쿠폰번호 입력 후 이용

해커스PSAT

1. 다음 〈표〉는 2024년 공무원 직급별 직무 만족도 조사결과에 관한 자료이다. 이를 근거로 직급별 조사결과 중 '그렇지 않다'에 응답한 공무원의 비중과 '그렇다'에 응답한 공무원의 비중의 차이가 가장 큰 직급과 가장 작은 직급을 바르게 연결한 것은?

〈표〉 공무원 직급별 직무 만족도 조사결과

(단위: 명)

구분 / 직급	그렇지 않다	그렇다	전체
1~4급	6	163	169
5급	34	407	441
6~7급	180	401	581
8~9급	232	1,092	1,324

	차이가 가장 큰 집단	차이가 가장 작은 집단
①	1~4급	5급
②	1~4급	6~7급
③	1~4급	9급
④	6~7급	5급
⑤	6~7급	8~9급

2. 다음은 배터리 제조 공정에 관한 자료이다. 2kg의 재료가 투입되었을 때, 제조 공정을 거쳐 출하되는 배터리의 총량은?

〈그림〉 배터리 제조 공정도

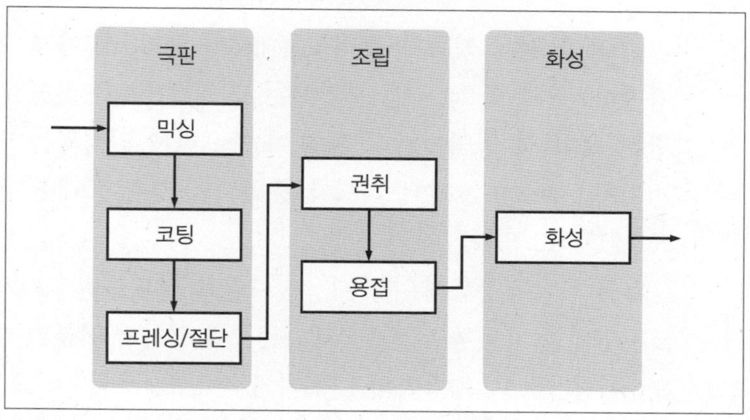

※ 배터리 제조 공정은 화살표 방향으로 단계별로 진행됨.

〈조 건〉

○ 배터리 제조 공정은 크게 극판, 조립, 화성으로 구분되어 순서대로 진행됨.

○ 극판 공정에는 믹싱, 코팅, 프레싱/절단 세 가지 세부 공정이 포함되고, 이 중 믹싱 단계에 재료가 최초로 투입되며, 믹싱 단계와 프레싱/절단 단계에서 각각 투입 재료의 10%가 소실됨.

○ 조립 공정에는 권취, 용접 두 가지 세부 공정이 포함되고, 이 중 용접 단계에서 투입 재료의 20%가 소실됨.

○ 화성 공정은 세부 공정이 없으며, 앞서 언급된 단계 외의 단계에서 재료의 소실은 발생하지 않고 다음 단계로 이동함.

○ 화성 공정이 완료되면 화성 공정에 투입된 재료 무게 $\frac{1}{3}$에 해당하는 무게의 배터리가 출하됨.

① 324g
② 432g
③ 450g
④ 648g
⑤ 864g

3. 다음 〈보고서〉는 '갑'국의 자동차 등록대수 및 친환경차 등록대수 현황에 관한 자료이다. 〈보고서〉의 내용과 부합하지 않는 자료는?

〈보고서〉

'갑'국의 전체 자동차 누적등록대수가 2020년 이후 매년 증가하는 가운데 2024년 1분기에는 25,000천 대를 웃돌았다. 한편 사회 각 영역에서 '친환경'이 중요하게 인식되는 만큼 전기차, 수소차, 하이브리드차 등의 친환경차에 대한 니즈도 변화하고 있다.

자동차 누적등록대수를 사용연료별로 살펴보면, 2024년 2분기 기준 자동차 누적등록대수는 친환경차가 전분기 대비 8.5% 증가하고, 경유차와 LPG차가 각각 0.5%씩 감소한 것으로 나타났다. 또한 친환경차 중 하이브리드차의 누적등록대수는 1,000천 대 이상으로 가장 많았으며, 전기차, 수소차, 하이브리드차 모두 2022년 기준 누적등록대수의 2배 이상이었다.

최근 친환경차 중 전기차의 원산지별 신규등록대수를 살펴보면 수입차보다 국산차의 인기를 실감할 수 있다. 전년동분기 대비 2024년 2분기 전기차의 신규등록대수는 15천 대 이상 증가한 반면, 이 중 수입차의 신규등록대수는 오히려 감소하였다. 2024년 1~6월의 원산지별 전기차 신규등록대수 점유율에서도 국산차의 점유율은 최소 68.2%로 수입차보다 매년 높게 나타났다.

① 전체 자동차 누적등록대수

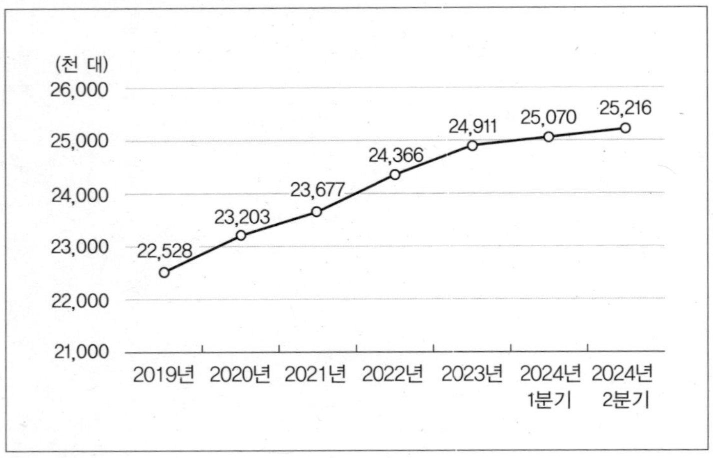

② 분기별 전기차 신규등록대수

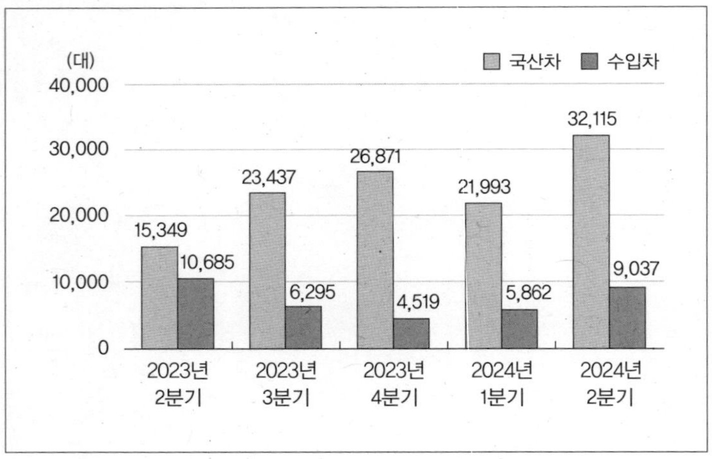

③ 친환경차 누적등록대수

(단위: 대)

사용연료 \ 구분	2019년	2020년	2021년	2022년	2023년	2024년 2분기
친환경차	339,134	461,733	601,048	820,329	1,159,087	1,364,489
전기차	25,108	55,756	89,918	134,962	231,443	298,633
수소차	170	893	5,083	10,906	19,404	24,119
하이브리드차	313,856	405,084	506,047	674,461	908,240	1,041,737

④ 2024년 1~6월 전기차 신규등록대수의 원산지별 점유율

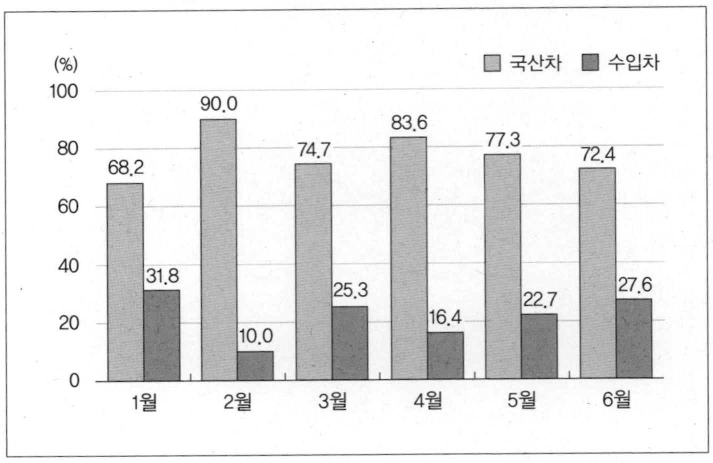

⑤ 2024년 1분기 대비 2분기 자동차 사용연료별 누적등록대수 증가율

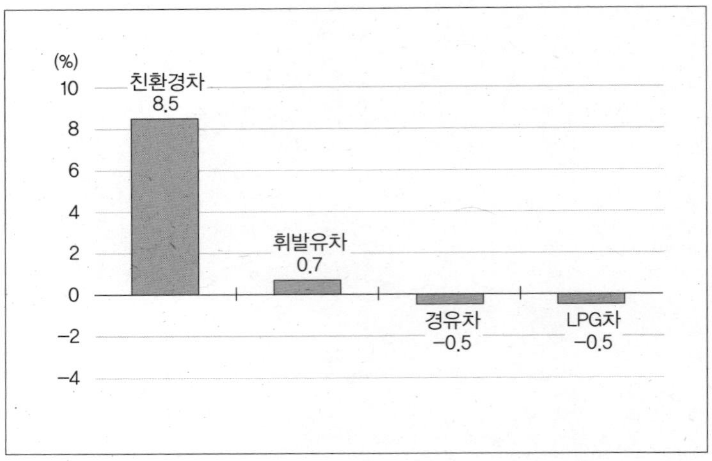

4. 다음 〈표〉는 '갑' 온라인 쇼핑몰에서 판매하는 상품 A~E의 가격, 등록일, 리뷰 현황에 관한 자료이다. 〈정렬 기준〉에 근거하여 상품 A~E를 정렬했을 때 상품 목록 상단부터 노출 순서가 첫 번째인 상품과 세 번째인 상품을 바르게 연결한 것은?

〈표〉 상품 A~E의 가격, 등록일, 리뷰 현황

(단위: 원, 개)

구분 상품	가격	등록일	리뷰 평점별 개수					
			총계	1점	2점	3점	4점	5점
A	40,300	21.11.05	30	2	0	1	5	22
B	40,800	22.03.06	20	0	0	0	10	10
C	38,900	22.03.15	8	0	0	0	1	7
D	36,000	21.04.30	50	0	0	7	36	7
E	40,800	22.05.10	50	0	0	5	15	30

〈정렬 기준〉

○ 평균평점이 높은 상품일수록 상품 목록의 높은 위치에 노출됨.

○ 평균평점이 같은 상품이면 가격이 낮은 상품일수록 상품 목록의 높은 위치에 노출됨.

○ 평균평점과 가격이 같은 상품이면 등록일이 최신인 상품일수록 상품 목록의 높은 위치에 노출됨.

○ 평균평점은 각 상품의 평점 총점을 리뷰 총계로 나눈 값이고, 평점 총점은 각 평점에 리뷰 개수를 곱한 값들의 총합임.

○ 다른 기준과 무관하게 리뷰 총계가 20개 이상인 상품이 20개 미만인 상품보다 상품 목록의 높은 위치에 노출됨.

	첫 번째	세 번째
①	A	B
②	A	D
③	C	E
④	D	A
⑤	D	C

5. 다음 〈표〉는 2020년, 2022년, 2024년 A~E지역의 도시숲 면적 현황에 관한 자료이고, 〈보고서〉는 A~E 중 한 지역의 도시숲 면적에 관한 설명이다. 이를 근거로 판단할 때, 〈보고서〉의 내용에 부합하는 지역은?

〈표〉 A~E지역의 시기별 도시숲 면적 현황

(단위: ha, m²/인)

시기 면적 지역	2020년			2022년			2024년		
	생활권 도시림	1인당 도시림	1인당 생활권 도시림	생활권 도시림	1인당 도시림	1인당 생활권 도시림	생활권 도시림	1인당 도시림	1인당 생활권 도시림
전국	30,697	302.48	7.00	38,513	236.70	8.32	54,354	256.62	11.51
A	4,207	18.53	4.13	4,411	12.60	4.35	6,685	17.63	6.87
B	4,138	44.46	10.60	3,424	69.20	9.90	4,525	91.15	13.82
C	4,971	152.67	4.84	6,043	148.90	5.29	10,462	119.66	8.37
D	1,894	1,145.96	10.96	2,280	527.80	11.25	3,074	790.30	15.40
E	3,633	282.57	15.11	2,797	294.60	10.63	4,487	272.99	16.89

〈보고서〉

이 지역의 시기별 도시숲 면적에는 다음과 같은 특징이 있다. 첫째, 2020년 대비 2024년 1인당 도시림 면적의 증감 방향과 1인당 생활권도시림 면적의 증감 방향은 모두 전국의 증감 방향과 같다. 둘째, 매 시기 1인당 도시림 면적은 1인당 생활권도시림 면적의 4배 이상이다. 셋째, 2024년 1인당 생활권도시림 면적은 2020년보다 3m²/인 이상 더 넓다. 넷째, 이 지역의 생활권도시림 면적이 전국 생활권도시림 면적에서 차지하는 비중은 2024년이 2022년보다 크다.

① A

② B

③ C

④ D

⑤ E

6. 다음 〈보고서〉는 '갑'국 인공지능 산업의 연구개발 외부투자 현황에 관한 자료이다. 〈보고서〉의 내용과 부합하는 자료만을 〈보기〉에서 모두 고르면?

〈보고서〉

'갑'국의 인공지능 산업은 AI 소프트웨어, AI 서비스, AI 하드웨어 세 부문으로 구분된다. 2021~2023년 3년 동안의 인공지능 산업 연구개발 현황을 조사한 결과, 외부투자 유치실적 보유기업의 비율은 인공지능 산업 전체가 37.6%였으며, 세 부문 중 AI 소프트웨어의 비율이 42.4%로 가장 높았다.

2021~2023년 인공지능 산업 외부투자 유치건수를 살펴보면, 연도별 외부투자 유치건수는 인공지능 산업 전체가 2022년에 582건으로 가장 많았고, 부문별로는 AI 소프트웨어와 AI 서비스가 각각 2022년에 가장 많았으며, AI 하드웨어는 2023년에 가장 많았다. 한편 인공지능 산업 전체의 외부투자 유치금액은 2022년에 전년 대비 70% 이상 증가하여 1.1조 원을 상회하였고, 2023년에는 2022년에 비해 소폭 감소하였다.

2021~2023년 3년간 외부투자 유치실적 보유기업의 외부투자 유치 방법으로는 인공지능 산업 전체에서 '벤처캐피탈/엔젤투자'라고 응답한 비율이 45.3%로 가장 높았으며, 부문별로 보더라도, '무응답'을 제외하면 '벤처캐피탈/엔젤투자'라고 응답한 비율이 각 부문에서 가장 높았다.

〈보 기〉

ㄱ. 2021~2023년 동안의 부문별 외부투자 유치실적 보유기업 비율

(단위: %)

구분 \ 부문	전체	AI 소프트웨어	AI 서비스	AI 하드웨어
보유기업	37.6	42.4	32.6	24.1
미보유기업	62.4	57.6	67.4	75.9

ㄴ. 2021~2023년 동안의 부문별 외부투자 유치실적 보유기업의 외부투자 유치 방법

(단위: %)

구분 \ 부문	전체	AI 소프트웨어	AI 서비스	AI 하드웨어
IPO	25.4	22.2	30.7	0.0
벤처캐피탈/엔젤투자	45.3	55.3	30.9	33.3
정부정책 지원금	12.8	9.9	16.8	22.2
은행 등 일반금융	6.0	5.9	5.7	22.2
기타	4.6	5.9	2.7	0.0
무응답	16.2	8.6	26.8	44.4

※ 복수응답 허용.

ㄷ. 2021~2023년 전체 외부투자 유치금액

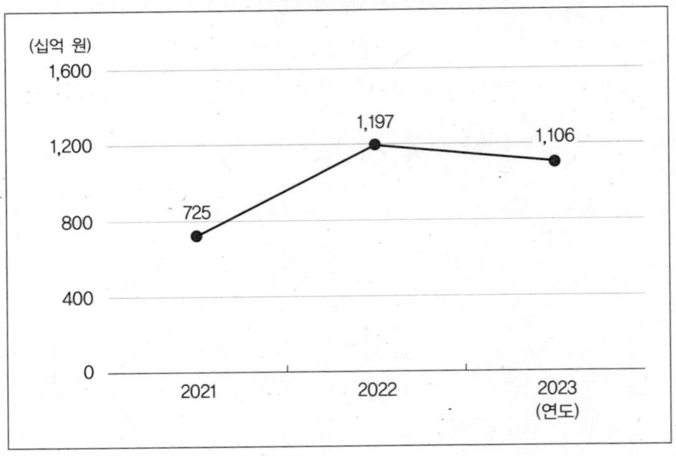

ㄹ. 2021~2023년 부문별 외부투자 유치건수

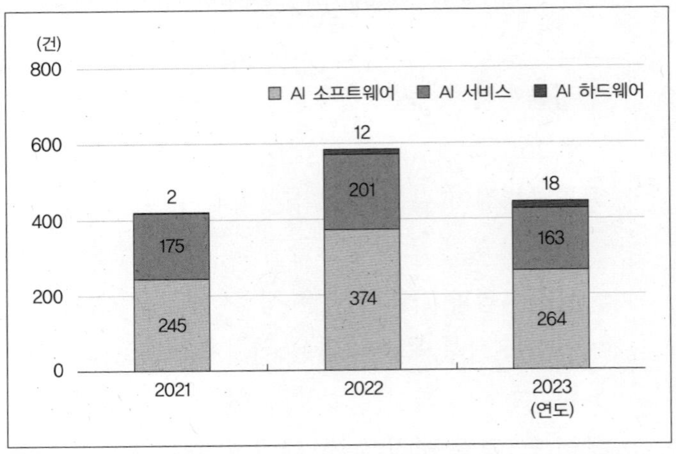

① ㄱ, ㄴ

② ㄱ, ㄷ

③ ㄱ, ㄹ

④ ㄴ, ㄷ

⑤ ㄴ, ㄹ

7. 다음은 '갑'국의 구조 및 구급 활동 현황에 관한 자료이다. 제시된 〈표〉 이외에 〈보고서〉를 작성하기 위해 추가로 필요한 자료만을 〈보기〉에서 모두 고르면?

〈표 1〉 구조대 연간 출동 건수 및 구조 건수

(단위: 천 건)

구분 \ 연도	2017	2018	2019	2020	2021	2022	2023
출동 건수	630	757	805	838	894	838	1,063
구조 건수	480	609	655	664	719	666	800

※ 출동 건수=구조 건수+미처리 건수

〈표 2〉 구급대 연간 출동 건수

(단위: 천 건)

구분 \ 연도	2017	2018	2019	2020	2021	2022	2023
출동 건수	2,535	2,678	2,788	2,925	2,930	2,766	3,149

〈보고서〉

'갑'국은 국민의 구조 및 구급을 위해 활동하는 구조대와 구급대를 운영하고 있다. 구조대와 구급대의 출동 건수는 모두 2017년부터 2021년까지 지속적으로 증가하였다. 2022년에는 2021년에 비해 구조대와 구급대의 출동 건수가 모두 감소하기도 하였으나, 2023년에는 다시 2022년에 비해 증가하였다. 1년 365일을 기준으로 2023년의 1일 평균 출동 건수는 구조대가 약 2.9천 건, 구급대가 8.6천 건으로, 구급대의 활동이 구조대의 활동보다 활발하였다.

구조대의 출동 건수는 구조를 처리한 구조 건수와 그 외 오인신고, 자체 처리 등의 미처리 건수로 구분된다. 2017~2023년 동안 매년 출동 건수의 15% 이상이 미처리 건수로 나타나 구조력이 낭비되고 있음이 확인되었다. 한편, 구조대가 출동하여 구조 처리한 구조 인원은 2018년 이후 매년 감소하여 2023년 연간 구조 인원은 853백 명인 것으로 나타났다.

구급대 출동 건수의 전년 대비 증가율이 가장 높은 해는 2023년이며, 증가율은 15% 미만이다. 반면 구급대의 구급대원 수는 매년 큰 폭으로 증가하며 2017년 대비 2023년 구급대원 수의 증가율은 2017년 대비 2023년 구급대 출동 건수의 증가율보다 30%p 이상 큰 것으로 나타났다.

〈보 기〉

ㄱ. 구조대 연간 출동 건수 중 미처리 건수의 비율

(단위: %)

구분 \ 연도	2017	2018	2019	2020	2021	2022	2023
미처리 건수 비율	23.9	19.5	18.6	20.8	19.5	20.6	24.7

ㄴ. 구급대 구급대원 수

(단위: 백 명)

구분 \ 연도	2017	2018	2019	2020	2021	2022	2023
구급 대원 수	84	91	98	109	120	127	131

ㄷ. 구조대 연간 구조 인원

(단위: 백 명)

구분 \ 연도	2017	2018	2019	2020	2021	2022	2023
구조 인원	1,204	1,344	1,156	1,043	999	867	853

ㄹ. 구조대 및 구급대 1일 평균 출동 건수

(단위: 천 건)

구분 \ 연도	2017	2018	2019	2020	2021	2022	2023
구조대	1.7	2.1	2.2	2.3	2.4	2.3	2.9
구급대	6.9	7.3	7.6	8.0	8.0	7.6	8.6

① ㄱ, ㄴ
② ㄱ, ㄷ
③ ㄴ, ㄷ
④ ㄴ, ㄹ
⑤ ㄷ, ㄹ

8. 다음은 물체 '갑', '을', '병'의 역학적에너지를 측정하기 위한 자료이다. 이를 근거로 역학적에너지 크기가 가장 큰 물체부터 순서대로 나열하면?

〈표〉 물체 '갑', '을', '병'의 세부 정보

(단위: kg, m, m/s)

물체 \ 구분	질량	높이	속력
갑	10	40	20
을	30	20	10
병	20	10	25

〈조 건〉

○ 역학적에너지 = 운동에너지 + 위치에너지

○ 운동에너지 = $\frac{질량 \times 속력^2}{2}$

○ 위치에너지 = 질량 × 중력가속도 × 높이
(단, 중력가속도는 $10m/s^2$으로 가정)

① 갑, 을, 병
② 을, 갑, 병
③ 을, 병, 갑
④ 병, 갑, 을
⑤ 병, 을, 갑

9. 다음 〈표〉는 '갑'국의 정보화 수준 종합 순위 1~10위 업종의 항목 순위 및 원점수에 관한 자료이다. 이에 대한 설명으로 옳지 않은 것은?

〈표〉 정보화 수준 평가대상 업종 중 종합 순위 1~10위 업종의 항목 순위 및 원점수

(단위: 점)

구분 순위	종합 점수	업종	정보화 전략수집 (0.5)		정보화 추진환경 (0.2)		정보화 구축현황 (0.3)	
			순위	원점수	순위	원점수	순위	원점수
1	58.88	C	1	71.8	2	54.0	2	40.6
2	( )	E	2	69.6	4	53.0	1	41.6
3	56.84	J	3	69.3	1	54.1	8	37.9
4	56.19	A	4	68.2	12	50.9	3	39.7
5	( )	B	5	67.5	3	53.2	15	36.0
6	55.14	D	8	66.6	7	52.2	7	38.0
7	55.03	G	6	67.3	5	52.6	14	36.2
8	( )	H	12	65.9	10	51.2	5	39.2
9	( )	F	7	67.2	9	51.3	11	36.8
10	( )	I	13	65.5	6	52.5	6	38.8

※ 1) 점수가 높을수록 순위가 높음.
2) 항목 점수=항목 원점수×항목 가중치
3) 괄호 안 숫자는 정보화 수준 종합 점수 산출을 위한 항목별 가중치임.
4) 종합 점수는 3개 항목 점수의 합임.

① 정보화 수준 평가대상 업종은 15개 이상이다.
② 종합 순위 1~10위 업종의 종합 점수 합은 570점 이하이다.
③ F 업종의 '정보화 추진환경' 항목 점수가 G 업종의 '정보화 추진환경' 항목 점수로 같아지면 종합 순위는 바뀐다.
④ 종합 순위가 I 업종보다 낮은 업종 중에 '정보화 구축현황' 항목 점수가 I 업종보다 높은 업종이 있다.
⑤ 종합 순위 1~10위 업종 중 업종별 각 항목 순위에서 '정보화 전략수집' 항목 순위가 가장 높은 업종은 3개이다.

10. 다음 〈표〉는 2020~2024년 '갑'국의 체육지도자 자격 취득 현황에 관한 자료이다. 이를 바탕으로 작성한 〈보고서〉의 B, C, E에 해당하는 내용을 바르게 연결한 것은?

〈표〉 연도별 체육지도자 자격 취득 현황

(단위: 명)

자격 종류 \ 연도	2020	2021	2022	2023	2024
전체	12,464	16,748	12,198	14,686	16,631
건강운동관리사	234	285	181	94	235
노인스포츠지도사	1,746	1,922	1,846	1,858	2,003
유소년스포츠지도사	1,973	1,634	1,259	1,185	1,391
장애인스포츠지도사	463	574	478	548	708
전문스포츠지도사	1,521	2,849	1,239	1,831	1,861
1급 전문스포츠지도사	70	78	66	41	48
2급 전문스포츠지도사	1,451	2,771	1,173	1,790	1,813
생활스포츠지도사	6,527	9,484	7,195	9,170	10,433
1급 생활스포츠지도사	185	277	262	245	258
2급 생활스포츠지도사	6,342	9,207	6,933	8,925	10,175

※ 1) '갑'국 국민은 한 종류의 체육지도자 자격만을 취득할 수 있음.
2) 각 연도의 수치는 해당 연도에 체육지도자 자격을 신규로 취득한 인원만을 나타냄.

〈보고서〉

'갑'국의 체육지도자 자격 취득 현황을 살펴보면, 2020~2024년 동안 체육지도자 자격을 신규로 취득한 자는 총 [A]명이고, 2024년의 체육지도자 자격 취득자 수는 2023년에 비해 [B]명 증가하였다. 2020~2024년 동안 매년 체육지도자 자격 취득자 수가 가장 많은 자격 종류는 생활스포츠지도사이었으며, 연도별 체육지도자 자격 취득자 중 생활스포츠지도사 자격 취득자 수의 비중은 [C]년과 2024년에 각각 60%를 초과하였다. 한편, 생활스포츠지도사를 제외한 체육지도자 자격 종류 중 취득자 수가 가장 많은 자격 종류의 경우, 2020년에는 [D], 2024년에는 [E]인 것으로 나타났다.

	B	C	E
①	1,945	2022	유소년스포츠지도사
②	1,945	2023	노인스포츠지도사
③	1,945	2023	유소년스포츠지도사
④	2,045	2022	노인스포츠지도사
⑤	2,045	2023	유소년스포츠지도사

11. 다음 〈표〉는 2023~2024년 보리, 마늘, 양파의 재배면적 및 생산량에 관한 자료이다. 이에 대한 〈보기〉의 설명 중 옳은 것만을 모두 고르면?

〈표〉 2023~2024년 보리, 마늘, 양파의 재배면적 및 생산량

연도 / 구분 / 작물종류	2023			2024		
	재배면적(ha)	생산량(톤)	10a당 생산량(kg)	재배면적(ha)	생산량(톤)	10a당 생산량(kg)
보리	28,823	128,866	447	23,639	98,836	418
겉보리	5,783	28,620	495	4,620	21,048	( )
쌀보리	15,865	71,333	450	12,979	55,546	428
맥주보리	7,175	28,913	403	6,040	22,242	368
마늘	21,999	308,532	1,402	22,362	272,760	1,220
한지형	5,420	57,446	1,060	4,462	37,880	849
난지형	16,579	251,086	1,514	17,900	234,880	1,312
양파	18,462	( )	8,541	17,661	1,195,564	6,770
조생종	2,151	180,404	8,387	2,142	153,606	7,171
중만생종	16,311	1,396,347	8,561	15,519	1,041,958	6,714

※ 1) 작물종류 보리, 마늘, 양파는 각각 순서대로 3, 2, 2가지 세부 작물종류만 경작됨.

2) 1ha=10,000㎡, 10a=1,000㎡, 1톤=1,000kg

3) 10a당 생산량은 재배면적 10a당 생산량을 kg 단위로 소수점 아래 첫째 자리에서 반올림함.

〈보 기〉

ㄱ. 보리, 마늘, 양파 중 2024년 재배면적이 전년 대비 증가한 작물종류는 2024년 생산량이 전년 대비 10% 이상 감소하였다.

ㄴ. 보리의 세부 작물종류 중 10a당 생산량이 같은 해 보리의 10a당 생산량보다 많은 세부 작물종류는 매년 같다.

ㄷ. 보리, 마늘, 양파의 세부 작물종류 중 2024년 10a당 생산량이 전년 대비 가장 큰 폭으로 감소한 세부 작물종류는 조생종 양파이다.

① ㄴ

② ㄷ

③ ㄱ, ㄴ

④ ㄱ, ㄷ

⑤ ㄱ, ㄴ, ㄷ

12. 다음 〈표〉는 '갑'국의 2024년 분기별 구직급여 신청 및 지급 현황에 관한 자료이다. 이에 관한 설명으로 옳지 않은 것은?

〈표 1〉 2024년 분기별 구직급여 신청 및 지급 현황

(단위: 명, 억 원)

구분	1분기	2분기	3분기	4분기
신규 신청자	470,196	280,389	269,063	269,061
지급자	2,127,614	2,135,950	1,937,374	1,631,006
지급액	34,541	33,302	30,518	25,215

※ 1) 구직급여는 실업 상태일 때 신청 가능함.

2) 지급자는 신규 신청자 중 구직급여를 지급받은 자뿐만 아니라 기존 신청자 중 지급받은 자를 포함한 값임.

〈표 2〉 2024년 유형별 구직급여 신규 신청자 현황

(단위: 명)

유형	구분	1분기	2분기	3분기	4분기
연령대	20대 이하	78,300	50,119	48,907	48,644
	30대	76,750	52,128	47,782	47,043
	40대	89,976	56,426	51,011	51,470
	50대	108,860	66,206	61,408	63,444
	60대 이상	116,310	55,510	59,955	58,460
성별	남성	224,182	142,606	133,086	130,679
	여성	246,014	137,783	135,977	138,382
사업장 규모	30인 미만	241,336	159,980	152,184	145,937
	30~299인	113,713	66,926	60,397	60,926
	300인 이상	115,147	53,483	56,482	62,198

※ 사업장 규모는 구직급여 신규 신청자가 실업 상태 직전 근무했던 사업장의 규모를 의미함.

① 2024년 2분기 구직급여 신규 신청자 수는 1분기 대비 30% 이상 감소하였고, 이후 매 분기 30만 명 이하이다.

② 2024년 구직급여 신규 신청자 중 40대 이상이 차지하는 비중은 매 분기 60% 이상이다.

③ 2024년 구직급여 신규 신청자 수는 남성과 여성 모두 각각 60만 명 이상이다.

④ 30인 미만 사업장에 근무했던 신규 신청자 수는 30인 이상 사업장에 근무했던 신규 신청자 수보다 매 분기 더 많다.

⑤ 4분기 구직급여 지급자 1명당 지급액은 1분기 대비 증가하였다.

13. 다음 〈표〉는 성인의 종이책 도서분야 선호도에 관한 자료이다. 이에 대한 설명으로 옳은 것은?

〈표〉 성인의 종이책 도서분야 선호도

(단위: 명, %)

구분		조사 인원	문학 도서	어학	취미	철학	자기 계발서	장르 소설	기타
전체		3,592	23.7	2.7	10.9	10.3	9.2	13.0	30.2
성별	남성	1,740	21.2	2.6	9.8	10.1	9.2	13.2	33.9
	여성	1,852	26.0	2.7	11.9	10.5	9.1	12.8	27.0
연간 독서량	0권	1,433	22.6	2.1	12.7	9.8	9.8	12.1	30.9
	1~5권	883	22.8	2.6	9.7	10.5	9.7	15.0	29.7
	6~10권	239	26.4	4.7	7.7	10.2	8.6	13.5	28.9
	11~15권	365	24.7	2.4	12.2	12.1	7.1	11.1	30.4
	16권 이상	672	25.6	3.4	9.1	10.1	8.6	13.2	30.0

※ 선호도 조사 인원은 자신이 가장 선호하는 분야 한 가지에 투표함.

① 기타와 장르 소설을 제외한 모든 분야에서 여성의 선호도가 남성의 선호도보다 높다.

② 기타를 제외하고 연간 독서량이 11~15권인 집단과 16권 이상인 집단 간의 선호도 차이가 가장 큰 도서분야는 장르 소설이다.

③ 전체 선호도 조사 인원 중 1년 동안 1권의 종이책도 읽지 않은 사람이 차지하는 비율은 45% 이상이다.

④ 연간 독서량이 1~5권인 사람 중 어학을 가장 선호하는 사람의 수는 연간 독서량이 6~10권인 사람 중 자기계발서를 가장 선호하는 사람의 수보다 많다.

⑤ 여성 조사 인원 중 자기계발서를 가장 선호하는 조사 인원의 수는 160명 이하이다.

14. 다음 〈표〉는 '갑'국 50여 개의 제약회사 중 2024년 매출액 기준 상위 10개 제약회사에 관한 자료이다. 이에 대한 〈보기〉의 설명 중 옳은 것만을 모두 고르면?

〈표〉 2024년 매출액 기준 상위 10개 제약회사의 매출액 현황

(단위: 억 원)

순위	회사명	2024년 매출액	전년 대비 증가액
1(5)	녹십약품	2,868	1,689
2(1)	중아제약	2,010	141
3(2)	무한약품	1,637	72
4(4)	대동제약	1,558	163
5(3)	우세약품	1,502	10
6(6)	원중제약	1,126	61
7(8)	장수약품	1,000	190
8(7)	윤일제약	859	17
9(11)	두영제약	719	80
10(9)	진영약품	709	−6
계		13,988	2,417

※ 순위의 괄호 안 숫자는 2023년 매출액에 대한 순위를 나타냄.

〈보 기〉

ㄱ. 2023년 매출액 상위 10개 제약회사 중 2023년 매출액이 1,500억 원 이상인 제약회사는 3개이다.

ㄴ. 2023년 매출액 상위 10개 제약회사의 2023년 매출액의 합은 12,000억 원 미만이다.

ㄷ. 2024년 매출액 상위 10개 제약회사 중 2024년 매출액의 전년 대비 증가폭이 가장 큰 회사는 전년 대비 증가율도 가장 높다.

ㄹ. 2024년 매출액 상위 10개 제약회사 중 2023년 대비 순위가 상승한 제약회사의 매출액 합이 차지하는 비중은 40% 이상이다.

① ㄱ, ㄴ

② ㄱ, ㄷ

③ ㄱ, ㄹ

④ ㄴ, ㄷ

⑤ ㄷ, ㄹ

15. 다음은 '갑'시 시민의 생체시료 내 수은농도에 관한 자료이다. 이를 근거로 A~E지역 중 '갑'시에 해당하는 지역을 고르면?

〈표〉 A~E지역 시민의 생체시료 내 수은농도

(단위: μg/L)

연령계층 / 지역 \ 성별	영유아 (5세 이하)		초등학생 (6~11세)		중·고등학생 (12~17세)		성인 (18세 이상)	
	남	여	남	여	남	여	남	여
A	0.60	0.53	0.47	0.70	0.53	0.63	0.57	0.47
B	0.44	0.41	0.39	0.39	0.41	0.42	0.39	0.32
C	0.20	0.18	0.49	0.48	0.39	0.40	0.41	0.38
D	0.16	0.13	0.42	0.39	0.32	0.32	0.29	0.24
E	0.70	0.63	0.54	0.58	0.65	0.70	0.69	0.52

※ 연령계층은 '영유아'가 가장 낮고, 그다음 '초등학생', '중·고등학생', '성인' 순으로 높아짐.

〈보고서〉

'갑'시는 유해오염물질 노출수준을 평가하고, 노출요인을 분석하기 위해 '갑'시 시민의 생체시료 내 수은농도를 조사한 결과, 다음과 같은 특징이 있다. 첫째, 남성과 여성의 생체시료 내 수은농도 차이가 가장 큰 연령계층은 성인이다. 둘째, 연령계층 중 중·고등학생은 여성의 생체시료 내 수은농도가 남성의 생체시료 내 수은농도보다 높거나 같고, 중·고등학생을 제외한 모든 연령계층은 각각 남성의 생체시료 내 수은농도가 여성의 생체시료 내 수은농도보다 높거나 같다. 셋째, 남성은 연령계층이 높아짐에 따라 생체시료 내 수은농도의 변화폭의 크기는 감소한다. 마지막으로, 성인 남성의 생체시료 내 수은농도는 성인 여성 생체시료 내 수은농도 대비 1.2배 이상이다.

① A
② B
③ C
④ D
⑤ E

16. 다음 〈표〉는 2024년 지방국세청별 차명계좌신고 접수 및 처리 현황에 관한 자료이다. 이에 대한 〈보기〉의 설명 중 옳은 것만을 모두 고르면?

〈표〉 지방국세청별 차명계좌신고 접수 및 처리 현황

(단위: 건)

구분	처리대상 건수			처리 건수	익년 이월 건수
	전년 이월	당년 접수	계		
서울청	1,375	5,861	7,236	5,375	1,861
중부청	4,775	14,962	19,737	13,524	6,213
대전청	710	4,106	4,816	4,014	802
광주청	414	3,653	4,067	3,451	616
대구청	653	3,028	3,681	3,096	585
부산청	814	5,619	6,433	5,427	1,006
합	8,741	37,229	45,970	34,887	11,083

〈보 기〉

ㄱ. 당년 접수 건수보다 처리 건수가 많은 지방국세청은 '대구청' 뿐이다.
ㄴ. 당년 접수 건수 대비 전년 이월 건수의 비율이 가장 높은 지방국세청은 '서울청'이다.
ㄷ. 각 지방국세청의 처리대상 건수에서 처리 건수가 차지하는 비중이 80% 이상인 지방국세청은 3개 미만이다.
ㄹ. 지방국세청 당년 접수 건수의 합에서 '부산청'의 당년 접수 건수가 차지하는 비중은 15% 이상이다.

① ㄱ, ㄴ
② ㄱ, ㄹ
③ ㄴ, ㄷ
④ ㄱ, ㄷ, ㄹ
⑤ ㄴ, ㄷ, ㄹ

17. 다음 〈표〉는 2018~2024년 '갑'국의 연구개발투자액에 관한 자료이다. 이에 대한 설명으로 옳은 것은?

〈표〉 '갑'국의 연구개발투자액

(단위: 십억 원, %)

구분 \ 연도	2018	2019	2020	2021	2022	2023	2024
전체	55,450	59,301	63,734	65,960	69,405	78,789	86,129
정부 부담	13,822	14,242	15,275	16,294	16,410	17,737	18,363
민간 부담	41,628	45,059	48,459	49,666	52,995	61,052	67,766
GDP 대비 전체 연구개발투자액 비중	4.0	4.2	4.3	4.2	4.2	4.6	4.8

※ GDP 대비 전체 연구개발투자액 비중(%) = $\frac{\text{전체 연구개발투자액}}{\text{GDP}} \times 100$

① 2018~2024년 중 GDP가 처음으로 1,500조 원을 초과한 해는 2020년이다.

② 2018년과 2024년 전체 연구개발투자액의 차이는 35조 원 이상이다.

③ 전체 연구개발투자액이 세 번째로 큰 해에 정부 부담 연구개발투자액은 17조 원 이상이다.

④ 2024년 민간 부담 연구개발투자액의 전년 대비 증가율은 15% 이상이다.

⑤ 민간 부담 연구개발투자액과 정부 부담 연구개발투자액의 차이가 가장 큰 해는 2024년이다.

18. 다음은 2023년 업체 A~D의 제품 판매량에 관한 자료이다. 이에 대한 설명으로 옳은 것은?

〈그림〉 업체 A~D의 분기별 제품 판매량

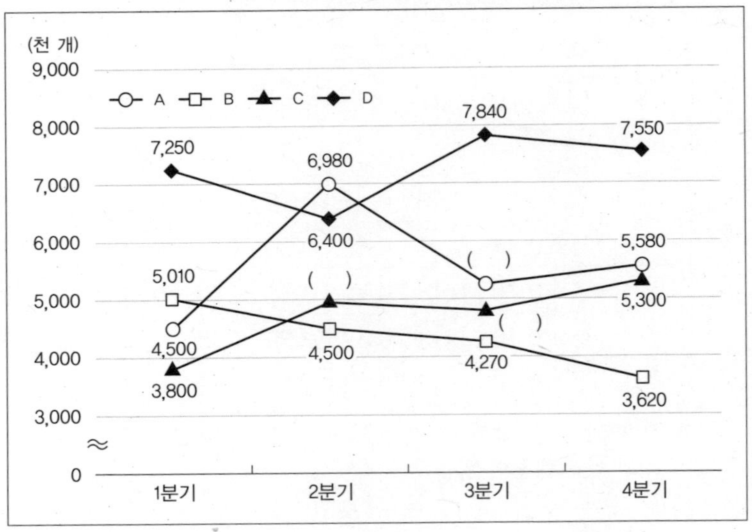

〈표〉 업체 A~D의 월평균 제품 판매량

(단위: 천 개)

업체	A	B	C	D
월평균 판매량	1,860	( )	1,570	( )

※ 1) 월평균 판매량 = $\frac{\text{연간 판매량}}{12}$

※ 2) 연간 판매량은 1~4분기 판매량의 합임.

① 업체 A~D 중 1분기 대비 4분기 판매량 증가율이 가장 높은 업체는 A이다.

② 연간 판매량은 업체 B가 업체 C보다 많다.

③ 업체 A의 3분기 판매량은 520만 개 이상이다.

④ 업체 D의 월평균 판매량은 250만 개 이상이다.

⑤ 업체 A~D 중 판매량이 가장 많은 분기와 가장 적은 분기 간 판매량 차이는 업체 D가 가장 작다.

19. 다음 〈표〉는 우리나라 호수의 생활환경기준과 생활환경 평가 결과에 관한 자료이다. 이에 대한 〈보기〉의 설명 중 옳은 것만을 모두 고르면?

〈표 1〉 호수의 생활환경기준

기준 / 등급	총유기 탄소량 (mg/L)	화학적 산소 요구량 (mg/L)	총인 (mg/L)	클로로필-a (mg/㎥)
매우 좋음 (Ia)	2 이하	2 이하	0.01 이하	5 이하
좋음(Ib)	2 초과 3 이하	2 초과 3 이하	0.01 초과 0.02 이하	5 초과 9 이하
약간 좋음 (II)	3 초과 4 이하	3 초과 4 이하	0.02 초과 0.03 이하	9 초과 14 이하
보통(III)	4 초과 5 이하	4 초과 5 이하	0.03 초과 0.05 이하	14 초과 20 이하
약간 나쁨 (IV)	5 초과 6 이하	5 초과 8 이하	0.05 초과 0.10 이하	20 초과 35 이하
나쁨(V)	6 초과 8 이하	8 초과 10 이하	0.10 초과 0.15 이하	35 초과 70 이하
매우 나쁨 (VI)	8 초과	10 초과	0.15 초과	70 초과

※ 호수의 생활환경 평가 항목은 네 가지로, 총유기 탄소량, 화학적 산소 요구량, 총인, 클로로필-a로 구성됨.

〈표 2〉 주요 호수의 생활환경 평가 결과

수제	호수	목표기준	총유기 탄소량 (mg/L)	화학적 산소 요구량 (mg/L)	총인 (mg/L)	클로로 필-a (mg/㎥)
한강	소양호	Ia	1.8	2.1	0.011	1.8
	팔당호	Ia	2.3	3.9	0.040	14.4
	광동호	Ia	1.8	2.7	0.031	5.7
낙동강	가창호	Ia	1.6	2.3	0.016	3.5
	밀양호	Ib	1.5	2.0	0.009	1.6
금강	금강하구	II	3.5	6.9	0.096	31.7
	용담호	Ia	1.9	3.1	0.015	2.4
영산강	담양호	Ia	1.9	3.5	0.014	3.1
	영산호	Ib	3.7	6.2	0.090	11.9
섬진강	동화호	Ib	1.4	2.1	0.004	2.7
	주암호	Ia	1.8	3.0	0.014	3.2
만경강	경천지	II	2.1	3.2	0.024	5.6
삽교천	삽교호	III	4.4	8.6	0.128	42.9
기타	보령호	Ia	1.5	3.7	0.015	5.2

※ 평가 결과 등급이 목표기준보다 높거나 같은 경우 목표기준을 달성한 것으로 간주함.

〈보 기〉

ㄱ. 총유기 탄소량이 목표기준을 달성하지 못한 호수는 2곳이다.

ㄴ. 섬진강이 수제인 호수의 경우 각 평가 항목의 결괏값이 현재 평가 결과보다 20%씩 낮아지면 모든 항목의 목표기준을 달성할 수 있다.

ㄷ. 목표기준이 Ia인 호수 중 클로로필-a의 목표기준을 달성한 호수의 비율보다 목표기준이 Ib 이하인 호수 중 총인의 목표기준을 달성한 호수의 비율이 더 작다.

ㄹ. 모든 평가 항목에서 목표기준을 달성한 호수는 2곳이다.

① ㄱ, ㄴ

② ㄱ, ㄷ

③ ㄴ, ㄷ

④ ㄴ, ㄹ

⑤ ㄱ, ㄷ, ㄹ

[20 ~ 21] 다음 〈표〉는 '갑'국의 2023년과 2024년 로봇산업 현황에 관한 자료이다. 다음 물음에 답하시오.

〈표 1〉 2023년과 2024년 로봇산업 업종별 사업체 및 종사자 수

(단위: 개사, 명)

업종	구분	2023	2024
전체	사업체 수	4,340	4,471
	종사자 수	47,849	48,719
제조업용 로봇	사업체 수	558	564
	종사자 수	11,425	10,961
전문서비스용 로봇	사업체 수	331	355
	종사자 수	3,467	4,028
개인서비스용 로봇	사업체 수	127	161
	종사자 수	2,176	2,605
로봇부품 및 소프트웨어	사업체 수	1,411	1,420
	종사자 수	13,718	13,794
로봇 시스템	사업체 수	612	644
	종사자 수	7,157	7,365
로봇 임베디드	사업체 수	164	171
	종사자 수	1,784	1,801
로봇 서비스	사업체 수	1,137	1,156
	종사자 수	8,122	8,165

〈표 2〉 2023년과 2024년 로봇산업 업종별 수출액

(단위: 백만 원)

업종 \ 연도	2023	2024
제조업용 로봇	875,790	898,073
전문서비스용 로봇	34,879	35,306
개인서비스용 로봇	69,183	64,345
로봇부품 및 소프트웨어	149,110	156,845
로봇 시스템	141,907	167,422
로봇 임베디드	2,215	2,846
로봇 서비스	64,265	32,644

〈표 3〉 2024년 로봇산업 업종별 연구개발 및 기술직 종사자 수

(단위: 명)

직종 \ 업종	전체	제조업용 로봇	전문 서비스용 로봇	개인 서비스용 로봇	로봇부품 및 소프트 웨어	로봇 시스템	로봇 임베디드	로봇 서비스
연구개발	13,025	2,765	1,399	723	3,690	1,901	520	2,027
기술직	17,657	4,186	1,328	914	5,245	2,940	656	2,388

20. 위 〈표〉에 대한 〈보기〉의 설명 중 옳은 것만을 모두 고르면?

〈보 기〉

ㄱ. 2023년 사업체 수가 세 번째로 많은 업종과 2024년 수출액이 두 번째로 큰 업종은 같다.

ㄴ. 2024년 '로봇 서비스' 업종의 기술직 종사자 1인당 수출액은 1,300만 원 미만이다.

ㄷ. 2023년 대비 2024년의 수출액 변동 폭이 가장 큰 업종은 '로봇 시스템'이다.

ㄹ. 2024년 종사자 중 연구개발 종사자의 비율이 30% 이상인 업종은 '전문서비스용 로봇' 한 가지이다.

① ㄱ, ㄴ

② ㄱ, ㄷ

③ ㄱ, ㄹ

④ ㄴ, ㄷ

⑤ ㄴ, ㄹ

21. 위 〈표〉를 이용하여 작성한 〈보기〉의 자료 중 옳은 것만을 모두 고르면?

〈보 기〉

ㄱ. 2023년 로봇산업 업종별 사업체 및 종사자 수

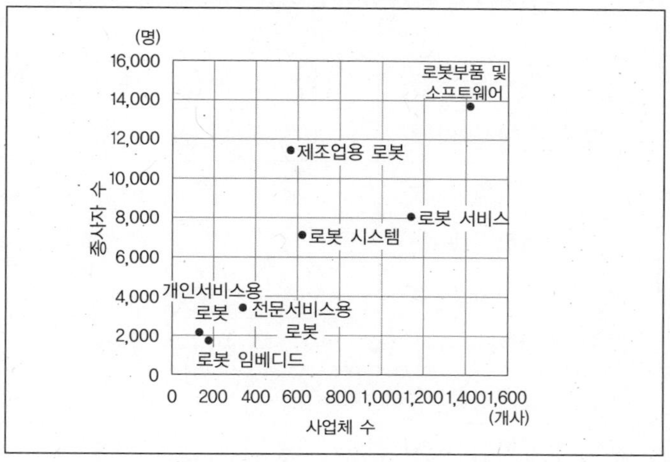

ㄴ. 2024년 로봇산업 업종별 사업체 수 비중

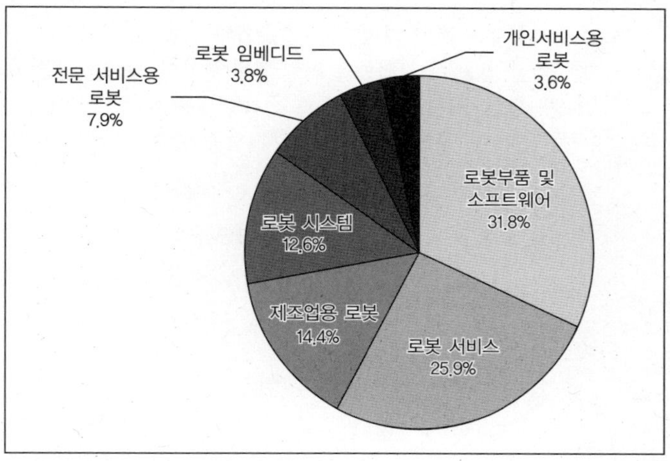

ㄷ. 2024년 로봇산업 업종별 연구개발 및 기술직 종사자 현황

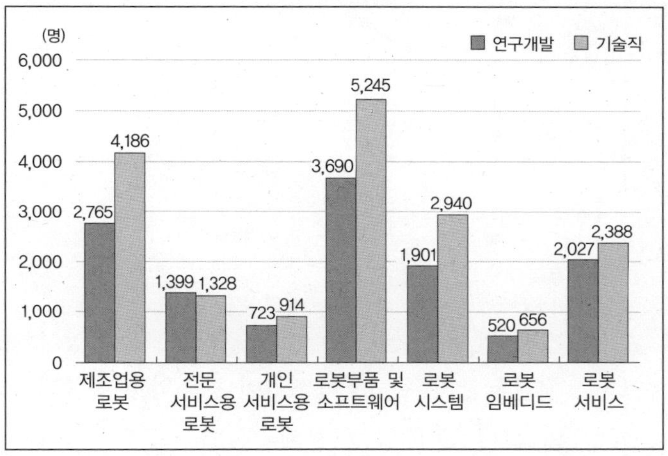

ㄹ. 2024년 로봇산업 업종별 연구개발 종사자 1인당 수출액

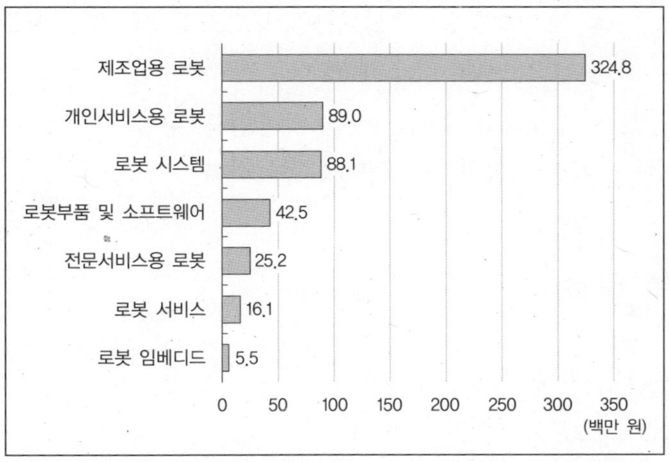

① ㄱ, ㄴ ② ㄱ, ㄹ ③ ㄷ, ㄹ
④ ㄱ, ㄷ, ㄹ ⑤ ㄴ, ㄷ, ㄹ

22. 다음 〈표〉는 '갑'기업에서 총 50회 개최한 e스포츠대회에 매회 모두 참가한 A~C팀의 라운드별 승리 횟수에 관한 자료이다. 〈표〉와 〈e스포츠대회 진행 방식〉에 근거한 〈보기〉의 설명 중 옳은 것만을 모두 고르면?

〈표〉 A~C팀의 사내 e스포츠대회 라운드별 승리 횟수

(단위: 회)

구분 / 팀	32강	16강	8강	준결승	결승
A	46	40	( )	( )	( )
B	44	42	36	( )	( )
C	50	47	( )	( )	( )

〈e스포츠대회 진행 방식〉

○ 매회 사내 e스포츠대회는 32강부터 결승까지 토너먼트 방식으로 진행된다.
○ 매회 32팀이 대회에 참가한다.
○ 모든 경기는 팀 1:1 방식으로 진행되며, 무승부 없이 승패가 반드시 결정된다.

〈보 기〉

ㄱ. B팀의 결승 승률이 50%라면, B팀이 결승에서 승리한 횟수의 최댓값은 21회이다.
ㄴ. A, B, C팀이 모두 8강에 진출한 대회 수는 29회 이상이다.
ㄷ. A, B, C팀 중 16강 승률이 높은 순서대로 나열하면, C, A, B 순이다.
ㄹ. 32강에서 A팀과 C팀 간, 또는 B팀과 C팀 간 경기가 있었던 대회 수는 10회 이하이다.

① ㄱ, ㄷ
② ㄴ, ㄹ
③ ㄷ, ㄹ
④ ㄱ, ㄴ, ㄹ
⑤ ㄴ, ㄷ, ㄹ

23. 다음은 반응속도 실험에 참여한 30명을 대상으로 실험 회차별 참여자들의 반응속도를 등급으로 평가한 자료이다. 이에 대한 〈보기〉의 설명 중 옳은 것만을 모두 고르면?

〈표〉 실험 회차별, 등급별 인원

(단위: 명)

등급 \ 회차	1	2	3	4	5
A	0	0	2	5	11
B	6	12	10	11	10
C	10	8	11	10	9
D	14	10	7	4	0

※ 1) 반응속도 등급은 가장 높은 A부터 가장 낮은 D까지 A~D로 구분됨.
2) 실험 회차가 늘어남에 따라 등급이 하락하는 참여자는 존재하지 않음.

〈그림〉 실험 회차별 등급 상승 인원

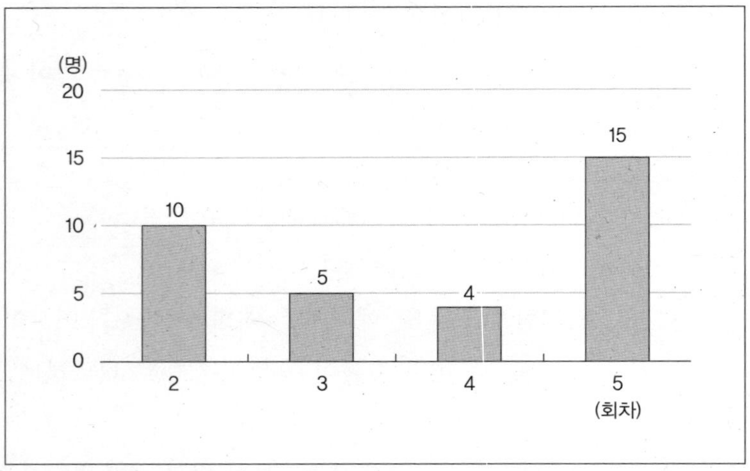

※ n회차 등급 상승 인원은 직전 회차(n−1) 대비 등급의 상승 인원을 의미함.

〈보 기〉

ㄱ. 실험 4회차부터 전체 인원수에서 A등급과 B등급 인원의 합이 차지하는 비중은 C등급과 D등급 인원의 합이 차지하는 비중보다 높다.

ㄴ. 실험 2회차에 B등급으로 상승한 인원수는 C등급으로 상승한 인원수의 2배 이상이다.

ㄷ. 실험 3회차의 등급 상승 인원수 중 D등급에서 등급이 상승한 인원이 차지하는 비중은 60% 이상이다.

ㄹ. 실험 5회차의 등급 상승 인원수 중 B등급에서 A등급으로 상승한 인원수가 D등급에서 C등급으로 상승한 인원수의 1.5배라면, 직전 회차 C등급에서 실험 5회차에 B등급으로 상승한 인원수는 5명 미만이다.

① ㄱ, ㄷ
② ㄱ, ㄹ
③ ㄴ, ㄷ
④ ㄱ, ㄴ, ㄹ
⑤ ㄴ, ㄷ, ㄹ

24. 다음은 A국의 2024년 8~12월 광공업 및 서비스업의 생산확산지수 및 선행종합지수에 대한 자료이다. 이에 관한 〈보기〉의 설명 중 옳은 것만을 모두 고르면?

〈표〉 2024년 8~12월 광공업 및 서비스업의 생산확산지수

(단위: 개)

구분		8월	9월	10월	11월	12월
광공업 생산확산지수		51.3	43.3	20.0	28.7	17.3
	증가업종 수	38	31	( )	21	13
	보합업종 수	1	3	2	1	0
	감소업종 수	36	41	59	53	62
서비스업 생산확산지수		( )	50.6	48.8	( )	38.6
	증가업종 수	57	41	40	28	31
	보합업종 수	5	2	1	4	2
	감소업종 수	21	40	42	51	50

※ 1) 증가업종은 전월 대비 생산이 증가한 업종, 보합업종은 전월과 생산이 동일한 업종, 증가업종은 전월 대비 생산이 감소한 업종을 의미함.
2) 생산확산지수는 증가업종 수와 보합업종 수에 각각 1과 0.5의 가중치를 곱하여 구한 값 대비 전체 업종 수의 비율을 나타낸 지수로서 $\frac{\text{증가업종 수}+\text{보합업종 수}\times 0.5}{\text{증가업종 수}+\text{보합업종 수}+\text{감소업종 수}}\times 100$임.
3) 매월 광공업과 서비스업의 전체 업종 수는 각각 75개, 83개임.

〈그림〉 2024년 8~12월 선행종합지수

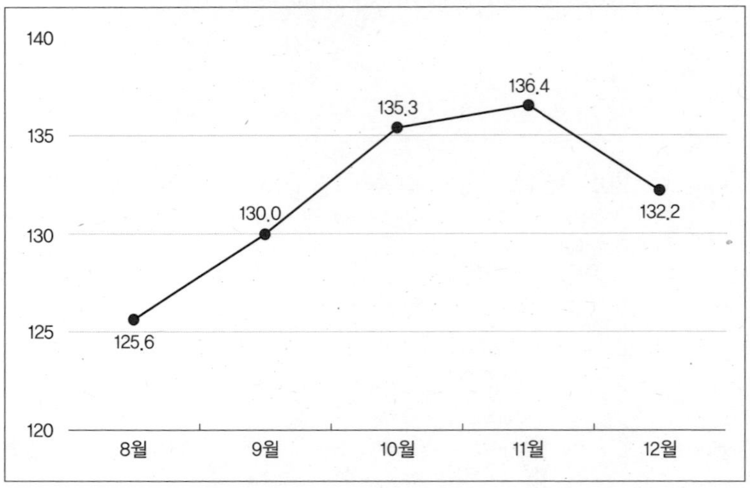

〈보 기〉

ㄱ. 2024년 8~12월 중 선행종합지수가 가장 낮은 기간의 생산확산지수는 서비스업이 광공업보다 높다.

ㄴ. 2024년 8~12월 중 선행종합지수가 두 번째로 높은 기간의 광공업 증가업종 수는 10개 이상이다.

ㄷ. 2024년 9~12월 동안 서비스업 생산확산지수는 전월 대비 매월 감소하였다.

ㄹ. 2024년 8~12월 중 보합업종 수가 가장 적은 기간은 광공업과 서비스업이 동일하다.

① ㄱ, ㄴ
② ㄱ, ㄹ
③ ㄴ, ㄷ
④ ㄱ, ㄴ, ㄹ
⑤ ㄴ, ㄷ, ㄹ

25. 다음 〈표〉는 A산업에 종사하는 기업의 유형자산 투자 현황에 관한 자료이다. 이에 대한 설명으로 옳지 않은 것은?

〈표 1〉 2023~2024년 경영조직별 유형자산 투자 현황

(단위: 십억 원, %)

경영조직 \ 연도, 구분		2023		2024	
		투자액	투자비율	투자액	투자비율
개인		2,493	2.2	2,254	2.2
법인	회사법인	112,439	97.5	98,636	97.3
	기타법인	356	0.3	481	0.5
전체		115,288	100.0	101,371	100.0

〈표 2〉 2024년 법인기업의 종사자 규모별 유형자산 투자액

(단위: 십억 원)

종사자 규모 \ 경영조직	회사법인	기타법인
10~49명	15,490	248
50~199명	14,948	102
200~499명	10,236	101
500명 이상	57,962	30
계	98,636	481

① 2024년 기타법인기업 투자액의 전년 대비 증가율은 회사법인기업 투자액의 전년 대비 감소율의 2배 이상이다.

② 2024년 기타법인기업 투자액이 회사법인 투자액의 1.5% 이상인 종사자 규모는 '10~49명'뿐이다.

③ 2024년 개인기업 투자액 대비 기타법인기업 투자액의 비율은 전년 대비 2배 이상이다.

④ 2024년 법인기업 투자액은 전년 대비 10% 이상 감소하였다.

⑤ 2024년 회사법인기업 투자액에서 종사자 규모 200명 이상의 회사법인기업 투자액이 차지하는 비중은 65% 이상이다.

약점 보완 해설집 p.24

자르는 선

2025 해커스PSAT 7급 PSAT FINAL 봉투모의고사 자료해석 (4회)

컴퓨터용 흑색사인펜만 사용

책형
㉠ ㉡

(㉠ = 선, ㉡ = 발)

【필적감정용 기재】
*아래 예시문을 옮겨 적으시오
본인은 OOO(응시자성명)임을 확인함

기 재 란

성 명	
자필성명	본인 성명 기재
시험장소	

응 시 번 호						
	⓪①②③④⑤⑥⑦⑧⑨	⓪①②③④⑤⑥⑦⑧⑨	⓪①②③④⑤⑥⑦⑧⑨	⓪①②③④⑤⑥⑦⑧⑨	⓪①②③④⑤⑥⑦⑧⑨	⓪①②③④⑤⑥⑦⑧⑨	⓪①②③④⑤⑥⑦⑧⑨

생 년 월 일					
⓪①②③④⑤⑥⑦⑧⑨	⓪①②③④⑤⑥⑦⑧⑨	⓪①	⓪①②③④⑤⑥⑦⑧⑨	⓪①②③	⓪①②③④⑤⑥⑦⑧⑨

※시험감독관 서명 (서명을 정자로 기재할 것)	적색 볼펜만 사용

자료해석(1~10번)					
1	①	②	③	④	⑤
2	①	②	③	④	⑤
3	①	②	③	④	⑤
4	①	②	③	④	⑤
5	①	②	③	④	⑤
6	①	②	③	④	⑤
7	①	②	③	④	⑤
8	①	②	③	④	⑤
9	①	②	③	④	⑤
10	①	②	③	④	⑤

자료해석(11~20번)					
11	①	②	③	④	⑤
12	①	②	③	④	⑤
13	①	②	③	④	⑤
14	①	②	③	④	⑤
15	①	②	③	④	⑤
16	①	②	③	④	⑤
17	①	②	③	④	⑤
18	①	②	③	④	⑤
19	①	②	③	④	⑤
20	①	②	③	④	⑤

자료해석(21~25번)					
21	①	②	③	④	⑤
22	①	②	③	④	⑤
23	①	②	③	④	⑤
24	①	②	③	④	⑤
25	①	②	③	④	⑤

시험일: ____년 ____월 ____일

국가공무원 7급 공개경쟁채용 1차 필기시험 모의고사

| 자료해석영역 |

응시번호	
성명	

실전모의고사 **5회**

문제책형 **A**

응시자 주의사항

1. **시험시작 전 시험문제를 열람하는 행위나 시험종료 후 답안을 작성하는 행위를 한 사람**은 「공무원 임용시험령」 제51조에 의거 **부정행위자**로 처리됩니다.

2. **답안지 책형 표기는 시험시작 전** 감독관의 지시에 따라 **문제책 앞면에 인쇄된 문제책형을 확인**한 후, **답안지 책형란에 해당 책형(1개)**을 '●'로 표기하여야 합니다.

3. 시험이 시작되면 문제를 주의 깊게 읽은 후, **문항의 취지에 가장 적합한 하나의 정답만을 고르며**, 문제내용에 관한 질문은 할 수 없습니다.

4. **답안을 잘못 표기하였을 경우에는 답안지를 교체하여 작성**하거나 **수정할 수 있으며**, 표기한 답안을 수정할 때는 **응시자 본인이 가져온 수정테이프만을 사용**하여 해당 부분을 완전히 지우고 부착된 수정테이프가 떨어지지 않도록 손으로 눌러주어야 합니다. **(수정액 또는 수정스티커 등은 사용 불가)**

5. **시험시간 관리의 책임은 응시자 본인에게 있습니다.**
   ※ 문제책은 시험종료 후 가지고 갈 수 있습니다.

정답공개 및 해설강의 안내

1. 모바일 자동 채점 및 성적 분석 서비스
   • '약점 보완 해설집'에 회차별로 수록된 QR코드 인식 ▶ 응시 인원 대비 자신의 성적 위치 확인

2. 해설강의 수강 방법
   • 해커스PSAT 사이트(psat.Hackers.com) 접속 후 로그인 ▶ 우측 퀵배너 [쿠폰/수강권등록] 클릭 ▶ '약점 보완 해설집'에 수록된 쿠폰번호 입력 후 이용

해커스PSAT

1. 다음 〈표〉는 2030년, 2040년, 2050년 A~E시의 시나리오별, 성별 추계 인구에 관한 자료이고, 〈보고서〉는 '갑'시의 추계 인구를 분석한 자료이다. 이를 근거로 판단할 때, A~E 중 '갑'시에 해당하는 시는?

〈표〉 A~E시의 시나리오별, 성별 추계 인구

(단위: 천 명)

시	시나리오 \ 연도, 성별	2030 남자	2030 여자	2040 남자	2040 여자	2050 남자	2050 여자
A	저위 추계	1,463	1,566	1,295	1,408	1,054	1,158
	중위 추계	1,487	1,589	1,357	1,469	1,205	1,306
	고위 추계	1,517	1,619	1,423	1,533	1,302	1,403
B	저위 추계	1,056	1,106	937	992	810	860
	중위 추계	1,074	1,123	982	1,037	878	928
	고위 추계	1,095	1,144	1,040	1,103	948	998
C	저위 추계	1,450	1,453	1,387	1,405	1,274	1,302
	중위 추계	1,482	1,483	1,466	1,480	1,393	1,419
	고위 추계	1,519	1,517	1,548	1,568	1,518	1,536
D	저위 추계	680	693	619	633	547	559
	중위 추계	694	706	654	662	600	612
	고위 추계	730	742	706	717	655	664
E	저위 추계	683	687	632	640	536	546
	중위 추계	696	700	665	673	617	629
	고위 추계	711	715	698	707	670	676

〈보고서〉

'갑'시의 장래 추계 인구를 살펴보면, 모든 시나리오에서 2030년, 2040년, 2050년 모두 여자 인구가 남자 인구보다 많다. 고위 추계를 기준으로 2030년과 2040년을 비교했을 때에는 남녀 인구의 차이가 벌어지지만, 2040년과 2050년을 비교하면 차이가 좁혀진다. 한편, 2040년의 각 성별 고위 추계 인구와 중위 추계 인구의 차이는 남녀 모두 5만 명 이상이고, 저위 추계를 기준으로 한 2030년 대비 2050년 전체 인구의 감소율은 25% 미만이다.

① A
② B
③ C
④ D
⑤ E

2. 다음 〈표〉는 2024년 '갑'국의 지역별 압류재산 공매 입찰에 관한 자료이다. 이를 근거로 A~E지역 중 낙찰률이 가장 높은 지역의 낙찰률은?

〈표〉 2024년 '갑'국의 지역별 압류재산 공매 입찰

(단위: 건, 명, 명/건)

지역 \ 구분	입찰 건수	입찰 참가자 수	경쟁률
A	440	253	2.3
B	750	360	2.0
C	380	209	2.2
D	750	540	2.4
E	800	456	2.0

※ 1) 낙찰률(%) $= \frac{\text{낙찰 건수}}{\text{입찰 건수}} \times 100$

2) 경쟁률 $= \frac{\text{입찰 참가자 수}}{\text{낙찰 건수}}$

① 24%
② 25%
③ 28%
④ 30%
⑤ 32%

3. 다음 〈표〉는 '갑'식당 직원에 대한 분야별 평가 점수에 관한 자료이다. 이를 근거로 직원 A~E 중 총 평가 점수가 가장 높은 직원은?

〈표〉 '갑'식당 직원에 대한 분야별 평가 점수

(단위: 점)

분야 \ 직원	A	B	C	D	E
어학 능력	60	85	70	75	80
친절	80	80	90	90	80
청결	90	75	70	80	70
체력	100	90	60	90	90
총 평가 점수	( )	81.5	( )	( )	( )

※ 총 평가 점수=(어학 능력 분야 평가 점수 × 0.2)+(친절 분야 평가 점수 × 0.3)+(청결 분야 평가 점수 × 0.3)+(체력 분야 평가 점수 × 0.2)

① A
② B
③ C
④ D
⑤ E

4. 다음 〈표〉는 2021년과 2024년 '갑'국 자동차 제조사 A~E의 국내 및 해외 판매량에 관한 자료이다. 이를 근거로 〈보고서〉의 내용에 해당하는 제조사를 A~E 중에서 고르면?

〈표〉 2021년과 2024년의 자동차 제조사별 국내 및 해외 판매량

(단위: 천 대)

제조사 \ 연도, 구분	2021		2024	
	국내 판매량	해외 판매량	국내 판매량	해외 판매량
A	631	3,832	750	5,299
B	547	4,820	640	6,110
C	665	4,812	709	6,815
D	517	3,959	564	5,388
E	393	3,500	486	5,710

※ 총판매량=국내 판매량+해외 판매량

〈보고서〉

이 제조사의 2021년과 2024년 자동차 판매량을 비교한 결과, 2021년 자동차 총판매량은 600만 대 미만이었으나, 2024년에는 총판매량이 600만 대 이상으로 증가하였다. 이는 국내 및 해외 판매량이 모두 증가하였기 때문이지만, 특히 해외 판매량 증가에 힘입은 결과로 분석된다. 이에 대한 구체적인 분석 내용은 다음과 같다.

2021년 대비 2024년 자동차 국내 판매량의 증가율은 20% 미만이고, 해외 판매량의 증가율은 30% 이상으로 해외 판매량의 증가율이 높게 나타났다. 또한, 글로벌 제조사로서 기존에도 해외 판매량의 비중이 컸으나, 최근 해외 판매량이 급격하게 증가함에 따라 2024년 총판매량 중 해외 판매량의 비중은 90%를 넘어선 것으로 나타났다.

① A
② B
③ C
④ D
⑤ E

5. 다음 〈표〉는 2022~2024년 신문산업 사업체 현황에 관한 자료이다. 제시된 〈표〉 이외에 〈보고서〉를 작성하기 위해 추가로 필요한 자료만을 〈보기〉에서 모두 고르면?

〈표 1〉 신문산업별 사업체 수

(단위: 개소)

연도＼구분	종이신문			인터넷신문	합계
		일간	주간		
2022	1,484	192	1,292	2,900	4,384
2023	1,450	231	1,219	2,796	4,246
2024	1,484	224	1,260	3,594	5,078

※ 신문산업은 종이신문 산업과 인터넷신문 산업으로만 구분됨.

〈표 2〉 일간 종이신문의 분야별 사업체 수

(단위: 개소)

연도＼분야	전국종합	지역종합	경제	스포츠	외국어	기타	합계
2022	28	116	13	5	2	28	192
2023	23	125	14	7	2	60	231
2024	23	124	13	6	2	56	224

〈표 3〉 주간 종이신문의 분야별 사업체 수

(단위: 개소)

연도＼분야	전국종합	지역종합	전문	합계
2022	30	553	709	1,292
2023	26	518	675	1,219
2024	33	554	673	1,260

〈보고서〉

2024년 신문산업 사업체 현황을 살펴보면 인터넷신문 사업체 수가 전체의 70% 이상을 차지하며 높은 점유율을 나타냈다. 2024년 인터넷신문 사업체 수는 3,594개소로 2023년을 제외하고는 2019년부터 매년 전년 대비 증가하고 있는 추세이다. 종이신문의 경우, 2022년부터 주간 종이신문 사업체 수가 매년 일간 종이신문 사업체 수의 5배 이상이고, 종이신문 중 주간신문을 발행하는 사업체는 전체 종이신문 사업체의 80% 이상을 차지한다.

2022년 일간 종이신문의 분야별 사업체 수를 보면, 기타를 제외한 분야에서 지역종합 일간신문의 사업체 수가 가장 많고, 전국종합 일간신문의 사업체 수가 그 다음으로 많은 것으로 나타났다. 한편 기타 일간신문의 경우 건설 분야 일간신문 사업체 수가 식품 분야 일간신문 사업체 수보다 많았다. 반면 주간 종이신문 사업체 수의 경우 2022년 이후 전문 주간신문이 매년 전체의 절반 이상을 차지하고 있으나, 사업체 수는 2022년 이후 매년 전년 대비 감소하고 있다.

〈보 기〉

ㄱ. 2018~2021년 인터넷신문 사업체 수
ㄴ. 2024년 신문산업별 사업체 수 구성비
ㄷ. 2022년 일간 종이신문 산업 내 건설 및 식품 분야 일간신문 사업체 수
ㄹ. 2021년 주간 종이신문 산업 내 지역종합 주간신문 사업체 수
ㅁ. 2021년 주간 종이신문 산업 내 전문 주간신문 사업체 수

① ㄱ, ㄷ
② ㄴ, ㅁ
③ ㄷ, ㄹ
④ ㄱ, ㄷ, ㅁ
⑤ ㄷ, ㄹ, ㅁ

6. 다음 〈표〉는 2023~2024년 A시험의 성별 응시인원 및 합격인원에 관한 자료이다. 이에 대한 〈보기〉의 설명 중 옳지 않은 것만을 모두 고르면?

〈표〉 A시험의 성별 응시인원 및 합격인원

(단위: 명)

연도＼구분	응시인원			합격인원		
	남성	여성	성비	남성	여성	성비
2023	1,500	(　)	1.5	600	(　)	1.2
2024	(　)	(　)	0.9	(　)	600	1.4

※ 1) 성비 $= \frac{\text{남성인원}}{\text{여성인원}}$

2) 합격률(%) $= \frac{\text{합격인원}}{\text{응시인원}} \times 100$

〈보 기〉

ㄱ. 2023년 합격률은 남성이 여성보다 높다.
ㄴ. 각 성별에서 2024년 합격인원이 2023년 합격인원보다 많다.
ㄷ. 2024년 여성 합격률이 50%라면, 전체 합격률은 70%보다 높다.
ㄹ. 2024년 전체 응시인원이 1,900명이라면, 성별 합격률의 차이는 30%p 이상이다.

① ㄱ, ㄷ
② ㄱ, ㄹ
③ ㄴ, ㄷ
④ ㄴ, ㄹ
⑤ ㄷ, ㄹ

7. 다음은 2021~2023년 '갑'국의 가스사고 발생 건수에 관한 자료이다. 이에 대한 〈보기〉의 설명 중 옳은 것만을 모두 고르면?

〈표〉 원인별 가스사고 발생 건수 비율

(단위: %)

원인 \ 연도	2021	2022	2023
인적 과실	40	30	35
시설 결함	35	45	40
시설 파손	5	10	10
기타 원인	20	15	15
계	100	100	100

※ 사고 원인은 인적 과실, 시설 결함, 시설 파손, 기타 원인 중 하나임.

〈그림〉 연도별 가스사고 발생 건수

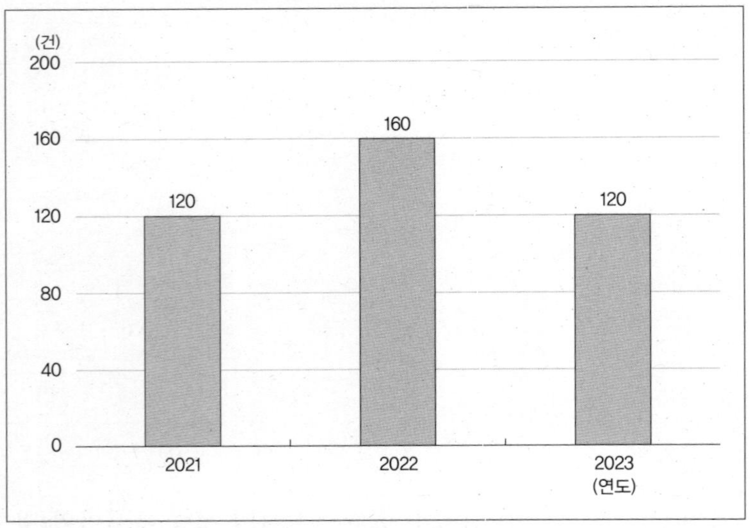

〈보 기〉

ㄱ. 2023년 '인적 과실'로 발생한 가스사고 건수는 2021년 '시설 파손'으로 발생한 가스사고 건수보다 36건 더 많다.

ㄴ. 2023년 원인별 가스사고 발생 건수의 전년 대비 감소율은 모두 30% 이하이다.

ㄷ. 2022년 '인적 과실'로 발생한 가스사고 건수와 '기타 원인'으로 발생한 가스사고 건수는 각각 2021년과 동일하다.

ㄹ. '시설 결함'과 '시설 파손'으로 발생한 가스사고 건수의 합은 2021~2023년 동안 발생한 전체 가스사고 건수의 절반 이상이다.

① ㄱ, ㄷ

② ㄱ, ㄹ

③ ㄴ, ㄷ

④ ㄴ, ㄹ

⑤ ㄷ, ㄹ

8. 다음 〈표〉는 2024년 3월 상위 5개 상품군의 온라인쇼핑 및 모바일쇼핑 거래액 현황에 관한 자료이다. 이에 대한 〈보기〉의 설명 중 옳은 것만을 모두 고르면?

〈표〉 2024년 3월 상위 5개 상품군의 온라인 및 모바일쇼핑 거래액 현황

(단위: 억 원, %)

상품군 \ 구분	온라인 쇼핑	전년동월 대비 증감률	모바일 쇼핑	전년동월 대비 증감률
패션	43,071	10.0	26,382	4.9
서비스	28,513	−2.7	24,053	12.1
가전	23,081	37.9	12,477	43.8
식품	21,945	48.1	15,747	51.7
생활용품	19,488	39.6	13,423	41.4
전체	142,445	20.0	95,355	22.9

※ 증감률은 소수 둘째 자리에서 반올림한 값임.

〈보 기〉

ㄱ. 2024년 3월 식품 온라인쇼핑 거래액은 상품군 전체 온라인쇼핑 거래액의 20% 미만이다.

ㄴ. 2023년 3월 패션과 식품의 모바일쇼핑 거래액 차이는 1조 원 이상이다.

ㄷ. 2024년 3월 온라인쇼핑 거래액이 세 번째로 많은 상품군은 모바일쇼핑 거래액도 세 번째로 많다.

① ㄱ

② ㄴ

③ ㄷ

④ ㄱ, ㄴ

⑤ ㄱ, ㄴ, ㄷ

9. 다음 〈보고서〉는 '갑'국의 교통사고 현황에 관한 자료이다. 〈보고서〉의 내용과 부합하는 자료는?

〈보고서〉

2024년 교통사고 통계에 따르면 '갑'국의 2021~2022년 교통사고발생건수는 전년 대비 매년 증가하고, 2023~2024년 교통사고 발생건수는 전년 대비 매년 감소한 것으로 확인되었다. 2024년 교통사고로 인한 부상자수와 사망자수는 각각 2020년 대비 모두 감소하였으며, 2024년 교통사고 사상자수에서 사망자수가 차지하는 비중은 1% 미만이었다.

교통사고 사망자수 중 보행사망의 비중은 2021년 이후 전년 대비 매년 감소하였으며, 특히 2023년 교통사고 사망자수 중 보행사망 비중의 전년 대비 감소율은 10% 이상이었다. 노인과 어린이 교통사고 사망자수 역시 각각 2021년 이후 전년 대비 매년 감소하였으며, 2020년 대비 2024년 노인 교통사고 사망자수 감소율은 25% 이상, 어린이 교통사고 사망자수 감소율은 60% 이상이었다.

한편, 음주운전으로 인한 교통사고 사망자수는 2020년 이후 전년 대비 매년 감소하였으며, 그중 음주운전 교통사고 사망자수의 전년 대비 감소율은 2022년 이후 전년 대비 매년 9%p 이상씩 감소하여 2024년에는 4.2%에 그쳤다.

① 연도별 교통사고 발생건수

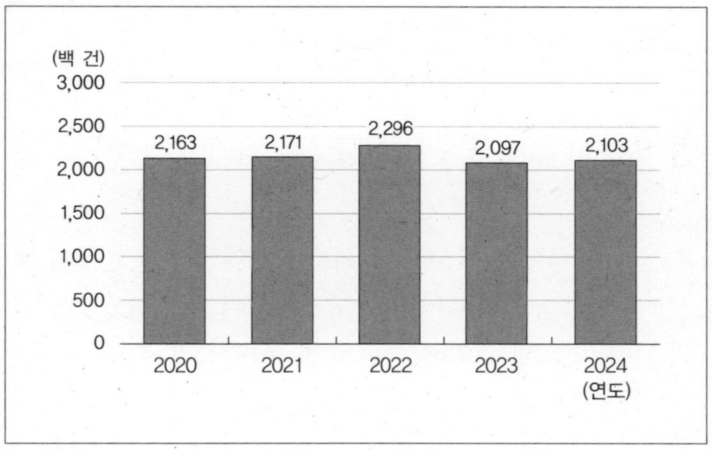

② 연도별 교통사고 사상자수

(단위: 백 명)

구분 \ 연도	2020	2021	2022	2023	2024
사상자수	3,270	3,268	3,450	3,093	2,945
부상자수	3,228	3,230	3,417	3,062	2,915
사망자수	42	38	33	31	30

③ 연도별 교통사고 사망자수 중 보행사망 비중

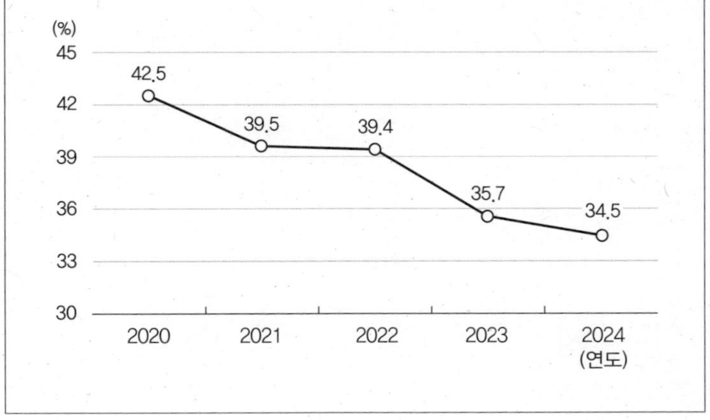

④ 연도별 노인 및 어린이 교통사고 사망자수

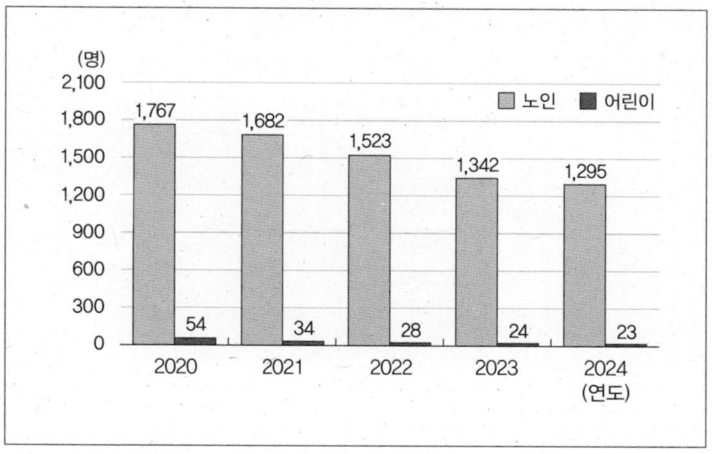

⑤ 연도별 음주운전 교통사고 사망자수의 전년 대비 감소율

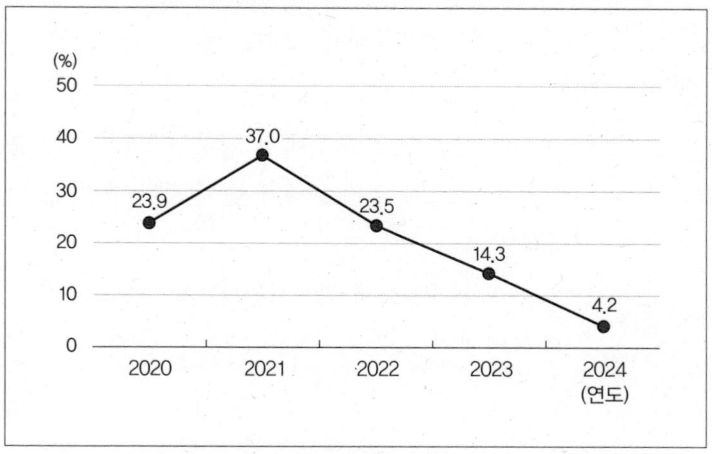

10. 다음 〈표〉는 2018~2024년 '갑'~'정' 4개국의 시간당 노동생산성에 관한 자료이다. 이에 대한 〈보기〉의 설명 중 옳은 것만을 모두 고르면?

〈표〉 2018~2024년 4개국의 시간당 노동생산성

(단위: 달러)

국가 \ 연도	2018	2019	2020	2021	2022	2023	2024
갑	39.6	40.0	40.8	40.8	41.4	41.5	41.5
을	32.4	33.1	35.3	35.3	36.4	36.8	36.8
병	31.2	31.0	31.4	31.1	31.5	31.0	32.0
정	30.1	30.5	31.1	31.8	32.1	32.8	34.3

※ 시간당 노동생산성 $= \frac{\text{1인당 GDP}}{\text{총 노동시간}}$

〈보 기〉

ㄱ. 4개국 중 2020년 대비 2023년 시간당 노동생산성의 증가폭이 가장 큰 국가는 '정'이다.

ㄴ. 2018~2024년 동안 '갑'의 시간당 노동생산성은 '병'보다 매년 20% 이상 높다.

ㄷ. 2021년 '을'의 총 노동시간이 '정'의 0.7배라면, 2021년 1인당 GDP는 '정'이 '을'의 1.5배 이상이다.

① ㄴ

② ㄱ, ㄴ

③ ㄱ, ㄷ

④ ㄴ, ㄷ

⑤ ㄱ, ㄴ, ㄷ

11. 다음 〈표〉는 2021~2024년 '갑'국의 학교급별 학생 1인당 연간 공교육비에 관한 자료이다. 이를 근거로 A~D에 해당하는 학교급을 바르게 연결한 것은?

〈표〉 학교급별 학생 1인당 연간 공교육비

(단위: 만 원)

학교급＼연도	2021	2022	2023	2024
A	100	99	94	96
B	80	88	93	97
C	77	84	86	89
D	107	111	110	116

〈조 건〉

- ○ 2021년 고등학교 학생 1인당 연간 공교육비는 중학교 학생 1인당 연간 공교육비의 1.2배 이상이다.
- ○ 학생 1인당 연간 공교육비가 많은 학교급부터 순서대로 나열했을 때, 2024년 순위가 전년 대비 하락한 학교급은 대학교이다.
- ○ 2022년 대비 2024년 학생 1인당 연간 공교육비의 증가율은 초등학교가 고등학교보다 5%p 이상 크다.

	A	B	C	D
①	중학교	초등학교	대학교	고등학교
②	고등학교	초등학교	중학교	대학교
③	고등학교	중학교	초등학교	대학교
④	대학교	초등학교	중학교	고등학교
⑤	대학교	중학교	초등학교	고등학교

12. 다음 〈표〉는 '갑'국의 석유 수급실적에 관한 자료이다. 이를 근거로 가~라에 해당하는 석유 종류를 바르게 연결한 것은?

〈표〉 '갑'국의 석유 수급실적

(단위: 천 배럴)

구분		2024년 11월	2024년 10월	2023년 11월
휘발유	생산	13,242	14,032	13,102
	내수	6,311	6,671	5,972
	수출	6,524	7,391	6,270
가	생산	2,336	1,185	2,589
	내수	1,788	1,563	1,750
	수출	230	291	508
나	생산	26,417	27,869	28,560
	내수	13,252	14,106	12,688
	수출	13,073	13,736	14,698
벙커C유	생산	5,437	3,171	3,404
	내수	4,352	2,601	2,359
	수출	1,033	720	1,020
다	생산	19,689	19,453	19,389
	내수	34,094	34,052	32,953
	수출	4,670	3,910	3,079
라	생산	1,954	1,988	2,029
	내수	8,206	8,187	6,551
	수출	65	87	10
합계	생산	69,075	67,698	69,073
	내수	68,003	67,180	62,273
	수출	25,595	26,135	25,585

〈조 건〉

- ○ 나프타와 LPG는 2024년 11월에 전년동월 대비 내수 물량과 수출 물량이 모두 증가하였다.
- ○ 2024년 11월에 전월 대비 생산 물량이 50% 이상 증가한 석유 종류는 벙커C유와 등유이다.
- ○ 경유의 2024년 11월에 전년동월 대비 내수 물량 증가율은 나프타보다 크다.

	가	나	다	라
①	등유	경유	나프타	LPG
②	등유	경유	LPG	나프타
③	경유	나프타	LPG	등유
④	경유	등유	나프타	LPG
⑤	등유	나프타	LPG	경유

13. 다음 〈표〉는 '갑'국의 문학도서 유형 분류별 및 장르별 출판 현황에 관한 자료이다. 〈표〉를 이용하여 작성한 자료로 옳지 않은 것은?

〈표 1〉 2020~2024년 문학도서 유형별 출판 현황

(단위: 권)

유형		연도				
대분류	중분류	2020	2021	2022	2023	2024
국내도서	일반 단행본	6,846	7,409	7,727	8,048	9,024
	아동 단행본	1,471	1,468	1,974	2,113	2,200
	전체	8,317	8,877	9,701	10,161	11,224
번역도서	일반 단행본	2,214	2,097	2,293	2,223	1,727
	아동 단행본	1,254	1,181	1,157	1,340	1,316
	전체	3,468	3,278	3,450	3,563	3,043

※ 문학도서 유형은 각 2개의 대분류와 중분류, 4개의 소분류로 구분함.

〈표 2〉 2024년 문학도서 장르별 출판 현황

(단위: 권)

유형		장르						
대분류	중분류	시	소설	수필	평론	희곡	기타	계
국내도서	일반 단행본	3,628	1,883	3,048	361	97	7	9,024
	아동 단행본	345	1,729	113	4	8	1	2,200
	전체	3,973	3,612	3,161	365	105	8	11,224
번역도서	일반 단행본	66	1,360	159	67	70	5	1,727
	아동 단행본	9	1,302	5	0	0	0	1,316
	전체	75	2,662	164	67	70	5	3,043

〈표 3〉 2023년 문학도서 아동 단행본의 장르별 출판 현황

(단위: 권)

유형		장르						
대분류	소분류	시	소설	수필	평론	희곡	기타	계
국내도서	유아	10	679	3	1	2	5	700
	초등	263	780	51	2	6	0	1,102
	중등	42	148	30	5	1	0	226
	고등	22	27	36	0	0	0	85
	전체	337	1,634	120	8	9	5	2,113
번역도서	유아	0	806	0	0	0	3	809
	초등	2	415	5	0	0	1	423
	중등	3	99	4	1	0	0	107
	고등	1	0	0	0	0	0	1
	전체	6	1,320	9	1	0	4	1,340

① 2020~2024년 일반 단행본 출판 권수

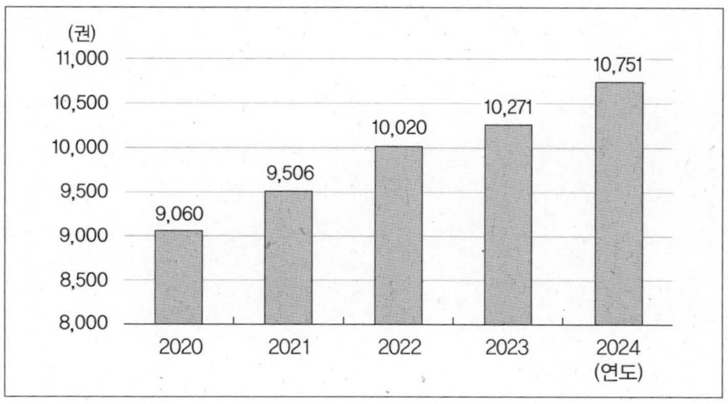

② 2023년 중등 아동 단행본의 장르별 출판 비중

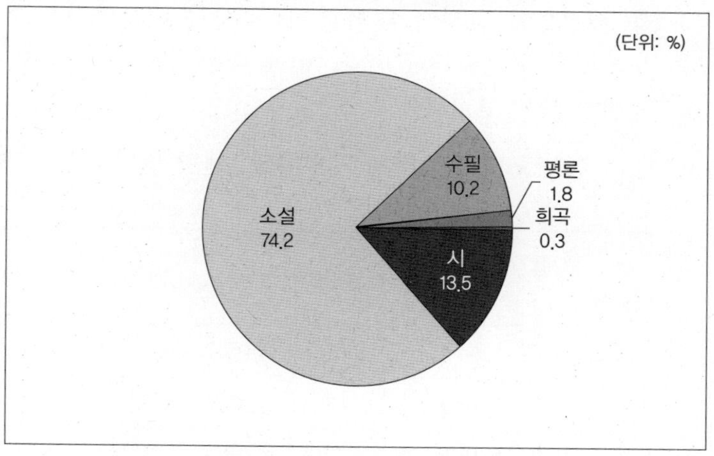

③ 2023년 대비 2024년 국내도서 아동 단행본의 장르별 출판 권수의 증가율

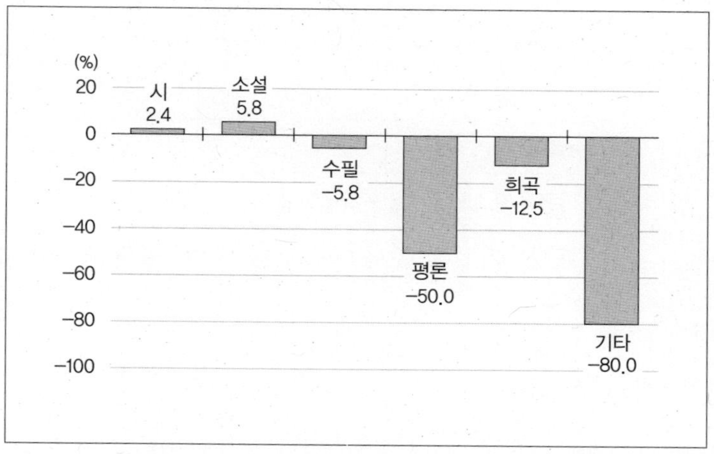

④ 2020~2024년 번역도서 출판 권수 대비 국내도서 출판 권수 비율

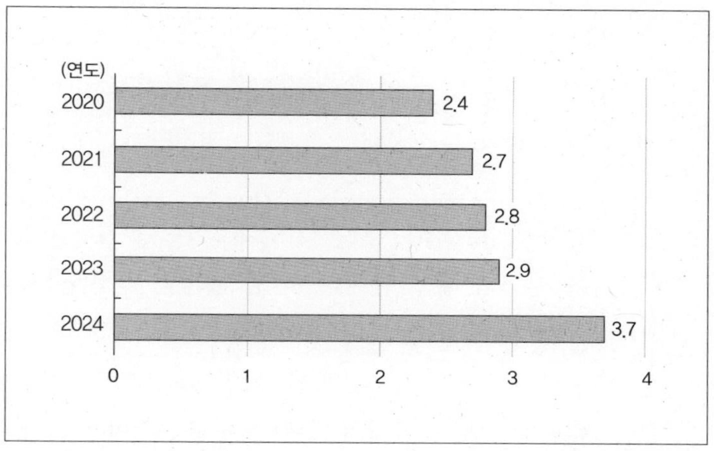

⑤ 2024년 장르별 국내도서 출판 권수의 일반 단행본 비중

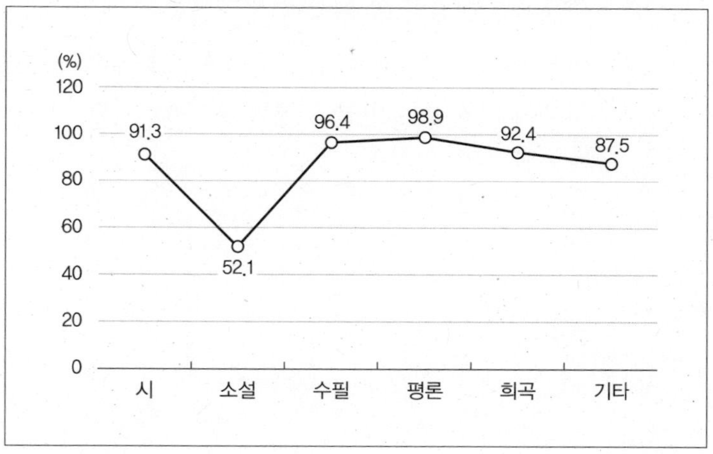

14. 다음 〈표〉는 2020~2024년의 상용근로자 10인 이상 기업체를 대상으로 조사한 내역별 및 종사자 규모별 1인당 월평균 노동비용에 관한 자료이다. 이에 대한 〈보기〉의 설명 중 옳은 것만을 모두 고르면?

〈표 1〉 내역별 전체 기업체의 1인당 월평균 노동비용

(단위: 천 원)

내역 \ 연도	2020	2021	2022	2023	2024
노동비용	4,934	5,023	5,196	5,342	5,409
직접노동비용	3,938	3,995	4,147	4,252	4,284
간접노동비용	996	1,028	1,049	1,090	1,125
퇴직급여등의 비용	442	449	442	456	472
법정노동비용	331	340	359	382	398
법정외 복지비용	198	211	219	224	234
교육훈련비용	21	23	23	22	16
채용관련비용	4	5	6	6	5

※ 노동비용 = 직접노동비용 + 간접노동비용

〈표 2〉 기업체 종사자 규모별 1인당 월평균 노동비용

(단위: 천 원)

종사자 규모 \ 연도	2020	2021	2022	2023	2024
10~29인	3,888	3,954	4,104	4,186	4,299
30~99인	3,822	4,040	4,259	4,390	4,601
100~299인	4,141	4,254	4,491	4,744	4,791
300~499인	4,423	4,450	4,636	4,868	5,069
500~999인	4,980	4,922	5,116	5,383	5,410
1,000인 이상	7,043	6,987	6,988	7,155	7,082

〈보 기〉

ㄱ. 종사자 규모 '10~29인' 기업체의 1인당 월평균 노동비용은 매년 전체 기업체의 1인당 월평균 직접노동비용보다 작다.

ㄴ. 종사자 규모 '500~999인' 기업체의 1인당 월평균 노동비용이 전체 기업체의 1인당 월평균 노동비용보다 큰 해에 종사자 규모 '1,000인 이상' 기업체의 1인당 월평균 노동비용은 7,000천 원 이상이다.

ㄷ. 전체 기업체의 1인당 월평균 노동비용에서 법정외 복지비용이 차지하는 비중은 매년 5% 미만이다.

① ㄴ
② ㄷ
③ ㄱ, ㄴ
④ ㄱ, ㄷ
⑤ ㄴ, ㄷ

15. 다음 〈표〉는 2023년 10월 기준 '갑'국 A지역 검사지점 및 A~H지역의 수돗물 수질현황에 관한 자료이다. 이에 대한 설명으로 옳지 않은 것은?

〈표 1〉 A~H지역의 수돗물 수질현황 및 먹는물 수질기준

지역 \ 검사항목	잔류염소 (mg/L)	탁도 (NTU)	일반세균 (CFU/mℓ)	pH	총대장균군	대장균
A	4.10	0.58	64	7.2	불검출	불검출
B	0.29	0.15	0	7.0	불검출	불검출
C	2.51	1.33	10	7.6	불검출	불검출
D	2.98	0.20	0	6.8	불검출	불검출
E	0.26	0.13	0	7.1	불검출	불검출
F	3.47	0.29	86	7.5	불검출	불검출
G	3.20	0.40	0	6.7	검출	불검출
H	3.85	0.47	107	7.9	불검출	불검출
먹는물 수질기준	4.0 이하	0.5 이하	100 이하	5.8 이상 8.5 이하	불검출	불검출

※ 1) A지역의 각 검사항목 수치는 A지역 검사지점별 수치의 산술평균값으로 산출되나, 총대장균군과 대장균의 경우에는 모든 검사지점에서 불검출일 경우에만 A지역에서 불검출인 것으로 표기함.
2) 수돗물 수질검사에서 검사항목별 '먹는물 수질기준'을 모두 충족하는 수돗물만 '먹는물 수질기준'에 적합하다고 판정함.

〈표 2〉 A지역 검사지점별 수돗물 수질현황

검사지점 \ 검사항목	잔류염소 (mg/L)	탁도 (NTU)	일반세균 (CFU/mℓ)	pH	총대장균군	대장균
가	3.55	0.54	50	7.0	불검출	불검출
나	5.10	0.80	4	7.2	불검출	불검출
다	2.95	0.51	( )	7.1	불검출	불검출
라	4.80	0.47	104	7.5	불검출	불검출

※ A지역의 검사지점은 '가'~'라'만 존재함.

① A~H지역 수돗물의 pH는 모두 '먹는물 수질기준'을 충족한다.
② A~H지역 중 수돗물이 '먹는물 수질기준'에 적합하지 않은 지역은 4개이다.
③ A지역 '다' 검사지점 수돗물의 일반세균은 100CFU/mℓ 미만이다.
④ A~H지역의 수돗물이 모두 잔류염소가 10%씩 높아지더라도 '먹는물 수질기준'에 적합하다고 판정되는 지역이 달라지지 않는다.
⑤ A지역 '나' 검사지점 수돗물의 잔류염소와 탁도가 각각 10%씩 낮아지면 A지역 수돗물의 '먹는물 수질기준'에 대한 적합 판정 여부가 달라진다.

16. 다음 〈표〉는 지난 10년간 매해 연말을 기준으로 조사한 A~E 가구의 연도별 금 보유량에 관한 자료이다. 이에 대한 〈보기〉의 설명 중 옳은 것만을 모두 고르면?

〈표〉 A~E가구의 연도별 금 보유량

연도 \ 가구	A	B	C	D	E
2015	4돈	6돈	5돈	9돈	5돈
2016	5돈	6돈	7돈	1냥 1돈	6돈
2017	7돈	6돈	8돈	1냥 1돈	6돈
2018	9돈	6돈	1냥	1냥 3돈	7돈
2019	1냥 1돈	9돈	1냥 3돈	1냥 4돈	9돈
2020	1냥 3돈	1냥 2돈	1냥 7돈	1냥 8돈	1냥 2돈
2021	1냥 1돈	1냥 2돈	1냥 8돈	1냥 8돈	1냥 2돈
2022	7돈	1냥 2돈	1냥 9돈	2냥 4돈	1냥 2돈
2023	9돈	1냥 4돈	2냥 2돈	2냥 7돈	1냥 4돈
2024	1냥 2돈	1냥 9돈	2냥 4돈	3냥	1냥 5돈

※ 1냥=10돈, 1돈=3.75g

〈보 기〉

ㄱ. 2015년 A~E가구의 금 보유량을 모두 합하면 100g 이상이다.

ㄴ. 2016년 이후 전년 대비 금 보유량의 증가량은 매년 C가구가 E가구보다 많다.

ㄷ. 2016년 이후 A가구의 전년 대비 금 보유량의 증감률이 가장 큰 해는 2019년이다.

ㄹ. 2024년 B가구의 금 보유량이 40g 증가하면 A~E가구 중 B가구의 금 보유량이 가장 많아진다.

① ㄱ, ㄴ

② ㄱ, ㄹ

③ ㄴ, ㄷ

④ ㄷ, ㄹ

⑤ ㄱ, ㄴ, ㄹ

17. 다음 〈표〉는 '갑'국 종사상지위별 근로자 현황에 관한 자료이다. 이에 대한 〈보기〉의 설명 중 옳은 것만을 모두 고르면?

〈표〉 '갑'국 종사상지위별 근로자 현황

(단위: 천 명)

종사상지위 \ 연도	2008	2013	2018	2023
취업자	22,832	24,032	26,177	26,905
비임금근로자	7,645	6,921	6,775	6,573
자영업자	6,142	5,642	5,622	5,531
고용원이 있는 자영업자	1,656	1,515	1,609	1,372
고용원이 없는 자영업자	4,486	4,127	4,013	4,159
무급가족종사자	1,503	1,279	1,153	1,042
임금근로자	15,187	17,111	19,402	20,332
상용근로자	7,923	10,178	12,716	14,521
임시근로자	5,059	5,107	5,114	4,483
일용근로자	2,205	1,826	1,572	1,328

※ 1) 취업자 수=비임금근로자 수+임금근로자 수

2) 비임금근로자 비율(%) $= \frac{\text{비임금근로자 수}}{\text{취업자 수}} \times 100$

3) 임금근로자 비율(%) $= \frac{\text{임금근로자 수}}{\text{취업자 수}} \times 100$

〈보 기〉

ㄱ. 2008년 대비 2023년 취업자 수의 증가율은 20% 미만이다.

ㄴ. 제시된 연도 동안 임시근로자 수와 일용근로자 수의 합이 임금근로자 수에서 차지하는 비중은 5년마다 감소한다.

ㄷ. 2018년 자영업자 수에서 고용원이 있는 자영업자 수가 차지하는 비중은 비임금근로자 비율보다 작다.

ㄹ. 제시된 각 연도의 임금근로자 비율은 모두 70% 이상이다.

① ㄱ, ㄴ

② ㄱ, ㄷ

③ ㄷ, ㄹ

④ ㄱ, ㄴ, ㄹ

⑤ ㄴ, ㄷ, ㄹ

18. 다음 〈표〉는 2023~2024년 '갑'국 고등학생의 진학 희망 전공 순위에 관한 자료이다. 이에 대한 설명으로 옳은 것은?

〈표〉 2023~2024년 '갑'국 고등학생의 진학 희망 전공 순위

구분	2023년			2024년		
	전공	희망 인원(명)	등락	전공	희망 인원(명)	등락
1위	경영·경제	665	↑1	경영·경제	549	-
2위	사회과학	627	↑5	언어·문학	484	↑1
3위	언어·문학	599	↓2	컴퓨터·통신	448	↑7
4위	간호	594	↓1	사회과학	447	↓2
5위	체육	472	↑6	디자인	375	↑1
6위	디자인	456	↓2	인문과학	334	↑1
7위	인문과학	411	↑2	체육	333	↓2
8위	기계·금속	408	↓2	중등교육	331	↑1
9위	중등교육	377	↑1	간호	324	↓5
10위	컴퓨터·통신	353	↓2	생물·화학	305	↑1
11위	생물·화학	328	↓6	기계·금속	288	↓3

※ 1) 등락에서 ↑, ↓, -는 전년 순위보다 각각 상승, 하락, 변동없음을 의미하고, 옆의 숫자는 전년 대비 순위의 상승폭 혹은 하락폭을 의미함.
2) 희망 전공은 〈표〉에 제시된 전공뿐임.

① 2023년에 전년 대비 순위가 상승한 전공은 6개이다.
② 2022년 순위가 2024년 순위보다 낮은 전공의 수는 2022년 순위가 2024년 순위보다 높은 전공의 수보다 많다.
③ 2023~2024년 동안 매년 순위가 전년 대비 하락한 전공은 1개이다.
④ 2024년에 전년 대비 순위가 상승한 전공은 모두 희망 인원도 전년 대비 증가하였다.
⑤ 2024년 상위 5개 전공 평균 희망 인원 수는 2023년 상위 5개 전공 평균 희망 인원 수보다 많다.

19. 다음 〈표〉는 2024년 용도별 건축물 현황에 관한 자료이다. 이에 대한 〈보기〉의 설명 중 옳은 것만을 모두 고르면?

〈표 1〉 용도별 건축물 현황

(단위: 동, %)

지역 \ 용도	전체	주거용	상업용	공업용	문교사회용	기타
전국(비율)	7,314,264 (100)	4,582,418 (62.7)	1,341,695 (18.3)	335,451 (4.6)	200,425 (2.7)	854,275 (11.7)
서울	585,636	435,702	126,931	2,441	16,309	4,253
부산	352,894	242,312	72,264	15,667	9,261	13,390
대구	240,513	160,571	51,421	13,037	6,218	9,266
인천	219,832	139,372	45,752	14,621	6,573	13,514
광주	138,328	92,177	33,101	4,249	4,004	4,797
대전	132,169	91,959	27,024	2,963	4,974	5,249
울산	137,792	77,929	30,593	14,761	3,979	10,530
경기	1,230,057	651,336	278,036	111,246	36,502	152,937
세종	35,159	19,562	6,434	2,079	998	6,086
강원	428,405	275,643	75,313	7,286	14,047	56,116
충북	400,386	246,089	63,616	20,991	10,978	58,712
충남	553,811	335,508	88,770	25,588	14,278	89,667
전북	461,109	271,243	78,946	13,885	15,142	81,893
전남	657,391	429,961	96,740	20,450	16,271	93,969
경북	832,707	520,188	122,860	34,713	20,323	134,623
경남	724,124	480,884	113,016	30,450	16,364	83,410
제주	183,951	111,982	30,878	1,024	4,204	35,863

〈표 2〉 서울 지역 인구 50만 명 이상 행정구역의 용도별 건축물 현황

(단위: 동)

행정구역 \ 용도	전체	주거용	상업용	공업용	문교사회용	기타
노원구	12,853	9,079	2,753	10	870	141
강서구	25,053	19,031	4,755	73	836	358
강남구	23,429	12,381	10,057	3	890	98
송파구	23,469	17,861	4,645	22	782	159

〈보 기〉

ㄱ. 전체 건축물 중 문교사회용 건축물의 비율은 강원 지역이 전국보다 높다.
ㄴ. 서울 지역 건축물 중 인구 50만 명 이상 행정구역의 건축물이 차지하는 비중은 20% 이상이다.
ㄷ. 공업용 건축물 상위 3개 지역의 공업용 건축물의 합은 전국 공업용 건축물의 절반 이상이다.
ㄹ. 서울 지역 인구 50만 명 이상 행정구역의 주거용 건축물의 합은 전국 건축물의 0.5% 이상을 차지한다.

① ㄱ, ㄴ　② ㄱ, ㄷ　③ ㄴ, ㄹ
④ ㄱ, ㄷ, ㄹ　⑤ ㄴ, ㄷ, ㄹ

20. 다음 〈표〉는 음료 판매점의 메뉴별 판매가격과 재료 관련 정보를 나타낸 자료이다. 음료 판매점에서 판매하는 6개 메뉴에 대한 메뉴 한 잔당 이익의 합이 18,600원이 되도록 대표 메뉴의 판매가격을 결정할 때 그 금액은?

〈표〉 메뉴 한 잔당 판매가격 및 재료비, 사용재료

(단위: 원)

구분 \ 메뉴		대표 메뉴	레몬 에이드	자몽 에이드	레몬자몽 에이드	자몽 모히또	라임 모히또
판매가격		( )	3,500	3,500	4,000	4,300	4,300
재료비		( )	700	800	900	900	850
사용재료	탄산수	○	○	○	○	○	○
	레몬	△	○	×	△	×	×
	자몽	×	×	○	○	○	×
	라임	○	×	×	×	×	○
	민트	○	×	×	×	○	○

※ 1) 메뉴별 이익=메뉴별 판매가격−메뉴별 재료비

2) 각 메뉴는 메뉴별 사용재료로 한 잔의 음료를 제조함. 이때 ‘○’는 해당 재료 1개 사용, ‘△’는 해당 재료 1/2개 사용, ‘×’는 해당 재료를 사용하지 않음을 의미함.

3) 메뉴별 재료비는 메뉴 한 잔을 만들 때 사용하는 모든 재료에 대한 총 비용임. 단, 재료 1/2개 사용 시 비용은 재료 1개 비용의 절반으로 간주하여 계산함.

① 4,100원
② 4,200원
③ 4,250원
④ 4,350원
⑤ 4,400원

21. 다음 〈표〉는 날짜별 A~D영화 예약자 수와 ‘갑’극장 총 예약자 수 및 방문객 수에 대한 자료이다. 이에 대한 〈보기〉의 설명 중 옳은 것만을 모두 고르면?

〈표 1〉 날짜별 A~D영화 예약자 수

(단위: 명)

영화 \ 날짜	3월 18일	3월 19일	3월 20일	3월 21일
A	315	135	345	( )
B	420	270	115	145
C	105	405	( )	290
D	210	540	230	435

〈표 2〉 날짜별 ‘갑’극장 총 예약자 수 및 방문객 수

(단위: 명)

구분 \ 날짜	3월 18일	3월 19일	3월 20일	3월 21일
총 예약자 수	1,050	( )	1,150	1,450
방문객 수	950	1,062	1,051	1,389

※ 1) 방문율(%) = $\frac{\text{방문객 수}}{\text{총 예약자 수}} \times 100$

2) 3월 18~21일 동안 ‘갑’극장에서 상영한 영화는 A~D뿐임.

〈보 기〉

ㄱ. 3월 20일 대비 3월 21일 예약자 수의 증가율이 가장 높은 영화는 D이다.

ㄴ. 3월 18~21일 동안 영화별 예약자 수의 합이 많은 영화부터 순서대로 나열하면 D−A−C−B 순이다.

ㄷ. 3월 20일 C영화 예약자 수는 3월 19일 B영화 예약자 수의 2배 이상이다.

ㄹ. ‘갑’극장의 3월 19일 방문율은 75% 이상이다.

① ㄱ, ㄴ
② ㄱ, ㄹ
③ ㄴ, ㄷ
④ ㄱ, ㄴ, ㄹ
⑤ ㄴ, ㄷ, ㄹ

22. 다음 〈표〉는 A~F국의 재정수입 및 GDP 대비 재정수입 비중에 관한 자료이다. 이를 근거로 '가'~'마'에 해당하는 국가를 바르게 연결한 것은?

〈표〉 국가별 재정수입 및 GDP 대비 재정수입 비중

(단위: 십억 달러, %)

국가	구분	2014년	2019년	2024년
A	재정수입	355	423	372
	GDP 대비 재정수입 비중	33.5	32.8	28.1
가	재정수입	617	605	581
	GDP 대비 재정수입 비중	25.8	23.2	20.8
나	재정수입	1,011	1,183	1,253
	GDP 대비 재정수입 비중	27.6	31.1	32.3
다	재정수입	880	950	902
	GDP 대비 재정수입 비중	41.1	45.8	49.6
라	재정수입	195	172	143
	GDP 대비 재정수입 비중	52.8	48.1	54.0
마	재정수입	396	352	433
	GDP 대비 재정수입 비중	29.5	26.7	34.2

※ GDP 대비 재정수입 비중(%) = $\frac{\text{해당 연도 재정수입}}{\text{해당 연도 GDP}} \times 100$

〈조 건〉

○ D국과 F국의 2014년 대비 2024년 재정수입 증가율은 각각 5% 이상이다.

○ 2024년 GDP는 B국이 F국의 2배 이상이다.

○ 2014년, 2019년, 2024년 E국의 재정수입은 각각 C국 재정수입의 2배 이상이다.

	가	나	다	라	마
①	B	D	E	C	F
②	B	D	C	E	F
③	B	F	C	E	D
④	D	F	E	C	B
⑤	D	B	C	E	F

23. 다음은 학생 5명의 '가'~'마' 과목 시험 성적 및 학업수준에 관한 자료이다. 이를 근거로 A~C 중 큰 것부터 순서대로 연결한 것은?

〈조 건〉

○ 모든 학생은 '가'~'마' 과목 시험에 모두 응시함.

○ 과목별 시험 점수는 최소 0점, 최대 20점을 획득함.

○ 각 학생의 학업수준은 5개 과목 시험 점수의 산술평균으로 결정함.

평균	18점 이상 20점 이하	15점 이상 18점 미만	12점 이상 15점 미만	12점 미만
학업수준	수월	우수	보통	기초

〈표〉 학생 5명의 '가'~'마' 과목 시험 점수 및 학업수준

(단위: 점)

학생	과목					평균	학업 수준
	가	나	다	라	마		
지수	19	16	( )	20	18	( )	수월
동욱	6	15	14	(A)	12	13.2	( )
은영	15	( )	17	18	( )	( )	( )
경우	10	13	15	10	(B)	( )	기초
민정	14	16	(C)	16	14	( )	보통
계	( )	72	78	83	( )	( )	–

① A, B, C

② A, C, B

③ B, A, C

④ B, C, A

⑤ C, A, B

[24 ~ 25] 다음 〈표〉는 2020~2024년 '갑'국의 연도별·월별 대기오염도에 관한 정보이다. 다음 물음에 답하시오.

〈표 1〉 2020~2024년 월별 미세먼지(PM10) 농도

(단위: ㎍/m³)

월 \ 연도	2020	2021	2022	2023	2024
1	50	52	50	60	39
2	47	62	52	56	38
3	60	59	49	62	40
4	67	57	56	42	41
5	54	62	43	50	34
6	42	42	38	33	34
7	30	35	28	27	20
8	34	26	24	28	24
9	37	37	24	25	22
10	39	33	33	32	34
11	53	49	56	41	38
12	48	47	45	39	38

〈표 2〉 2020~2024년 월별 미세먼지(PM2.5) 농도

(단위: ㎍/m³)

월 \ 연도	2020	2021	2022	2023	2024
1	30	32	32	35	26
2	26	35	30	34	25
3	32	38	31	39	21
4	29	26	25	20	18
5	29	26	22	25	18
6	26	23	24	20	19
7	18	21	17	17	12
8	20	13	12	17	14
9	22	21	13	13	12
10	21	17	17	15	17
11	30	27	32	20	21
12	30	30	25	26	24

〈표 3〉 2020~2024년 월별 메탄 농도

(단위: ppb)

월 \ 연도	2020	2021	2022	2023	2024
1	1,967	1,984	1,983	1,998	2,020
2	1,964	1,972	1,981	2,002	2,007
3	1,968	1,975	1,983	1,989	1,993
4	1,965	1,966	1,969	1,970	1,979
5	1,966	1,962	1,972	1,984	1,984
6	1,960	1,955	1,964	1,993	2,016
7	1,929	1,951	1,948	1,958	1,979
8	1,920	1,958	1,951	1,979	1,936
9	1,984	1,979	1,981	2,011	2,005
10	1,991	1,977	1,981	1,998	2,028
11	1,991	1,977	1,988	1,998	2,013
12	1,980	1,987	1,989	2,013	2,019

24. 위 〈표〉에 대한 〈보기〉의 설명 중 옳은 것만을 모두 고르면?

〈보 기〉

ㄱ. 연평균 미세먼지(PM2.5) 농도는 2021년보다 2023년이 더 높다.

ㄴ. 2022년의 월별 미세먼지(PM10) 농도는 매월 같은 달 미세먼지(PM2.5) 농도의 150% 이상이다.

ㄷ. 2024년 1~12월 중 2020년 동월 대비 메탄 농도의 변화폭이 가장 큰 월은 6월이다.

ㄹ. 2024년 1~12월 중 2020년 동월 대비 미세먼지(PM10) 농도의 감소율은 4월이 가장 크다.

① ㄱ, ㄴ
② ㄱ, ㄹ
③ ㄴ, ㄷ
④ ㄷ, ㄹ
⑤ ㄴ, ㄷ, ㄹ

25. 다음 〈정보〉는 '갑'국 정부가 대기오염에 따른 특별저감대책 시행 시기를 판단하는 기준이다. 위 〈표〉와 다음 〈정보〉를 근거로 2022년 상·하반기에 특별저감대책이 시행되었던 월을 바르게 연결한 것은?

〈정 보〉

○ '갑'국의 특별저감대책은 상반기(1~6월)와 하반기(7~12월)에 한 번씩 시행된다.

○ 정부는 당년 대기오염도를 바탕으로 이듬해 특별저감대책 시기를 결정한다.

– 다음의 산식을 통해 월별 '통합대기오염판단지수'를 산출한다.

[식] 당월 통합대기오염판단지수
=0.8×당월 미세먼지(PM10) 농도+1.2×당월 미세먼지(PM2.5) 농도+0.01×당월 메탄 농도

– 반기별로 '통합대기오염판단지수'가 가장 높은 값을 기록한 월에 특별저감대책을 시행한다.
예를 들어 2017년 상반기 중 4월의 산출 값이 가장 높다면 이듬해 2018년 상반기 중 4월에 정책이 시행된다.

	상반기	하반기
①	1월	11월
②	2월	11월
③	2월	12월
④	3월	11월
⑤	3월	12월

약점 보완 해설집 p.32

✂ 자르는 선

2025 해커스PSAT 7급 PSAT FINAL 봉투모의고사 자료해석 (5회)

컴퓨터용 흑색사인펜만 사용

책형
Ⓐ Ⓑ

【필적감정용 기재】
*아래 예시문을 옮겨 적으시오
본인은 OOO(응시자성명)임을 확인함
기 재 란

성 명	
자필성명	본인 성명 기재
시험장소	

응 시 번 호							
	⓪	⓪	⓪	⓪	⓪	⓪	⓪
	①	①	①	①	①	①	①
	②	②	②	②	②	②	②
	③	③	③	③	③	③	③
	④	④	④	④	④	④	④
⑤	⑤	⑤	⑤	⑤	⑤	⑤	⑤
⑥	⑥	⑥	⑥	⑥	⑥	⑥	⑥
⑦	⑦	⑦	⑦	⑦	⑦	⑦	⑦
	⑧	⑧	⑧	⑧	⑧	⑧	⑧
	⑨	⑨	⑨	⑨	⑨	⑨	⑨

생 년 월 일					
⓪	⓪	⓪	⓪	⓪	⓪
①	①	①	①	①	①
②	②		②	②	②
③	③		③	③	③
④	④		④		④
⑤	⑤		⑤		⑤
⑥	⑥		⑥		⑥
⑦	⑦		⑦		⑦
⑧	⑧		⑧		⑧
⑨	⑨		⑨		⑨

※시험감독관 서명 (서명을 정자로 기재할 것)	적색 볼펜만 사용

자료해석(1~10번)					
1	①	②	③	④	⑤
2	①	②	③	④	⑤
3	①	②	③	④	⑤
4	①	②	③	④	⑤
5	①	②	③	④	⑤
6	①	②	③	④	⑤
7	①	②	③	④	⑤
8	①	②	③	④	⑤
9	①	②	③	④	⑤
10	①	②	③	④	⑤

자료해석(11~20번)					
11	①	②	③	④	⑤
12	①	②	③	④	⑤
13	①	②	③	④	⑤
14	①	②	③	④	⑤
15	①	②	③	④	⑤
16	①	②	③	④	⑤
17	①	②	③	④	⑤
18	①	②	③	④	⑤
19	①	②	③	④	⑤
20	①	②	③	④	⑤

자료해석(21~25번)					
21	①	②	③	④	⑤
22	①	②	③	④	⑤
23	①	②	③	④	⑤
24	①	②	③	④	⑤
25	①	②	③	④	⑤

시험일: ____년 ____월 ____일

국가공무원 7급 공개경쟁채용 1차 필기시험 모의고사

| 자료해석영역 |

응시번호	
성명	

실전모의고사 **6회**

문제책형 **㉣**

응시자 주의사항

1. **시험시작 전 시험문제를 열람하는 행위나 시험종료 후 답안을 작성하는 행위를 한 사람**은 「공무원 임용시험령」 제51조에 의거 **부정행위자**로 처리됩니다.
2. **답안지 책형 표기는 시험시작 전** 감독관의 지시에 따라 **문제책 앞면에 인쇄된 문제책형을 확인**한 후, **답안지 책형란에 해당 책형(1개)**을 '●'로 표기하여야 합니다.
3. 시험이 시작되면 문제를 주의 깊게 읽은 후, **문항의 취지에 가장 적합한 하나의 정답만을 고르며**, 문제내용에 관한 질문은 할 수 없습니다.
4. **답안을 잘못 표기하였을 경우에는 답안지를 교체하여 작성**하거나 **수정할 수 있으며**, 표기한 답안을 수정할 때는 **응시자 본인이 가져온 수정테이프만을 사용**하여 해당 부분을 완전히 지우고 부착된 수정테이프가 떨어지지 않도록 손으로 눌러주어야 합니다. **(수정액 또는 수정스티커 등은 사용 불가)**
5. **시험시간 관리의 책임은 응시자 본인에게 있습니다.**
   ※ 문제책은 시험종료 후 가지고 갈 수 있습니다.

정답공개 및 해설강의 안내

1. 모바일 자동 채점 및 성적 분석 서비스
   • '약점 보완 해설집'에 회차별로 수록된 QR코드 인식 ▶ 응시 인원 대비 자신의 성적 위치 확인
2. 해설강의 수강 방법
   • 해커스PSAT 사이트(psat.Hackers.com) 접속 후 로그인 ▶ 우측 퀵배너 [쿠폰/수강권등록] 클릭 ▶ '약점 보완 해설집'에 수록된 쿠폰번호 입력 후 이용

1. 다음은 2021~2024년 철강분야 주요 원자재 가격에 관한 자료이다. 이를 근거로 A와 D에 해당하는 원자재를 바르게 연결한 것은?

〈표〉 2021~2024년 철강분야 주요 원자재 가격

(단위: 달러/톤)

구분 원자재	2021년		2022년		2023년		2024년	
	상반기	하반기	상반기	하반기	상반기	하반기	상반기	하반기
A	73	74	84	101	91	126	182	137
B	423	397	368	353	314	358	508	626
C	741	782	772	685	541	670	919	1,093
D	908	916	718	603	592	719	1,511	2,041
E	1,056	1,043	880	805	798	901	1,723	2,354

〈조 건〉

- 원자재 A~E는 각각 냉연, 열연, 철광석, 철근, 철스크랩 중 하나이다.
- 2021년 상반기 대비 2024년 상반기 가격의 증가율은 냉연이 철근보다 높다.
- 2022~2024년 상반기의 경우 철스크랩 가격과 열연 가격의 전년동기 대비 증감 방향이 같다.
- 2023년 상반기 대비 2024년 상반기 가격의 증가폭은 냉연이 열연보다 크다.
- 2022년 상반기 대비 2022년 하반기 가격 감소율의 상위 2개 원자재는 열연과 철근이다.

	A	D
①	철광석	철스크랩
②	철광석	철근
③	철광석	열연
④	냉연	철근
⑤	냉연	열연

2. 다음 〈그림〉은 '갑'국의 2024년 형사사건 접수 및 처리 인원에 관한 자료이다. 〈그림〉의 A, B에 해당하는 값의 차이는?

〈그림〉 2024년 형사사건 접수 및 처리 인원

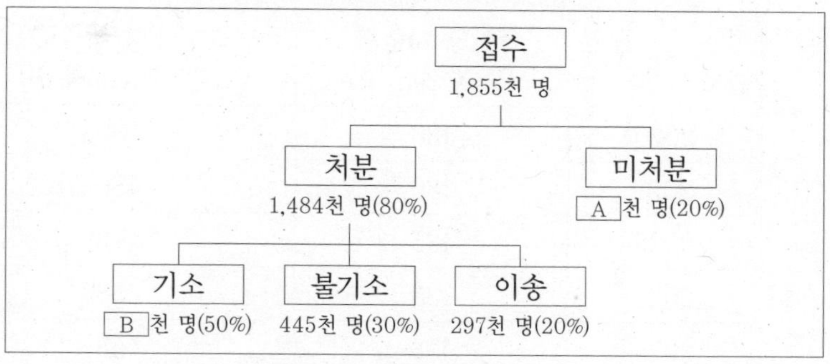

※ ( )는 각 항목의 상위 개념에 대한 비중을 나타냄.

① 297

② 371

③ 409

④ 431

⑤ 445

3. 다음 〈표〉는 '갑'국의 온실가스 배출량에 관한 자료이다. 이를 근거로 1인당 GDP가 가장 큰 연도는?

〈표〉 2020~2024년 온실가스 배출량

연도 \ 구분	1인당 배출량 (톤CO2eq/명)	GDP당 배출량 (톤CO2eq/억 원)
2020	138	500
2021	136	480
2022	135	472
2023	135	458
2024	138	455

※ 1) 1인당 배출량 = $\frac{\text{총배출량}}{\text{총인구}}$

2) GDP당 배출량 = $\frac{\text{총배출량}}{\text{GDP}}$

① 2020년
② 2021년
③ 2022년
④ 2023년
⑤ 2024년

4. 다음은 2022~2023년 4개 국가의 전체 취업자수와 제조업 및 건설업 취업자수에 관한 자료이다. 이를 근거로 2023년 건설업 여자 취업자수가 많은 국가부터 순서대로 나열하면?

〈표〉 4개 국가의 전체 취업자수와 제조업 및 건설업 취업자수

(단위: 천 명)

구분	연도 / 국가 / 성별	2022 A	2022 B	2022 C	2022 D	2023 A	2023 B	2023 C	2023 D
전체	계	2,852	5,235	4,802	4,296	2,907	5,213	4,853	4,306
	남자	1,514	2,928	2,556	2,277	1,543	2,917	2,575	2,289
	여자	1,338	2,307	2,246	2,019	1,364	2,296	2,278	2,017
제조업	계	321	1,399	591	671	332	1,358	556	716
	남자	226	927	450	494	236	907	418	523
	여자	95	472	141	177	96	451	138	193
건설업	계	178	396	321	348	194	413	312	324
	남자	162	360	289	302	177	374	277	281
	여자	16	36	32	46	17	39	35	43

〈조 건〉

○ 2023년 벨기에의 전체 취업자수는 전년 대비 증가하고 건설업 취업자수는 전년 대비 감소하였다.
○ 2022년 오스트리아의 전체 남자 취업자수에서 제조업 남자 취업자수가 차지하는 비중은 20% 이상이다.
○ 2022년 건설업 여자 취업자수 대비 제조업 여자 취업자수의 비가 두 번째로 높은 국가는 덴마크이다.
○ 2023년 제조업 및 건설업 취업자수의 합계가 가장 많은 국가는 체코이다.

① 오스트리아 – 체코 – 벨기에 – 덴마크
② 오스트리아 – 벨기에 – 덴마크 – 체코
③ 오스트리아 – 덴마크 – 체코 – 벨기에
④ 벨기에 – 체코 – 오스트리아 – 덴마크
⑤ 벨기에 – 오스트리아 – 체코 – 덴마크

5. 다음은 APEC 가입 국가 및 국내 자동차 산업 현황에 관한 자료이다. 제시된 〈그림〉과 〈표〉 이외에 〈보고서〉를 작성하기 위해 추가로 필요한 자료만을 〈보기〉에서 모두 고르면?

〈그림〉 APEC 가입 국가 자동차 생산량 추이

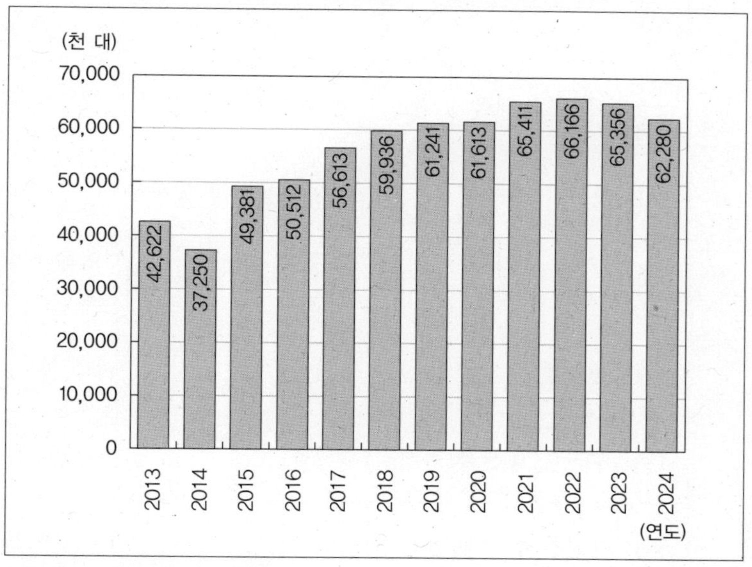

※ APEC 가입국은 21개국임.

〈표 1〉 연도별 국내 자동차 생산량

(단위: 천 대, %)

구분 / 연도	승용차	전년 대비 증가율	상용차	전년 대비 증가율
2021	3,860	−6.7	367	−12.8
2022	3,735	−3.2	380	3.5
2023	3,662	−2.0	367	−3.4
2024	3,613	−1.3	338	−7.9

※ 해당 연도 자동차 생산량 = 해당 연도 승용차 생산량 + 해당 연도 상용차 생산량

〈표 2〉 연도별 APEC 가입 아시아 국가별 한국 자동차 수입량

(단위: 대)

연도 / 국가	2021	2022	2023
브루나이	2,038	2,279	2,172
중국	3,864	3,018	625
홍콩	1,770	2,737	2,557
인도네시아	3,643	4,007	2,432
일본	371	250	97
말레이시아	4,284	5,391	6,986
필리핀	30,200	29,904	23,036
싱가포르	9,100	8,331	11,891
대만	2,540	2,121	4,257
태국	2,698	4,024	4,242
베트남	19,361	14,713	502
합계	79,869	76,775	58,797

※ APEC 가입 아시아 국가별 한국 승용차 및 상용차 수입량은 해외 현지 조립을 위한 기자재 분해 승용차 및 상용차 수입량을 제외한 수치임.

〈보고서〉

APEC 가입 국가 자동차 생산량은 2014년 이후 꾸준히 증가하였으나 2023년부터 감소하여 2024년 APEC 가입 국가 자동차 생산량은 62,280천 대를 기록하였다. APEC 가입국인 한국의 자동차 생산량은 2022년 전체 APEC 가입 국가 자동차 생산량 중 4위를 차지하고 있었으나, 자동차 생산량이 점차 감소하여 2024년 전체 APEC 가입 국가 자동차 생산량 중 5위를 차지하였다.

2021년 국내 자동차 생산량 중 승용차 생산량은 전년 대비 6.7% 감소하여 3,860천 대를 기록하였고, 상용차 생산량은 전년 대비 12.8% 감소하여 367천 대를 기록하였다. 국내 자동차 생산량은 2021년 이후 점차 감소하여 2024년 국내 자동차 생산량은 4,000천 대 이하로 줄어들었다.

또한 2022~2023년 APEC 가입 아시아 국가별 한국 자동차 수입량의 합은 전년 대비 매년 감소한 것으로 조사되었다. 특히 2022년 APEC 가입 아시아 국가별 한국 자동차 수입량의 합에서 베트남의 한국 자동차 수입량이 차지하는 비중은 약 19.2%였으나 2023년에는 약 0.9%로 급락하였다. 반면, 2022~2023년 APEC 가입국 중 캐나다와 러시아의 한국 자동차 수입량은 각각 전년 대비 매년 증가한 것으로 조사되었다. 2022년 캐나다와 러시아의 한국 자동차 수입량은 각각 약 144천 대, 58천 대였으며, 2023년에는 각각 약 150천 대, 95천 대로 전년 대비 증가하였다.

〈보 기〉

ㄱ. 2021~2024년 APEC 가입 국가별 자동차 생산량

ㄴ. 2021~2023년 APEC 가입 국가별 한국 자동차 수입량

ㄷ. 2021~2024년 베트남 자동차 생산량

ㄹ. 2021~2024년 국내 자동차 생산량

① ㄱ, ㄴ

② ㄱ, ㄷ

③ ㄱ, ㄹ

④ ㄴ, ㄷ

⑤ ㄴ, ㄹ

6. 다음 〈표〉는 2013~2024년 '갑'국의 문화재 유형별 지정 현황에 관한 자료이다. 이에 대한 〈보기〉의 설명 중 옳은 것만을 모두 고르면?

〈표〉 문화재 유형별 지정 현황

(단위: 건)

문화재 유형 / 연도	국보	보물	사적	명승	천연기념물	국가무형문화재	국가민속문화재	전체
2024	5	44	5	2	2	4	2	64
2023	3	( )	5	1	1	3	4	65
2022	1	( )	4	0	1	1	5	70
2021	4	( )	3	0	1	2	2	48
2020	0	42	3	3	1	1	6	56
2019	0	17	2	( )	6	3	2	( )
2018	1	57	5	7	7	2	5	84
2017	1	65	10	10	15	0	2	103
2016	1	100	1	5	3	1	1	112
2015	4	23	12	16	17	0	4	76
2014	0	68	4	21	10	1	1	105
2013	2	38	17	11	14	1	9	92
계	22	596	71	93	78	19	43	922

〈보 기〉

ㄱ. 2013~2017년 동안 문화재 지정 건수는 사적이 국가무형문화재보다 매년 많다.

ㄴ. 2020년 이후 문화재 지정 건수에서 보물이 차지하는 비중은 매년 60% 이상이다.

ㄷ. 보물과 명승의 문화재 지정 건수가 같은 해에는 사적과 국가민속문화재의 문화재 지정 건수도 같다.

① ㄱ
② ㄴ
③ ㄷ
④ ㄱ, ㄷ
⑤ ㄴ, ㄷ

7. 다음 〈표〉는 2021~2024년 전통시장 업종별 전망 순위 및 체감 순위에 관한 자료이다. 이를 바탕으로 작성한 〈보고서〉의 설명 중 옳지 않은 것은?

〈표〉 전통시장 7개 업종의 전망 순위 및 체감 순위

연도 / 구분 / 순위	2021		2022		2023		2024	
	전망	체감	전망	체감	전망	체감	전망	체감
1위	축산물	축산물	가공식품	축산물	음식점	농산물	가정용품	농산물
2위	가공식품	가공식품	축산물	가공식품	농산물	음식점	의류·신발	가공식품
3위	음식점	수산물	수산물	농산물	가공식품	의류·신발	농산물	의류·신발
4위	수산물	농산물	농산물	수산물	의류·신발	가정용품	축산물	음식점
5위	농산물	음식점	음식점	음식점	가정용품	가공식품	음식점	축산물
6위	가정용품	가정용품	의류·신발	가정용품	수산물	축산물	가공식품	수산물
7위	의류·신발	의류·신발	가정용품	의류·신발	축산물	수산물	수산물	가정용품

※ 전통시장의 경기는 전망과 체감을 구분하여 조사함.

〈보고서〉

전통시장 경기동향 조사에 따라 업종별 전망 순위와 체감 순위를 정리한 결과, ㉠ 2021년에는 축산물, 가공식품, 가정용품, 의류·신발 4개 업종의 전망 순위와 체감 순위가 동일했고, 2022년에는 음식점의 전망 순위와 체감 순위만 동순위로 나타났다. 2024년에는 가정용품의 전망 순위와 체감 순위가 각각 1위와 7위를 차지하며 그 차이가 6단계로 가장 크게 나타났고 ㉡ 그 다음으로 순위 차이가 큰 업종은 순위가 4단계 차이나는 가공식품이었다. 2021년부터 2023년까지 업종별 전망 순위와 체감 순위 차이가 1단계에서 2단계 차이였던 것과 비교할 때 2024년의 순위 차이는 두드러지게 나타났다고 볼 수 있다.

㉢ 연도별 순위를 살펴보면, 전망 순위가 매년 상승한 업종은 의류·신발뿐임을 확인할 수 있었다. 2022년 전망 순위가 2021년보다 상승한 업종은 하락한 업종의 수보다 많았으며, 2023년에도 전년도 전망 순위와 비교해서 동일한 경향이 나타났다. 반면 ㉣ 2024년 전망 순위는 2023년보다 하락한 업종이 상승한 업종의 수보다 많았으며 이러한 가운데 가정용품의 순위는 3단계나 상승하였다. 체감 순위의 경우 2022년과 2023년 농산물의 순위가 전년도 순위 대비 상승한 다음 2024년에는 1위를 유지했으며, ㉤ 2022~2024년 중 체감 순위가 전년도 순위와 동일한 업종의 수는 2022년이 5개로 가장 많았다.

① ㄱ
② ㄴ
③ ㄷ
④ ㄹ
⑤ ㅁ

8. 다음 〈그림〉과 〈표〉는 '갑'국의 2019~2023년 금융 및 보험업종 기업 현황에 관한 자료이다. 제시된 〈그림〉과 〈표〉 이외에 〈보고서〉를 작성하기 위해 추가로 필요한 자료만을 〈보기〉에서 모두 고르면?

〈그림〉 금융 및 보험업종 기업 수

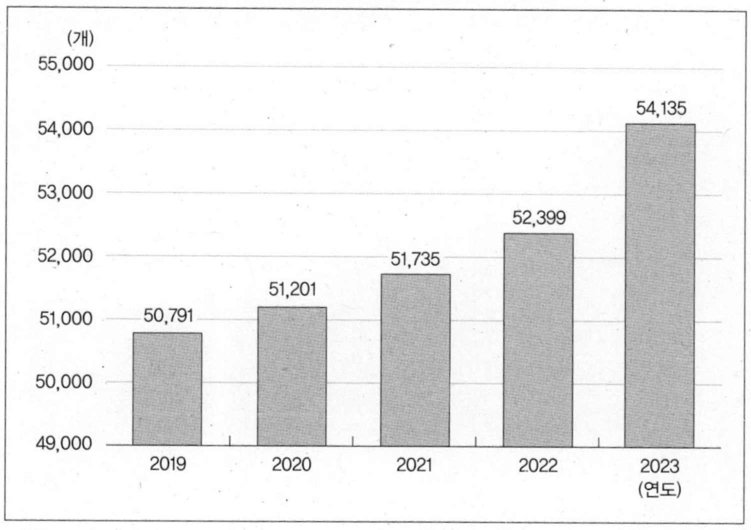

〈표〉 금융 및 보험업종 기업규모별 및 중소기업 분류별 구성비

(단위: %)

구분 \ 연도	2019	2020	2021	2022	2023
전체	100.0	100.0	100.0	100.0	100.0
대기업	5.8	5.5	6.0	6.0	6.2
중소기업	94.2	94.5	94.0	94.0	93.8
소상공인	81.3	81.8	81.2	81.0	80.3
소기업	7.9	7.7	7.7	8.0	8.2
중기업	5.0	5.0	5.1	5.0	5.3

※ 기업규모는 '대기업'과 '중소기업'으로만 구분되며, '중소기업'은 '소상공인', '소기업', '중기업'으로만 분류됨.

〈보고서〉

'갑'국의 금융 및 보험업종 기업 수는 2019년 50,791개에서 2023년 54,135개로, 6% 이상 증가하였다. 특히, 2020~2022년 동안 금융 및 보험업종의 기업 수의 전년 대비 증가율은 매년 1.5% 미만이었으나, 2022년 대비 2023년 금융 및 보험업종 기업 수의 증가율은 3% 이상인 것으로 나타났다.

금융 및 보험업종의 기업 수를 기업규모와 중소기업 분류별로 살펴보면, 2019~2022년 동안 중소기업 수는 매년 47,000개 이상이었으며, 중소기업 중 소상공인의 비중은 매년 85% 이상이었다. 한편, 금융 및 보험업종 전체 기업 중 '대기업'의 비중은 매년 5.5% 이상 6.5% 미만이었다.

2023년 '갑'국 산업의 업종별 현황을 살펴보면, 업종별 전체 기업 수에서 대기업이 차지하는 비중이 가장 큰 업종은 금융 및 보험업(6.2%)이고, 가장 작은 업종은 수리 및 기타 개인 서비스업(0.2%)이었다. 2023년 종사자규모가 100인 이상인 기업 수가 가장 많은 업종은 제조업(4,568개)이었으며, 10인 미만인 기업 수가 가장 많은 업종은 도매 및 소매업(1,632,986개)이었다.

〈보 기〉

ㄱ. 업종별, 기업규모별 종사자 수

ㄴ. 업종별, 기업규모별 기업 수

ㄷ. 업종별, 종사자규모별 기업 수

ㄹ. 금융 및 보험업종 중소기업 분류별 기업 수

① ㄴ

② ㄴ, ㄷ

③ ㄱ, ㄹ

④ ㄱ, ㄴ, ㄷ

⑤ ㄴ, ㄷ, ㄹ

9. 다음 〈표〉는 2022~2024년 각국의 총의원 수와 여성의원 비율 및 순위에 관한 자료이다. 이에 대한 〈보기〉의 설명 중 옳은 것만을 모두 고르면?

〈표〉 각국의 총의원 수, 여성의원 비율 및 순위

(단위: 위, 명, %)

국가 \ 연도	2022			2023			2024		
국가 \ 구분	순위	총의원 수	여성의원 비율	순위	총의원 수	여성의원 비율	순위	총의원 수	여성의원 비율
스웨덴	7	349	47.0	7	349	47.0	12	349	46.1
노르웨이	17	169	41.4	14	169	44.4	15	169	45.0
오스트리아	28	183	39.3	24	183	39.9	24	183	41.5
네덜란드	40	150	33.3	( )	150	33.3	26	150	40.7
독일	48	709	31.2	49	709	31.5	43	736	34.9
영국	39	650	33.9	39	650	33.9	45	649	34.4
미국	82	431	23.4	67	433	27.3	72	433	27.7
한국	124	295	17.3	121	300	19.0	124	295	18.6
일본	165	464	9.9	166	464	9.9	166	465	9.7

※ 1) 여성의원 비율(%) = $\frac{\text{여성의원 수}}{\text{총의원 수}} \times 100$

2) 여성의원 비율이 높은 국가일수록 높은 순위를 차지함.

〈보 기〉

ㄱ. 제시된 국가 중 2022년의 여성의원 수가 한국보다 적은 국가는 2개이다.

ㄴ. 제시된 국가 중 2022~2024년 동안 순위가 꾸준히 상승한 국가는 1개이다.

ㄷ. 제시된 국가 중 2022년 대비 2024년 순위가 가장 큰 폭으로 변동된 국가는 네덜란드이다.

① ㄱ

② ㄴ

③ ㄱ, ㄷ

④ ㄴ, ㄷ

⑤ ㄱ, ㄴ, ㄷ

10. 다음 〈표〉는 중고차 A~D의 특성에 관한 자료이다. 이에 대한 〈보기〉의 설명 중 옳은 것만을 모두 고르면?

〈표〉 중고차 A~D의 특성

구분 \ 중고차	A	B	C	D
배기량(cc)	1,591	1,999	1,995	2,199
최대출력(hp)	132	172	163	200
연비(km/L)	14.6	17.5	19.3	21.4
승차인원(인)	5	5	5	7
제조연도(년)	2017	2015	2011	2013
사용기간(개월)	30	54	93	68
총 주행거리(km)	83,600	62,400	47,100	94,500
금액(만 원)	1,480	1,350	1,070	1,120

※ 연비(km/L) = $\frac{\text{주행거리}}{\text{소비연료}}$

〈보 기〉

ㄱ. 승차인원이 5인인 중고차는 승차인원이 7인인 중고차에 비해 배기량과 최대출력이 모두 작다.

ㄴ. 사용기간 대비 금액은 A가 C의 4배 이상이다.

ㄷ. 제조연도가 두 번째로 오래된 중고차의 사용기간 대비 총 주행거리는 1,500km/개월 이상이다.

ㄹ. A~D가 30L의 연료로 고속도로를 주행한다면, 주행거리가 500km 이상인 중고차는 총 3대이다.

① ㄱ, ㄴ　② ㄱ, ㄷ　③ ㄷ, ㄹ
④ ㄱ, ㄴ, ㄹ　⑤ ㄴ, ㄷ, ㄹ

11. 다음 〈표〉는 2019~2024년 조경공종의 완성공사원가에 관한 자료이다. 이에 대한 〈보기〉의 설명 중 옳은 것만을 모두 고르면?

〈표〉 조경공종 계정과목별 완성공사원가

(단위: 백만 원)

계정과목 \ 연도	2019	2020	2021	2022	2023	2024
완성공사원가	1,331	5,117	1,411	1,619	1,307	1,851
재료비	266	1,348	272	353	318	714
노무비	125	308	133	182	147	295
외주비	784	2,804	836	880	659	540
현장경비	156	657	170	204	183	302

※ 완성공사원가는 재료비, 노무비, 외주비, 현장경비로만 이루어짐.

〈보 기〉

ㄱ. 완성공사원가에서 노무비가 차지하는 비중은 매년 가장 작다.

ㄴ. 2021년 완성공사원가 중 현장경비의 비중은 전년 대비 증가하였다.

ㄷ. 2020년 대비 2022년 완성공사원가의 감소율은 70% 미만이다.

ㄹ. 현장경비 대비 외주비가 가장 큰 해는 가장 작은 해의 3배 이상이다.

① ㄱ, ㄴ　② ㄱ, ㄷ　③ ㄴ, ㄹ
④ ㄱ, ㄷ, ㄹ　⑤ ㄴ, ㄷ, ㄹ

12. 다음은 2018~2024년 '갑'국의 국민들을 대상으로 '일상에서 필수적인 매체'에 대해 설문조사 한 결과이다. 이를 근거로 2024년 '갑'국의 국민들의 '일상에서 필수적인 매체' 응답 비율이 가장 높은 매체와 두 번째로 높은 매체를 바르게 연결한 것은?

〈표〉 '갑'국의 국민들의 '일상에서 필수적인 매체' 응답 비율

(단위: %)

매체 \ 연도	2018	2019	2020	2021	2022	2023	2024
A	53.4	46.3	43.4	43.3	38.7	38.5	37.5
B	24.3	37.7	45.1	47.0	52.3	56.0	57.4
C	19.3	12.5	9.0	7.2	6.5	4.0	3.6
태블릿PC	0.3	0.3	0.2	0.1	0.1	0.1	0.1
D	0.9	1.4	0.9	0.7	0.7	0.7	0.6
라디오	0.8	0.9	0.5	0.5	0.6	0.4	0.5
기타	1.0	0.9	0.9	1.2	1.1	0.3	0.3
계	100.0	100.0	100.0	100.0	100.0	100.0	100.0

〈조 건〉

○ 2019~2024년 동안 'TV' 응답 비율의 전년 대비 증감방향과 'PC/노트북' 응답 비율의 전년 대비 증감방향은 서로 동일하다.

○ 2019년 매체 중 응답 비율의 전년 대비 변화폭이 가장 큰 매체는 '스마트폰'이다.

○ 2018~2021년 '기타'를 제외한 매체별 응답 비율이 높은 것부터 순서대로 나열하면 'PC/노트북', '신문', '태블릿PC', '라디오'의 순위는 매년 동일하다.

○ 2018~2024년 동안 '신문'의 응답 비율은 '태블릿PC' 응답 비율의 3배 이상이다.

	가장 높은 매체	두 번째로 높은 매체
①	스마트폰	TV
②	스마트폰	PC/노트북
③	스마트폰	신문
④	신문	TV
⑤	신문	스마트폰

13. 다음 〈보고서〉는 2024년 청년층(15~29세) 인구의 경제활동 상태 및 일자리에 관한 자료이다. 〈보고서〉의 내용과 부합하지 않는 자료는?

〈보고서〉

2024년 청년층 인구는 전년 대비 감소한 반면, 청년층 경제활동참가율은 51.5%, 청년층 고용률은 47.8%로, 전년 대비 각각 2.5%p, 3.4%p 상승하였다. 또한, 2024년 청년층 취업자는 410만 4천 명으로 전년 대비 증가하였으며, 청년층 실업자는 전년 대비 8만 2천 명 감소하여, 실업률 또한 전년 대비 20% 이상 하락하였다.

한편 2024년 청년층 비경제활동인구 중 취업시험 준비자 비율은 16.9%이었으며, 취업시험 준비분야별 비율은 일반직공무원이 가장 높고, 그 다음 일반기업체 순이었지만, 준비분야 중 일반직공무원의 비율은 전년 대비 가장 큰 폭으로 감소하였다.

청년층의 첫 취업 및 첫 일자리에 대해 살펴보면, 2022년 이후 첫 취업 평균 소요기간과 첫 일자리 평균 근속기간은 각각 증가하는 추세이며, 연도별 첫 취업 평균 소요기간과 첫 일자리 평균 근속기간 격차는 매년 줄어들고 있다. 또한, 2024년에는 첫 일자리를 그만둔 사유로 보수, 근로시간 등 '근로여건 불만족'이 건강, 육아, 결혼 등 '개인·가족적 이유'의 2.5배 이상으로 가장 높았다.

① 청년층 취업자 및 실업자 현황

(단위: 만 명, %)

구분 / 연도	취업자	실업자	실업률
2023	390.8	40.2	9.3
2024	410.4	32.0	7.2

② 청년층 경제활동참가율과 고용률

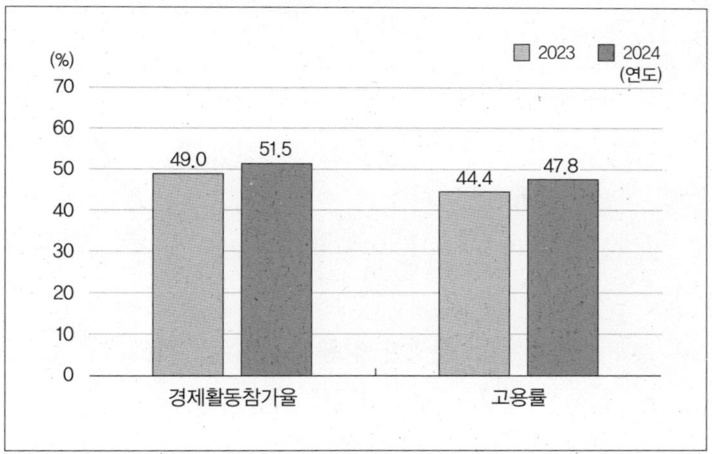

③ 청년층 인구의 첫 취업 평균 소요기간 및 첫 일자리 평균 근속기간

연도 / 구분	2022	2023	2024
첫 취업 평균 소요기간	10.0개월	10.1개월	10.8개월
첫 일자리 평균 근속기간	1년 5.5개월	1년 6.2개월	1년 6.8개월

④ 청년층 인구가 첫 일자리를 그만둔 사유 비율

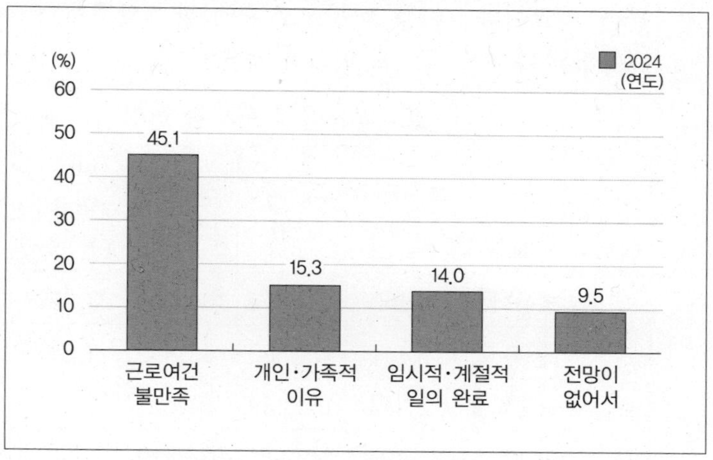

⑤ 청년층 비경제활동인구 중 취업시험 준비분야 비율

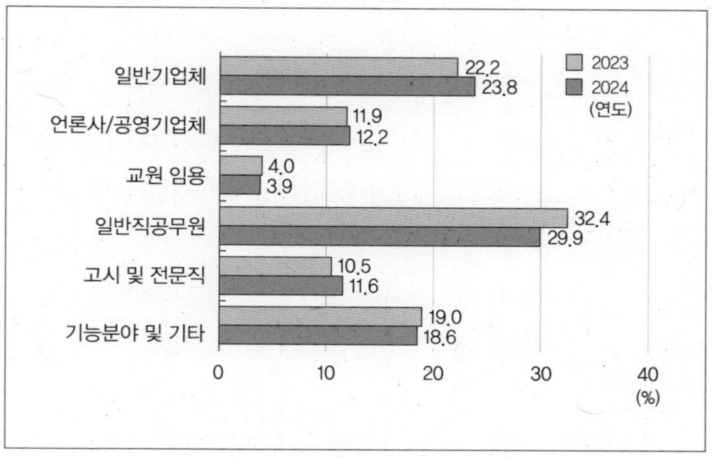

14. 다음 〈표〉는 2022~2024년 '갑'국의 학교급별 도서관 현황에 관한 자료이다. 이를 바탕으로 작성한 〈보고서〉의 A~C에 해당하는 내용을 바르게 연결한 것은?

〈표〉 학교급별 도서관 현황

연도	학교급	도서관수 (개)	좌석수 (개)	장서수 (천 권)	연간 대출자수 (천 명)	직원수 (명)
2022	초등학교	6,153	278,675	104,001	53,287	3,145
	중학교	3,147	171,552	45,885	7,641	1,565
	고등학교	2,344	154,134	37,613	7,595	1,078
	대학	704	447,860	164,229	1,140	3,263
2023	초등학교	6,165	276,786	106,409	51,723	3,142
	중학교	3,148	168,380	46,924	7,056	1,621
	고등학교	2,342	151,371	38,759	5,504	1,114
	대학	716	448,465	168,744	1,053	3,227
2024	초등학교	6,209	270,519	108,616	50,158	3,195
	중학교	3,166	166,222	47,975	6,335	1,647
	고등학교	2,349	147,284	39,857	4,823	1,148
	대학	707	445,756	173,283	988	3,131

〈보고서〉

2022~2024년 학교급별 도서관 현황을 살펴보면, 네 학교급 중 2022년 대비 2023년 도서관수의 증감 방향은 '고등학교'만 상이했으며, 2023년 대비 2024년 도서관수의 증감 방향은 '대학'만 상이했다. 또한 전년 대비 2023~2024년의 연간 대출자수는 모든 학교급에서 매년 감소하였으며, 네 학교급의 도서관 장서수의 합은 매년 [A] 하였다.

한편, 모든 학교급에서 2022년 대비 2024년 도서관 좌석수는 감소하였는데, 특히 2022년 대비 2024년 도서관 좌석수의 감소율이 가장 작은 학교급은 '[B]'이었다. 2024년 학교급별 도서관 직원수의 경우 '초등학교'가 가장 많고, 2022년 대비 2024년 도서관 직원수의 증가인원이 많은 학교급부터 순서대로 나열하면, '초등학교'는 네 학교급 중 [C]에 해당하였다.

	A	B	C
①	감소	초등학교	두 번째
②	증가	초등학교	세 번째
③	증가	대학	두 번째
④	감소	대학	세 번째
⑤	증가	대학	세 번째

15. 다음 〈그림〉은 '갑'국의 2024년 식중독 발생 현황에 관한 자료이다. 이에 대한 설명으로 옳지 않은 것은?

〈그림 1〉 월별 식중독 발생 환자 수

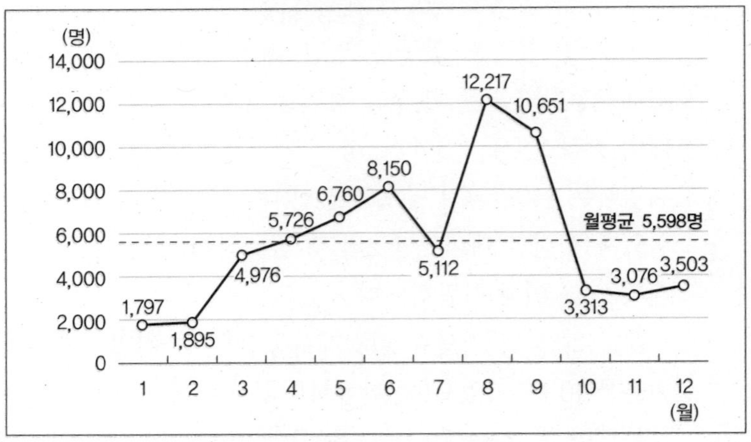

〈그림 2〉 월별 식중독 발생 건수

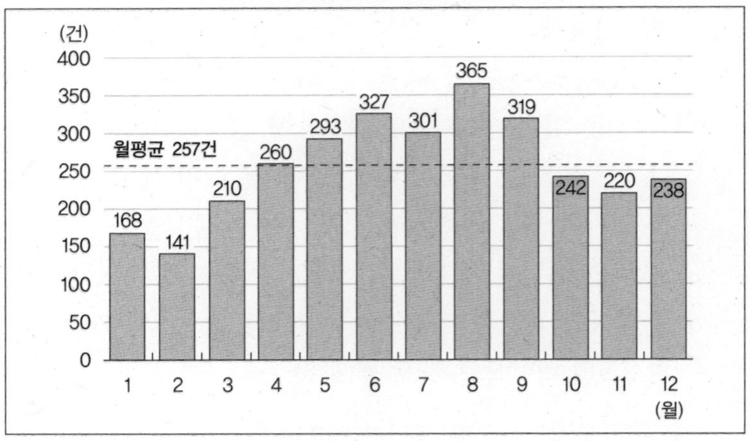

〈그림 3〉 식중독 발생 장소별 건수의 비중

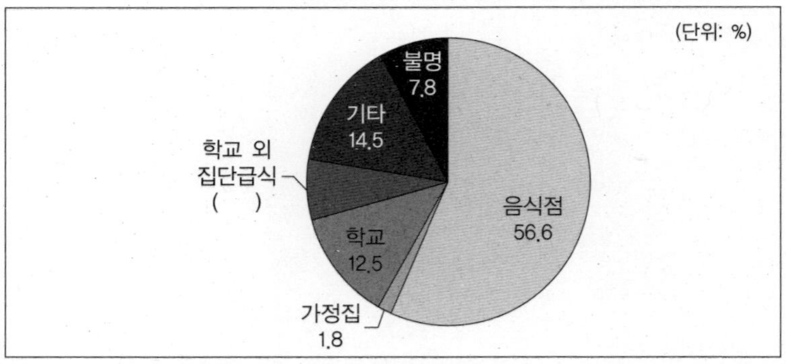

※ 식중독은 한 건당 하나의 장소에서만 발생함.

① 1~12월 중 월별 식중독 발생 1건당 환자 수가 많은 상위 2개는 8월과 9월이다.

② 식중독 발생 환자 수가 월평균보다 많은 달이 적은 달보다 적다.

③ '음식점'에서 발생한 식중독 건수는 '학교 외 집단급식'에서 발생한 식중독 건수의 8배 이상이다.

④ 연간 '학교'에서 발생한 식중독이 모두 봄(3~5월)에 발생했다면, 봄에 발생한 식중독 건수 중 발생 장소가 '학교'인 식중독의 비중은 50% 이상이다.

⑤ 월별 식중독 발생 건수는 가장 많은 달이 가장 적은 달의 2.5배 미만이다.

16. 다음은 '갑'국의 2024년 전시회 개최 현황에 관한 자료이다. 이에 대한 〈보기〉의 설명 중 옳은 것만을 모두 고르면?

〈그림〉 월별 전시회 개최 현황

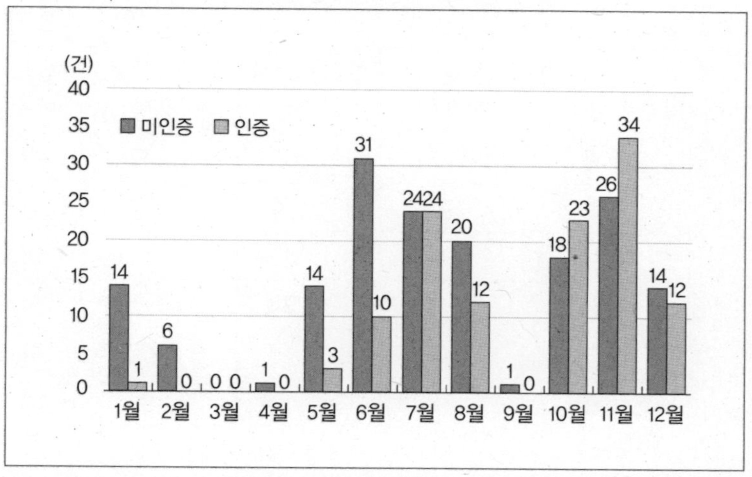

※ 전시회는 인증 여부에 따라 '인증' 전시회와 '미인증' 전시회로만 구분됨.

〈표〉 전시산업별 전시회 개최 현황

(단위: 건)

전시산업	미인증	인증	합
농수축산	22	15	37
에너지	2	4	6
금속	3	9	12
정보통신	7	14	21
보건	5	5	10
건설·운송장비	21	15	36
가정용품	17	6	23
화장품	2	2	4
금융	11	2	13
공공·교육	3	5	8
출산	15	16	31
웨딩	11	0	11
예술	14	7	21
레저	36	19	55
계	( )	119	( )

※ 전시산업은 위의 14개 산업으로만 분류됨.

〈보 기〉

ㄱ. 전체 전시회 개최 건수 중 6월 미인증 전시회 개최 건수의 비중은 10% 이상이다.

ㄴ. 인증 전시회 개최 건수 중 '레저'가 차지하는 비중은 미인증 전시회 개최 건수 중 '레저'가 차지하는 비중보다 높다.

ㄷ. 월별 전시회 개최 건수가 가장 많은 달은 두 번째로 많은 달의 1.5배 이상이다.

① ㄱ

② ㄴ

③ ㄱ, ㄴ

④ ㄱ, ㄷ

⑤ ㄴ, ㄷ

17. 다음 〈표〉는 2020~2024년 방산물자 및 방산업체 지정현황에 관한 자료이다. 이에 대한 〈보기〉의 설명 중 옳은 것만을 모두 고르면?

〈표 1〉 방산물자 지정건수

(단위: 건)

방산물자 \ 연도	2020	2021	2022	2023	2024
계	1,364	1,427	1,472	1,471	1,503
화력	133	144	142	138	138
탄약	223	224	221	223	224
기동	119	125	126	131	131
항공유도	507	536	579	575	602
함정	152	155	158	151	149
통신전자	141	138	138	136	144
화생방	26	33	33	36	34
기타	63	72	75	81	81

〈표 2〉 방산업체 지정개수

(단위: 개)

방산물자 \ 연도	2020	2021	2022	2023	2024
계	100	101	91	87	88
화력	11	12	10	9	10
탄약	8	8	8	8	8
기동	15	13	14	14	14
항공유도	20	20	18	16	16
함정	12	13	11	10	10
통신전자	18	18	16	16	16
화생방	3	3	3	4	4
기타	13	14	11	10	10

※ 방산업체는 방산물자를 생산하는 업체를 의미함.

〈보 기〉

ㄱ. 연도별 방산업체 지정개수 대비 방산물자 지정건수 비율은 매년 증가한다.

ㄴ. 제시된 기간 동안 '항공유도' 방산물자 지정건수는 매년 '탄약' 방산물자 지정건수의 2.5배 이상이다.

ㄷ. 기타를 제외하고 2020년 대비 2024년 방산물자 지정건수의 증가율이 가장 높은 방산물자는 '화생방'이다.

ㄹ. 2023년 방산물자별 방산업체 지정개수 대비 방산물자 지정건수 비율은 '항공유도'가 가장 크다.

① ㄱ, ㄷ

② ㄱ, ㄹ

③ ㄴ, ㄷ

④ ㄱ, ㄷ, ㄹ

⑤ ㄴ, ㄷ, ㄹ

18. 다음 〈표〉는 '갑'국 4개 산업 기술인력의 최종학력별 부족인력의 인원수 및 비중에 관한 자료이다. 이에 대한 설명으로 옳은 것은?

〈표〉 기술인력 최종학력별 부족인력 현황

(단위: 명, %)

산업	최종학력 / 구분	고졸	전문학사	학사	석사	박사
조선	인원수	540	225	329	33	4
	비중	3.2	4.0	3.2	1.7	0.7
화학	인원수	2,892	624	538	74	2
	비중	3.6	3.3	2.3	3.3	0.4
섬유	인원수	699	157	77	3	2
	비중	3.1	2.5	1.3	0.7	5.2
소프트웨어	인원수	11	566	4,430	1,037	143
	비중	0.4	2.2	4.1	6.9	11.9

※ 1) 최종학력이 낮은 것부터 순서대로 나열하면 고졸, 전문학사, 학사, 석사, 박사 순이며, 박사의 최종학력이 가장 높음.

2) 부족인력 비중(%) $= \frac{\text{부족인력 인원수}}{\text{종사인력 인원수}} \times 100$

① 고졸의 부족인력 비중이 3% 이상인 산업 중 고졸의 종사인력 인원수가 가장 많은 산업은 조선 산업이다.

② 학사와 석사의 부족인력 인원수의 차이가 가장 작은 산업은 부족인력 비중의 차이도 가장 작다.

③ 화학 산업의 경우 최종학력이 높아질수록 부족인력 인원수와 부족인력 비중이 모두 감소한다.

④ 소프트웨어 산업에서 석사의 종사인력 인원수는 박사의 종사인력 인원수 대비 20배 이상이다.

⑤ 모든 최종학력에서 섬유 산업의 부족인력 인원수와 부족인력 비중은 각각 조선 산업의 부족인력 인원수와 부족인력 비중보다 작다.

19. 다음 〈표〉는 '갑'국의 콘텐츠 이용에 관한 자료이다. 이에 대한 〈보기〉의 설명 중 옳은 것만을 모두 고르면?

〈표〉 저작권 종류별 콘텐츠 이용 현황

(단위: 천 개, %)

저작권 종류 / 구분	콘텐츠 이용량	합법저작물 이용량	불법복제물 이용량	불법복제물 이용률
전체	6,667	5,200	1,467	22.0
영화	126	72	54	( )
음악	4,950	4,030	( )	18.6
게임	37	28	9	24.3
방송	1,472	1,010	462	31.4
출판	82	( )	22	26.8

※ 1) 콘텐츠 이용량=합법저작물 이용량+불법복제물 이용량

2) 불법복제물 이용률(%) $= \frac{\text{불법복제물 이용량}}{\text{콘텐츠 이용량}} \times 100$

3) 합법저작물 이용률(%) $= \frac{\text{합법저작물 이용량}}{\text{콘텐츠 이용량}} \times 100$

〈보 기〉

ㄱ. 합법저작물 이용률은 저작권 종류 중 방송이 가장 낮다.

ㄴ. 출판의 합법저작물 이용량과 불법복제물의 이용량은 모두 게임의 2배 이상이다.

ㄷ. 전체 합법저작물 이용량에서 음악이 차지하는 비중은 전체 불법복제물 이용량에서 음악이 차지하는 비중보다 낮다.

ㄹ. 게임 콘텐츠 이용량 대비 영화 콘텐츠 이용량 비율은 방송 불법복제물 이용량 대비 전체 불법복제물 이용량 비율보다 크다.

① ㄱ, ㄴ

② ㄱ, ㄹ

③ ㄴ, ㄷ

④ ㄴ, ㄹ

⑤ ㄷ, ㄹ

20. 다음 〈표〉는 펀드 A~E의 유형 및 2024년 12월 31일 기준 투자시점별 누적수익률과 투자자 '갑'~'병'의 투자내역에 관한 자료이다. 이에 대한 〈보기〉의 설명 중 옳은 것만을 모두 고르면?

〈표 1〉 펀드 A~E의 유형 및 누적수익률

(2024년 12월 31일 기준)

(단위: %)

펀드	유형	투자시점별 누적수익률		
		2024년 3월 31일	2024년 6월 30일	2024년 9월 30일
A	초고위험	110	20	10
B	초고위험	100	30	0
C	고위험	80	10	5
D	초고위험	70	20	−5
E	고위험	50	10	10

※ 투자시점별 누적수익률은 해당 투자시점의 투자금액을 기준시점(2024년 12월 31일)까지 보유한 경우 얻는 수익률을 의미함.

〈표 2〉 투자자 '갑'~'병'의 펀드별 투자내역

(단위: 백만 원)

투자자	갑	을	병
펀드 \ 투자시점	2024년 6월 30일	2024년 3월 31일	2024년 9월 30일
A	5	2	3
B	4	3	3
C	2	7	1
D	2	6	2
E	4	5	1

※ 1) 투자자 '갑', '을', '병'은 각자 펀드 A~E에 동시에 투자를 했으며, 위 내역 외에 입출금내역이 없음.
2) 평가손익 = 투자금액 × 누적수익률

〈보 기〉

ㄱ. 2024년 12월 31일 기준, 펀드 A~E에 대한 '갑'의 평가손익은 총 3백만 원 이상이다.

ㄴ. 2024년 12월 31일 기준, 펀드 B에 대한 '을'의 평가손익은 '갑'의 평가손익의 3배 이상이다.

ㄷ. 2024년 12월 31일 기준, 펀드 A~E 중 각 펀드에 대한 '갑', '을', '병' 세 사람의 평가손익의 총합이 가장 높은 펀드는 C이다.

ㄹ. 2024년 12월 31일 기준, '병'의 고위험 펀드에 대한 평가손익 총합은 초고위험 펀드에 대한 평가손익 총합보다 많다.

① ㄱ, ㄴ
② ㄱ, ㄷ
③ ㄱ, ㄹ
④ ㄴ, ㄷ
⑤ ㄷ, ㄹ

21. 다음 〈표〉는 '갑'시 중학교와 고등학교 학생의 진로활동별 참여현황 및 향후 참여희망인원에 관한 자료이다. 이에 대한 〈보기〉의 설명 중 옳은 것만을 모두 고르면?

〈표〉 진로활동별 참여현황 및 향후 참여희망인원

(단위: %, 명)

학교급	구분 \ 진로활동	2021년 참여율	2021년 참여인원	2021년 향후 참여희망인원	2024년 참여율	2024년 참여인원	2024년 향후 참여희망인원
중학교	진로와 직업 수업	( )	9,409	7,223	93.6	8,536	6,587
	진로 심리검사	78.1	8,379	8,020	89.9	8,199	7,490
	진로상담	59.7	6,405	7,905	78.1	7,123	7,441
	진로체험	74.2	7,961	8,847	91.4	8,336	8,278
	진로 동아리	31.6	3,390	6,296	54.7	4,989	6,556
고등학교	진로와 직업 수업	84.3	9,195	7,423	85.2	8,132	6,728
	진로 심리검사	80.7	8,802	8,732	86.3	8,237	7,845
	진로상담	59.8	6,522	9,044	70.2	6,701	7,948
	진로체험	68.4	7,460	9,273	77.5	( )	8,476
	진로 동아리	38.7	4,221	7,067	57.6	5,498	6,945

※ 1) 진로활동 종류는 진로와 직업 수업, 진로심리검사, 진로상담, 진로체험, 진로동아리 5가지만 존재함.
2) 해당 진로활동 참여율(%) = $\frac{\text{해당 진로활동 중학교(고등학교) 참여 인원}}{\text{'갑'시 전체 중학교(고등학교) 학생 수}} \times 100$

〈보 기〉

ㄱ. 2021년 '갑'시의 전체 중학교 학생 수는 11,000명 이상이다.

ㄴ. 2021년 중학교 참여인원이 가장 많은 진로활동의 참여율은 2024년에 감소하였다.

ㄷ. 2021년 고등학교 진로체험 참여인원은 2024년 고등학교 진로체험 참여인원보다 많다.

ㄹ. 2024년 고등학교 참여인원 대비 향후 참여희망인원이 가장 많은 진로활동은 진로동아리이다.

① ㄱ, ㄴ
② ㄴ, ㄷ
③ ㄷ, ㄹ
④ ㄱ, ㄴ, ㄹ
⑤ ㄴ, ㄷ, ㄹ

22. 다음은 '갑'국의 2019~2024년 분야별 특허 수수료 수입 현황에 관한 자료이다. 이를 근거로 A~D에 해당하는 분야를 바르게 연결한 것은?

〈표〉 분야별 특허 수수료 수입현황

(단위: 백만 원)

분야 \ 연도	2019	2020	2021	2022	2023	2024
A	16,262	18,854	( )	20,098	19,522	20,516
B	63,698	67,809	70,327	70,324	72,727	77,628
C	65,107	66,263	61,209	64,000	65,537	( )
D	214,406	227,885	247,206	267,162	279,191	276,390
기타	53,912	53,520	56,579	57,134	63,170	59,472
전체	( )	434,329	455,902	( )	500,147	495,919

〈조 건〉

- ○ '기타'를 제외하고 2020년 대비 2023년 분야별 특허 수수료 수입의 증가율은 '연차등록료', '심사청구료'가 5% 이상이고, '출원료', '신규등록료'가 5% 미만이다.
- ○ 2024년 '출원료'의 특허 수수료 수입은 2021년보다 감소하였다.
- ○ '기타'를 제외하고 2020~2024년 동안 전체 특허 수수료 수입의 전년 대비 증감 방향과 동일한 분야는 '연차등록료'뿐이다.

	A	B	C	D
①	신규등록료	심사청구료	출원료	연차등록료
②	출원료	심사청구료	신규등록료	연차등록료
③	출원료	연차등록료	신규등록료	심사청구료
④	신규등록료	연차등록료	출원료	심사청구료
⑤	출원료	신규등록료	심사청구료	연차등록료

23. 다음은 '갑'지역의 재개발 사업 후보지 현황 및 계획과 후보지 선정 방식에 관한 자료이다. 이를 근거로 판단할 때, 사업 대상 지역으로 선정되는 후보지를 모두 고르면?

〈표〉 후보지 A~G 현황 및 계획

(단위: m^2, 세대, %)

후보지	대지 면적	연면적		용도지역		세대수		노후도
		현황	계획	현황	계획	현황	계획	
A	45,229	56,083	108,097	1종	2종	270	1,310	74.0
B	22,441	35,232	50,492	2종	3종	389	618	78.0
C	13,633	16,223	40,762	1종	3종	432	919	82.1
D	12,272	24,053	29,820	2종	3종	169	357	67.5
E	11,204	11,652	27,897	1종	2종	206	279	77.8
F	11,082	13,520	32,913	1종	3종	118	378	91.3
G	12,870	12,998	36,550	1종	3종	120	680	77.5

※ 1) 용도지역의 1~3종은 각각 1~3종 일반주거지역을 나타냄.

2) 용적률(%) $= \frac{\text{연면적}}{\text{대지면적}} \times 100$

〈선정 방식〉

다음 단계에 따라 사업 대상 지역을 선정함.

- ○ 1단계: 아래 3개 조건을 모두 충족하는 후보지를 예비 후보지로 선정함.
  - – 면적 조건: 재개발 계획 용적률이 현황 대비 130%p 이상 증가해야 함.
  - – 지역 조건: 재개발 계획 용도지역은 3종 일반주거지역이어야 함.
  - – 세대 조건: 재개발 계획 세대수가 현황 대비 250세대 이상 증가해야 함.
- ○ 2단계: 1단계에서 선정된 예비 후보지 중 노후도가 높은 2곳을 사업 대상 지역으로 선정함.

① A, F
② B, D
③ C, F
④ E, G
⑤ F, G

[24 ~ 25] 다음 〈표〉는 2024년 '갑'국의 국가공무원 임용을 위한 과목별 필기시험 점수와 1차, 2차 면접시험 평가 및 최종 결과에 관한 자료이다. 다음 물음에 답하시오.

〈표 1〉 지원자의 과목별 필기시험 점수 및 평균점수

(단위: 점)

과목 / 지원자	국어	한국사	영어	선택과목	평균점수
A	90	80	(　)	30	80
B	80	95	75	40.5	83
C	85	(　)	95	33	88
D	75	80	90	21	(　)
E	95	75	70	33	(　)
F	70	(　)	95	44.5	87

※ 1) 지원자는 A~F뿐이며, 필기시험과 면접시험에 모두 응시함.

2) 평균점수 = $\frac{\text{4개 과목 점수의 합}}{3.5}$

〈표 2〉 지원자별 1차, 2차 면접시험 평가 및 최종결과

차시	1차			2차			최종등급	최종결과
평가요소 / 지원자	국가관	공직관	윤리관	국가관	공직관	윤리관		
A	상	상	중	상	상	상	(　)	불합격
B	중	상	상	상	하	하	(　)	합격
C	상	중	하	상	중	중	보통	(　)
D	상	상	상	상	상	상	(　)	(　)
E	하	중	중	상	중	하	(　)	불합격
F	상	상	상	하	상	상	보통	(　)

※ 1) 1차, 2차 면접시험의 등급은 각각 3가지 평가요소(국가관, 공직관, 윤리관)에서 모두 '상'을 받는 경우 '우수', 3가지 평가요소 중 1개 이상에서 '하'를 받는 경우 '미흡', 그 외에는 '보통' 등급을 부여함.

2) 지원자별 면접시험의 최종등급은 1차, 2차 면접시험에서 모두 '우수' 등급을 받은 경우 '우수', 모두 '미흡' 등급을 받은 경우 '미흡', 그 외에는 '보통' 등급을 부여함.

3) 면접시험의 최종결과는 최종등급이 '우수'이면 반드시 합격, '미흡'이면 반드시 불합격이며, '보통'이면 필기시험 평균점수가 높은 지원자부터 순서대로 합격정원까지 합격시킴.

24. 위 〈표〉에 근거하여 최종결과가 '합격'인 지원자를 필기시험 평균점수가 낮은 지원자부터 순서대로 모두 나열하면?

① D, B, C

② D, B, F

③ B, D, F, C

④ B, F, D, C

⑤ D, B, F, C

25. 위 〈표〉에 근거한 〈보기〉의 설명 중 옳은 것만을 모두 고르면?

〈보 기〉

ㄱ. 1차, 2차 면접시험의 등급이 동일한 지원자는 전체의 40% 이상이다.

ㄴ. 각 지원자의 국어 점수가 높을수록 평균점수도 높다.

ㄷ. 1~2차 면접시험 평가에서 '상' 등급을 받은 횟수가 '중' 또는 '하' 등급을 받은 횟수보다 많은 지원자 중 한국사 점수가 가장 높은 지원자의 평균점수는 85점 이상이다.

ㄹ. 지원자 A의 영어점수가 90점이라면, A의 최종결과는 '합격'이다.

① ㄱ

② ㄷ

③ ㄱ, ㄴ

④ ㄴ, ㄹ

⑤ ㄷ, ㄹ

약점 보완 해설집 p.40

자르는 선

2025 해커스PSAT 7급 PSAT FINAL 봉투모의고사 자료해석 (6회)

컴퓨터용 흑색사인펜만 사용

책형
㉰
㉱

【필적감정용 기재】
*아래 예시문을 옮겨 적으시오

본인은 OOO(응시자성명)임을 확인함

기 재 란

성 명	
자필성명	본인 성명 기재
시험장소	

응시번호							
	⓪	⓪	⓪	⓪	⓪	⓪	⓪
	①	①	①	①	①	①	①
	②	②	②	②	②	②	②
	③	③	③	③	③	③	③
	④	④	④	④	④	④	④
⑤	⑤	⑤	⑤	⑤	⑤	⑤	⑤
⑥	⑥	⑥	⑥	⑥	⑥	⑥	⑥
⑦	⑦	⑦	⑦	⑦	⑦	⑦	⑦
	⑧	⑧	⑧	⑧	⑧	⑧	⑧
	⑨	⑨	⑨	⑨	⑨	⑨	⑨

생년월일					
⓪	⓪	⓪	⓪	⓪	⓪
①	①	①	①	①	①
②	②		②	②	②
③	③		③	③	③
④	④		④		④
⑤	⑤		⑤		⑤
⑥	⑥		⑥		⑥
⑦	⑦		⑦		⑦
⑧	⑧		⑧		⑧
⑨	⑨		⑨		⑨

※시험감독관 서명 (서명을 정자로 기재할 것)	적색 볼펜만 사용

자료해석(1~10번)					
1	①	②	③	④	⑤
2	①	②	③	④	⑤
3	①	②	③	④	⑤
4	①	②	③	④	⑤
5	①	②	③	④	⑤
6	①	②	③	④	⑤
7	①	②	③	④	⑤
8	①	②	③	④	⑤
9	①	②	③	④	⑤
10	①	②	③	④	⑤

자료해석(11~20번)					
11	①	②	③	④	⑤
12	①	②	③	④	⑤
13	①	②	③	④	⑤
14	①	②	③	④	⑤
15	①	②	③	④	⑤
16	①	②	③	④	⑤
17	①	②	③	④	⑤
18	①	②	③	④	⑤
19	①	②	③	④	⑤
20	①	②	③	④	⑤

자료해석(21~25번)					
21	①	②	③	④	⑤
22	①	②	③	④	⑤
23	①	②	③	④	⑤
24	①	②	③	④	⑤
25	①	②	③	④	⑤

시험일: ______년 ______월 ______일

국가공무원 7급 공개경쟁채용 1차 필기시험 모의고사

| 자료해석영역 |

응시번호	
성명	

실전모의고사 **7회**

문제책형 **㉶**

응시자 주의사항

1. **시험시작 전 시험문제를 열람하는 행위나 시험종료 후 답안을 작성하는 행위를 한 사람**은 「공무원 임용시험령」 제51조에 의거 **부정행위자**로 처리됩니다.
2. **답안지 책형 표기는 시험시작 전** 감독관의 지시에 따라 **문제책 앞면에 인쇄된 문제책형을 확인**한 후, **답안지 책형란에 해당 책형(1개)**을 '●'로 표기하여야 합니다.
3. 시험이 시작되면 문제를 주의 깊게 읽은 후, **문항의 취지에 가장 적합한 하나의 정답만을 고르며**, 문제내용에 관한 질문은 할 수 없습니다.
4. **답안을 잘못 표기하였을 경우에는 답안지를 교체하여 작성**하거나 **수정할 수 있으며**, 표기한 답안을 수정할 때는 **응시자 본인이 가져온 수정테이프만을 사용**하여 해당 부분을 완전히 지우고 부착된 수정테이프가 떨어지지 않도록 손으로 눌러주어야 합니다. **(수정액 또는 수정스티커 등은 사용 불가)**
5. **시험시간 관리의 책임은 응시자 본인에게 있습니다.**
   ※ 문제책은 시험종료 후 가지고 갈 수 있습니다.

정답공개 및 해설강의 안내

1. 모바일 자동 채점 및 성적 분석 서비스
   • '약점 보완 해설집'에 회차별로 수록된 QR코드 인식 ▶ 응시 인원 대비 자신의 성적 위치 확인
2. 해설강의 수강 방법
   • 해커스PSAT 사이트(psat.Hackers.com) 접속 후 로그인 ▶ 우측 퀵배너 [쿠폰/수강권등록] 클릭 ▶ '약점 보완 해설집'에 수록된 쿠폰번호 입력 후 이용

해커스PSAT

1. 다음 〈표〉는 2020~2023년 '갑'국의 육아휴직자 수 현황에 관한 자료이다. 〈표〉의 A, B에 해당하는 값을 바르게 나열한 것은?

〈표〉 2020~2023년 육아휴직자 수 현황

(단위: 명, %)

구분 \ 연도	2020	2021	2022	2023
남자	32,040	39,249	42,197	54,240
전년 대비 증가율	17.9	(A)	7.5	28.5
여자	129,205	131,146	135,125	(B)
전년 대비 증가율	2.0	1.5	3.0	8.0

	A	B
①	20.5	140,925
②	20.5	145,935
③	20.5	168,905
④	22.5	140,925
⑤	22.5	145,935

2. 다음 〈표〉는 2023년과 2024년 '갑'국의 지역별 다중 추돌 교통사고 발생 건수 및 사상자수에 관한 자료이다. 이에 대한 〈보기〉의 설명 중 옳은 것만을 모두 고르면?

〈표〉 지역별 다중 추돌 교통사고 발생 건수 및 사상자수

(단위: 건, 명)

연도	구분 \ 지역	A	B	C	D	기타	전국
2023	발생 건수	80	63	50	47	46	( )
	사상자수	823	850	769	793	840	4,075
2024	발생 건수	35	41	38	29	21	164
	사상자수	530	535	( )	441	595	2,534

※ 기타 지역은 전국 중 지역 A, B, C, D를 제외한 모든 지역을 의미함.

〈보 기〉

ㄱ. 기타 지역을 제외하고 2023년 대비 2024년 다중 추돌 교통사고 사상자수의 감소폭이 가장 큰 지역은 D이다.

ㄴ. 2024년 전국 다중 추돌 교통사고 발생 건수는 전년 대비 120건 이상 감소하였다.

ㄷ. 2023년 전국 다중 추돌 교통사고 발생 건수 중 A지역 발생 건수가 차지하는 비중은 25% 이상이다.

ㄹ. 기타 지역을 제외하고 2024년 다중 추돌 교통사고 발생 1건당 사상자수가 가장 적은 지역은 B이다.

① ㄱ, ㄷ

② ㄴ, ㄹ

③ ㄷ, ㄹ

④ ㄱ, ㄴ, ㄷ

⑤ ㄱ, ㄴ, ㄹ

3. 다음 〈보고서〉는 2024년 '가' 지역의 농업 관련 조사 결과이다. 〈보고서〉의 내용과 부합하지 않는 자료는?

〈보고서〉

2024년 '가' 지역의 전체 농업인 수는 532명으로 2023년보다 감소하였지만, 전체 농산물 생산량은 15,000톤으로 2023년 대비 10% 이상 증가하였다. 또한, 2024년 농업인들의 평균 1일당 농사 시간은 4시간 30분으로 5년 전 대비 30분 줄어든 것으로 나타났다.

농산물의 작목은 식량작물, 채소류, 과수류, 특용작물로 구분하며, 2024년 작목별 농산물 생산량은 식량작물이 6,000톤으로 가장 많았고, 채소류가 5,400톤으로 두 번째로 많았으며, 과수류와 특용작물은 각각 2,700톤과 900톤으로 비교적 적은 편에 속했다.

한편, 2024년 1인당 연간 농산물 소비량은 전년과 비교하여 10% 감소한 63kg으로 집계되었는데, 1인당 연간 농산물 소비량이 감소함에 따라 2024년 농산물 가격 또한 모든 작목에서 전년 대비 감소하였으며, 특히 특용작물의 20kg당 가격은 2023년 140,000원보다 20,000원 낮은 120,000원으로 산정되었다.

① 전체 농업인 수와 전체 농산물 생산량

(단위: 명, 톤)

구분 \ 연도	2023	2024
전체 농업인 수	550	532
전체 농산물 생산량	13,730	15,000

② 연도별 농업인 평균 1일당 농사 시간

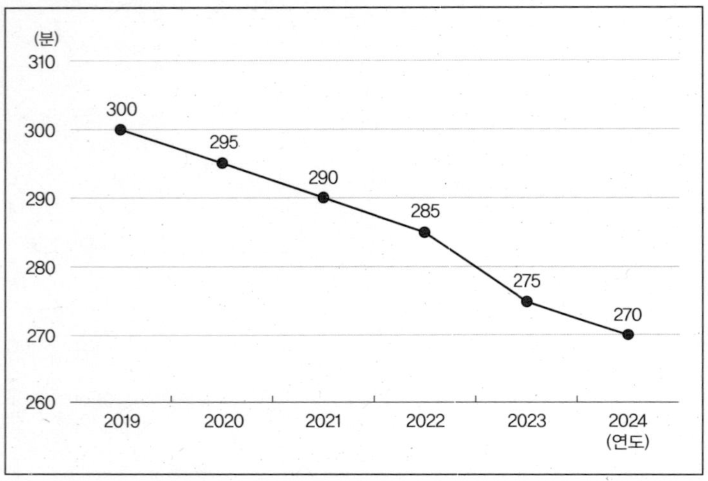

③ 작목별 농산물 생산 현황

(단위: 톤, %)

구분 \ 작목	식량작물	채소류	과수류	특용작물
생산량	6,000	5,400	2,700	900
비중	40	36	18	6

④ 1인당 연간 농산물 소비량

(단위: kg, %)

구분 \ 연도	2023	2024
1인당 연간 농산물 소비량	70	63
전년 대비 증감률	4	−10

⑤ 작목별 농산물 20kg당 가격

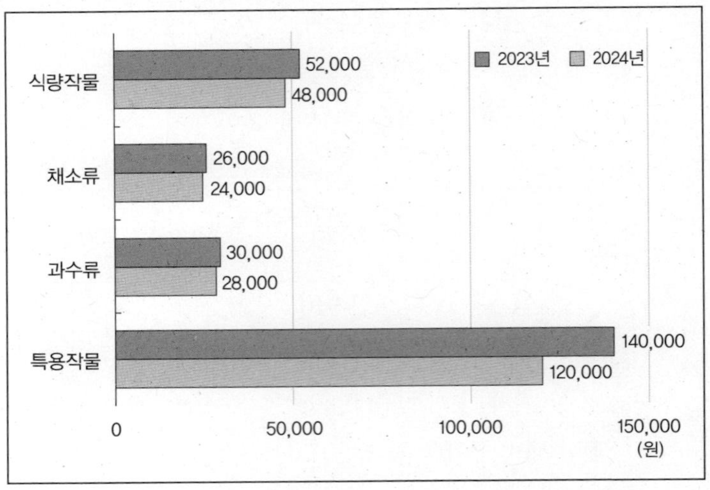

4. 다음 〈표〉는 2024년 4월 1일 A~D축구단의 경기장 입장 수입에 관한 자료이다. 이에 대한 〈보기〉의 설명 중 옳은 것만을 모두 고르면?

〈표〉 2024년 4월 1일 A~D축구단의 경기장 입장 수입

(단위: 명, 천 원)

구단 \ 구분	수용인원	입장 인원	입장 수입
A	68,700	17,000	204,000
B	43,900	8,800	123,200
C	42,400	13,900	104,250
D	12,400	10,700	117,700

※ 1) 입장 수입 = 입장 인원 × 입장료

2) 좌석 점유율(%) = $\frac{\text{입장 인원}}{\text{수용 인원}} \times 100$

3) 구단별 입장료는 연중 동일함.

〈보 기〉

ㄱ. 좌석 점유율은 A구단이 B구단보다 높다.

ㄴ. 3월 31일 C구단의 좌석 점유율이 80%였다면, C구단의 입장 수입은 3월 31일이 4월 1일의 2배 이상이다.

ㄷ. 입장료가 가장 높은 구단은 A구단이다.

① ㄴ

② ㄷ

③ ㄱ, ㄴ

④ ㄱ, ㄷ

⑤ ㄴ, ㄷ

5. 다음은 2020~2024년 ○○시 호텔 A~E 이용객 수에 관한 자료이다. 이를 근거로 A와 C에 해당하는 호텔을 바르게 연결한 것은?

〈표〉 2020~2024년 ○○시 호텔 A~E 이용객 수

(단위: 천 명)

호텔 \ 연도	2020	2021	2022	2023	2024
A	419	1,031	1,471	542	1,505
B	1,905	5,186	3,688	4,286	4,153
C	10,124	4,224	7,807	7,060	2,120
D	12,965	11,934	10,027	10,870	14,874
E	21,081	15,934	20,903	28,397	30,936
전체	46,494	38,309	43,896	51,155	53,588

※ ○○시 호텔은 A, B, C, D, E로만 구성됨.

〈조 건〉

○ 2021~2024년 '나' 이용객 수의 전년 대비 증감 방향은 ○○시 호텔 전체 이용객 수의 증감 방향과 동일하다.
○ 2020년 대비 2024년 이용객 수가 2배 이상 증가한 호텔은 '다'와 '라'이다.
○ 2022년 이용객 수가 전년 대비 감소한 호텔은 '다'와 '마'이다.
○ 2024년 '나'와 '마' 이용객 수의 합은 2024년 호텔 전체 이용객 수의 80% 이상이다.

	A	C
①	가	다
②	다	가
③	다	라
④	라	가
⑤	라	다

6. 다음 〈표〉는 초·중·고등학교 규모에 관한 자료이다. 이를 바탕으로 작성한 〈보고서〉의 내용 중 옳은 것만을 모두 고르면?

〈표 1〉 연도별 초·중·고등학교 전체 규모

(단위: 개, 천 명)

연도 \ 구분	학교 수	교원 수	학생 수
2018	11,146	429	6,286
2019	11,526	427	6,086
2020	11,563	428	5,882
2021	11,613	428	5,725
2022	11,636	431	5,584
2023	11,657	433	5,453
2024	11,710	433	5,347

〈표 2〉 2024년 학교급별 규모

(단위: 개, 천 명)

구분 \ 학교급	초등학교	중학교	고등학교
학교 수	6,120	3,223	2,367
교원 수	189	112	132
학생 수	2,694	1,316	1,337

〈보고서〉

2018년부터 2024년까지의 전체 초·중·고등학교 학교 수 추이를 살펴보면, 학교 수는 매년 꾸준히 증가하여 2024년에 11,710개로 증가하였고, ㉠ 2024년 전체 학교 중 초등학교가 차지하는 비중은 60% 이상이었다. 2018년부터 2024년까지의 초·중·고등학교 교원 수와 학생 수 추이를 살펴보면, ㉡ 2024년 교원 수는 2018년 대비 증가하였으나, 2024년 학생 수는 2018년 대비 10% 이상 감소하였고, 2018~2024년 동안 교원 1명당 학생 수는 매년 감소하였다. 한편, ㉢ 2024년 학교급별 교원 1명당 학생 수는 초등학교가 가장 많았다. 2024년 중학교와 고등학교 교원 수를 살펴보면, ㉣ 전체 교원 수에서 고등학교 교원 수가 차지하는 비중이 중학교 교원 수가 차지하는 비중보다 10%p 이상 더 높은 것으로 나타났다.

① ㄱ, ㄴ
② ㄴ, ㄷ
③ ㄷ, ㄹ
④ ㄱ, ㄴ, ㄹ
⑤ ㄴ, ㄷ, ㄹ

7. 다음 〈표〉는 지원자 A~D가 참가한 대회의 심사위원 '갑'~'무'가 부여한 평가 점수에 관한 자료이다. 〈표〉와 〈조건〉에 근거한 〈보기〉의 설명 중 옳은 것만을 모두 고르면?

〈표〉 심사위원 '갑'~'무'가 부여한 지원자 A~D의 평가 점수

(단위: 점)

심사위원 \ 지원자	갑	을	병	정	무
A	( )	80	90	70	100
B	70	90	80	100	80
C	80	( )	60	60	70
D	100	70	( )	90	60

〈조 건〉

○ 심사위원은 60점부터 100점까지 10점 단위로 평가 점수를 부여함.

○ 모든 심사위원은 각 지원자에게 서로 다른 점수를 부여함.

○ 지원자 A의 평가 점수 중 최고점과 최하점을 제외한 점수의 합은 240점임.

○ 지원자 C의 평가 점수 중앙값은 지원자 D의 중앙값과 같고, 지원자 B의 중앙값보다 낮음.

※ 중앙값은 주어진 값들을 크기순으로 배열했을 때 한가운데 위치하는 값을 의미함. 예를 들어 2, 3, 4, 5, 5의 중앙값은 4임.

〈보 기〉

ㄱ. 평가 점수의 총합이 가장 높은 지원자는 B이다.

ㄴ. 지원자 C의 평가 점수 중앙값은 70점이다.

ㄷ. 심사위원 '을'은 지원자 중 D에게 가장 낮은 점수를 부여하였다.

ㄹ. 지원자 D에 대한 심사위원 '병'의 평가 점수는 '갑'의 평가 점수와 같다.

① ㄱ, ㄴ

② ㄴ, ㄹ

③ ㄷ, ㄹ

④ ㄱ, ㄴ, ㄷ

⑤ ㄴ, ㄷ, ㄹ

8. 다음 〈그림〉은 '갑'국의 데이터산업 시장 규모 및 구성비에 관한 자료이다. 이에 대한 〈보기〉의 설명 중 옳은 것만을 모두 고르면?

〈그림 1〉 연도별 데이터산업 시장 규모

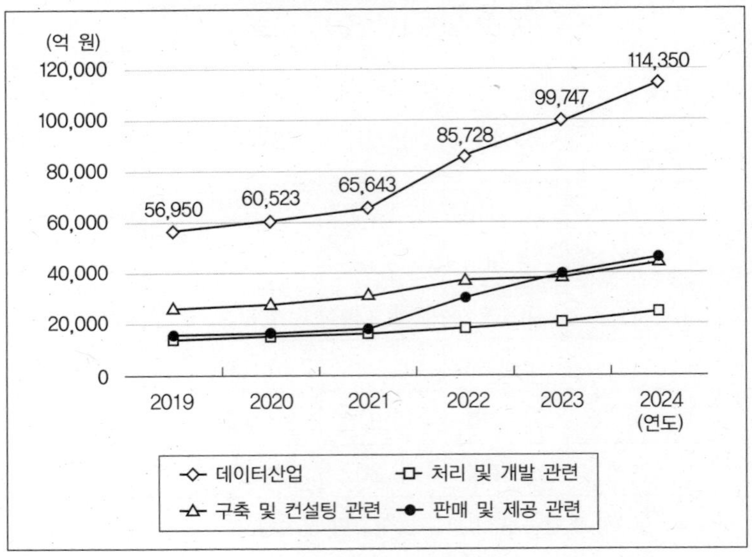

〈그림 2〉 2024년 데이터산업 3개 분야 및 8개 세부분야 구성비

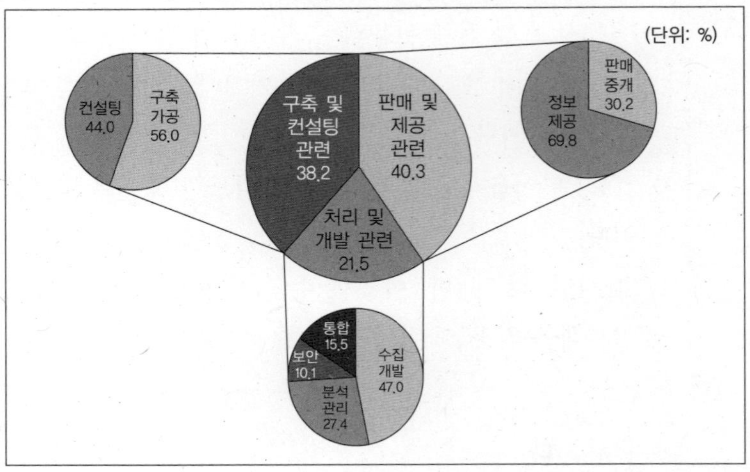

〈보 기〉

ㄱ. 2024년 데이터산업 시장 규모에서 구축 및 컨설팅 관련 규모는 45,000억 원 미만이다.

ㄴ. 2024년 판매 및 제공 관련 데이터산업 시장 규모는 2021년 대비 2배 이상이다.

ㄷ. 2024년 데이터산업 세부분야별 시장 규모는 정보제공이 가장 크고 보안이 가장 작다.

① ㄱ

② ㄴ

③ ㄱ, ㄷ

④ ㄴ, ㄷ

⑤ ㄱ, ㄴ, ㄷ

9. 다음 〈표〉는 2018~2024년 '갑'시 반려견 유치원 운영 현황에 관한 자료이다. 이를 바탕으로 작성한 〈보고서〉의 A~C에 해당하는 내용을 바르게 연결한 것은?

〈표〉 2018~2024년 반려견 유치원 운영 현황

(단위: 개, 명, 마리, m^2)

연도 \ 구분	유치원 수	선생님 수	유치원에 등록된 반려견 수			실외 운동장 면적
			소형견	중형견	대형견	
2018	32	150	290	143	22	6,020
2019	33	166	317	148	20	6,110
2020	34	157	334	159	26	6,222
2021	36	175	322	163	28	6,520
2022	35	181	364	167	27	6,710
2023	39	195	400	176	24	6,840
2024	42	205	421	177	31	7,235

〈보고서〉

'갑'시의 반려견 양육 가구가 증가함에 따라 2018년부터 2024년까지 반려견 유치원 운영 현황을 조사하였다. 해당 기간 동안 유치원 수와 선생님 인력이 변화했으며, 특히 유치원에 등록된 반려견 중 체구별 분류에서 [A]은 매년 그 수가 증가하였다.

반려견 유치원 수가 가장 큰 폭으로 증가한 해는 2023년으로 전년 대비 4개가 증가하였다. 이때 유치원 1개당 선생님 수는 2023년이 2022년보다 [B].

한편 유치원 수가 증가하는 추세에 따라 유치원의 실외 운동장 면적도 매년 증가하고 있다. 이러한 변화와 함께 유치원의 실외 운동장 면적을 중요하게 여기는 견주가 많아지고 있으며, 대형견 양육 견주의 경우 이런 경향이 더 강하다. 대형견 1마리당 실외 운동장 면적은 유치원에 등록된 대형견이 가장 많은 2024년이 가장 적은 2019년보다 [C].

	A	B	C
①	소형견	많았다	넓었다
②	소형견	적었다	좁았다
③	중형견	많았다	넓었다
④	중형견	적었다	넓었다
⑤	중형견	적었다	좁았다

10. 다음은 2024년 국내 항공통계에 관한 자료이다. 제시된 〈표〉 이외에 〈보고서〉를 작성하기 위해 추가로 필요한 자료만을 〈보기〉에서 모두 고르면?

〈표〉 지연원인별 항공기 운항편수

(단위: 편)

지연원인 \ 구분	2024. 08.	2024. 09.	2024. 10.
운항편수	35,580	33,131	37,890
지연편수	1,413	1,819	2,414
기상	98	193	105
A/C접속	1,068	1,283	1,959
A/C정비	67	50	72
여객처리	20	92	37
복합원인	42	104	138
기타	118	97	103

※ 지연편수는 항공기 운항편수 중 운항이 지연된 항공기 편수를 의미함.

〈보고서〉

2024년 10월 항공기의 운항편수는 총 37,890편으로, 전월 대비 4,759편 증가하였다. 이는 2024년 1월 이후 세 번째로 높은 수치로서, 5월을 기점으로 감소해오던 항공기 운항이 다시 증가한 것을 보여준다.

항공기 지연편수는 2024년 8~10월 동안 꾸준히 증가하였는데, 매월 운항편수에서 차지하는 비중도 동일한 경향이 나타났다. 주요 지연원인으로는 기상, A/C접속, 복합원인 등이 있으며 2024년 10월에는 A/C접속 문제로 인한 지연편수가 항공기 운항편수에서 5% 이상을 차지하였다.

한편 2024년 10월 항공기 결항편수는 23편이고, 결항원인을 살펴보면 가장 높은 비중을 차지한 원인은 전월과 동일한 기상(18편)이었으며, 공항별로는 포항(6편), 제주(4편), 김포(4편), 인천(3편) 등이었다.

〈보 기〉

ㄱ. 2024년 10월 전체 및 공항별 항공기 결항편수
ㄴ. 2024년 1~7월 항공기 운항편수
ㄷ. 2024년 1~10월 결항원인별 항공기 결항편수
ㄹ. 2024년 10월 항공기 운항편수에서 지연원인별 지연편수 비중

① ㄱ, ㄴ
② ㄴ, ㄷ
③ ㄷ, ㄹ
④ ㄱ, ㄴ, ㄷ
⑤ ㄴ, ㄷ, ㄹ

11. 다음 〈표〉는 2024년 '갑'국의 지역별 동물 치료소 현황에 관한 자료이다. 이에 대한 〈보기〉의 설명 중 옳은 것만을 모두 고르면?

〈표〉 '갑'국의 지역별 동물 치료소 현황

(단위: 개소)

동물 치료소 / 지역	동물병원	축산관련 기관	관리단체·동물보호단체	합
가	17	( )	0	19
나	( )	0	1	14
다	3	0	1	4
라	2	0	1	3
마	( )	( )	0	( )
바	5	0	1	6
사	4	0	( )	( )
기타	117	18	9	144
전국	171	21	14	206

※ '갑'국의 동물 치료소는 동물병원, 축산관련기관, 관리단체·동물보호단체만 있음.

〈보 기〉

ㄱ. 전국 동물병원 수에서 '나' 지역의 동물병원의 수가 차지하는 비중은 5% 이상이다.

ㄴ. 전체 동물 치료소 수는 '마' 지역이 '사' 지역의 2배 이상이다.

ㄷ. 축산관련기관의 수는 '마' 지역이 '가' 지역보다 많다.

① ㄱ ② ㄷ ③ ㄱ, ㄴ
④ ㄴ, ㄷ ⑤ ㄱ, ㄴ, ㄷ

12. 다음은 2024년 '을'국에서 활동하는 가수들의 콘서트 수익 지표 산정 방식에 관한 자료이다. 이를 근거로 가수 A~D 중 콘서트 총 수익 지표가 가장 높은 가수와 가장 낮은 가수를 바르게 연결한 것은?

〈정 보〉

○ 총 수익 지표 = (기본 티켓 가격 × 평균 공연 관객 수) + (굿즈 판매량 × 굿즈 평균 가격 × 3)

○ 굿즈 평균 가격: 20만 원/개

〈표〉 가수별 콘서트 수익 현황

(단위: 원, 명, 개)

가수	기본 티켓 가격	평균 공연 관객 수	굿즈 판매량
A	120,000	100,000	320,000
B	150,000	85,000	350,000
C	100,000	120,000	400,000
D	80,000	75,000	300,000

	가장 높은 가수	가장 낮은 가수
①	A	B
②	A	D
③	C	B
④	C	D
⑤	D	A

13. 다음 〈표〉와 〈조건〉은 '갑'기관에서 제공하는 온라인 교육의 과목별 및 과정별 강의 수와 강의 수강 방식이고 〈보고서〉는 온라인 교육 강의의 수강 순서에 관한 자료이다. 〈보고서〉에서 (다)에 해당하는 값은?

〈표〉 과목별 및 과정별 강의 수

(단위: 강의)

과정 / 과목	기본 과정	문제풀이 과정	심화 과정
A	38	22	10
B	45	12	8
C	35	12	15
D	35	18	12
E	30	22	18

〈조 건〉

○ 모든 과목의 강의 시간은 기본 과정이 1강의당 60분, 문제풀이 과정과 심화 과정이 1강의당 70분으로 구성되어 있다.

○ 수강자는 과목별 기본 과정, 문제풀이 과정, 심화 과정의 강의를 모두 수강해야 하며, 기본 과정은 1.5배속으로, 문제풀이 과정과 심화 과정은 각각 1.4배속으로 수강한다.

〈보고서〉

'갑'기관에서는 A~E 5과목에 대한 온라인 교육 과정을 제공하고 있다. 온라인 교육 수강자는 A~E 과목을 한 과목씩 순차적으로 수강한다. 수강 시간은 강의 시간에 배속을 적용한 시간으로 예측하며, 예측 수강 시간이 3,000분 이상인 과목을 우선 수강하고, 이들 중에서는 예측 수강 시간이 긴 과목부터 수강한다. 이후 예측 수강 시간이 3,000분 미만인 과목을 수강하되, 이들 중에서는 예측 수강 시간이 짧은 과목부터 수강한다. 그 결과 첫 번째 수강 과목은 [가]이고, 마지막 수강 과목은 [나]이며, 이때 [가]와 [나]의 수강 시간 차이는 [다]분이다.

① 100
② 200
③ 300
④ 400
⑤ 500

14. 다음은 국내의 수입 와인 동향과 소비 행태에 관한 한국소비자원의 보도자료이다. 이에 부합하지 않는 자료는?

보도자료

보도일시	2024. 8. XX. 12시 이후 사용해 주시기 바랍니다.		
배포일시	2024. 8. ○○.	담당부서	□□□□국
담당과장	유○○ (000-000-0000)	담 당 자	조사관 정△△ (000-000-0000)

주요 수입국 와인 가격 하향 안정세로 대중화

○ 2023년 국내 와인 수입량은 54,127톤으로, 이 중 칠레, 스페인, 이탈리아, 프랑스, 미국 5개 국가에서의 수입량은 전체의 83.0%로 나타났다. 2023년 와인 수입액의 경우 4년 전 대비 약 1.7배로 증가했으며, 프랑스, 칠레, 미국, 이탈리아, 스페인 순으로 높은 점유율을 차지하였다.

○ 2024년 원산지별 국내 와인 소비자가격은 2021년 대비 최대 35.5%까지 하락하는 모습을 보이며 국내 소비 진작에 기여하고 있다. 100mL 기준 프랑스산 와인 가격은 2021년 8,030원에서 2024년 7,045원으로, 이탈리아산 와인 가격은 2021년 4,533원에서 2024년 4,080원으로 10% 이상 하락했으며, 2024년 칠레산 와인 가격은 2021년 대비 35% 이상 하락하였다.

○ 와인을 구매한 경험이 있는 소비자 1,000명을 대상으로 한 설문조사 결과, 대형마트에서 와인을 구매한 소비자는 백화점에서 구매한 소비자의 5배 이상으로 나타났고, 가장 최근 구매한 수입 와인의 원산지는 칠레산이 가장 많고, 프랑스산, 이탈리아산 순으로 나타났다. 또한 수입 와인 구매 기준은 다른 무엇보다 '맛'을 우선시하는 비중이 월등히 높은 것으로 확인되었다.

○ 와인에 대한 만족도를 살펴보면, 주요 원산지별 전반적인 만족도는 7점 만점 중 프랑스산이 5.47점으로 가장 높고, 칠레산이 그 다음으로 높았다. 만족도 조사 항목별로는 프랑스산 와인의 가격 만족도 순위가 가장 높고, 품질과 다양성 측면에서의 만족도는 순위가 가장 낮은 것으로 파악되었다.

① 주요 원산지별 와인에 대한 소비자 만족도

(단위: 점)

원산지 \ 항목	품질	가격	다양성	전반적
미국산	5.29	5.20	5.05	5.38
프랑스산	5.60	4.97	5.22	5.47
이탈리아산	5.34	5.12	4.96	5.28
칠레산	5.40	5.36	5.11	5.46
스페인산	5.32	5.07	4.76	5.29

② 수입 와인 구매 시 최우선 기준에 대한 응답 비율

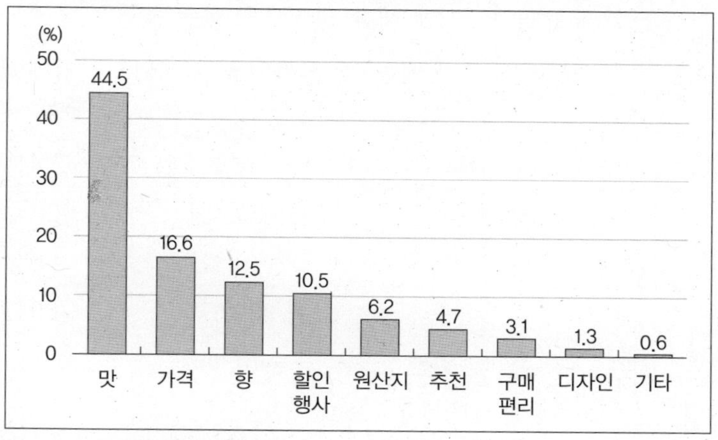

※ 무응답 및 중복응답 없음.

③ 주요 수입국별 와인 수입량 및 수입액 구성비(2023년 기준)

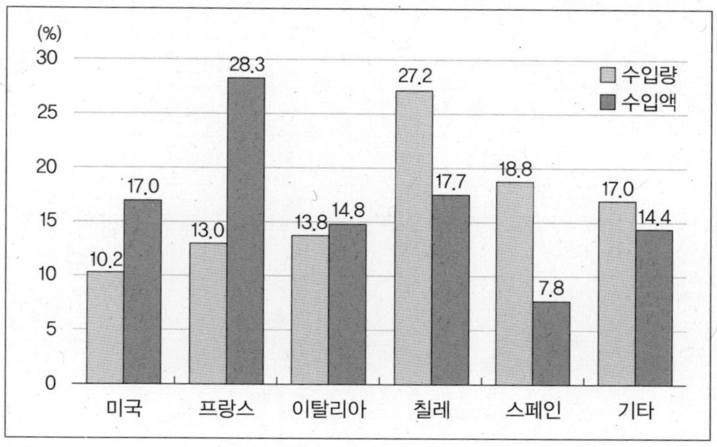

④ 주요 원산지별 와인의 100mL 기준 소비자가격

(단위: 원)

원산지 \ 연도	2021	2022	2023	2024
미국산	7,129	7,849	7,325	7,120
프랑스산	8,030	10,194	9,500	7,045
이탈리아산	4,533	4,741	3,768	4,080
칠레산	4,941	4,161	3,155	3,185

⑤ 수입 와인 구매 장소에 대한 응답 비율

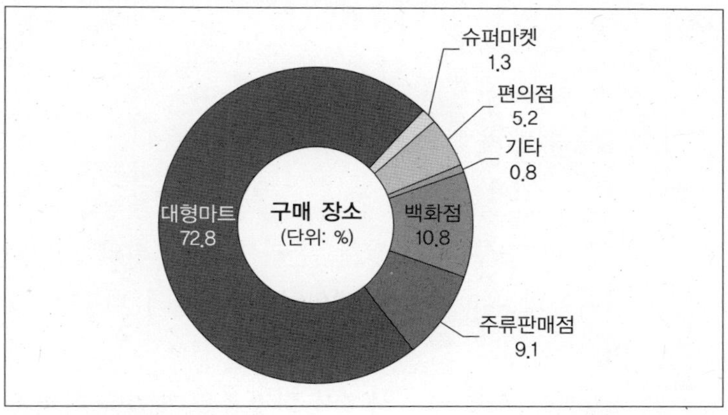

※ 무응답 및 중복응답 없음.

15. 다음 〈표〉는 2024년 상반기 온라인쇼핑 해외직접판매액에 관한 자료이다. 이에 대한 설명으로 옳은 것은?

〈표 1〉 국가(대륙)별 온라인쇼핑 해외직접판매액

(단위: 백만 원)

국가(대륙)		1/4분기	2/4분기
합계		1,525,487	1,273,753
미국		48,277	63,218
아시아	중국	1,327,577	1,094,521
	일본	40,385	51,570
	아세안(ASEAN)	55,127	27,546
	중동	3,284	2,519
EU		11,024	9,518
중남미		3,445	2,457
대양주		3,169	3,845
기타		33,199	18,559

〈표 2〉 상품군별 온라인쇼핑 해외직접판매액

(단위: 백만 원)

상품군	1/4분기	2/4분기
합계	1,525,487	1,273,753
컴퓨터 및 주변기기	4,142	3,776
가전·전자·통신기기	12,866	13,970
소프트웨어	183	227
서적	6,730	6,678
사무·문구	1,622	1,445
음반·비디오·악기	32,898	44,713
의류 및 패션관련 상품	87,086	87,735
스포츠·레저용품	4,102	4,300
화장품	1,312,146	1,075,338
아동·유아용품	4,201	4,060
음·식료품	15,261	2,445
농축수산물	32	40
생활용품 및 자동차용품	10,236	9,223
기타	33,982	19,803

① 2024년 2/4분기 전체 온라인쇼핑 해외직접판매액 중 아시아의 온라인쇼핑 해외직접판매액의 비중은 90% 미만이다.

② 2024년 1/4분기 중국에서 화장품을 제외한 나머지 상품군들의 온라인쇼핑 해외직접판매액의 합은 적어도 150억 원 이상이다.

③ 기타 상품군을 제외한 2024년 1/4분기 상위 3개 상품군의 온라인쇼핑 해외직접판매액의 합은 전체 온라인쇼핑 해외직접판매액의 95% 이상이다.

④ 2024년 2/4분기 미국에서 온라인쇼핑으로 판매된 화장품의 해외직접판매액은 적어도 130억 원 이상이다.

⑤ 2024년 2/4분기 중국에서 화장품을 제외한 나머지 상품군들의 온라인쇼핑 해외직접판매액의 합은 적어도 200억 원 이상이다.

16. 다음 〈표〉와 〈보고서〉는 2024년 '갑'국 A~E산업의 산업재해 현황에 관한 자료이다. 이를 근거로 판단할 때, A~E산업 중 '가' 산업에 해당하는 산업은?

〈표〉 2024년 A~E산업의 산업재해 현황

(단위: 개, 명, %)

구분 \ 산업	A	B	C	D	E
사업장 수	1,054	11,361	11,740	1,633	15,052
근로자 수	6,326	75,496	82,773	5,289	76,033
재해자 수	959	8,712	9,124	594	5,551
재해자 중 사망자 비율	24.1	4.6	1.4	5.1	1.1

〈보고서〉

산업재해예방 정책 수립의 기초자료로 활용하기 위해 조사한 '가' 산업의 2024년 산업별 사업장 수, 근로자 수, 재해자 수, 재해자 중 사망자 비율은 다음과 같다. 먼저 '가' 산업의 사업장 1개당 근로자 수는 5명보다 많았고, 근로자 수 대비 재해자 수의 비율은 10% 이상이었다. 또한 '가' 산업의 사업장 1개당 재해자 수는 0.9명 미만이었다. 한편, '가' 산업의 사망자 수는 200명 이상으로 나타나 다른 산업에 비해 산업재해예방 정책 수립이 시급한 것으로 나타났다.

① A
② B
③ C
④ D
⑤ E

17. 다음은 2024년 A~I국가의 주요지표에 관한 자료이다. 이에 대한 〈보기〉의 설명 중 옳은 것만을 모두 고르면?

〈표〉 A~I국가의 인구

(단위: 백만 명)

국가	A	B	C	D	E	F	G	H	I
인구	52	127	65	84	61	17	47	8	68

〈그림 1〉 A~I국가의 인구 및 면적

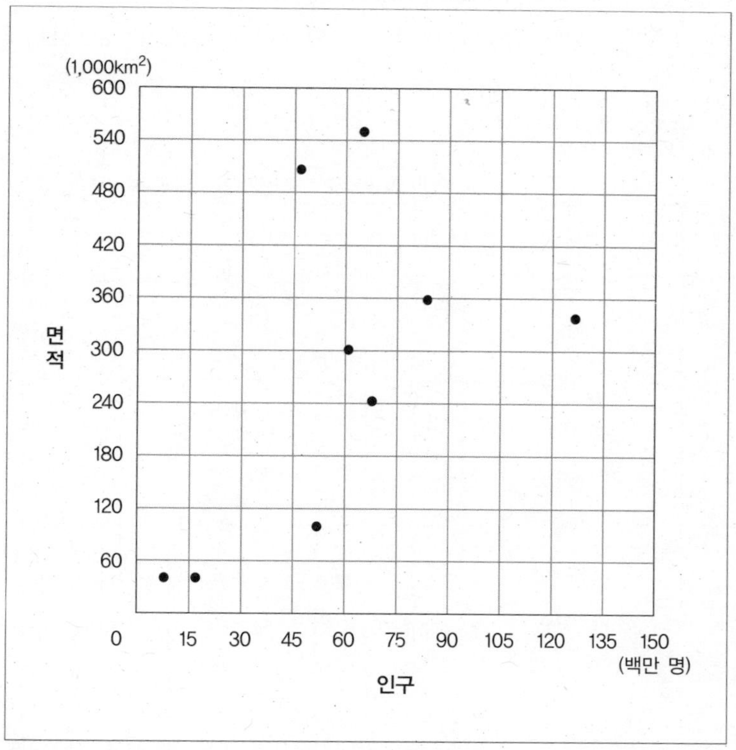

※ 인구밀도 = $\frac{인구}{면적}$

〈그림 2〉 A~I국가의 인구 및 국내총생산

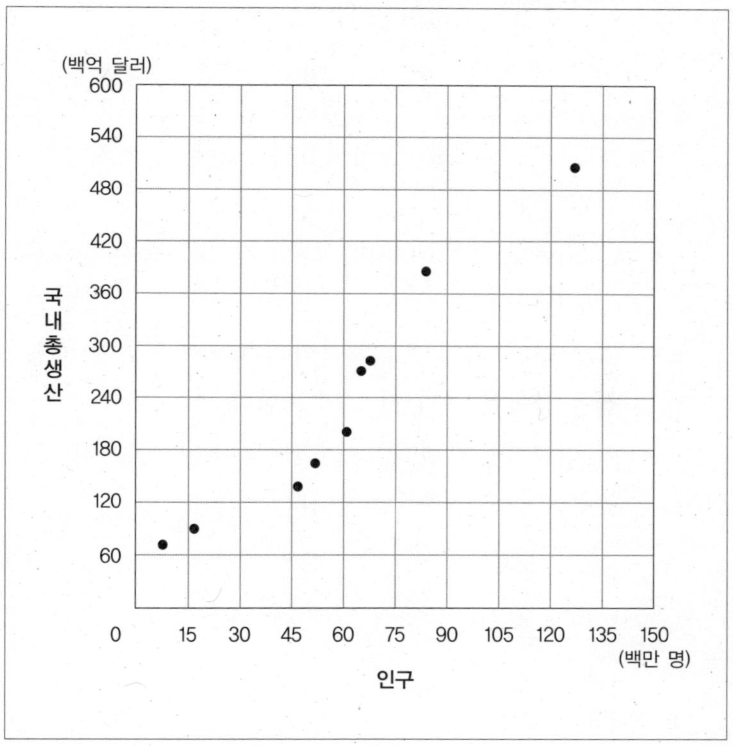

〈그림 3〉 A~I국가의 국내총생산 및 국가채무비율

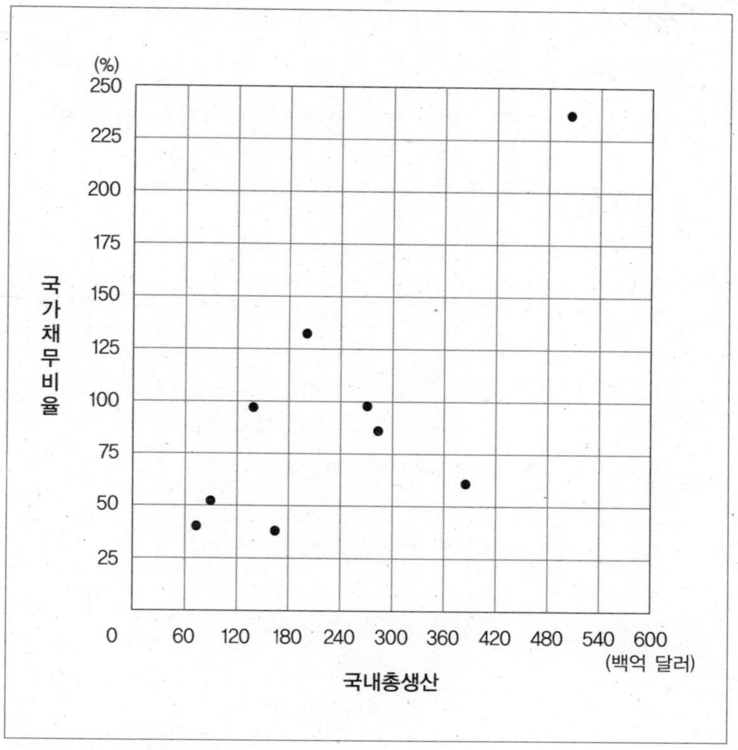

※ 국가채무비율(%) = $\frac{국가채무}{국내총생산} \times 100$

〈보 기〉

ㄱ. 인구밀도는 G국이 가장 높고 A국이 가장 낮다.

ㄴ. 인구 1인당 국내총생산이 가장 높은 국가는 H국이다.

ㄷ. D국의 국가채무는 E국의 국가채무보다 적다.

ㄹ. 국가채무비율이 가장 높은 국가가 면적도 가장 넓다.

① ㄱ, ㄹ

② ㄴ, ㄷ

③ ㄷ, ㄹ

④ ㄱ, ㄴ, ㄷ

⑤ ㄴ, ㄷ, ㄹ

18. 다음 〈표〉는 1978년 계기관측 이후 국내에서 발생한 지진 중 규모 기준 상위 11위에 해당하는 지진에 관한 자료이다. 이에 대한 설명으로 옳지 않은 것은?

〈표〉 규모 기준 상위 11위 지진의 정보

발생연월일	규모(MI)	진앙		
		위도(°N)	경도(°E)	발생지역
1978. 9. 16.	5.2	36.60	127.90	경북 상주시 북서쪽 32km 지역
1978. 10. 7.	5.0	36.60	126.70	충남 홍성군 동쪽 3km 지역
1980. 1. 8.	5.3	40.20	125.00	북한 평안북도 삭주 남남서쪽 20km 지역
1994. 7. 26.	4.9	34.90	124.10	전남 신안군 흑산면 서북서쪽 128km 해역
2003. 3. 23.	4.9	35.00	124.60	전남 신안군 흑산면 서북서쪽 88km 해역
2003. 3. 30.	5.0	37.80	123.70	인천 백령도 서남서쪽 88km 해역
2004. 5. 29.	5.2	36.80	130.20	경북 울진군 동남동쪽 74km 해역
2013. 5. 18.	4.9	37.68	124.63	인천 백령도 남쪽 31km 해역
2013. 4. 21.	4.9	35.16	124.56	전남 신안군 흑산면 북서쪽 101km 해역
2014. 4. 1.	5.1	36.95	124.50	충남 태안군 서격렬비도 서북서쪽 100km 해역
2016. 7. 5.	5.0	35.51	129.99	울산 동구 동쪽 52km 해역
2016. 9. 12.	5.1	35.77	129.19	경북 경주시 남남서쪽 8.2km 지역
2016. 9. 12.	5.8	35.76	129.19	경북 경주시 남남서쪽 8.7km 지역
2017. 11. 15.	5.4	36.11	129.37	경북 포항시 북구 북쪽 8km 지역
2021. 12. 14.	4.9	33.09	126.16	제주 서귀포시 서남서쪽 41km 해역

※ 1) 규모가 같은 지진의 순위는 동순위로 판별함. 예를 들어 규모 5.0MI, 5.0MI, 4.9MI의 지진이 발생한 경우 5.0MI의 지진은 규모 순위 1위, 4.9MI의 지진은 규모 순위 3위에 해당함.
2) 지역은 위도(°N)의 숫자가 클수록 북쪽에 위치하고, 경도(°E)의 숫자가 클수록 동쪽에 위치함.

① 규모 기준 상위 11위 지진 중 경북에서 발생한 지진은 모두 규모 5.1MI 이상이다.
② 규모 기준 상위 11위 지진 중 진앙의 위치가 가장 서쪽인 지진은 2003년에 발생하였다.
③ 규모 기준 상위 11위 지진 중 해역에서 발생한 지진의 건수는 지역에서 발생한 지진의 건수의 1.5배 이상이다.
④ 규모 기준 상위 11위 지진 중 진앙의 위도가 35.00~37.00°N인 지진은 65% 이상을 차지한다.
⑤ 1978년 이후 국내에서 발생한 지진 중 규모가 가장 큰 지진은 2017년 포항에서 발생한 지진이다.

19. 다음은 2024년 5~7월 '갑'국의 공업제품, 전기·가스·수도, 농축수산물 3개 품목의 소비자물가지수에 관한 자료이다. 이에 대한 〈보기〉의 설명 중 옳지 않은 것만을 모두 고르면?

〈표〉 3개 품목의 2024년 7월 소비자물가지수

품목	공업제품	전기·가스·수도	농축수산물
소비자물가지수	111.5	106.5	114.4

※ 품목별 2022년 소비자물가지수=100

〈그림〉 3개 품목 2024년 5~7월 소비자물가지수의 전년동월비 및 전월비

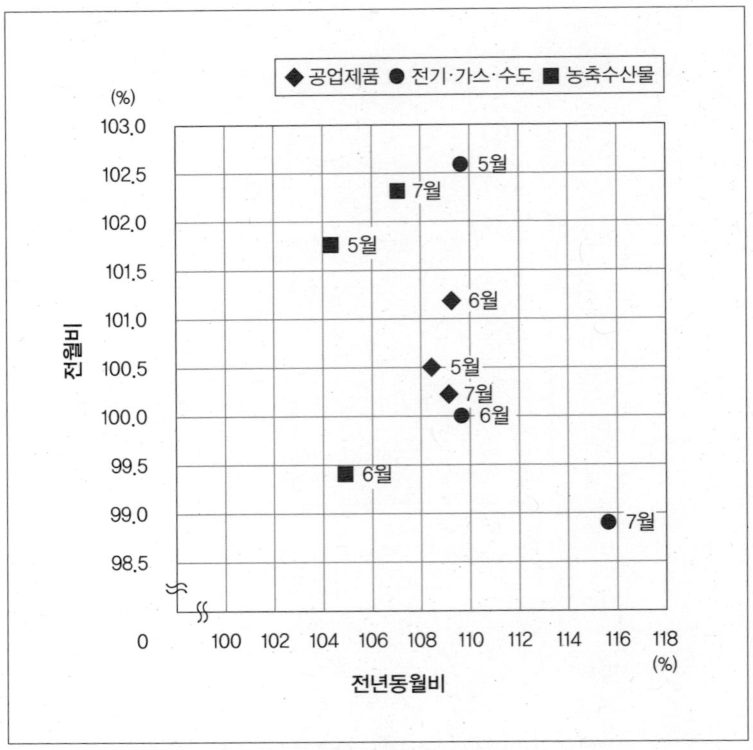

※ 1) 전년동월비(%) $= \frac{\text{2024년 N월 소비자물가지수}}{\text{2023년 N월 소비자물가지수}} \times 100$
2) 전월비(%) $= \frac{\text{2024년 N월 소비자물가지수}}{\text{2024년 (N−1)월 소비자물가지수}} \times 100$

〈보 기〉

ㄱ. 2024년 5~7월 공업제품의 소비자물가지수는 매월 증가한다.
ㄴ. 2023년 7월의 소비자물가지수가 가장 높은 품목은 농축수산물이다.
ㄷ. 2024년 5~7월 소비자물가지수의 전월비가 매월 가장 높은 품목은 전기·가스·수도이다.
ㄹ. 2023년 5월 대비 2024년 4월의 소비자물가지수가 가장 높은 품목은 농축수산물이다.

① ㄱ, ㄴ
② ㄱ, ㄷ
③ ㄷ, ㄹ
④ ㄱ, ㄴ, ㄹ
⑤ ㄴ, ㄷ, ㄹ

20. 다음 〈표〉는 '갑'의 사용 배출원으로 인한 탄소배출량과 공기정화 장치의 탄소정화량에 관한 자료이다. 이에 근거하여 '갑'의 월간 탄소배출량과 공기정화 장치의 월간 탄소정화량을 같게 만들기 위해 필요한 A장치와 B장치의 수를 바르게 연결한 것은?

〈표 1〉 배출원별 '갑'의 사용량 및 탄소배출량

배출원	사용량	탄소배출량
냉장고	600시간/월	1kg/40시간
세탁기	30시간/월	1kg/5시간
노트북	120시간/월	1kg/20시간
도시가스	$50m^3$/월	$0.3kg/m^3$
자동차	500km/월	0.1kg/km

※ 냉장고, 세탁기, 노트북, 도시가스, 자동차 사용을 제외하고 '갑'이 배출하는 탄소는 없음.

〈표 2〉 공기정화 장치별 탄소정화량

장치	탄소정화량
A	3kg/개·월
B	2kg/개·월

	A장치	B장치
①	5	37
②	8	33
③	11	29
④	14	25
⑤	17	21

21. 다음 〈표〉는 '갑'시의 A~E 구역별 현금영수증 발급현황 및 가맹점 수에 관한 자료이다. A~E 구역 중 현금영수증 가맹점 1개당 평균 발급금액이 가장 작은 구역은?

〈표〉 A~E 구역별 현금영수증 발급현황 및 가맹점 수

(단위: 건, 만 원, 개)

구분 구역	발급건수	1건당 평균 발급금액	가맹점 수
A	48,000	2.5	600
B	49,000	2.3	700
C	52,000	2.0	650
D	48,000	2.6	800
E	42,500	3.0	750

① A

② B

③ C

④ D

⑤ E

[22 ~ 23] 다음 〈표〉는 '갑'국 콘텐츠산업 현황에 관한 자료이다. 다음 물음에 답하시오.

〈표 1〉 2024년 콘텐츠산업 분야별 현황

분야 \ 구분	사업체 수 (개)	종사자 수 (명)	매출액 (십억 원)	부가가치액 (십억 원)	부가가치율 (%)
출판	25,244	185,444	21,649	8,759	40.5
만화	6,144	11,230	1,534	563	36.7
음악	33,138	65,464	6,065	1,983	32.7
영화	916	10,497	2,987	1,016	34.0
게임	11,541	83,303	18,885	8,321	44.1
애니메이션	490	5,472	553	233	42.1
방송	1,070	50,239	21,965	7,700	( )
광고	6,337	68,888	17,422	5,875	33.7
캐릭터	2,700	36,505	( )	4,864	40.0
지식정보	9,949	93,182	19,373	8,686	44.8
콘텐츠솔루션	2,022	31,863	5,635	2,820	( )
전체	99,551	642,087	128,228	50,820	39.6

※ 부가가치율(%) = $\frac{\text{부가가치액}}{\text{매출액}} \times 100$

〈표 2〉 2020~2024년 콘텐츠산업 분야별 수출액

(단위: 만 달러)

분야 \ 연도	2020	2021	2022	2023	2024
출판	18,739	22,095	24,899	21,473	34,596
만화	3,248	3,526	4,050	4,601	6,272
음악	44,257	51,258	56,424	75,620	67,963
영화	4,389	4,073	4,161	3,788	5,416
게임	327,735	592,300	641,149	665,778	819,356
애니메이션	13,562	14,487	17,452	19,415	13,453
방송	41,121	36,240	47,845	53,921	69,279
광고	10,980	9,323	6,129	13,908	11,994
캐릭터	61,284	66,385	74,514	79,134	71,582
지식정보	56,641	61,606	63,388	64,962	69,199
콘텐츠솔루션	18,850	20,151	21,493	22,788	23,320
전체	600,806	881,444	961,504	1,025,388	1,192,430

〈표 3〉 2020~2024년 콘텐츠산업 분야별 수입액

(단위: 만 달러)

분야 \ 연도	2020	2021	2022	2023	2024
A	1,367	1,383	1,388	1,377	1,215
B	69	74	885	891	947
콘텐츠솔루션	55	57	1,354	1,341	1,337
영화	4,484	4,316	3,627	3,843	2,833
C	37,922	32,218	28,523	27,603	9,867
출판	25,601	26,411	26,811	27,543	25,437
만화	655	657	659	658	649
캐릭터	17,045	17,249	16,763	16,695	15,842
D	12,911	11,020	10,600	9,737	6,097
E	732	760	788	878	779
게임	14,736	26,291	30,578	29,813	27,079
전체	115,577	120,436	121,976	120,379	92,082

22. 위 〈표〉에 대한 〈보기〉의 설명 중 옳은 것만을 모두 고르면?

〈보 기〉

ㄱ. 11개 분야 중 2024년 사업체 수 상위 5개 분야와 종사자 수 상위 5개 분야는 동일하다.
ㄴ. 2024년 부가가치율이 가장 높은 분야는 콘텐츠솔루션이다.
ㄷ. 2024년 매출액이 콘텐츠산업 평균 매출액보다 큰 분야는 총 5개이다.
ㄹ. 2020년 수출액이 가장 큰 분야의 2020년 대비 2024년 수출액 증가율은 140% 이상이다.

① ㄱ, ㄴ
② ㄱ, ㄷ
③ ㄴ, ㄹ
④ ㄷ, ㄹ
⑤ ㄱ, ㄴ, ㄹ

23. 위 〈표〉와 다음 〈보고서〉를 근거로 '방송'에 해당하는 콘텐츠산업 분야를 〈표 3〉의 A~E 중에서 고르면?

〈보고서〉

2020~2024년 동안 '갑'국 콘텐츠산업의 전체 수출액은 꾸준히 증가하였으나 전체 수입액은 증가하다가 2023년부터 감소하였다. 이러한 추세로 인한 콘텐츠산업의 전체 수출액에서 수입액을 뺀 수출입 차액은 2020년 500,000만 달러 미만에서 2024년 1,000,000만 달러 이상으로 크게 증가하였다. 11개 분야 콘텐츠산업의 분야별 수출액 및 수입액에 대한 분석 내용은 다음과 같다.

2020년 대비 2024년 콘텐츠산업 분야별 수출액은 '애니메이션'을 제외한 모든 분야에서 증가하였고, 증가한 분야 중 만화, 게임, 지식정보, 콘텐츠솔루션 분야는 2021년 이후 수출액이 매년 증가하였다. 한편 2020년 대비 2024년 수입액이 증가한 콘텐츠산업 분야는 게임, 애니메이션, 지식정보, 콘텐츠솔루션 4개 분야이고, 나머지 7개 분야의 수입액은 감소하였다. 2024년 수입액을 전년도 수입액과 비교해보면, 2024년 수입액이 전년 대비 증가한 콘텐츠산업 분야는 지식정보가 유일하며, 2024년 수입액의 전년 대비 감소율이 가장 큰 콘텐츠산업 분야는 광고인 것으로 나타났다. 2024년 콘텐츠산업 분야별 수입액 대비 수출액이 콘텐츠산업 전체보다 큰 분야는 음악, 게임, 애니메이션, 지식정보, 콘텐츠솔루션이다.

① A
② B
③ C
④ D
⑤ E

24. 다음 〈표〉는 2024년 행정구역별 인구 및 지방공무원 현황과 광역자치단체 지역별 인구 및 면적 현황에 관한 자료이다. 이에 대한 설명으로 옳은 것은?

〈표 1〉 행정구역별 인구 및 지방공무원 현황

행정구역		행정구역수(개)	인구수(천 명)	지방 공무원수(명)	공무원 1인당 주민수(명)
전국		–	51,829	359,588	( )
광역자치단체	특별시	1	( )	18,708	517
	광역시	6	12,803	32,764	391
	특별자치시	1	356	1,867	191
	도	8	28,327	56,672	( )
	특별자치도	1	( )	5,109	( )
기초자치단체	시	75	24,715	86,459	286
	군	82	( )	42,670	102
	구	69	21,725	55,155	394
하부행정구역	읍	232	5,086	6,558	776
	면	1,180	( )	18,751	247
	동	2,089	42,114	34,875	1,208

※ 1) 지방공무원은 광역자치단체, 기초자치단체, 하부행정구역 중 1개 행정구역에만 소속되어 있음.

2) 공무원 1인당 주민수 $= \frac{\text{인구수}}{\text{지방공무원수}}$

〈표 2〉 광역자치단체 지역별 인구 및 면적 현황

지역	인구수(천 명)	면적(km^2)	주민 1인당 면적(m^2)
전국	51,829	100,406	( )
서울특별시	9,668	605	63
부산광역시	3,392	770	227
대구광역시	2,418	883	365
인천광역시	2,943	1,065	362
광주광역시	1,450	501	346
대전광역시	1,464	539	368
울산광역시	1,136	1,062	( )
세종특별자치시	356	464	1,304
경기도	13,427	10,195	759
강원도	1,543	16,829	10,908
충청북도	1,601	7,406	4,626
충청남도	2,121	8,246	3,888
전라북도	1,804	8,069	4,473
전라남도	1,852	12,348	6,669
경상북도	2,639	19,034	( )
경상남도	3,340	10,540	3,155
제주특별자치도	675	1,850	2,742

※ 주민 1인당 면적 $= \frac{\text{면적}}{\text{인구수}}$, 소수점 아래 첫째 자리에서 반올림함.

① 광역자치단체 중 특별자치도의 공무원 1인당 주민수는 전국의 공무원 1인당 주민수보다 적다.

② 하부행정구역수는 기초자치단체수의 15배 미만이다.

③ 주민 1인당 면적은 경상북도가 울산광역시의 10배 이상이다.

④ 6개 광역시 인구수의 합은 특별시 인구수보다 40% 이상 많다.

⑤ 전국의 인구수는 2025년부터 전년 대비 1%씩 감소하고 면적은 변함없다면 2034년 주민 1인당 면적은 2,500m^2 이상일 것이다.

25. 다음은 '갑'국의 인공지능 부문 사업체의 A~D종사자 규모별 매출액 관련 자료이다. 이를 근거로 각 종사자규모별 사업체의 전체 매출액 크기가 가장 큰 것부터 순서대로 나열한 것은?

〈그림〉 종사자 규모별 사업체 수 및 매출 발생 비율

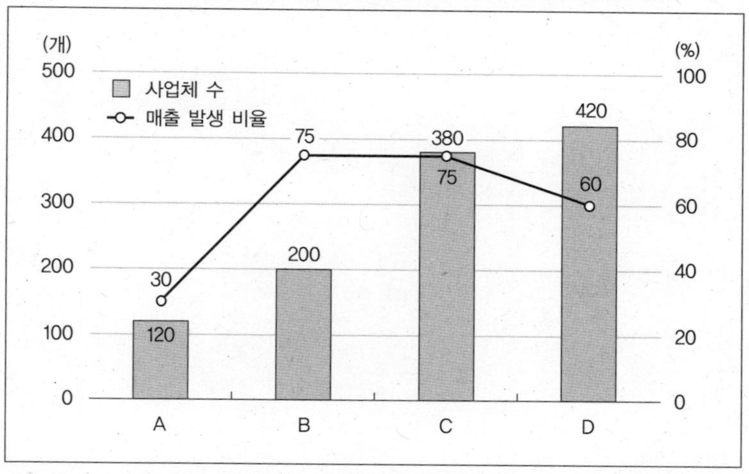

※ 매출 발생 비율(%)은 사업체 중 매출이 발생한 사업체의 비율을 의미함.

〈표〉 종사자 규모별 매출 발생 사업체의 평균 매출액

(단위: 백만 원)

종사자 규모	A	B	C	D
평균 매출액	3,000	1,400	600	250

① A – B – D – C

② B – A – C – D

③ B – C – A – D

④ C – A – D – B

⑤ C – B – A – D

약점 보완 해설집 p.48

자르는 선

2025 해커스PSAT 7급 PSAT FINAL 봉투모의고사 자료해석 (7회)

컴퓨터용 흑색사인펜만 사용

책형
ⓘ ㉑

【필적감정용 기재】
*아래 예시문을 옮겨 적으시오

본인은 OOO(응시자성명)임을 확인함

기 재 란

성 명	
자필성명	본인 성명 기재
시험장소	

응시번호						
	⓪	⓪	⓪	⓪	⓪	⓪	⓪
	①	①	①	①	①	①	①
	②	②	②	②	②	②	②
	③	③	③	③	③	③	③
	④	④	④	④	④	④	④
⑤	⑤	⑤	⑤	⑤	⑤	⑤	⑤
⑥	⑥	⑥	⑥	⑥	⑥	⑥	⑥
⑦	⑦	⑦	⑦	⑦	⑦	⑦	⑦
	⑧	⑧	⑧	⑧	⑧	⑧	⑧
	⑨	⑨	⑨	⑨	⑨	⑨	⑨

생년월일					
⓪	⓪	⓪	⓪	⓪	⓪
①	①	①	①	①	①
②	②		②	②	②
③	③		③	③	③
④	④		④		④
⑤	⑤		⑤		⑤
⑥	⑥		⑥		⑥
⑦	⑦		⑦		⑦
⑧	⑧		⑧		⑧
⑨	⑨		⑨		⑨

※시험감독관 서명
(서명을 정자로 기재할 것)

적색 볼펜만 사용

자료해석(1~10번)					
1	①	②	③	④	⑤
2	①	②	③	④	⑤
3	①	②	③	④	⑤
4	①	②	③	④	⑤
5	①	②	③	④	⑤
6	①	②	③	④	⑤
7	①	②	③	④	⑤
8	①	②	③	④	⑤
9	①	②	③	④	⑤
10	①	②	③	④	⑤

자료해석(11~20번)					
11	①	②	③	④	⑤
12	①	②	③	④	⑤
13	①	②	③	④	⑤
14	①	②	③	④	⑤
15	①	②	③	④	⑤
16	①	②	③	④	⑤
17	①	②	③	④	⑤
18	①	②	③	④	⑤
19	①	②	③	④	⑤
20	①	②	③	④	⑤

자료해석(21~25번)					
21	①	②	③	④	⑤
22	①	②	③	④	⑤
23	①	②	③	④	⑤
24	①	②	③	④	⑤
25	①	②	③	④	⑤

시험일: ____년 ____월 ____일

국가공무원 7급 공개경쟁채용 1차 필기시험 모의고사

❙ 자료해석영역 ❙

응시번호	
성명	

실전모의고사 **8회**

문제책형 **⑤**

응시자 주의사항

1. **시험시작 전 시험문제를 열람하는 행위나 시험종료 후 답안을 작성하는 행위를 한 사람**은 「공무원 임용시험령」 제51조에 의거 **부정행위자**로 처리됩니다.
2. **답안지 책형 표기는 시험시작 전** 감독관의 지시에 따라 **문제책 앞면에 인쇄된 문제책형을 확인**한 후, **답안지 책형란에 해당 책형(1개)**을 '●'로 표기하여야 합니다.
3. 시험이 시작되면 문제를 주의 깊게 읽은 후, **문항의 취지에 가장 적합한 하나의 정답만을 고르며**, 문제내용에 관한 질문은 할 수 없습니다.
4. **답안을 잘못 표기하였을 경우에는 답안지를 교체하여 작성**하거나 **수정할 수 있으며**, 표기한 답안을 수정할 때는 **응시자 본인이 가져온 수정테이프만을 사용**하여 해당 부분을 완전히 지우고 부착된 수정테이프가 떨어지지 않도록 손으로 눌러주어야 합니다. **(수정액 또는 수정스티커 등은 사용 불가)**
5. **시험시간 관리의 책임은 응시자 본인에게 있습니다.**
   ※ 문제책은 시험종료 후 가지고 갈 수 있습니다.

정답공개 및 해설강의 안내

1. 모바일 자동 채점 및 성적 분석 서비스
   • '약점 보완 해설집'에 회차별로 수록된 QR코드 인식 ▶ 응시 인원 대비 자신의 성적 위치 확인
2. 해설강의 수강 방법
   • 해커스PSAT 사이트(psat.Hackers.com) 접속 후 로그인 ▶ 우측 퀵배너 [쿠폰/수강권등록] 클릭 ▶ '약점 보완 해설집'에 수록된 쿠폰번호 입력 후 이용

해커스PSAT

1. 다음 〈표〉는 2024년 1월 첫째 주 '갑'동 카페 현황에 관한 자료이다. 이를 근거로 카페별 직원 1인당 연간 매출액을 바르게 연결한 것은?

〈표〉 2024년 1월 첫째 주 '갑'동 카페 현황

(단위: 원, 잔, 명)

카페	음료 가격	연간 음료 판매량	직원 수
A	4,200	2,000	60
B	4,500	840	35
C	1,500	2,400	50
D	3,500	1,440	40
E	4,300	1,200	30

※ 1) '갑'동에는 5개의 카페만 존재하며 각 카페는 단일 메뉴만을 판매함.
2) 연간매출액 = 음료가격 × 연간 음료 판매량

	카페	직원 1인당 연간 매출액
①	A	150,000원
②	B	108,000원
③	C	74,000원
④	D	128,000원
⑤	E	176,000원

2. 다음 〈그림〉은 신용카드사 A~G의 조정총자산 및 조정자기자본에 관한 자료이다. 이에 대한 〈보기〉의 설명 중 옳은 것만을 모두 고르면?

〈그림〉 신용카드사 A~G의 조정총자산 및 조정자기자본

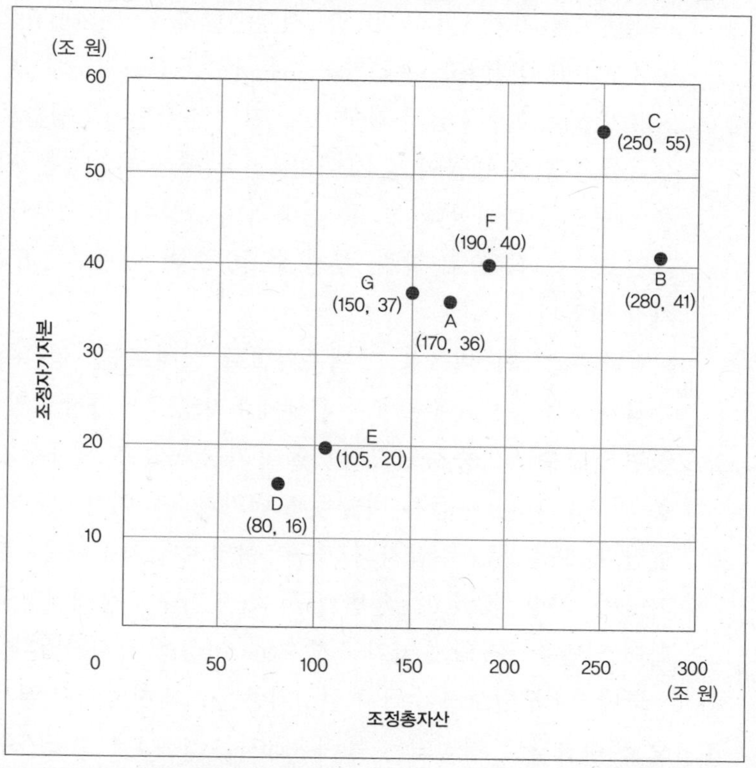

※ 1) 괄호 안의 값은 각 신용카드사의 (조정총자산, 조정자기자본)을 나타내며, 7개 신용카드사의 평균은 (175, 35)임.
2) 조정자기자본 비율(%)=$\frac{\text{조정자기자본}}{\text{조정총자산}}$×100

〈보 기〉

ㄱ. 신용카드사 A~G 중 7개 신용카드사 평균보다 조정총자산은 적고 조정자기자본은 많은 신용카드사는 2개이다.

ㄴ. 조정총자산 상위 2개 신용카드사의 조정총자산 합은 조정총자산 하위 2개 신용카드사의 조정총자산 합의 2.5배 이상이다.

ㄷ. 조정총자산이 150조 원 이상인 신용카드사는 모두 조정자기자본 비율이 20% 이상이다.

① ㄱ
② ㄴ
③ ㄱ, ㄴ
④ ㄴ, ㄷ
⑤ ㄱ, ㄴ, ㄷ

3. 다음 〈보고서〉는 2024년 국민기초생활보장 수급자를 분석한 자료이다. 〈보고서〉의 내용과 부합하지 않는 자료는?

〈보고서〉

2024년 국민기초생활보장 수급 현황 분석 결과, 수급자 수는 일반수급자가 1,653,781명, 시설수급자가 89,909명으로 총 1,743,690명이고, 수급가구 수는 1,255,084가구로 그 중 90% 이상이 일반수급자 가구이다. 지역별 국민기초생활보장 수급률은 전국 평균이 3.4%이며, 전국 평균보다 높은 지역은 11곳으로 나타났다. 그 중 전북의 수급률이 5.5%로 가장 높았고, 그 다음으로 광주, 부산 순이었으며, 세종은 1.6%로 가장 낮았다.

일반수급자의 비율을 생애주기별로 살펴보면, 영유아기 수급자 수와 총 인구수는 모두 전생애주기 중에서 가장 낮았다. 한편 일반수급자 중 중년기의 비율이 가장 높았고, 생애주기별 총 인구수 대비 수급자 비율은 노년기가 7% 이상으로 가장 높았다. 또한 일반수급자의 가구유형별 수급가구 수는 일반가구가 가장 많았고, 일반가구, 노인가구, 장애인가구의 합이 일반수급자의 수급가구 중 75% 이상을 차지하였다.

국민기초생활보장 수급자 선정기준은 초과하였지만 일시적으로 수급자로 인정되는 특례수급자는 2024년 수급가구가 일반수급자 수급가구 대비 6% 수준이었으며, 기타 유형을 제외하고 특례수급자의 수급가구 수가 많은 특례 유형부터의 순서는 전년과 동일하게 나타났다.

① 2024년 수급자 유형별 수급자 수 및 수급가구 수

(단위: 명, 가구)

구분 \ 유형	일반수급자	시설수급자	전체
수급자 수	1,653,781	89,909	1,743,690
수급가구 수	1,165,175	89,909	1,255,084

② 2024년 일반수급자의 가구유형별 수급가구 비중

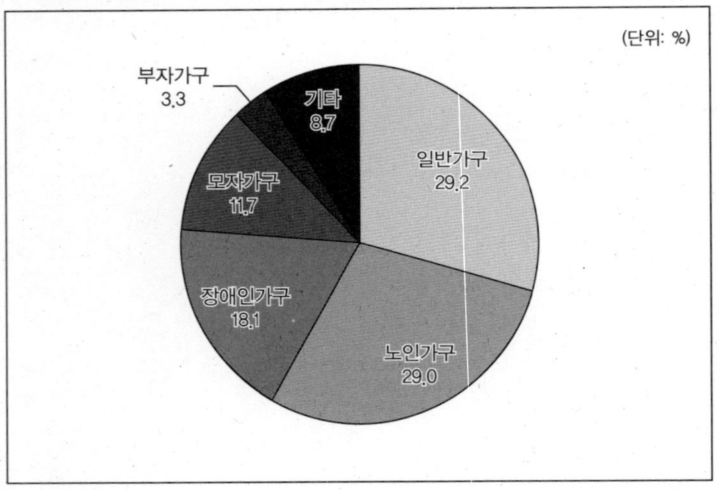

③ 2023년 및 2024년 특례수급자의 특례 유형별 수급가구 구성비

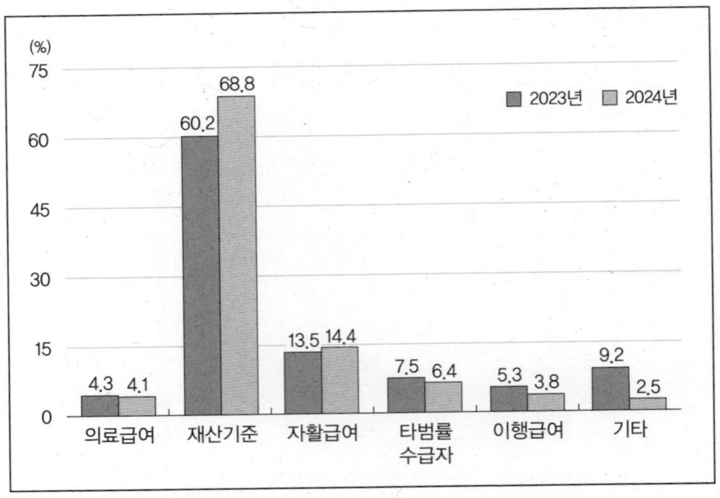

④ 2024년 지역별 국민기초생활보장 수급률

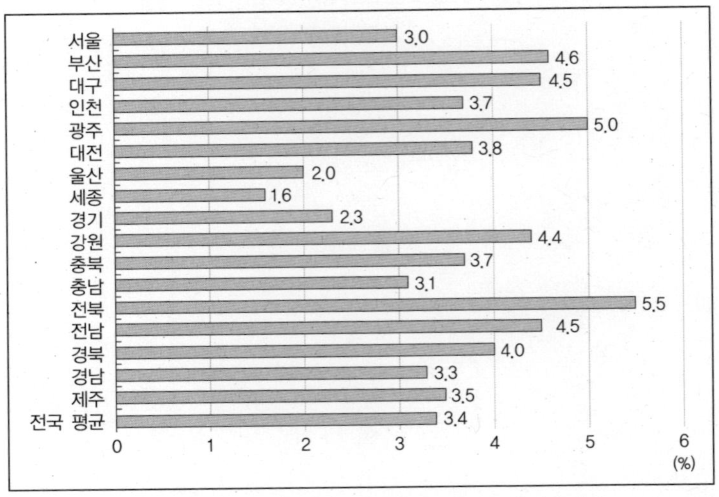

⑤ 2024년 일반수급자의 생애주기별 수급자 수 및 총 인구수

(단위: 명)

구분 \ 생애주기	영유아기	학령기	청소년기	청년기	중년기	노년기	전체
수급자 수	28,371	101,574	237,971	165,452	577,157	543,256	1,653,781
총 인구수	2,415,349	2,852,684	4,166,182	14,094,116	20,647,320	7,650,408	51,826,059

4. 다음은 2023년과 2024년 '갑'국의 가스사고 발생 원인 및 발생 형태와 발생 시간대에 관한 자료이다. 이를 근거로 아래의 (가)~(마)에 해당하는 값을 바르게 연결한 것은?

〈표 1〉 가스사고 발생 원인

(단위: 건)

구분	2023년	2024년	전년 대비 증감
사용자 취급부주의	31	23	−8
공급자 취급부주의	3	( )	3
타 공사	(가)	( )	−1
시설미비	29	34	5
제품노후(고장)	18	( )	(나)
과열화재	2	2	0
교통사고	8	3	−5
자연재해	0	0	0
고의사고	9	12	( )
기타	14	20	6
계	121	( )	22

※ 가스사고 발생 원인은 중복되지 않음.
※ 모든 가스사고 발생 건수는 0 이상의 정수임.

〈표 2〉 가스사고 발생 형태

(단위: 건)

구분	누출	폭발	화재	중독	산소결핍	파열
2023년	( )	34	( )	(다)	1	15
2024년	( )	( )	33	10	0	(라)
전년 대비 증감	6	( )	0	( )	( )	( )

〈표 3〉 가스사고 발생 시간대

(단위: 건)

구분	00:00~04:00	04:00~08:00	08:00~12:00	12:00~16:00	16:00~20:00	20:00~24:00
2023년	7	25	( )	(마)	23	13
2024년	( )	( )	37	( )	( )	19
전년 대비 증감	2	−8	10	2	10	6

〈보고서〉

○ 2024년 '타 공사'로 인한 가스사고 건수와 '공급자 취급부주의'로 인한 가스사고 건수는 동일하다.
○ 2024년 00:00~04:00 시간대와 16:00~20:00 시간대에 일어난 가스사고는 3건의 '파열' 형태를 제외하고는 모두 '폭발' 형태이며 해당 시간대 외에 '폭발' 형태의 가스사고는 없다.
○ 2023년 '누출' 형태의 가스사고 건수는 2023년 '시설미비'로 인한 가스사고 건수와 동일하다.
○ 2023년 가스사고는 08:00~12:00 시간대에 가장 많이 발생하였고, 12:00~16:00 시간대와 04:00~08:00 시간대가 그 뒤를 이었다.

	(가)	(나)	(다)	(라)	(마)
①	5	19	10	25	26
②	5	20	9	26	27
③	7	19	9	26	26
④	7	19	10	26	27
⑤	7	20	9	25	27

5. 다음 〈표〉는 2018~2024년 재생에너지 중 태양광 및 바이오 에너지 생산량 현황에 관한 자료이다. 이에 대한 〈보기〉의 설명 중 옳지 않은 것만을 모두 고르면?

〈표〉 재생에너지 중 태양광 및 바이오 에너지 생산량 현황

(단위: 천 TOE, %)

구분		2018	2019	2020	2021	2022	2023	2024
재생에너지	생산량	11,370	13,119	13,953	16,017	( )	15,806	( )
태양광	생산량	579	907	1,186	1,672	2,195	3,055	4,156
	비중	5.1	6.9	8.5	10.4	12.7	19.3	37.4
바이오	생산량	2,822	2,766	( )	3,599	4,442	4,162	3,900
	비중	24.8	21.1	19.8	22.5	25.7	26.3	35.1

※ 재생에너지는 태양광, 바이오, 풍력, 수력 등 9종으로 구성됨.

〈보 기〉

ㄱ. 2020년 이후 태양광과 바이오 에너지 생산량의 합은 매년 4백만 TOE 이상이다.
ㄴ. 2022년 재생에너지 생산량은 2021년 바이오 에너지 생산량의 5배 이상이다.
ㄷ. 2018~2024년 중 태양광 에너지 생산량이 바이오 에너지 생산량보다 많은 해의 재생에너지 생산량은 2019년보다 많다.

① ㄱ
② ㄷ
③ ㄱ, ㄴ
④ ㄴ, ㄷ
⑤ ㄱ, ㄴ, ㄷ

6. 다음 〈그림〉은 근로자의 평균연령, 평균근속년수, 학력별 평균 월급에 관한 자료이다. 이에 대한 〈보기〉의 설명 중 옳은 것만을 모두 고르면?

〈그림 1〉 근로자 평균연령 및 평균근속년수

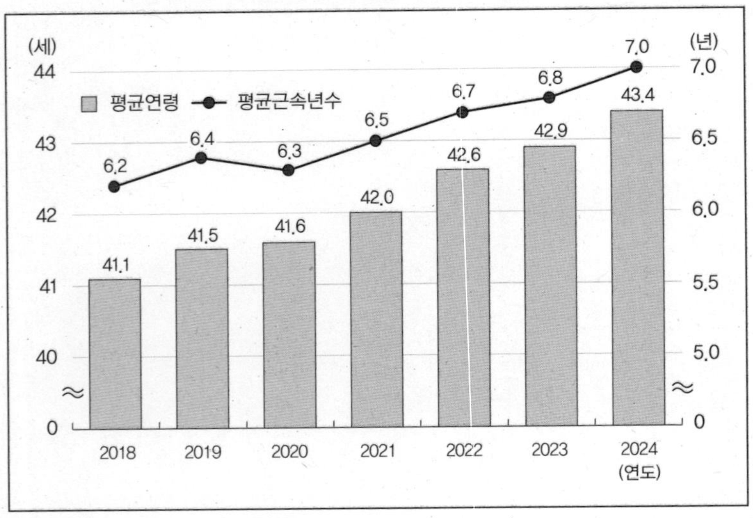

〈그림 2〉 근로자 학력별 평균 월급

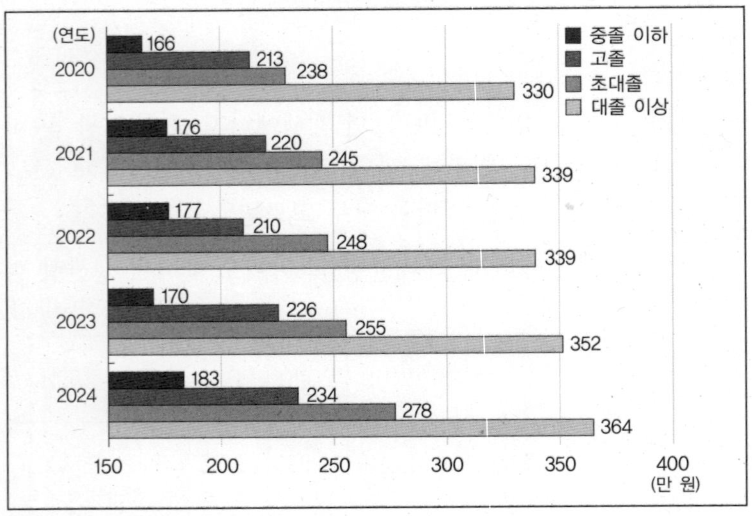

〈보 기〉

ㄱ. 2019~2024년 동안 근로자 평균근속년수의 전년 대비 증가율이 가장 큰 해는 2019년이다.

ㄴ. 근로자 평균연령의 전년 대비 증가율은 2019년이 2024년보다 크다.

ㄷ. 2021~2024년 동안 '대졸 이상'을 제외한 학력별 평균 월급의 합은 매년 전년 대비 증가하였다.

① ㄱ

② ㄷ

③ ㄱ, ㄴ

④ ㄱ, ㄷ

⑤ ㄴ, ㄷ

7. 다음 〈표〉는 2024년 '갑'국 특수교육대상자의 진학률 및 취업률에 관한 자료이다. 이에 대한 〈보기〉의 설명 중 옳은 것만을 모두 고르면?

〈표〉 특수교육대상자 진학률 및 취업률

(단위: 명, %)

구분		특수학교	일반학교	
			특수학급	일반학급
졸업자 수		2,386	3,796	1,157
진학자 수		1,316	1,705	669
	진학률	55.2	(　)	(　)
취업자 수		64	(　)	65
	취업률	(　)	34.2	(　)

※ 1) 진학률(%) $= \frac{\text{진학자 수}}{\text{졸업자 수}} \times 100$

2) 취업률(%) $= \frac{\text{취업자 수}}{\text{졸업자 수} - \text{진학자 수}} \times 100$

〈보 기〉

ㄱ. 진학률은 일반학교 내 일반학급이 특수학교보다 높다.

ㄴ. 특수교육대상자 전체의 진학률은 55% 이상이다.

ㄷ. 일반학교 내 특수학급의 취업자 수는 일반학교 내 일반학급의 진학자 수보다 많다.

ㄹ. 취업률은 일반학교 내 특수학급이 특수학교의 5배 이상이다.

① ㄱ, ㄴ

② ㄱ, ㄷ

③ ㄴ, ㄹ

④ ㄱ, ㄷ, ㄹ

⑤ ㄴ, ㄷ, ㄹ

8. 다음 〈표〉는 기업 A~C의 재무제표에 관한 자료이다. 이를 근거로 기업 A~C의 순매출액을 바르게 연결한 것은?

〈표〉 기업 A~C의 총자산회전율, 부채비율, 자기자본

구분 / 기업	총자산회전율	부채비율	자기자본 (억 원)
A	0.40	0.84	50
B	0.27	0.73	127
C	0.16	0.92	64

※ 1) 총자산 = 부채 + 자기자본

2) 총자산회전율 $= \frac{\text{순매출액}}{\text{총자산}}$

3) 부채비율 $= \frac{\text{부채}}{\text{총자산}}$

4) 자기자본비율 $= \frac{\text{자기자본}}{\text{총자산}}$

	A	B	C
①	125억 원	127억 원	128억 원
②	125억 원	127억 원	130억 원
③	125억 원	128억 원	130억 원
④	126억 원	127억 원	128억 원
⑤	126억 원	128억 원	130억 원

9. 다음 〈표〉는 2023년과 2024년 주요 7개 도시의 토지 필지수 및 가액 현황에 대한 자료이다. 이에 대한 〈보기〉의 설명 중 옳은 것만을 모두 고르면?

〈표 1〉 주요 7개 도시의 토지 필지수 및 가액 현황

(단위: 천 필지, 십억 원)

도시 \ 연도·구분	2023 필지수	2023 가액	2024 필지수	2024 가액
전국	39,192	5,628,603	39,367	6,207,529
서울	935	1,791,158	922	2,008,916
부산	724	285,926	721	317,969
대구	606	179,056	605	200,298
인천	664	294,089	668	319,017
광주	394	81,273	393	91,600
대전	292	90,748	292	101,139
울산	502	98,753	502	107,440

〈표 2〉 서울의 토지 소유구분별 필지수 및 가액 현황

(단위: 천 필지, 십억 원)

소유구분 \ 연도·구분	2023 필지수	2023 가액	2024 필지수	2024 가액
합계	935	1,791,158	922	2,008,916
민유지	644	1,001,673	634	1,119,951
국유지	62	108,214	61	127,225
도유지	57	183,036	57	203,768
군유지	73	75,246	74	86,969
법인	86	393,445	83	438,007
비법인	9	22,329	9	24,943
기타	4	7,215	4	8,053

〈보 기〉

ㄱ. 주요 7개 도시 중 2024년 토지 필지수가 전국 토지 필지수에서 차지하는 비중이 1.5% 미만인 도시는 3개이다.

ㄴ. 2024년 서울의 토지 소유구분별 1필지당 토지 가액이 각각 전년 대비 증가하였다.

ㄷ. 2023년 대비 2024년 서울 '민유지'의 토지 가액 증가분은 '민유지'를 제외한 토지의 가액 증가분보다 크다.

① ㄱ

② ㄷ

③ ㄱ, ㄷ

④ ㄴ, ㄷ

⑤ ㄱ, ㄴ, ㄷ

10. 다음 〈그림〉은 '갑'국의 손상화폐 폐기 및 교환 현황에 관한 자료이다. 이에 대한 설명으로 옳은 것은?

〈그림 1〉 연도별 손상화폐 폐기량 및 폐기액

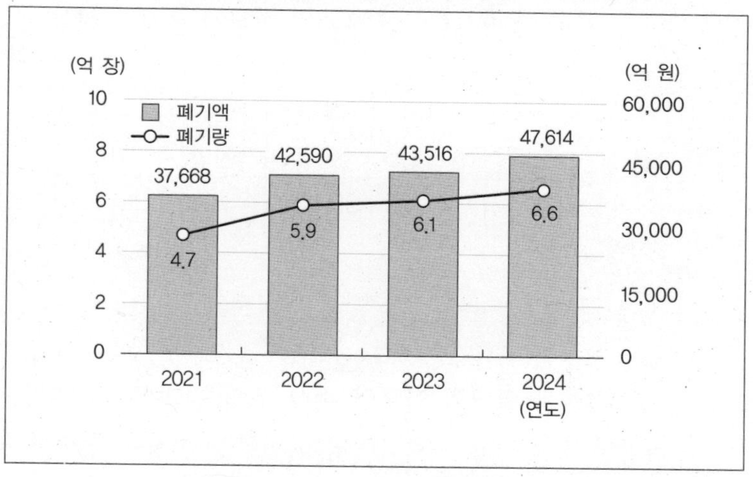

〈그림 2〉 2024년 손상화폐 권종별 폐기 비중

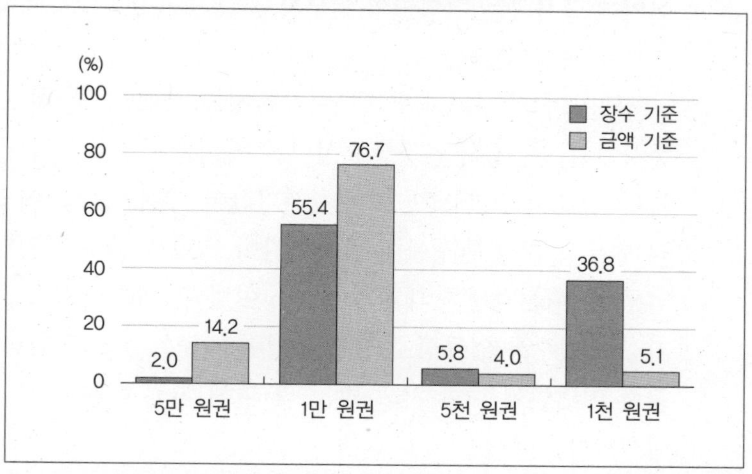

※ '갑'국의 화폐 권종은 5만 원권, 1만 원권, 5천 원권, 1천 원권으로만 구성됨.

〈그림 3〉 2024년 손상화폐 교환 현황

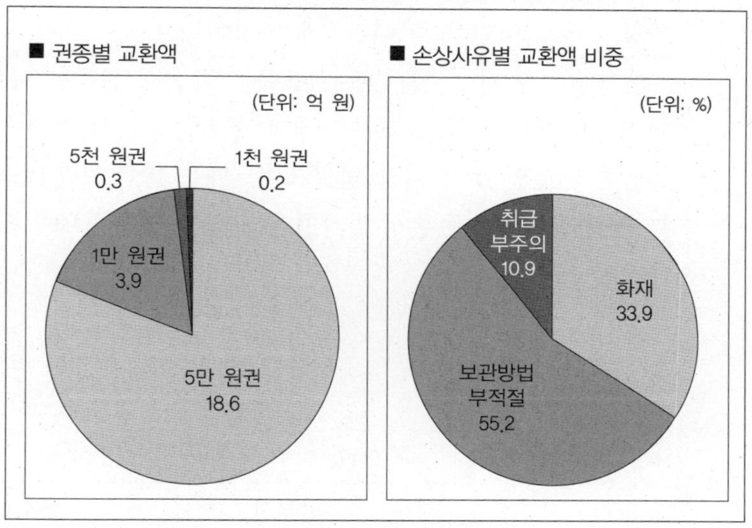

① 2021~2024년 손상화폐의 평균 폐기량은 6억 장보다 많다.

② 2024년 1만 원권 손상화폐 폐기액은 2022년 전체 손상화폐 폐기액보다 많다.

③ 2024년 손상사유가 화재 또는 취급 부주의에 해당하는 손상화폐의 교환액은 15억 원 이상이다.

④ 2024년 5만 원권 손상화폐 폐기액은 5만 원권 손상화폐 교환액의 300배 이상이다.

⑤ 2024년 손상화폐 폐기량이 2억 장보다 많은 화폐 권종 각각의 손상화폐 폐기액은 모두 3천억 원 이상이다.

11. 다음 〈표〉와 〈보고서〉는 2024년 어업인의 업무상 손상자 현황에 관한 자료이다. 제시된 〈표〉 이외에 〈보고서〉를 작성하기 위해 추가로 필요한 자료만을 〈보기〉에서 모두 고르면?

〈표〉 2024년 어업 유형별 업무상 손상자 현황

(단위: 명)

구분 \ 어업유형	어선 어업	양식 어업	나잠 어업	기타 어업	합계
어업인 수	41,725	25,938	3,132	12,415	83,210
업무상 손상자 수	1,167	867	100	244	2,378

※ 업무상 손상 발생률(%) = $\frac{\text{업무상 손상자 수}}{\text{어업인 수}} \times 100$

〈보고서〉

2024년 어업인의 업무상 손상 조사 결과에 따르면, 전국 어업인 83,210명 중 2,378명이 업무상 손상을 경험한 것으로 나타났다. 어업유형별로 살펴보면, 이 중 양식어업과 나잠어업에 종사하는 어업인의 업무상 손상 발생률은 3% 이상인 것으로 확인되었다.

어업인의 종사기간별 업무상 손상자 현황을 살펴보면, 종사기간이 길수록 업무상 손상자 수도 많은 것으로 나타났다. 특히 2023년과 2024년 모두 종사기간이 30년 이상인 어업인의 업무상 손상 발생률이 종사기간이 10년 미만인 어업인의 업무상 손상 발생률 대비 2배 이상이었다. 마찬가지로 종사기간이 길수록 업무상 손상자의 연령도 높은 것으로 나타나, 고령 어업인에 대한 사고 방지 및 피해 지원 대책이 시급한 실정이다.

한편, 지역별 현황을 살펴보면, 업무상 손상자 수가 200명 이상인 지역은 총 4곳이다. 또한 전국에서 업무상 손상 발생률이 가장 높은 지역은 전북으로, 이는 업무상 손상 발생률이 가장 낮은 지역인 제주 대비 7배 이상이었다.

어업인의 건강수준을 '매우 좋음', '좋음', '보통', '나쁨', '매우 나쁨'의 항목으로 조사한 결과, 건강수준을 '좋음'이라고 응답한 어업인 수가 가장 많았으며, '매우 나쁨'이라고 응답한 어업인의 업무상 손상 발생률은 20% 이상으로 매우 높게 나타났다.

〈보 기〉

ㄱ. 2023~2024년 어업인 종사기간별 업무상 손상자 현황

(단위: 명)

종사기간 \ 연도·구분	2023 어업인 수	2023 업무상 손상자 수	2024 어업인 수	2024 업무상 손상자 수
10년 미만	9,460	145	7,865	132
10년 이상 30년 미만	41,371	978	39,477	733
30년 이상	34,151	1,625	35,868	1,513
전체	84,982	2,748	83,210	2,378

ㄴ. 2023~2024년 어업인 연령별 업무상 손상 발생률

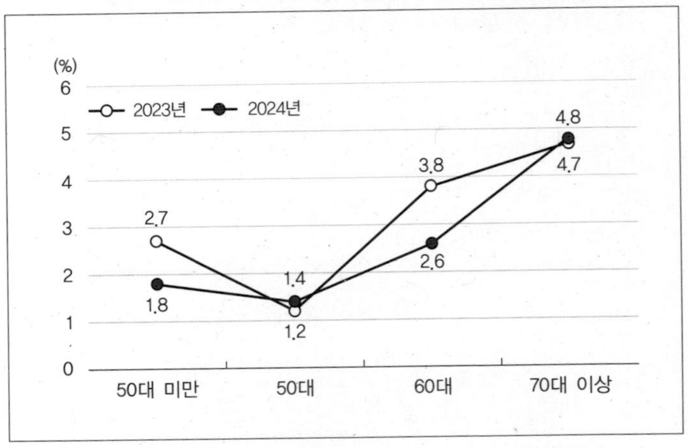

ㄷ. 2024년 어업인 건강수준별 업무상 손상자 현황

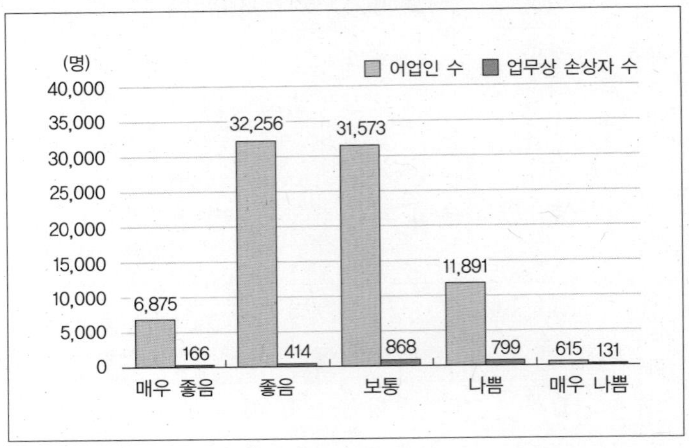

ㄹ. 2024년 지역별 업무상 손상자 현황

(단위: 명, %)

지역 \ 구분	어업인 수	업무상 손상자 수	업무상 손상 발생률
경인	3,923	72	1.8
강원	2,492	100	4.0
충청	13,568	282	2.1
전북	5,444	292	5.4
전남	32,466	882	2.7
경북	3,917	55	1.4
경남	16,562	663	4.0
제주	4,838	32	0.7
전체	83,210	2,378	2.9

① ㄱ, ㄷ

② ㄴ, ㄷ

③ ㄷ, ㄹ

④ ㄱ, ㄴ, ㄹ

⑤ ㄱ, ㄷ, ㄹ

12. 다음 〈표〉는 국가보훈처에서 제공한 보훈대상자 진료비 지원 실적에 관한 자료이다. 이에 대한 〈보기〉의 설명 중 옳은 것만을 모두 고르면?

〈표 1〉 보훈대상자 진료비 지원 인원

(단위: 천 명)

구분 \ 연도	2020	2021	2022	2023	2024
진료비 지원 인원	8,432	8,332	8,928	8,103	7,686
보훈병원 국비진료	2,933	2,899	2,957	2,666	2,581
보훈병원 감면진료	1,255	1,373	1,511	1,366	1,369
위탁병원 진료	4,244	4,060	4,460	4,071	3,736

〈표 2〉 보훈대상자 진료비 지원액

(단위: 억 원)

구분 \ 연도	2020	2021	2022	2023	2024
진료비 지원액	7,096	7,454	8,018	7,957	8,028
보훈병원 국비진료	4,216	4,297	4,464	4,368	4,416
보훈병원 감면진료	649	866	1,010	1,070	1,104
위탁병원 진료	2,231	2,291	2,544	2,519	2,508

〈보 기〉

ㄱ. 2021~2024년 동안 보훈병원 감면진료 지원액의 전년 대비 증가율은 매년 감소하였다.

ㄴ. 진료비 지원 인원 중 보훈병원 국비진료 인원이 차지하는 비중은 매년 30% 이상이다.

ㄷ. 2020~2024년의 연평균 위탁병원 진료 지원액은 2,400 억 원 미만이다.

ㄹ. 2023년 진료비 지원 인원 1인당 진료비 지원액은 전년 대비 증가하였다.

① ㄱ, ㄴ
② ㄱ, ㄷ
③ ㄷ, ㄹ
④ ㄱ, ㄴ, ㄹ
⑤ ㄴ, ㄷ, ㄹ

13. 다음은 2024년 '갑'국의 영화산업 현황에 관한 자료이다. 이를 근거로 A~D에 해당하는 업종을 바르게 연결한 것은?

〈표〉 영화산업 직무별, 업종별 종사자 수

(단위: 명)

직무 \ 업종	A	B	C	D	기타	계
영화기획 및 제작	2,520	2,040	11,150	320	550	16,580
영화 수입	0	150	40	0	770	960
영화제작 지원	90	440	4,370	0	0	4,900
영화배급	0	370	70	30	1,530	2,000
극장상영	0	1,170	750	30	8,280	10,230
영화홍보 및 마케팅	0	110	50	840	2	1,002
계	2,610	4,280	16,430	1,220	11,132	35,672

※ 영화산업의 업종은 '관리', '마케팅/홍보', '사업기획', '제작', '기타'로만 구분됨.

〈정 보〉

○ '영화 수입'에 종사하는 종사자가 없는 업종은 '사업기획' 및 '마케팅/홍보'뿐이다.

○ 영화산업 전체 종사자 중 직무별 전체 종사자가 차지하는 비중이 10%대인 직무에는 '마케팅/홍보' 종사자가 없다.

○ '영화제작 지원'을 제외하고, 업종별로 각 직무에 종사하는 종사자 수가 많은 순서대로 나열했을 때, '제작'은 '기타'와 같은 순위에 있는 직무가 없다.

	A	B	C	D
①	사업기획	관리	제작	마케팅/홍보
②	사업기획	제작	관리	마케팅/홍보
③	관리	사업기획	마케팅/홍보	제작
④	마케팅/홍보	관리	제작	사업기획
⑤	마케팅/홍보	제작	관리	사업기획

14. 다음은 A와 B의 야구 타율에 관한 자료이다. 이를 근거로 1~5 라운드의 배팅 연습을 실시한 후 A의 총 성공 타수의 최솟값과 B의 총 성공 타수의 최댓값의 합은?

〈표〉 A와 B의 라운드별 야구 타율

(단위: %)

구분 \ 라운드	1	2	3	4	5
A	40.0	80.0	57.1	66.7	83.3
B	60.0	80.0	71.4	83.3	66.7

※ 1) 타율은 공을 배트에 맞춘 모든 경우를 포함하여 산정하되, 성공 타수는 배트에 맞춘 공이 앞으로 날아간 경우만 산정함.
2) 타율은 소수 둘째 자리에서 반올림한 값임.

〈조 건〉

○ 배팅 연습은 1, 2 라운드에는 각각 5회, 3라운드에는 7회, 4, 5라운드에는 각각 6회를 실시한다.
○ A와 B 모두 1~5라운드 동안 성공 타수의 최솟값은 1, 최댓값은 5이다.
○ A의 4라운드 성공 타수는 4회, B의 3라운드 성공 타수는 3회이다.
○ 개인별로 1회만 성공 타수를 기록한 라운드는 2개 이하이다.

① 26
② 29
③ 30
④ 35
⑤ 38

15. 다음 〈그림〉은 A~J국의 2024년 닭 사육량과 소 사육량, 가축 사육량에 관한 자료이다. 이에 대한 설명으로 옳은 것은?

〈그림 1〉 A~J국의 닭 사육량과 소 사육량

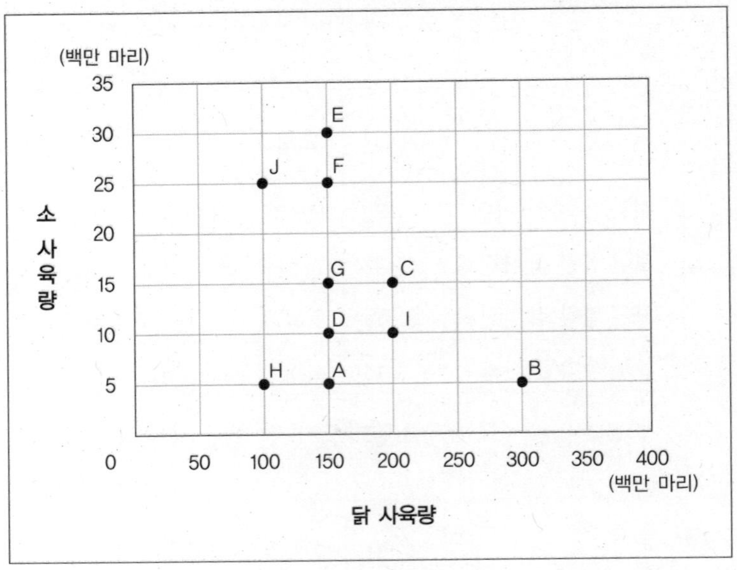

〈그림 2〉 A~J국의 소 사육량과 가축 사육량

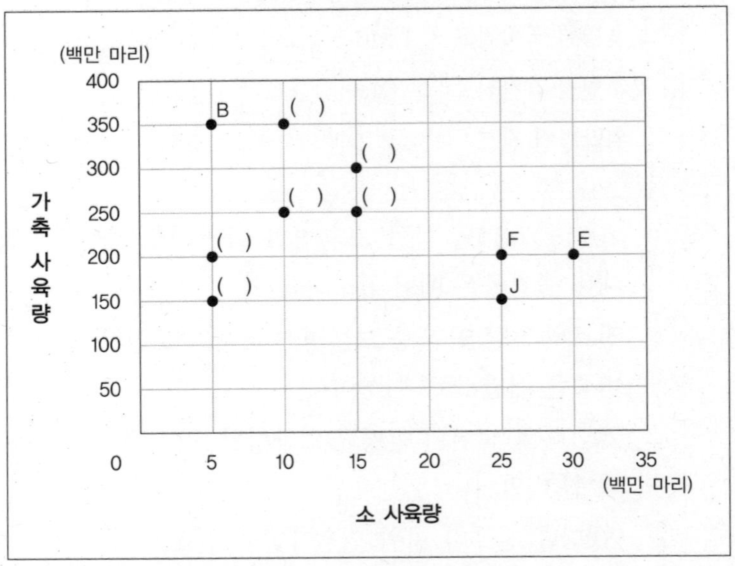

※ 가축 사육량=닭 사육량+소 사육량+돼지 사육량

① 돼지 사육량은 A국이 H국보다 많다.
② 돼지 사육량이 25백만 마리인 국가는 1개이다.
③ 닭 사육량이 200백만 마리 이상인 국가의 돼지 사육량은 각각 40백만 마리 이상이다.
④ 소 사육량 상위 3개 국가의 닭 사육량의 합은 350백만 마리 이하이다.
⑤ D국의 가축 사육량이 350백만 마리일 경우 A~J국 중 돼지 사육량이 가장 많은 국가는 D국이다.

16. 다음 〈보고서〉는 2024년 '갑'국 여행에 대한 만족도 조사 결과이다. 이에 부합하지 않는 자료는?

〈보고서〉

2024년 '갑'국을 방문한 외래관광객을 대상으로 '갑'국 여행에 대한 만족도를 조사한 결과, 항목별로는 '치안'에 '만족'한다는 응답 비율이 91.8%로 각 항목 중 가장 높았고 '언어소통'에 '만족'한다는 응답 비율이 62.5%로 각 항목 중 가장 낮은 것으로 나타났다. '언어소통'에 '만족'한다는 응답 비율은 2022~2024년 동안 매년 가장 낮아 만족도를 높이기 위한 대책 마련이 필요하다는 평가가 있다.

2024년 처음으로 실시한 '모바일/인터넷 이용편의' 항목과 '도보 이용편의' 항목에 대한 만족도 조사 결과를 보면, '모바일/인터넷 이용편의'에 '만족'한다는 응답 비율은 86.6%인 반면, '도보 이용편의'에 '만족'한다는 응답 비율은 75.2%로 상대적으로 낮은 것으로 나타났다. 또한 '도보 이용편의'의 경우, '불만족'한다는 응답 비율이 4.5%로 '모바일/인터넷 이용편의'에 '불만족'한다는 응답 비율보다 2배 이상 높아 추후 '도보 이용편의'의 만족도를 높이기 위한 대책 역시 마련할 필요가 있다.

설문조사에 따르면 2024년 15세 이상의 모든 연령대에서 '식도락 관광'을 '가장 만족한 활동'이라고 응답한 비율이 가장 높았다. 15~20세는 '연예인 관련 촬영지 방문'을 '가장 만족한 활동'이라고 응답한 비율이 11.5%로 다른 연령대에 비해 상대적으로 높아 연령대별 맞춤형 관광 홍보 전략이 필요하다는 것을 보여준다.

한편, 2024년 주요 국적별 '갑'국 여행에 대한 '전반적 만족도'를 5점 척도로 조사한 결과, '전반적 만족도'는 미국이 4.67점으로 가장 높은 반면, 홍콩이 4.15점으로 가장 낮은 것으로 조사되었다. 또한 두 국가의 항목별 만족도 조사 결과를 보면, '언어소통'에서 '만족'한다는 응답 비율의 차이가 가장 큰 것으로 나타났다.

※ 1) '만족'한다는 응답 비율(%) = '매우 만족' 응답 비율 + '약간 만족' 응답 비율
2) '불만족'한다는 응답 비율(%) = '매우 불만족' 응답 비율 + '약간 불만족' 응답 비율
3) 전반적 만족도(점) = '매우 만족' 응답 비율 × 5 + '약간 만족' 응답 비율 × 4 + '보통' 응답 비율 × 3 + '약간 불만족' 응답 비율 × 2 + '매우 불만족' 응답 비율 × 1

① 2024년 '모바일/인터넷 이용편의' 항목과 '도보 이용편의' 항목 만족도 조사 응답 비율

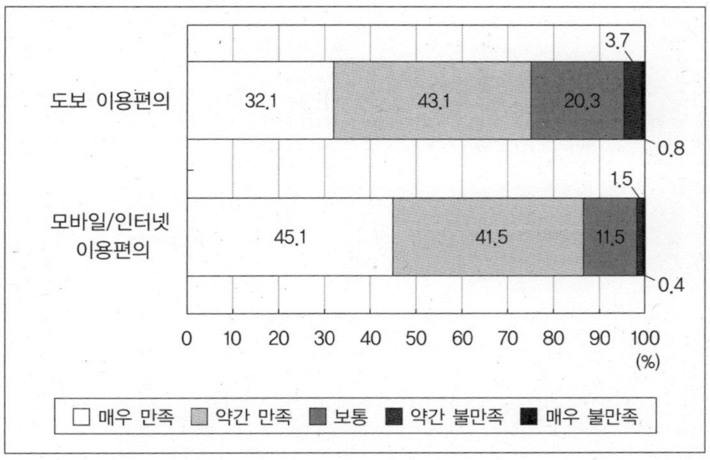

② 2022~2024년 '갑'국을 방문한 외래관광객의 항목별 '만족'한다는 응답 비율

(단위: %)

연도 \ 항목	치안	쇼핑	음식	여행경비	언어소통	관광안내 서비스
2022	93.3	88.1	87.1	77.3	66.2	83.5
2023	91.3	89.8	84.9	73.7	60.5	81.7
2024	91.8	89.7	84.9	77.4	62.5	81.1

③ 2024년 주요 국적별 '갑'국 여행에 대한 '전반적 만족도'

(단위: %, 점)

국적 \ 평가	매우 불만족	약간 불만족	보통	약간 만족	매우 만족	전반적 만족도
싱가포르	0.1	0.5	2.9	57.0	39.5	4.35
홍콩	0.0	0.0	7.3	70.0	22.7	4.15
미국	0.4	0.0	2.1	27.3	70.2	4.67
일본	0.0	0.2	11.0	50.8	38.0	4.27
캐나다	0.0	0.1	2.5	36.5	60.9	4.58
필리핀	0.2	0.1	0.9	33.4	65.4	4.64

④ 2024년 미국, 홍콩 국적 외래관광객의 항목별 '만족'한다는 응답 비율

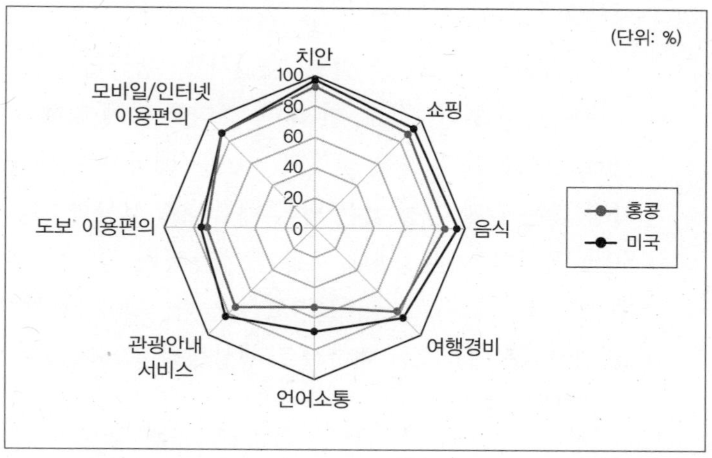

⑤ 2024년 외래관광객의 연령대별 '가장 만족한 활동'에 대한 응답 비율

(단위: %)

연령대 \ 활동	식도락 관광	쇼핑	자연 경관 감상	역사 유적 방문	업무 수행	연예인 관련 촬영지 방문	기타
15~20세	28.6	30.4	7.5	5.9	0.5	11.5	15.6
21~30세	34.2	22.2	11.7	6.6	2.9	7.2	15.2
31~40세	30.3	25.1	13.7	6.9	7.6	3.8	12.6
41~50세	28.7	22.3	14.0	8.4	11.8	3.2	11.6
51~60세	28.1	16.1	18.5	11.0	12.4	2.7	11.2
61세 이상	26.6	13.0	22.2	12.1	8.3	6.4	11.4

17. 다음 〈표〉는 '갑'국의 2024년 A~E 축종의 월별 배합사료 생산실적에 관한 자료이고, 〈보고서〉는 A~E 중 한 축종의 배합사료 생산실적에 관한 설명이다. 이를 근거로 판단할 때, 〈보고서〉의 내용에 부합하는 축종은?

〈표〉 A~E축종의 월별 배합사료 생산실적

(단위: 천 톤)

월 \ 축종	A	B	C	D	E
1	430	101	163	282	412
2	420	113	162	274	437
3	398	105	145	290	428
4	403	107	151	267	413
5	411	112	157	299	400
6	429	109	166	302	423
7	423	121	140	278	408
8	372	118	143	288	392
9	370	100	139	256	411
10	404	126	158	277	404
11	437	104	164	281	415
12	446	107	166	273	406
계	4,943	1,323	1,854	3,367	4,949

〈보고서〉

이 축종의 2024년 월별 배합사료 생산실적은 다음과 같은 특징이 있다. 첫째, 한 해 동안 다른 달에 비해 9월 배합사료 생산실적이 가장 낮았다. 둘째, 배합사료 생산실적이 가장 높은 달과 가장 낮은 달의 배합사료 생산실적의 차이가 50천 톤 미만이다. 셋째, 4분기 배합사료 생산실적이 같은 해 3분기 배합사료 생산실적보다 높다. 넷째, 전체 배합사료 생산실적에서 7월 배합사료 생산실적이 차지하는 비중은 8% 미만이다.

① A
② B
③ C
④ D
⑤ E

18. 다음 〈표〉는 '갑'국의 회사 1,600개를 대상으로 실시한 감염병 확산 전후 근무형태에 대한 설문조사 자료이다. 이에 대한 〈보기〉의 설명 중 옳은 것만을 모두 고르면?

〈표〉 감염병 확산 전후 근무형태

(단위: %)

확산 후 \ 확산 전	대면	혼합	비대면	계
대면	( )	4.1	1.4	( )
혼합	5.8	( )	0.5	16.3
비대면	( )	2.2	4.5	23.4
계	77.3	( )	( )	100.0

※ 근무형태는 대면, 혼합, 비대면으로 분류되며, 각 회사는 3가지 중 1가지 근무형태만을 시행함.

〈보 기〉

ㄱ. 확산 전후 근무형태에 변화가 있는 회사는 전체 조사대상 중 35% 이상에 해당한다.

ㄴ. 근무형태가 대면인 회사는 확산 전에 비해 확산 후 20% 이상 감소하였다.

ㄷ. 확산 전 근무형태가 대면이었던 회사가 확산 후 비대면으로 변화한 회사는 250개 이상이다.

ㄹ. 확산 후 근무형태가 대면인 회사는 확산 전 근무형태가 혼합이던 회사보다 4배 이상 많다.

① ㄱ, ㄴ
② ㄱ, ㄷ
③ ㄴ, ㄷ
④ ㄴ, ㄹ
⑤ ㄷ, ㄹ

19. 다음 〈표〉는 도서 A~E에 대한 만족도에 대한 자료이다. 이에 대한 〈보기〉의 설명 중 옳은 것만을 모두 고르면?

〈표〉 도서 A~E에 대한 만족도

(단위: 점)

독자 \ 도서	A	B	C	D	E	독자 만족도 평균
갑	1.8	8.9	3.1	5.9	1.8	4.3
을	1.5	8.8	1.9	4.7	2.1	3.8
병	2.7	6.3	1.7	9.5	2.3	(　)
정	(　)	9.0	2.6	4.7	(　)	4.1
무	2.3	7.9	1.7	8.4	1.2	4.3
기	1.2	4.1	(　)	6.4	(　)	3.0
도서 만족도 평균	2.1	7.5	2.1	6.6	1.7	-

※ 1) 각 도서에 대한 독자별 만족도 만점은 10.0점임.

2) 독자 만족도 평균은 도서 A~E에 대한 각 독자 만족도의 산술 평균임.

3) 도서 만족도 평균은 각 도서에 대한 독자 '갑'~'기'의 만족도의 산술 평균임.

〈보 기〉

ㄱ. 도서 C에 대한 독자 '갑'의 만족도는 도서 C에 대한 독자 '기'의 만족도의 1.5배 이상이다.

ㄴ. 도서 A에 대한 만족도가 가장 높은 독자와 도서 E에 대한 만족도가 가장 높은 독자는 동일하다.

ㄷ. 독자 만족도 평균이 4.0점 이상인 독자는 총 4명이다.

ㄹ. 독자 '기'의 만족도 중 만족도가 가장 낮은 도서는 E이다.

① ㄱ, ㄴ

② ㄱ, ㄷ

③ ㄴ, ㄷ

④ ㄴ, ㄹ

⑤ ㄷ, ㄹ

20. 다음 〈표〉는 2020~2024년 '갑'국 국내선의 출발지와 도착지에 따른 하루 평균 운항 편수에 관한 자료이다. 이에 대한 설명으로 옳은 것은?

〈표〉 국내선 출발지와 도착지에 따른 하루 평균 운항 편수

(단위: 편)

출발지	도착지 \ 연도	2020	2021	2022	2023	2024
A	B	125	151	126	124	130
	C	160	177	158	159	164
B	A	122	130	113	113	127
	C	89	106	82	90	95
C	A	158	180	174	158	171
	B	95	99	93	96	110

※ '갑'국 국내선의 출발지와 도착지는 A, B, C 지역만 존재함.

① 2024년 A~C지역 중 각 지역에서 출발하는 국내선의 하루 평균 운항 편수가 가장 많은 지역은 C이다.

② 2023년 C지역에 도착하는 국내선의 하루 평균 운항 편수는 B지역에 도착하는 국내선의 하루 평균 운항 편수보다 30편 이상 더 많다.

③ 2020년 대비 2024년 하루 평균 운항 편수의 증가율은 A지역에서 출발하여 B지역에 도착하는 국내선의 증가율이 B지역에서 출발하여 A지역에 도착하는 국내선의 증가율보다 크다.

④ 2024년 C지역에서 출발하여 A지역에 도착하는 국내선의 하루 평균 운항 편수의 전년 대비 증가율은 10% 이상이다.

⑤ 2022년 A지역에서 출발하는 국내선의 하루 평균 운항 편수보다 A지역에 도착하는 국내선의 하루 평균 운항 편수가 더 많다.

21. 다음 〈그림〉은 A사의 채용 절차별 합격률 및 불합격률에 관한 자료이다. 최종 합격자 수가 198명인 경우, 자격시험 불합격자 수는?

〈그림〉 A사의 채용 절차별 합격률 및 불합격률

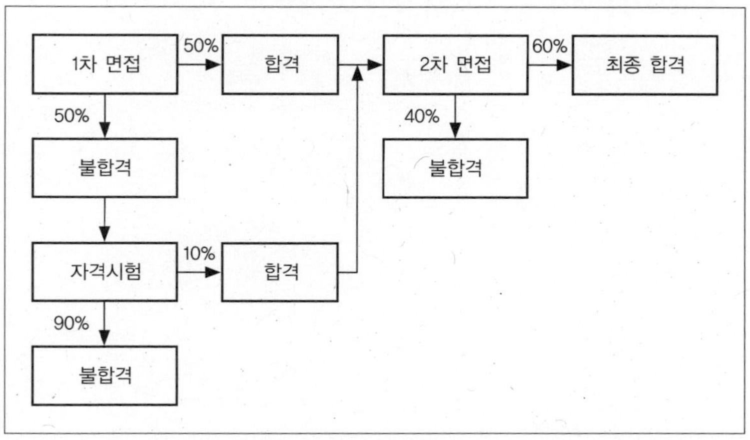

※ 가로선의 수치는 합격률$(=\frac{\text{해당 절차 합격자 수}}{\text{해당 절차 응시자 수}}\times 100)$, 세로선의 수치는 불합격률$(=\frac{\text{해당 절차 불합격자 수}}{\text{해당 절차 응시자 수}}\times 100)$을 의미함.

① 90 ② 130 ③ 180

④ 220 ⑤ 270

[22 ~ 23] 다음 〈표〉는 A~C 충전소의 5월 첫째 주 평일(1~5일)의 시간대별 일평균 충전건수와 일자별 충전 건수에 관한 자료이다. 다음 물음에 답하시오.

〈표 1〉 A~C 충전소의 5월 첫째 주 평일(1~5일) 시간대별 일평균 충전건수

(단위: 건)

시간대 \ 충전소	A	B	C	합계
6시~8시	2.6	7.4	(라)	16.8
8시~10시	6.6	(나)	(마)	17.4
10시~12시	5.0	5.0	4.8	14.8
12시~14시	3.6	6.6	7.6	17.8
14시~16시	4.6	4.4	4.2	13.2
16시~18시	(가)	(다)	3.6	13.8
18시~20시	7.4	5.0	6.0	18.4
20시~22시	6.2	8.8	6.0	21.0

※ 1) 각 시간대의 'x시~y시'는 x시부터 y시 직전까지의 시간을 의미함. 즉, y시 정각을 포함하지 않음.
2) 6시부터 12시 직전까지를 오전 시간대, 12시부터 18시 직전까지를 오후 시간대, 18시부터 22시 직전까지를 저녁 시간대로 구분하고, 오전, 오후, 저녁 시간대를 제외한 시간대에는 충전 건수가 0건임.

〈표 2〉 A~C 충전소의 5월 첫째 주 평일(1~5일) 일자별 충전건수

(단위: 건)

충전소 \ 일자	5월 1일	5월 2일	5월 3일	5월 4일	5월 5일
A	47	38	31	51	42
B	40	55	57	39	33
C	44	39	61	38	51

22. 위 〈표〉를 근거로 가~마에 해당하는 값 중 최댓값과 최솟값을 바르게 연결한 것은?

	최댓값	최솟값
①	6.8	3.8
②	7.6	3.2
③	7.6	4.4
④	8.4	3.2
⑤	8.4	4.4

23. 위 〈표〉와 아래 〈조건〉을 근거로 〈보기〉의 설명 중 옳은 것만을 모두 고르면?

〈조 건〉

- 5월 첫째 주 평일(1~5일) 중 4일을 제외한 A충전소의 오전 시간대 충전건수는 각각 15건이다.
- 5월 4일 B충전소의 오후 시간대 충전건수는 5월 1일 B충전소 충전건수의 35%이다.
- 5월 4일 B충전소와 C충전소의 오후 시간대 충전건수는 각 충전소의 저녁 시간대 충전건수와 동일하다.
- 5월 4일 A~C 충전소의 저녁 시간대 충전건수의 합은 48건이다.
- 5월 4일 C충전소의 오전 시간대 충전건수는 12건이다.

〈보 기〉

ㄱ. 5월 4일 오후 시간대 충전건수는 B충전소가 C충전소보다 많다.
ㄴ. 5월 4일 C충전소의 저녁 시간대 충전건수는 5월 3일 A충전소의 오전 시간대 충전건수보다 많다.
ㄷ. 5월 4일 오전, 오후, 저녁 시간대 중 A충전소의 충전건수가 가장 많은 시간대는 저녁 시간대이다.
ㄹ. B충전소의 5월 첫째 주 평일의 오전 시간대 충전건수의 합에서 5월 4일 오전 시간대 충전건수가 차지하는 비중은 20% 이상이다.

① ㄱ, ㄷ
② ㄱ, ㄹ
③ ㄴ, ㄷ
④ ㄴ, ㄹ
⑤ ㄱ, ㄴ, ㄹ

24. 다음은 2024년 '가'~'다' 가구의 분기별 여가활동비에 관한 자료이다. 이를 근거로 〈표〉의 A~C에 해당하는 값들의 합은?

〈표〉 '가'~'다' 가구의 분기별 여가활동비

(단위: 십만 원)

분기 \ 가구	가	나	다
1	9	( )	10
2	( )	( )	( )
3	( )	6	( )
4	7	6	(C)
평균	9	(B)	7.5
범위	(A)	4	5

※ 범위는 각 가구의 분기별 여가활동비 중 최댓값에서 최솟값을 뺀 값임.

〈조 건〉

- 각 가구는 십만 원 단위로 분기별 여가활동비를 사용하였다.
- '가'~'다' 가구의 분기별 여가활동비의 최솟값은 40만 원이었고, 최댓값은 100만 원이었다.
- '가' 가구의 1분기 여가활동비와 '다' 가구의 2분기 여가활동비는 동일하다.
- '나' 가구의 여가활동비는 매 분기 100만 원 미만이다.
- '다' 가구의 3분기 여가활동비는 4분기 여가활동비보다 많았다.

① 12
② 13
③ 14
④ 15
⑤ 16

25. 다음 〈표〉는 2023~2024년 1~4월 '갑'국의 전국 공동주택 분양실적에 관한 자료이다. 이에 대한 〈보고서〉의 설명 중 옳은 것만을 모두 고르면?

〈표 1〉 지역별 공동주택 분양실적 현황

(단위: 호)

지역 \ 구분	2024년		2023년	
	4월	4월 누계	4월	4월 누계
전국	13,620	78,894	26,962	99,191
수도권	4,374	42,374	11,900	43,752
서울	678	3,295	194	1,654
인천	469	7,648	4,893	10,407
경기	3,227	31,431	6,813	31,691
지방	9,246	36,520	15,062	55,439

※ 1) 전국은 수도권과 지방으로만 구분되고, 수도권은 서울, 인천, 경기로만 구분됨.
2) 4월 누계는 1~4월 동안 월별 분양실적의 합을 의미함.

〈표 2〉 분양유형별 전국 공동주택 분양실적 현황

(단위: 호)

분양유형 \ 구분	2024년		2023년	
	4월	4월 누계	4월	4월 누계
계	13,620	78,894	26,962	99,191
일반분양	11,148	62,583	24,327	75,957
임대주택	1,544	7,613	549	11,928
조합원분	928	8,698	2,086	11,306

〈보고서〉

2023~2024년 1~4월 '갑'국의 전국 공동주택 분양실적을 분석한 결과, 전국적으로 2024년 분양실적이 전년 대비 크게 감소한 것으로 나타났다. ㉠ 2024년 4월 누계 분양실적은 수도권의 경우 전년동기 대비 5% 미만 감소하였으나, 지방의 경우에는 전년동기 대비 30% 이상 감소하였다.

한편 ㉡ 2024년 4월 서울 분양실적의 전년동월 대비 증가율은 300% 이상인 것으로 확인되었다. 또한 ㉢ 2024년 4월 누계 분양실적 중 4월 분양실적이 차지하는 비중은 지방이 20% 이상이고, 수도권이 10% 이상으로 나타났다.

분양유형별로는 전국의 2023년 4월 분양실적이 일반분양, 조합원분, 임대주택 순으로 많았으나, 2024년 4월의 경우 일반분양이 가장 많고, 임대주택, 조합원분 순으로 나타났다. 특히 ㉣ 전국의 2024년 4월 일반분양 실적은 총 11,148호이었으며, 이 중 수도권의 분양실적은 2,000호 이상이었다.

① ㄱ, ㄴ
② ㄱ, ㄷ
③ ㄴ, ㄹ
④ ㄱ, ㄷ, ㄹ
⑤ ㄴ, ㄷ, ㄹ

자르는 선

2025 해커스PSAT 7급 PSAT FINAL 봉투모의고사 자료해석 (8회)

컴퓨터용 흑색사인펜만 사용

책형
⑤
⑥

【필적감정용 기재】
*아래 예시문을 옮겨 적으시오

본인은 OOO(응시자성명)임을 확인함

기 재 란

성 명	
자필성명	본인 성명 기재
시험장소	

응시번호

	⓪	⓪	⓪	⓪	⓪	⓪
	①	①	①	①	①	①
	②	②	②	②	②	②
	③	③	③	③	③	③
	④	④	④	④	④	④
⑤	⑤	⑤	⑤	⑤	⑤	⑤
⑥	⑥	⑥	⑥	⑥	⑥	⑥
⑦	⑦	⑦	⑦	⑦	⑦	⑦
	⑧	⑧	⑧	⑧	⑧	⑧
	⑨	⑨	⑨	⑨	⑨	⑨

생년월일

⓪	⓪	⓪	⓪	⓪	⓪
①	①	①	①	①	①
②	②		②	②	②
③	③		③	③	③
④	④		④		④
⑤	⑤		⑤		⑤
⑥	⑥		⑥		⑥
⑦	⑦		⑦		⑦
⑧	⑧		⑧		⑧
⑨	⑨		⑨		⑨

※시험감독관 서명
(서명을 정자로 기재할 것)

적색 볼펜만 사용

자료해석(1~10번)					
1	①	②	③	④	⑤
2	①	②	③	④	⑤
3	①	②	③	④	⑤
4	①	②	③	④	⑤
5	①	②	③	④	⑤
6	①	②	③	④	⑤
7	①	②	③	④	⑤
8	①	②	③	④	⑤
9	①	②	③	④	⑤
10	①	②	③	④	⑤

자료해석(11~20번)					
11	①	②	③	④	⑤
12	①	②	③	④	⑤
13	①	②	③	④	⑤
14	①	②	③	④	⑤
15	①	②	③	④	⑤
16	①	②	③	④	⑤
17	①	②	③	④	⑤
18	①	②	③	④	⑤
19	①	②	③	④	⑤
20	①	②	③	④	⑤

자료해석(21~25번)					
21	①	②	③	④	⑤
22	①	②	③	④	⑤
23	①	②	③	④	⑤
24	①	②	③	④	⑤
25	①	②	③	④	⑤